普通高等教育"十二五"规划教材

信息资源检索与利用
（第2版）

主　编　陈　伟　汪　琼
副主编　陈显龙　丘柏林　王发社
主　审　程发良

国防工业出版社

·北京·

内 容 简 介

　　本书针对大学生在现代人文与技术环境中,对信息资源检索与利用的知识需求而编写。在介绍传统信息资源检索与利用方式的同时,紧密跟踪现代信息技术的发展,重点剖析了数字环境中各类信息资源的检索与利用方式,并通过介绍图书馆信息资源组织、信息资源利用与著作权保护等章节内容,使大学生对信息资源检索与利用有较完整、正确的理解。

　　本书可作为高校本科生信息资源检索课程的教学用书,还可作为其他人员学习与了解信息资源检索与利用的参考用书。

图书在版编目(CIP)数据

信息资源检索与利用／陈伟,汪琼主编.—2版.—北京:
国防工业出版社,2014.8(2016.8重印)
普通高等教育"十二五"规划教材
ISBN 978 – 7 – 118 – 09562 – 3

Ⅰ.①信… Ⅱ.①陈…②汪… Ⅲ.①情报检索–高等
学校–教材 Ⅳ.①G252.7

中国版本图书馆 CIP 数据核字(2014)第 144855 号

※

国防工业出版社 出版发行
(北京市海淀区紫竹院南路 23 号 邮政编码 100048)
北京京华虎彩印刷有限公司印刷
新华书店经售
*
开本 787×1092 1/16 印张 20¼ 字数 504 千字
2016 年 8 月第 2 版第 3 次印刷 印数 7001—8000 册 定价 40.00 元

(本书如有印装错误,我社负责调换)

国防书店:(010)88540777　　　发行邮购:(010)88540776
发行传真:(010)88540755　　　发行业务:(010)88540717

前　言

毫无疑问,信息正在深刻地改变着世界,不可抗拒。同时,信息技术的发展步伐远远超出了我们的预期,不可避免地、深刻地影响着我们生活、学习、工作的方方面面。

在信息充盈的时代,一方面,信息资源成为社会发展的重要战略资源;另一方面,信息垃圾又占据着社会的各个角落。快速获取与合理利用信息资源、辨别与摒弃信息垃圾的能力,成为现代人的基本素养与基本能力。可以说,信息资源检索与利用的能力将决定一个人生活、学习、工作的效率与成就。

《信息资源检索与利用(第2版)》一书,正是引导人们在浩瀚的信息海洋中,以宽广的视野、丰富的途径、现代的手段,快速定向获取自己所需的信息资源的实用型教材。距教育部1984年发文要求开设"文献检索"课至今,我国高校开设此课程已有三十年历史。在这三十年时间里,随着社会人文与技术环境的发展变化,"文献"的外延大大拓展,"检索"的方式产生了巨变。图书馆从传统形态走向了数字网络的复合时代,知识服务与利用方式纷繁多样;著作权人权利意识充分觉醒,知识产权保护正在走向成熟。这使得信息资源检索与利用的方式、内容、范围都发生了巨大的变化。

《信息资源检索与利用(第2版)》教材,以提升信息素养为目标,通过对信息与信息资源相关概念、信息检索原理的介绍,使读者掌握信息资源检索的基础知识与基本方法。同时,根据现代信息资源分布与利用的特点,对以传统与数字网络方式呈现的各类信息资源分别进行了系统的介绍,并尽可能提供国内外最新的信息资源的情况发展,介绍其形式与内容、提供检索与利用的方法,并通过案例使描述更为直观生动。区别于一般的同类教材,本书特别对提供信息资源的社会机构和读者获取信息资源的公共免费渠道——图书馆,进行了重点介绍,使读者通过对现代图书馆信息资源建设与服务的了解,掌握恒久获取与利用各类信息资源的主要途径和方法。信息资源的利用与知识产权保护密切相关,知识权利人的权利保护与公众的广泛利用之间的利益协调与平衡,越来越成为社会关注的焦点。强化大学生知识产权保护意识,注重规范合理地利用信息资源,是大学生信息素养全面提高的标志之一。

本书由陈伟研究馆员、汪琼研究馆员任主编,陈显龙、丘柏林、王发社任副主编。第一章由谢丽娜、文震宇编写;第二章由丘柏林、李金波编写;第三章由王发社、梁艳敏编写;第四章由张捷、梁士金、李佳玉编写;第五章由潘雁钦、步青云编写;第六章由丘瑜、莫志雄编写;第七章由楼晶、伍姣玲编写;第八章由陈显龙、汪琼、陈伟编写。全书由陈伟研究馆员、汪琼研究馆员统稿,由程发良教授审定。

编　者
2014 年 5 月

目　　录

第一章　信息资源基本知识

在信息时代，信息资源与材料、能源构成了人类社会的三大基本要素。信息资源成为人类社会发展的一种重要战略资源，成为社会进步的重要驱动力。生产力的发展和人们的日常生活，越来越离不开信息资源的充分获取和有效利用。信息资源检索与利用的能力，已成为当代大学生的基本素质与能力的重要体现。

第一节　信　息

一、信息的概念与基本特征

(一) 信息的概念

信息涉及人们生活与工作的方方面面，信息无处不在。

"信息"作为科学术语使用，最早见于1928年哈特莱（R.V. Hartley）撰写的《信息传输》。他在文中把信息理解为选择通信符号的方式，并用选择的自由度来计量这种信息的大小。对于信息的概念，因其形式与内容的极端复杂性，在不同的学科领域，有不一样的解释。

1. 通信领域

在通信领域，关于信息的研究和应用由来已久。1948年，美国数学家、信息论的创始人香农(Claude Shannon)在《通信的数学理论》中首次将信息定义为："信息是能用来消除和减少信宿关于信源不确定性的东西。"也就是说，信宿(信息接受方)未收到消息前不知道信源(信息产生方)发出了什么信息，只有在收到消息后才能消除信源的不确定性。

1950年，控制论创始人维纳(Norbert Wiener)指出："信息就是我们对外界进行调节并使我们的调节为外界所了解时而与外界交换来的东西。"其从信息发送、传输、接收的过程中客体与认识主体之间相互作用的角度进行了定义。

2. 图书情报学领域

自20世纪90年代以来，图书情报学领域对信息概念的研究一直十分活跃。1991年，美国学者巴克兰德(Michael Buckland)将信息定义为事物或过程或知识，其主张许多事物都可以称为信息，如数据、文本、文献、图片、录音、磁带、实验、事件等。

1993年，西班牙学者库拉斯在给《国际信息和文献工作论坛》的一封信中谈到了自己对信息的认识："信息可以被传递、被感知和被理解，它需要有形的载体以变为实实在在的信息。信息是一种现象和一个过程，前者是指无意识感知的信息，用来调整我们的知识状态和态度；后者是我们需要和寻求的信息，是从文献中的数据经处理而来的。"

我国著名情报学家严怡民教授则认为："信息是生物以及具有自动控制系统的机器，通过感觉器官和相应的设备与外界进行交换的一切内容。"

3. 心理学领域

1995年，加拿大学者桑盖特(W. Thorngate)指出："信息不是知识，信息是存在于我们意识之外的东西，它存在于自然界、印刷品、硬盘以及空气之中；知识则存在于我们的大脑之中，它是与不确定性相伴而生的，我们一般用知识而不是信息来减少不确定性。"在图书情报学中，信息往往被理解为知识内容，而心理学家则认为信息是独立于人的意志之外而存在的。

由此可见，不同的学科领域对信息概念的描述莫衷一是。然而，在信息概念的研究中，我国著名信息论专家钟义信教授所归纳的信息定义则具有较广泛的影响。

在《信息科学原理》一书中，钟义信教授认为："信息是事物运动的状态与方式，是物质的一种属性。"这一概念具有最大的普遍性，不仅能涵盖所有其他的信息定义，还可以通过引入约束条件转换为所有其他的信息定义。例如，引入认识主体这一约束条件，可以转化为认识论层次上的信息概念：信息是主体所感知或者主体所描述的事物状态变化的方式。由于主体有感受力，能够感知事物运动状态及其变化的外在形式，由此获得的信息称为语法信息；由于主体有理解力，能够领会事物运动状态及其变化的逻辑含义，由此获得的信息称为语义信息；由于主体具有明确的目的性，能够判断事物运动状态及其变化方式的效用，由此获得的信息称为语用信息。语法信息、语义信息和语用信息三位一体的综合，构成了认识论层次上的全部信息，即全信息。可见，从不同角度引入不同的约束条件，层层限定，则可形成相互联系的信息概念体系。

(二) 信息的基本特征

尽管信息的概念众说纷纭，但彼此并非是矛盾和互不相容的，其都在不同程度上反映了信息的某些特征和本质，并揭示了信息现象的各个方面。了解信息的基本特征，不仅有助于加深对信息概念的理解，而且有利于对信息资源的利用。

信息的特征指的是信息区别于其他事物所特有的现象，是信息的本质属性。现将信息的一些常见基本特征归纳如下：

1. 普遍性

信息是普遍存在的，是自然界、人类社会和人类思维领域中客观存在的基本现象。只要有事物的地方，就必然存在信息。人的一切行为和社会活动，都离不开信息的传递和交换。信息在自然界和人类社会活动中广泛存在。

2. 客观性

信息是事物及其运动状态和规律的表征，是客观现实的反映。信息本身的产生和存在都不受人的主观意志而改变，但可以被感知和利用。信息是物质的一种属性，如果人为地篡改信息，那么信息就会失去它的价值，甚至不能称为"信息"了。

3. 无限性

在浩瀚的宇宙时空中，物质是无限的，信息也是无限的。即使在有限的时空中，由于物质的多样性和物质运动的连续性，信息也是无限的。信息是一切事物运动的状态和方式，事物的发展变化是无限的，因此信息具有无限性。

4. 动态性

事物总是处于不断变化发展的过程，信息也必然随之运动发展，其内容、形式等都会随着时间的变化而改变。古希腊哲学家曾言"人不能两次踏进同一条河流"，这可谓信息动态性的形象说明。在情报学领域，信息的动态性也称为信息的时效性。信息具有使用价值和交换价值，其可以为人们所认识和利用，但其价值会随着时间的流逝而减少。只有充分重视和发挥信息的时效性，才能使之对人类活动和社会发展产生积极的作用。

5. 载体依附性

信息在产生和传输的过程中，必须依附在一定的载体上存在，并且同一信息可以有不同的载体。信息本身是看不见也摸不着的，能够看得见摸得着的是其物质载体，包括语言、动作、文字、纸张、磁带、图像、图形、动画、视频，等等。信息一旦离开其固有的载体便不复存在。因此，信息对其载体具有特定的依赖性。

6. 可传递性

信息可以在空间和时间中进行传递，能够从源物质转移到另一物质，并能脱离源物质而存在。例如，信息的存储就属于一种时间传递活动。实际上，信息的获取必须有信息通过各种介质或载体的转换在不同的主体之间传递。语言、表情、动作、报刊、书籍、广播、电视、电话、网络等都是人类常用的信息传递方式。

7. 可共享性

这是信息最显著的一个特征。尽管信息与物质、能量三者密不可分，但却有着显著的区别。物质和能量各自遵循着"物质不灭"和"能量守恒"定律。然而，信息在传递过程中并不是"此消彼长"，同一信息可以被多个主体同时共有，而且还能够被无限地复制、传递。

8. 可变换性

信息是可变换的，可以依附于一切可能的物质载体。同样的信息可以同时存在于不同的载体。但无论其载体如何变换，信息内容可以保持不变。特别是现代计算机网络和多媒体技术的广泛应用，使得信息的存储介质和载体形式越来越丰富。

二、信息与知识、文献、情报

(一) 信息与知识

知识作为人类认识世界、改造世界的成果和结晶，其概念在历史的长河中不断发展和演变。以亚里士多德为代表的古典知识观认为知识就是真理。柏拉图则把知识定义为"经过证实的正确的认识"。我国在漫长的历史发展过程中，对知识概念也积累了大量丰富的研究成果。一般认为，知识是人类在改造世界的实践中获得的认识和经验的总和，是人的主观世界对于客观世界的概括和如实反映。

知识创造理论之父野中郁次郎(Nonaka)认为，知识是一种被确认的信念，通过知识持有者和接收者的信念模式和约束来创造、组织和传递，在传递知识的同时也传递着一套文化系统。他和著名管理学家竹内广孝在《创造知识的企业》中将知识分为两种形式：显性知识(Explicit Knowledge)和隐性知识(Tacit Knowledge)。对于显性知识，用户可以通过阅读材料或教材、参加会议和查询数据库获得，从而知识可以实现信息化；隐性知识则是更加含蓄的知识，难以量化和信息化，难以通过正式的信息渠道转让，主观的理解、直觉和预感都属于这一类。

随着知识经济时代的到来，知识概念的外延得到进一步扩展，知识的实用性和可操作性也得到了广泛的关注。世界经济合作与发展组织(OECD) 在 1996 年的年度报告《以知识为基础的经济》中将知识分为四大类：

(1) 知事类知识 (Know - what)。知事类知识即知道是什么的知识，主要是叙述事实方面的知识，也可理解为在什么样的时间(Know-when)、什么样的地点或条件下(Know-where)能解决什么样的问题。

(2) 知因类知识(Know - why)。知因类知识即知道为什么的知识，主要是自然原理和规律方面的知识。

(3) 知能类知识(Know - how)。知能类知识即知道怎么做的知识，主要是指对某些事物的技能和能力。

(4) 知人类知识(Know - who)。知人类知识即知道是谁以及是怎样创造的知识，涉及创造思想、方法、手段、过程等的了解。

知识的特点主要表现在知识资源是人类智力创造与发现的成果。知识是人类通过信息对自然界、人类社会以及思维方式与运动规律的认识，是人的大脑通过思维加工、重新组合的系统化信息的集合。人类对事物的认识有感性认识阶段和理性认识阶段。感性认识阶段是客观事物属性在人脑中比较直接的反映，或者说比较表面的反映。人的理性认识阶段则是一个包括概念、判断、推理等过程的思维阶段，这是人区别于其他动物的一个重要特征。人类在理性认识阶段，通过大脑思维对大量通过感性认识获取的信息进行分析、判断和推理后形成对客观事物比较本质认识的过程，这也正是人获得知识的基本过程。因此，人类不仅要通过信息感知世界、认识和改造世界，而且要将所获得的部分信息升华为知识。知识作为有意义的信息，表现在信息和信息之间的关系。例如，天空有乌云和下雨两个信息之间，如果建立一种联系，则产生了知识。也就是说，人们在认识和改造世界的过程中，对信息认知的那部分内容就是知识。由此可见，知识属于信息的范畴，信息是原材料，经过人类的认识活动后成为知识。

(二) 信息与文献

"文献"两字最早见于《论语·八佾》："子曰：夏礼，吾能言之，杞不足征也；殷礼，吾能言之，宋不足征也。文献不足故也；足，则吾能征之矣。"我国古代学者马端临编撰的《文献统考》是我国第一部以"文献"命名的著作。古人一般把书面记载的有关典章制度的文字资料和口头相传的言论资料，统称为文献。英文中与文献对应的概念是 document，它除了文献的意义之外，还包括印刷品以外的手写信息和电子信息等。

1983 年，我国颁布了《中华人民共和国国家标准.文献著录总则》，给文献作了简明的定义："文献，是记录有知识的一切载体。具体地说是用文字、图形、符号、声频、视频等技术手段记录人类知识的一切物质载体，或理解为固化在一定物质载体上的知识。"目前国际上通用的国际标准化组织(文献情报术语国际标准)(ISO／DIS5217)对文献的解释是："在存贮、检索、利用或传递记录信息的过程中，可作为一个单元处理的，在载体内、载体上或依附载体而存贮有信息或数据的载体。"

文献由知识、载体、记录三个要素组成，缺一不可。知识是文献的信息内容，载体是文献的存在形式，记录方式是二者之间的联系纽带。文献作为重要的信息载体，记录了人类在生产生活和科学创造等活动中的信息和知识，这是文献存在的主要职能。载体和知识是文献的两个基本要素，记录是文献的基本特点。文献通过一定的记录手段，将信息记录或描述在一定的物质载体上，通过特定的表现形式，能起到存储和传递知识信息的作用。关于信息、知识、文献三者之间的转化关系如图 1-1 所示。

随着人类社会和科学技术的发展，文献所记载的知识信息内容不断扩大和深化，文献的物质载体从金石、竹简、羊皮、丝帛、纸张发展到感光介质和磁性介质，从而使得文字记录可以转变为数据记录，实现了纸质文献信息向电子信息的转换。

(三) 信息与情报

在我国，情报自产生开始就带有鲜明的军事色彩，是与战争、谍报、秘密等相关的一个专门术语。一般认为，情报是关于某种情况的消息和报告，多带机密性质，通常是指秘密的、专门的、新颖的一类信息，其对应的英语词汇是 intelligence。

在 20 世纪 70 年代至 90 年代期间，经过情报学的引申，情报的概念不断扩大，外延不断拓宽，从军事扩大到政治、经济、文化、科学等诸多领域，并背离了他本身的涵义，甚至把一切属于公开信息范围的都称为情报。1992 年 9 月，国家科学技术委员会提出将情报改称信

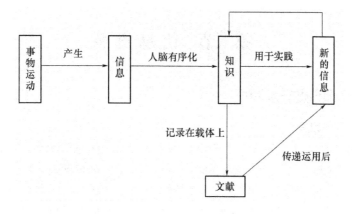

图 1-1　信息、知识、文献之间的转化

息后，大部分的机构、团体和学者也逐渐摒弃了情报的叫法，而正名为信息。这不仅适应了信息社会迅速发展的形势，而且有利于进一步规范有关学科的建设与发展。

1999 年，孟广均、徐引篪等指出情报的四大特点：

(1) 情报是冲突、对抗乃至竞争的产物。

(2) 情报一般不具有共享性或者说共享范围非常小。

(3) 情报是为决策服务的，情报服务不面向一般公众，面向公众的乃是信息服务。

(4) 情报的附加值远远高于一般的信息，其生成周期又大多短于一般的信息。

概括地说，信息是大量、普遍、公开存在的，一般可以任意和比较自由地发布与获取；情报则是必须通过特定的方式取得的一种具有相对秘密性质的、具有特殊利益的、少数的、部分的、不公开的消息。从哲学方面而言，信息是客观存在的，情报是主观意识上的东西。可以说所有的情报都是信息，但不能说所有的信息都是情报。同时，情报是经人的智力(文字理解能力、认知能力、推理能力和处理各项关系的能力)将序化了的数据加工成更高层次的信息，并激活成决策所需的知识，是人们为一定目的而搜集的有使用价值的知识。因此，情报属于知识的一部分。

综上所述，信息包含了知识、文献和情报，是一个从低级到高级的信息集合。知识是信息的一部分，而情报是知识的一部分，文献则是信息、知识、情报的存储载体和重要的传播工具。知识与文献的区别在于，知识包括隐性知识和显性知识两部分，而文献记录的知识仅仅是显性知识，即客观知识，因此文献也只是知识的一个子集。信息、知识、文献、情报之间的具体关系，如图 1-2 所示。

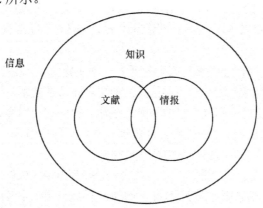

图 1-2　信息、知识、文献、情报之间的关系

5

第二节 信息资源

一、信息资源的概念及特性

(一) 信息资源的概念

信息与能源、材料已并列成为当今世界的三大资源。信息资源对社会发展、人们的工作和生活具有至关重要的作用，并已成为国民经济和社会发展的重要战略资源。尽管信息在客观世界中无处不在，但并非所有的信息都是资源，只有经过人类开发与组织的信息才能构成信息资源。信息资源是由信息和资源两个概念整合后衍生而成的新概念，是各种信息要素资源化的产物。

对信息资源概念的认识和理解起源于 20 世纪 70 年代后期。信息资源相关理论的发展主要经历了三个阶段：

(1) 传统管理阶段。20 世纪 50 年代—70 年代，以图书馆、情报所为代表的文字信息资源管理。

1979 年，美国著名信息资源管理专家霍顿(F. W. Horton)指出了信息资源的两种解释：信息资源为单数(resource)时是指某种内容的来源，即包含在文件和公文中的信息内容；信息资源为复数(resources)时是指支持设备，包括供给、设备、环境、人员、资金等。

(2) 信息管理阶段。20 世纪 70 年代末—20 世纪末，以计算机应用和数据处理为典型代表。

1986 年，美国著名信息管理学家马尔香(D. A. Marchand)与霍顿合著的《信息趋势：从你的信息资源中获利》一书认为，信息资源包括：

① 拥有信息技能的个人；

② 信息技术及其硬件和软件；

③ 信息设施，如图书馆、计算机中心、信息中心、传播中心等；

④ 信息操作和处理人员。

1991 年，我国著名情报学家孟广均在给《知识工程》的贺词中写道："信息资源包括所有的记录、文件、设施、设备、人员、供给、系统和搜集、存储、处理、传递信息所需要的其他机器。"

(3) 信息资源管理阶段。21 世纪初，以网络平台、海量数据库、信息处理技术为代表，信息交换、信息共享、信息应用为内容，视信息资源为主要经济资源进行管理的信息资源管理。

2004 年，马费成在《信息资源开发与管理》一书中定义：所谓信息资源，就是指人类在信息活动中积累起来的以信息为核心的各类信息活动要素即信息技术、设备、设施、信息生产者等的集合。这里的信息活动包括围绕信息的搜集、整理、提供和利用而开展的一系列活动。

关于信息资源(information resources)的概念，学术界至今尚未形成统一的定论，但一般从狭义和广义两种角度来认识和理解信息资源的含义。

(1) 从狭义上理解，信息资源是指人类社会经济活动中经过加工处理的、有序化并大量积累的有用信息的集合，即只限于信息本身。例如：科技信息、社会文化信息、市场信息等都是常见的狭义的信息资源。也就是说，信息资源只限于信息内容本身，而不包括其他因素。

从狭义角度出发，有助于把握信息资源的核心和实质。因为信息资源中所蕴含的有用信息能够消除社会经济活动中的不确定性，帮助人们进行决策。

(2) 从广义上理解，信息资源主要是指人类社会信息活动中积累起来的以信息为核心的各类信息活动要素的集合。其既包括信息本身，也包括信息技术、设备、资金、信息生产者等各种要素。从广义角度出发，有助于全面把握信息资源的内涵。因为按照系统论的观点，整体大于部分之和。

一般来说，信息资源的内涵和外延主要表现在四个方面：

① 信息资源应当是信息的集合；

② 信息资源应是有用的信息的集合；

③ 信息资源应是经过人类组织的、有序的、可存取的信息的集合；

④ 信息资源应包括各种文献载体形式。

信息与信息资源之间既有紧密的联系又有根本的区别。首先，信息是构成信息资源的根本要素，但信息并不等同于信息资源，而只是其中的一个要素，二者的外延是不同的。其次，信息在经过有序化的组织处理后，才可能成为信息资源。美国未来学家奈斯比特在《大趋势》一书中指出："我们淹没在信息中，但是却渴求知识。""在信息社会中，没有控制和没有组织的信息不再是一种资源，它反而成为信息工作者的敌人。"可见，信息资源是有用的信息的集合。最后，信息之所以不能等同于信息资源，还因为信息效用的发挥和信息价值的实现是有条件的，信息的收集、处理、存储、传递和应用都必须采用特定的信息技术和信息手段才能得以实现，信息的有效运动过程必须有特定的专业信息人员加以控制和协调。因此，信息资源的完整体系是由信息、信息技术与设备和信息人员构成的。

(二) 信息资源的特性

科技文化的发展和人们的生活学习，越来越离不开对信息资源的有效利用。在浩如烟海的信息资源海洋中，信息资源呈现离散性、无序性、多样性的特点。信息资源是有用的信息的集合，它具有信息的基本特征。同时，资源一般分为经济资源和非经济资源两大类。信息资源属于一种经济资源，因此又具有经济资源的一般特征。而作为一种具有特殊内涵和特殊配置形式的社会资源，信息资源还具有以下特性：

1. 知识性

信息资源是人类所开发与组织的信息，是人类脑力劳动或者说认知过程的产物。人们在一定的知识水平条件下，吸收外来的信息，引起思考，对其进行加工和整理，并加以利用。可见，信息资源是人类知识利用的集中体现。不同的信息资源反映了不同社会或者地区的知识水平。人类智能的高低决定着信息资源的量与质。因此，知识性是信息资源的本质特性。

2. 不均衡性

信息资源的不均衡性表现在人们对其掌握程度和其区域分布方面。一方面，由于不同的个体存在认识能力、知识储备和信息环境等方面的差异，导致所掌握的信息资源也不尽相同；另一方面，信息资源在地域分配方面存在不均衡性。由于社会发展程度不同，不同区域对信息资源的开发程度也不同，因此信息资源的分布也存在不均衡性。

3. 主导性

信息资源的主导性表现在信息资源具有开发和驾驭其他资源的能力，并发挥主导作用。不论是物质资源还是能源资源，其开发和利用都依赖于信息资源的支持。人类的认识和实践过程基本上都是信息利用过程，尽管该过程的每一环节都离不开物质和能量，但贯穿始终、统帅全局和支配一切的却是信息资源。一般说来，人类利用信息资源驾驭其他资源的能力受科技发展水平和社会信息化程度的影响。科技越发展，社会信息化程度越高，人类利用信息资源驾驭其他资源的能力就越强。因此，作为一种资源的信息资源有着举足轻重的作用。

4. 增值性

信息资源是人的智慧与才能的结晶，能够重复使用，具有增值性。信息资源不会因为使用而损耗，反而在开发利用过程中不断地丰富和更新，成为新的信息资源。正如萧伯纳所说："你有一个苹果，我有一个苹果，彼此交换一下，我们仍然是各有一个苹果；但你有一种思想，我有一种思想，彼此交换，人们就都有了两种思想，甚至更多。"信息资源不仅可以通过信息的保存、积累、传递达到时间点上的延续，而且能在被多方利用的过程中得到增长和积累。相反，自然资源的利用往往是一次性的，越开发资源越少，利用的越多消耗越多。

二、信息资源的发展

信息资源凝聚着人类的智慧，是人类认知过程的产物。信息资源的生产是从人对外界信息的感知开始的。随着信息技术的空前发展，信息资源无论是在内容还是在表现形式方面都发生了前所未有的变化，不仅由单一的符号、图像或文字变得复杂而丰富，而且在存储方式、传播途径、载体形式、处理方法等方面都呈现越来越多样化的趋势。

(一) 物质载体的多样化

随着生产力的进步和科学技术的发展，人们用来存储和表达思想的物质载体不同了，从非人工材质的泥版、岩石、石板、兽骨、木板、竹片、兽皮、树叶、桦树皮等到各种人工材质，如无机材质(陶、砖瓦、瓷，玻璃等)、金属材质(青铜、铁、铝、金银等)、高分子材质(帛、纸、胶片、醋酸纤维等)、复合材质(磁带、光盘等)，越来越多的信息资源被记录和存储在新型介质上。随着人类交际方式的复杂化，信息资源的载体形式空前丰富，包括报刊、杂志、录音、录像、电视、电影、微缩胶卷、电子图书、光盘读物、网上图书馆、多媒体数据库等应有尽有。

(二) 传播途径的多样化

随着计算机和网络技术的广泛应用，信息资源的传播形式也越来越多，传播的速度也越来越快。信息以纸张为载体、用邮寄方式传递的局面也随之被打破，增加了电话、传真、网络等传递方式。以往利用纸质媒介传递的公文、图书、图纸、图像、文献资料等，都可以通过计算机来处理，由此产生了电子公文、电子图书、电子文献资料等。传统图书馆里的图书、期刊和报纸等纸质载体上的信息资源都能够数字化，使得信息资源能更好地被获取、处理、传送和利用。

(三) 数量和内容的变化

当今时代是个信息爆炸的时代，随着现代信息技术的应用，信息资源的数量迅速膨胀，呈现几何级数的增长态势。因此，信息资源的数量由少变多了，而且以前难以生产的信息内容现在很容易就生产出来，如书本由手抄到印刷出版；以前难以获取无法利用的信息现在通过计算机和网络就能方便快捷地获取。在内容方面，现在的信息资源不仅包括了正式和非正式的传统信息资源，也包括了网络上的非正式信息交流，像电子邮件、论坛等，各种正式和非正式、有用和无用的信息交织在一起，因此信息资源的内容更加复杂化和多样化了。

(四) 分布模式的变化

在印刷型文献信息一统天下的时代，信息资源的社会分布相对集中。图书馆、情报所、档案馆是信息资源的主要分布点，信息服务部门的信息主要来自出版社、报刊编辑部、新华书店和图书进出口公司。当今信息资源的社会分布异常分散，数量众多的信息资源广泛地分布在各类社会机构、社会组织以及大部分家庭中。在传统环境下，信息只能在一定时间、空间范围内得到有限的共享。而在网络环境下，网络给人类带来了方便的信息获取渠道和对信息的无限共享，用户可以在任何时候、任何地点获得任何信息资源。网络为人类提供了一个全新的信息环境。

三、信息资源的分类

信息资源是经过人工选取、组织、序化的有用的信息集合，其内容比较丰富。划分信息资源的标准并不固定，主要取决于人们分析问题的不同需要。根据不同的划分标准，信息资源的类型也有所不同。按其产生来源可分为自然信息资源和社会信息资源；按载体形式可分为刻写型信息资源、印刷型信息资源、微缩型文献信息资源、视听型信息资源；按其加工层次可分为一次信息资源、二次信息资源、三次信息资源，等等。

(一) 按开发程度划分

1. 潜在信息资源

潜在的信息资源是指个人在认知和创造过程中储存在大脑中的信息资源，它们虽然能为个人所利用，但却易于忘却而消失，并且无法被他人理解和利用，是一种有限再生的信息资源。

2. 现实信息资源

现实信息资源是经个人表述后能为他人利用的信息资源。它具有社会性，可以通过特定的符号表述和传递，可以在一定的社会条件下被人类广泛而连续地利用，是一种无限再生的信息资源。

(二) 按管理的角度划分

1. 记录型信息资源

记录型信息资源包括由传统介质和各种现代介质记录和存贮的知识信息，如书籍、期刊、数据库、网络等，是收集、获取和整理信息资源的主要来源。记录型信息资源是信息资源存在的基本形式，也是信息资源的主体。

2. 实物型信息资源

实物型信息资源用实物本身来贮存和表现的知识信息，如某种样品、样机，它本身就代表一种技术信息。这类信息资源不能直接进入信息系统，要对其进行处理，必须先将它转换成记录型信息。

3. 智力型信息资源

这类知识资源主要表现为人脑贮存的知识信息，包括人们掌握的诀窍、技能和经验，又称为隐性知识，它根据社会需求提供各类咨询服务。

4. 零次信息资源

这类信息资源指各种渠道中由人的口头传播的信息。零次信息的存在形式、传播渠道具有较大的随机性，难于存贮和系统积累，给这类信息资源的管理带来了很大的困难，需要采用特殊的方法搜集、记录、整理和贮存。

(三) 按其公开程度划分

(1) 白色文献。它指一切正式出版并在社会上公开流通和传递的文献，包括各类图书、期刊、报纸、缩微胶卷、光盘、数据库等。这类文献通过出版社、书店、邮局等正规渠道发行，向社会所有成员公开，其蕴涵的信息人人都可使用。

(2) 黑色文献。它指不对外公开、具有完全保密性质的文献。如未解密的政府文件、内部档案、私人日记、信函等。这类文献除作者及特定人员外，一般社会成员极难获得和利用。

(3) 灰色文献。它是指介于白色文献与黑色文献之间的、半公开的、非正式的文献。如社会上公开传播的内部刊物、内部教材和会议资料等。这类文献出版量小、发行渠道复杂、流通范围有限，不易搜集。

(四) 按加工层次分

按照信息资源加工程度的不同，可将信息资源划分为一次信息资源、二次信息资源和三次信息资源。

一次信息又称原始信息，是以作者本人的研究工作或研究成果为依据撰写创作的论著、论文、技术说明书等。一次信息是文献的主体，是最基本的情报源，是文献检索的对象。诸如专著、报刊论文、研究报告、会议文献、学位论文、专利说明书、科技档案、技术标准、科技报告等，多属一次信息。只要是原始的著述，无论是何种文献形式或载体类型都统称为一次信息。一次信息具有重要的参考和使用价值。一次信息不仅具有创造性的特点，而且还具有原始性和分散性的特点。一次信息的创造性是指作者根据工作和科研中的成果为依据撰写的具有创造性劳动的结晶。它包含着新观点、新发明、新技术、新成果，具有直接参考、借鉴和使用的价值。一次信息的原始性是指它是作者原始创作和首次发表的。因此，它既有可靠性的一面，也有不成熟的一面。

二次信息是指人们把大量的、分散的、无序的一次信息收集起来，按照一定的方法进行加工、整理，使之系统化便于查找而形成的文献。报道和查找一次信息的检索书刊，如各种目录、索引和文摘等。二次信息是图书情报工作者在大量收集原始文献的基础上，经过分析、归纳、重组后出版的。二次信息是一次信息的集约化、有序化的再次出版，是贮藏、利用一次信息的主要的、科学的途径。它的主要类型有目录、索引、文摘等。

① 目录是著录图书和其他文献的出版物，并按一定的排检方法编排而成的。其收录范围广，报道速度快，是用来查找最新文献的重要工具。

② 索引是将文献中的各种知识单元以一定的原则和方法排列起来的一种检索工具。这些知识单元可以是篇名、人名、名词术语、地名、各种号码、分子式、结构式等。

③文摘以单篇或单本文献为报道单位，不仅著录一次信息的外表特征，还著录文献内容。文摘是二次信息的核心。二次信息的重要性在于给人们提供了一次信息的线索，因此，它是人们打开一次信息知识宝库的一把钥匙，从而大大减少了人们查找一次信息所花费的时间。

三次信息是选用大量有关的文献，经过综合、分析、研究而编写出来的文献。它通常是围绕着某个专题，利用二次信息提供的线索，选用大量一次信息的内容，经过综合、分析和评述再度出版的文献，如各种述评、进展报告、动态综述、手册、年鉴和百科全书等。我们使用的各种教科书也属于三次信息。三次信息不仅具有综合性的特点，而且还具有价值性和针对性的特点。三次信息的综合性是指它是在大量有关文献的基础上，经过综合、分析、研究而形成的。也就是把大量分散的有关特定课题的文献、事实和数据进行综合、分析、评价、筛选后，以简练的文字扼要地叙述出来，其内容十分概括。三次信息的价值性是指它是对大量的有关特定课题的文献中所包含的知识、素材、事实和数据进行综合、分析、研究后编写出来的。它可以直接使用、参考、借鉴，有很高的实际使用价值。三次信息的针对性是指它大多都是为特定的目的而编写的。在通常情况下，它是信息情报部门受用户的委托而从事信息研究的成果。

四、图书馆信息资源结构

图书馆是信息资源建设与服务中心，是实现知识自由平等免费获取的社会保障机构。承担着文献信息搜集、保存、整理、传递、开发的社会职能。随着信息技术的快速发展，图书馆的信息资源结构不断发生着变化。目前，图书馆处在传统信息资源与数字信息资源并存的时代，数字资源在图书馆中所占的比例逐渐上升。传统信息资源是信息资源建设的基础，数字信息资源是传统信息资源的补充和深化，两者共同构成了图书馆的信息资源保障体系，是图书馆提供信息服务的资源基础。

(一) 传统信息资源

即以文献为载体的信息资源。文献，就其本质来说就是将信息知识内容，以某种形式的符号记载在一定的物质载体上，通过一定的方式进行制作，最后以一定形态呈现出来的物质实体。传统信息资源根据其记录方式和载体材料的不同有以下几种类型：

1. 刻写型文献信息资源

刻写型文献是指印刷术尚未发明之前的古代文献和当今尚未付印的手写记录，以及正式付印前的草稿。如古代的甲骨文、金饰纹、棉帛文、竹木文以及现今的会议录、手稿、书信、原始档案等。刻写型文献中有许多稀有和珍贵的文献信息资源。

2. 印刷型文献信息资源

印刷型文献是指印刷术发明以后，以纸张为存贮载体，通过油印、铅印、胶印、复印等手段，将文字固化在纸张上所形成的文献。如图书、期刊、报纸等。其优点是便于传递和阅读，并且阅读时不需借助任何技术设备。但是它体积大、存贮密度低，所占的存贮空间很大，很难实现自动化管理和服务。

按照出版形式，印刷型文献还可区分为以下类型：

1) 图书

狭义的图书是指以纸张为载体，记录与传播知识，具有完整装帧形式的非连续性出版物。图书的历史悠久，流传广泛，数量庞大，使用方便，是迄今为止最主要的文献信息资源。图书的内容特征是主题突出，知识内容完整、系统和成熟，多是著者长期的成果、学识的积累。因此，要系统的学习各学科的基础知识，要在某些知识领域作全面的、历史的、深入的研究，图书是无可取代的信息源。但是图书出版周期长，反映的信息内容相对滞后，一些新理论、新观点、新技术、新方法等不能及时反映，内容的新颖性不够。

按使用目的不同，可将图书划分为以下两类：一类是供阅读的著作，包括专著、译著、教材、资料汇编、通俗读物、少儿读物等；另一类是供查考的工具书，包括书目、索引、文摘、指南、百科全书、手册、年鉴、字典、词典等。按照出版方式的不同，又可将图书划分为单本书、多卷书、丛书等类型。

2) 连续出版物

连续出版物是指印刷或非印刷形式的出版物，具有统一的题名，定期或不定期以连续分册形式出版，有卷期或年月标志，并且计划无限期地连续出版。连续出版物出版周期短、速度快，内容新颖，能及时反映最新知识、最新科研成果和最新时事。连续出版物包括：期刊、报纸、年度出版物(年鉴、指南等)以及成系列的报告、学会会刊、会议录和专著丛书等。在连续出版物庞大的家族中，期刊占有主要的位置。

期刊一般是指具有固定名称、版式和连续的编号，定期或不定期出版的连续性出版物。

期刊上刊载的论文大多数是原始文献，包含有许多新成果、新观点、新动向，其特点是出版周期短，报道速度快，内容新颖、发行及影响面广。据估计，期刊情报约占整个情报源的 60%～70%，因此受到科技工作者的高度重视。大多数检索工具也以期刊论文作为报道的主要对象。需要对某一问题深入了解时，较普遍的办法是查阅期刊论文。

3) 特种文献

特种文献是一种介于图书与期刊之间的似书非书、似刊非刊的文献资料，特种文献的出版发行和获取途径都比较特殊。它包括了除图书、期刊之外的其他所有类型的文献，如专利文献、标准文献、科技报告、会议文献、学位论文、科技档案、产品样本和政府出版物等。

3. 微缩型文献信息资源

微缩型文献信息资源主要是指微缩资料，它是利用光学记录技术，将印刷型文献的影像缩小记录在感光材料上制成的文献复制品。微缩资料按其外形可分为微缩胶片、微缩胶卷、微缩卡片。按透光性可分为透明体和不透明体。

微缩资料的主要优点：一是体积小，质量轻，信息存储量大。一般微缩倍率为 1/20～1/40，超微缩倍率为 1/150～1/200，在存储相同资料的情况下，微缩资料比纸质文献节省空间 98%，质量减轻 95%。二是复制性能好，可缩小，可放大，不走样，不变形，易于转换成其他形式文献。三是成本相对低廉，仅为印刷品的 1/15～1/20。微缩资料的主要缺点是使用不方便，必须借助阅读放大机才能阅读；阅读效果不如印刷品；保存与使用条件严格；设备费用投资较大。

4. 视听型文献信息资源

视听型文献信息资源主要指视听资料，又称声像文献。它是以电磁材料为载体，以电磁波为信息符号，将声音、文字及图像记录下来的一种动态型文献。它的特点是动静交替、声情并茂、形象逼真，可以提高人们对信息知识的理解、吸收和记忆能力。

视听资料按人的感官接受方式可分为三种类型：视觉资料，包括照相底片、摄影胶卷、幻灯片、无声录像带、无声影片、传真照片等；听觉资料，包括唱片、录音带等各种发声记录资料；音像资料，能同时显像发声的记录资料，如有声影片、电视片、配音录像带等。

(二) 数字信息资源

数字信息资源是指以数字化的形式，将文字、图像、声音、动画等多种形式的信息存储在光、磁等非纸质载体中，以光信号、电信号的形式传输，并通过计算机和其他外部设备再现出来的信息资源。随着计算机网络技术的发展，数字化信息资源又可进一步区分为单机信息资源和网络信息资源。

1. 单机信息资源

单机信息资源是指通过计算机存储和阅读，但不能在网络上传输的数字化信息资源，人们常称之为机读资料。它与网络信息资源的区别就在于其存储的空间范围。随着计算机存储设备容量的不断扩大以及计算机网络技术的不断发展，计算机间的透明访问越来越多，这两类信息资源的差别也就越来越小。单机信息资源按其存储载体可分为磁带、磁盘、光盘等类型，其中磁盘和光盘是最主要的单机信息资源类型。

2. 网络信息资源

网络信息资源是指通过计算机网络可以利用的各种信息资源的总和。从信息资源建设的角度出发，网络信息资源不是一个物理概念，也不是独立存在的实体，而是一个跨国家、跨地区的信息空间，一个网络信息资源库。

网络信息资源类型的划分标准很多，依照不同的标准可将网络信息资源划分成不同的类型。比较有代表性的划分方法有：

(1) 按使用形式划分，可将网络信息资源划分为联机检索信息资源和互联网信息资源两种类型。

联机检索信息资源主要是指通过主机或联机网络及检索终端获取信息的联机数据库。其优势是内容覆盖面广，检索精度高，信息规模大，节省时间，已形成一整套信息安全和授权等规范管理的制度和方法。其不足是使用时必须有专业人员帮助，用户界面不统一，检索途径和方式随系统和数据库的不同而有所差异，所有的服务都要收费。

互联网信息资源是世界上最具有活力的、前景最广阔的信息资源。互联网上的网站和用户都是信息的生产者和发布者。其优势体现在互联网将各种信息内容集中在统一易用的用户界面上，消除了地理、文化、语言和时空的限制，方便用户存取与利用；它改变了原始信息产生、采集和提供传递的模式，实现了信息表达和传输的质的飞跃。存在的问题是信息组织上的庞杂无序；信息安全、网络安全问题；版权保护、隐私保护问题。

(2) 按所对应的非网络信息资源划分，可将网络信息资源分为如下类型：

① 联机公共目录。在互联网中，图书馆目录发展成为 OPAC(Online Public Access Catalog)，用户通过图书馆的 OPAC 就可以查询世界各地的大学图书馆、公共图书馆和专业图书馆的馆藏资源。

② 电子书刊。它指完全在网络环境下编辑、出版、传播的书刊，包括电子书籍、电子期刊、电子报纸。

③ 参考工具书。许多传统的和现代的参考工具书都已进入互联网，如大不列颠百科全书、牛津大辞典等。

④ 数据库。数据库作为高质量的学术、商业、政府和新闻信息的重要来源，成为网络信息资源的主体。在网络环境下，用户可以直接联机检索有关数据库，快捷而又方便。

⑤ 其他类型的信息。除了上述几种类型的信息之外，电子邮件、电子公告、新闻组、用户组也成为信息交流的重要渠道，并成为网络信息资源的重要组成部分。

(3) 按信息的制度化程度划分，可将网络信息资源分为如下类型：

① 非正式出版物。如电子邮件、专题讨论小组和论坛、电子会议、电子布告板新闻等。

② 半正式出版物。即各种"灰色"信息，如各种学术团体、教育机构、企业和商业部门、国际组织和政府机构、行业协会等在网上发布，在正式出版物上无法得到的信息。

③ 正式出版物。通过万维网用户可以查询到的各种数据库、联机杂志和电子杂志、电子版工具书、报纸、专利信息等。

(4) 按信息存取方式划分，可将网络信息资源分为如下类型：

① 检索型信息资源。它指用于检索网络信息资源的检索工具，包括联机在线书目检索和搜索引擎等。

② 邮件型信息资源。它指信息服务机构根据用户的需求采用电子邮件和电子邮件群体服务(Mailinglist)的方式进行传递的信息资源。

③ 揭示型信息资源。它以不特定的大多数网络用户为对象的非即时的信息传递方式所产生的信息资源，如网络新闻和匿名文件传输(FTP)等。

④ 广播型信息资源。它指在网络上向特定的利用者即时提供图像和声音信息的传播方式

所产生的信息资源。

⑤ 电话型信息资源。它指以某些特定的个人和群体为对象即时传递的信息,如网络参考咨询、会话(Talk)等。

第三节 信息素养

在知识经济时代,信息素养已成为科学素养的重要基础,为了适应信息化社会,从浩如烟海的信息海洋中获取必要的信息,就必须具备良好的信息素养。总之,信息素养是信息时代大众所必须具备的认识、使用不同媒介(影视、广播、网络、报纸、杂志、广告等)和获取、判断、分析、占有、使用、生产、交换不同类型信息及抵制不良信息干扰的综合能力素质。

一、信息素养的内涵

信息素养又称信息素质,是从图书室检索技能发展演变而来。信息素养(Information Literacy)概念的提出和对其的系统研究始于 20 世纪 70 年代。随后,许多学者和研究团体在不同时期作出了不同的界定。信息素养的定义也随着时代推移和理论的进步在不断地发展演变。

(1) 1974 年,美国信息产业协会主席保罗·泽考斯基提出:在信息资源应用到工作方面得到良好训练的人,方可成为具有信息素养的人,他们已经习惯了使用各种信息工具和主要信息来源的技术,以形成信息方案来解决问题。他从文化素养、信息意识和信息技能三个方面对信息素养理念进行了阐述,后历经众多学者与机构的研究与探索,信息素养的内涵得以不断发展与完善。

(2) 1989 年,美国图书馆协会(ALA)在其总结报告中进一步从四个方面将信息素养界定为:需要信息时具有确认信息、寻找信息、评价和有效使用所需要信息的能力。

(3) 1998 年,美国全国图书馆协会和教育传播与技术协会提出了学生信息素养的九大标准,它涵盖信息能力、独立学习和社会责任三个方面,进一步丰富了信息素养的内涵。

(4) 2003 年 9 月,联合国信息素质专家会议发表了"布拉格宣言:走向信息素质社会"。该会议由美国图书情报学委员会(NCLIS)和国家信息论坛组织,来自世界 23 个国家代表了 7 大洲的 40 位代表讨论了信息素质。他们认为如何使人们从互联网时代的信息和通信资源及技术中受益是当今社会面临的重要挑战,并宣布信息素质是终身学习的一种基本人权。

目前,信息素养作为一个概念已从最初的简单获取、处理、发布信息等操作技能,逐步上升为含义广泛的综合性概念,它不仅包括利用信息技术工具和信息资源的能力,还包括获取和识别信息、分析与评价信息、传递与创造信息的能力,更为重要的是包括以独立学习的态度和方法、强烈的社会责任感和参与意识,将已获得的信息用于问题的解决和进行创新性思维的综合信息能力。由此可见,信息素养蕴含着技术和人文两层含义:从技术上来讲,信息素养反映了人们利用信息技术工具的操作技能;从人文方面而言,信息素养又反映了人们面对信息的认识和态度,以及正确的信息伦理道德修养和社会责任感。概括起来,有信息素养的人应该具有五大特征:捕捉信息的敏锐性、筛选信息的果断性、评价信息的准确性、交流信息的自如性和应用信息的独创性。

尽管各个专家和机构对信息素养的具体界定有所不同,但是其内涵基本上都是一致的,信息素养的内涵是信息素养概念的进一步延伸和细化。我们认为,对信息素养的正确理解可以从以下方面入手:

(1) 信息素养包括对信息(涵盖多种信息源)有效的检索、评价和使用。

(2) 对信息进行批判性的思考，并将有用的信息变成自己思想的一部分。

(3) 具有对信息进行主动辨别，有区别地对待信息的能力。

信息素养是一种基本的能力素养，它是信息时代的一种基本的生存技能。在学习、工作和生活中需要获取重要的和有用的信息，找不到合适的信息，常常会解决不了实际问题，无法从事科学研究，无法做出正确的决策。同时，五花八门的信息也会迷乱你的眼睛，虚假的信息可能让你误入歧途。因此没有良好的信息素养，你会感到缺乏信息或淹没在信息的海洋中。

信息素养也是一种综合的能力素养。它涉及人文的、技术的、经济法律等诸多知识背景。它包括了信息意识、信息知识、信息能力、信息伦理道德等方面因素。信息素养与信息技术是息息相关的，当信息素养与信息技术交织时，才突显出它的意义和显著效果。它是一个了解、发现、评价和利用信息的智力构架，不但融入了信息技术和合理的方法，而且融入了批判性的思维能力、鉴别能力和创新能力是利用技术但又根本独立于技术的一种综合能力。

信息素养是一种发展型的能力素养。信息素养是在社会发展从工业社会进入信息社会后提出的一个对人的信息能力的评价指标要求，信息素养其实一直都存在于我们整个社会发展的过程中，只不过一直到信息社会时代，当信息技术高度发展，信息呈爆炸式增长，信息在生活中的地位日趋得到体现时，我们才开始重视和研究信息素养，才将信息素养作为一个重要能力指标单独提出来。因此信息素养的内涵必然还会随着社会的进步和发展不断地完善并被赋予新的内容，绝不会是一成不变的。

信息素养关系到个人的生活、职业的发展，关系到个人、企业、城市和国家的创新能力和竞争能力。在国家和城市信息化基础框架发展起来的今天，要使它充分地发挥功效，向应用的深度和广度发展，迫切需要建立个人信息素养的智力架构。

二、信息素养的培养

人类在数千年的文明发展中，生产和积累了大量的文献信息资源。这成为人类社会的一个巨大的知识宝库，充分检索和利用这些文献资料所包含的信息和知识，是开发人类智力资源的重要而有效的手段。信息检索就像一把开启知识宝库的钥匙，掌握并有效利用它，便能获得和利用人类的精神财富，并使其转化为社会物质财富，创造出更多的精神财富，推动社会的进步和发展。

信息素养作为对人的信息行为能力的整体描述，是信息社会中个人及整个民族都必须具备的一项基本素质。信息化社会要求社会群体和个体都必须具有高度的信息觉悟、正确的信息价值观等良好的信息素养。因此，处于这一时代中的人的信息素质，将直接影响着社会信息化的总体水平，影响着一个国家未来的发展。应当说，信息素养的重要性已经在世界各国形成了普遍的共识。因此，面对滚滚而来的信息洪流，培养现代人的信息素养不但是人们生存于信息时代的当务之急，更是实现终身学习的必经之途。培养信息素养可以从以下几方面入手。

(一) 培养信息意识

现代社会中，有无信息意识决定着人们捕捉、判断和利用信息资源的自觉程度，信息意识的强弱直接决定了信息需求和信息行为的产生。信息意识培养的目的就在于培养与加强对信息的敏感程度，使其对信息的认识从感性上升到理性，促使其潜在的信息需求得以呈现，并转化为能表达出来的信息需求，进而落实为具体的信息行为。信息意识的培养可以通过加强信息教育和信息需求培育这两个方面来实现。需要强调的是，在信息时代和知识经济的大背景下，人们必须树立终身学习观念。终身学习在一定意义上讲就是对信息的持续吸收和应用的过程。通过掌握丰富的信息资源和熟悉多样的信息手段，真正感受现代信息资源传递、交流和使用所带来的便利和迅捷，从而满足对信息的需求。

(二) 提升信息能力

信息社会可以看成是一个信息技术到处可以看到、随时可以用到的信息传播的大环境，所有人无论他们自觉还是不自觉，都要在信息大环境中，运用信息技术开展工作，因此信息能力的培养主要是信息技术能力的培养。一般来说，信息能力可以概括为信息使用能力、信息获取能力、信息处理能力、信息理解能力以及信息传播能力等几个方面。

1. 信息检索能力

信息检索能力是信息能力的基础，可以说，信息素养要求中最基本的就是信息系统的检索能力。海量的信息资源虽然给人们的学习、生活、工作带来了许多便利，但不可否认，也带来了巨大的信息压力。垃圾信息、不健康信息，往往干扰人们的思维，污染人们的思想，影响人们做出正确的判断。提高信息检索能力，可以使人们有效地化解信息污染带来的风险，缓解巨大的信息量带来的压力。信息检索能力的范围也十分广泛，包括正确无误地操作信息系统，根据学习的需要选择合适的数据库，并正确与熟练地使用等。

2. 信息获取能力

信息获取能力是指人们通过对自然的感应、人际交流和大众传媒，并且利用一定的信息技术获取信息的能力。在新知识、新信息以爆炸般速度猛增的时代，人们更需要从浩如烟海的信息海洋中快速准确地获取自己所需的各种信息。是否能获取到、获取信息的速度、准确度都是信息获取能力的反映。信息获取能力是人们能够利用信息的最基本的能力。信息获取能力主要包括:信息接受能力。即要求人们具有一定的专业知识、信息知识及一定的外语水平;信息搜集能力。指掌握一定的信息检索的方法，运用基础的信息技术，获取信息的能力;信息检索能力。即可以采用多种方式从众多的信息资料中查找出相关信息的能力。此外还要具有信息索取能力。即在检索的基础上，获得原始文献，了解掌握主要信息源的能力。信息获取能力是多种能力的综合体现。人们的知识水平、技术水平，影响信息获取能力的形成和发展。

3. 信息理解能力

信息资源中有着大量信息，人们在利用它们之前必须能够理解它们。因此，信息理解能力是信息能力十分重要的一部分。信息理解能力实际上包括以下几个方面:

(1) 识别与理解能力。能够正确无误地识别与理解所遇到的信息的含义;知道它们反映了什么客观规律与现象。

(2) 评价判断能力。能够正确地判断与估计所查找到的信息的价值与意义。

(3) 选择能力。能够在广阔的信息资源中选择适合自己需要的信息。

4. 信息处理能力

人们利用信息技术的根本目的是将所得到的信息化为己用，而所得到的信息都是其他人的结果或者没有经过加工的数据与信息，因此人们必须有一定的信息处理能力，才能把所得到的信息真正利用起来。信息处理能力可以概括为以下几个方面:

(1) 信息分类能力。能对各种各样的信息进行综合分析，以最适合自己需要的方式分类，并且了解各种信息的组织方式与工具。

(2) 信息统计分析能力。能够以各种有效的数学方法，对所得到的数据与信息进行统计分析，从而对这些信息的意义与可靠性合整体性认识。

(3) 信息改组能力。能够对所得到的信息按照需要重新进行组合，并利用它们得到某些新发现。

(4) 信息编辑加工能力。能够从所得到的信息中，截取某些有用的部分，进行编辑加工，形成自己需要的信息。

(5) 信息存取能力。能够以比较方便的方式将所得到的信息组织并存储起来，并且可以随时访问与取得这些所存储的信息。

5. 信息传播能力

在信息系统中，当人们以信息生产者与传播者的面貌出现时，信息传播能力就是一种十分重要的信息能力。它包含以下几个方面：

(1) 信息生成能力。能够利用各种各样的工具生成所需的信息产品。

(2) 信息表示能力。能够把自己的想法表示成为所需形式的信息产品。将信息素材按照自己的需要进行合理的组合加工生成新的信息。

(3) 信息报告能力。能够以他人容易理解的方式提交报告与进行报告，进行有效的信息传播。

(三) 提升信息道德修养、加强知识产权保护

信息道德是指在整个信息活动中，调节信息生产者、信息加工者、信息传播者以及信息使用者之间行为规范的总和。信息道德要求人们在信息行为实施的过程中必须遵守相应的法律、法规和伦理道德。当今社会是高度发展的信息化社会，它犹如一把双刃剑，在给人们带来积极影响的同时，也出现了许多信息时代所特有的道德问题。因此加强信息道德修养，约束自身的道德行为，在信息时代尤为重要。

信息道德培养的目的是促使社会个体成员遵循一定的信息伦理与道德准则来规范自身的信息活动行为。在信息社会，加强信息道德修养，首先要具有高度社会责任。网络赋予了个人自由、平等的信息存取的公民权利，使信息交流和信息创造无处不在。一个具有信息生产力的公民，不仅具有信息消费的权力，同时也是信息的生产者。提供可靠的信息、准确的数据、新颖独特的观点、有益的技术和方法和具有鉴赏性的作品，揭露偏见、欺诈，敢于承认错误、修正错误，这些是一个有责任有贡献的公民应有的信息素养。在信息共享日益发展的今天，与信息知识合理利用密切相关的知识产权保护问题变得日益复杂，网络伦理、信息行为、网络文化和国家安全等信息道德问题也日显突出。每个人都应遵循一定的信息伦理与道德准则来规范自身的信息行为，如不制作、传播、消费不良信息，不侵犯他人的知识产权、商业秘密、稳私权，不利用信息技术进行犯罪活动等。遵循法律法规，尊重他人的学术成果，尊重知识产权，合理合法地使用信息资源。

三、信息素养与文献检索教学

大学生作为国家未来发展的主力军，其信息素养是国民信息素养的重要体现。大学生信息素养教育已成为世界各国普遍关注的重大理论问题与实践问题。

2000 年，美国高等教育图书研究协会(ACRL)审议通过了《高等教育信息素养能力标准》，其中包含了五大标准：①具有信息素养能力的学生能决定所需要信息的种类和程度；②能有效、高效地获取所需信息；③能批判性地评价信息及其来源，并能把所选出的信息与原有的知识背景和评价系统结合起来；④能有效地利用信息达到某一特定目的；⑤能懂得有关信息技术的使用所产生的经济、法律和社会问题，并能在获取和使用信息中遵守公德和法律。该

标准是美国所有高校进行信息素养教学和评价的指导体系，作为教师或图书馆员评估学生信息素质能力的一个指南得到了广泛应用。

我国高等学校的信息素养教育可以追溯到 1984 年，教育部规定在全国有条件的高校广泛开展文献检索与利用课教育，目的是提高大学生的信息意识和文献检索技能。1992 年，国家教委下发了《文献检索课教学基本要求》，提出文检课的教学目标应体现在四个方面：①增强学生的文献信息意识；②使学生具有检索文献的技能；③使学生具有分析、加工、评述、利用文献的能力；④培养学生的自学能力和独立研究能力。2002 年，教育部首次将文献检索课教学改成信息素质教育，表明文献检索教学迈入了新的里程碑。

在我国，开设文献检索课是提高大学生信息意识和信息运用能力的主要途径，也是目前对大学生进行信息素养培养的主要方式。文献检索课是一门融图书馆学、情报学、计算机网络技术等多学科知识为一体的技能和方法课。其教学目标是提升学生的信息素养，培养学生的信息意识和获取文献的能力，提高学生的自主学习和解决问题的能力，充分发挥其创造力。

在信息社会中，快速获取与充分利用信息的能力将受益终身。了解检索工具的基本特点，掌握检索的基本技巧，充分利用图书馆，并合理保护知识产权是现代文献检索课程的主要内容。将信息素养的培养贯穿整个教程，充分结合数字网络环境是对现代文献检索教学的新要求。现代文献检索课的教学目标主要体现在四个方面：

(一) 明确信息需求

信息素养即能够根据所需，较准确地阐明自己的信息需求，并能根据需求，通过选择鉴别将各种形式和类型的信息源作为获取途径，正确地从丰富的信息资源中找到所需要的信息源。

(二) 增强信息意识

信息意识反映了人们对信息的性质、社会地位和作用的认识程度，是大学生能否发挥信息素养能力的先决条件。培养大学生的信息意识是文献检索课的培养目标之一。通过培养学生敏锐的信息领悟能力，使学生发现存在于科研、工作、生活等各个方面的信息源，并能从看似平常的信息中发现有价值的信息。同时，增强知识产权保护意识，正确合理地利用信息。

(三) 培养信息获取能力

信息的获取是信息的分析、处理和利用的基础和前提，离开了信息的搜集与获取，就谈不上信息的分析与利用了。因此培养信息获取能力尤为重要。文献检索课作为一门培养大学生信息素养的课程，通过学习可以掌握信息源的选择、信息获取方式的确定、检索策略的制订，最终获得较为满意的信息。

(四) 提高信息评价能力

评价信息的能力就是对信息的价值进行判断的能力。随着网络技术的发展，人们获取信息的渠道呈现多元化，一方面可以通过各种媒体轻易地获取大量信息；另一方面众多无关的、欠准确的信息也会充斥网络。提高评价信息的能力，对各种信息的可靠性、有效性、权威性做出准确的判断，可以主动地控制信息、驾驭信息。

信息素养是一项自主学习和终身学习的重要能力素质。文献检索课可以帮助大学生提高信息意识，掌握获取信息的方法和手段，扩大知识视野，启发思路。信息时代的到来以及网络技术的迅猛发展，迫切要求现代大学生必须努力提高信息素养，才能满足时代发展和个人发展的需要。

第二章 信息检索的原理与方法

对海量而杂乱的信息进行序化，是实现快速准确检索的基本条件。信息序化的过程必然涉及信息的整理、加工和利用等问题，采用科学方法将信息的外部与内容特征进行准确地揭示，利用各种标志符号进行标记，并以人工或机器容易识别的方式进行组织，就为信息检索提供了必要的条件。根据信息需求提问和已被有序化了的信息库的特点，优化检索途径、步骤和检索词及检索式，就能快速、准确地获取所需要的有用信息。

第一节 信息检索原理

一、信息检索的概念

(一) 信息检索的概念

信息检索的概念最早是由美国学者莫尔斯(C. N. Mooers)于 1949 年提出的，原文标题为《Information Retrieval》。在 20 世纪中期以前，信息存储和传播主要以纸质文献为载体，信息检索活动也围绕着纸质文献的获取和控制展开。因此，信息检索研究关注的是如何检索利用文献中记载的信息，文献检索一度成为信息检索的同义词。20 世纪 50 年代开始了计算机应用时代，信息检索得到迅速发展并使用"情报检索"一词。由于汉语中"信息"较"情报"的含义更为宽泛，加上英文 information 可以理解为"信息"或"情报"，随着通信技术与计算机技术的紧密结合，信息载体类型的多样化及传播手段的改进，情报检索研究和文献检索研究逐渐归入信息检索研究这一更具兼容性的概念。

信息检索有广义和狭义之分，广义的信息检索包含信息存储(storage)和检索(retrieval)两个过程。信息存储是指将大量无序的信息集中起来，根据其外部特征和内容特征，经过整理、分类、标引、著录和组织，使之系统化、有序化，并按一定的技术要求建成一个具有检索功能的工具或检索系统的过程；信息检索则是指根据用户的信息需求，制定检索策略，运用编制好的检索工具或检索系统，查找所需信息的过程。信息存储与信息检索的关系，如图 2-1 所示。

狭义的信息检索则仅指后一部分，即根据用户的信息需求查找特定信息的过程，相当于人们常说的信息查询(Information Search)。

(二) 信息检索的原理

信息检索的本质是一个信息匹配的过程，即用户的信息需求与特定信息集合的比较、选择的过程。也就是说，信息检索是用户根据自己的信息需求提出的主题概念或提问表达式与一定的信息系统的信息语言相适应的过程，如果两者相匹配，则所需信息就被检中，否则检索失败。信息检索的原理，如图 2-2 所示。

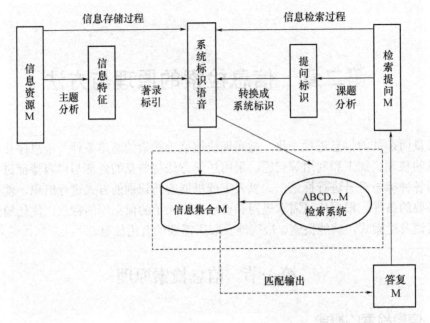

图 2-1　信息存储与信息检索关系图

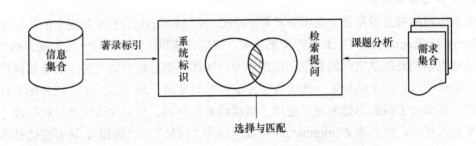

图 2-2　信息检索原理示意图

详细地说，信息检索的原理是：为了在信息集合中快速、准确、全面地获得特定需要的信息资源，必须首先要对广泛、大量、分散、无序的信息进行搜集、记录、组织、存储，以建成各种检索系统(如年鉴、百科全书、数据库等)；用户则根据需要，将需求转变为系统所能识别的检索式，再与检索系统中表征信息资源特征的标识进行逐一的相符性匹配与比较，两者完全一致或部分一致时，即为命中信息，可按用户要求从检索系统中输出。其检索结果既可能是用户需要的最终信息，也可能是用户需要的信息线索，用户可依此线索，进一步获取最终信息。但是，在实际的检索活动中，由于检索提问和系统标识存在着不可避免的不完整、不精确乃至不一致的状况，加上对于相关性的判断又完全取决于检索者的主观行为，所以，信息检索系统通过匹配来决定信息资源与检索需求的相关性存在着很多不确定的因素。

二、信息检索的发展历史

信息检索作为一项行为和技能早已有之，它的发展大致经历了以下几个阶段。

(一) 手工信息检索阶段

手工检索是指通过手工方式利用目录、文摘、索引等检索工具来处理和查找信息的过程。

它是一种传统而基础的检索方式。早在 2000 多年以前，由于文化典籍的不断积累，存储和检索典籍就已随之而产生。公元前 26 年，我国第一部综合性的书目检索工具《七略》问世，它以当时诸子百家的学术分类思想为基础，以汉代天禄阁的藏书为对象，按"部次甲乙"来组织文献典籍，这也是世界上第一部书本式的文献检索工具。在此后一千多年的时间里，我们的祖先按照儒家的正统思想，先后编制了《七志》、《七录》、《中经新簿》、《四库全书总目》等书目检索工具，为人类查询文献提供了方便。19 世纪末 20 世纪初，我国开始编印一些反映近代科学技术的译著目录。例如，梁启超的《西学书目表》，沈兆祎等人的《新学书目提要》等。

1876 年，美国图书馆协会(ALA)第一届大会召开，马萨诸塞州伍斯特(Worcester)公共图书馆馆员塞缪尔·格林(Samuel S. Green)在会议上首次提出了开展参考咨询服务的建议。20 世纪初，大多数图书馆都成立了参考咨询部门，利用图书馆馆藏书目工具为读者提供查找图书、期刊或事实信息。随着文献的剧增和读者需求的增长，图书馆的检索服务从简单地提供文献线索逐渐发展到从多种文献源中查找、分析、评价和重新组织情报资料。到 20 世纪 40 年代，图书馆的检索服务又进一步包括回答事实性咨询，编制书目、文摘，进行专题文献检索，提供文献代译等。

20 世纪 80 年代以前，计算机还没有普及的时候，手工检索一直都占据着重要的地位，各种有关手工检索的工具书层出不穷。例如，国内出现的《中文科技资料目录》、《国外科技资料目录》；国外的《化学文摘》、《生物学文摘》、《科学引文索引》，等等。

手工检索阶段的主要特点是：遵循既定的标引规则来著录各项内容；以印刷型文献(如图书、期刊、会议、专利、标准、学位论文等)为主要检索对象；以各类文摘、题录和目录性工具书为主要的检索工具；检索方法简单、灵活；检索策略便于修改，检索过程可及时发现问题，及时修改和补充；但检索效率比较低，费时费力，且查全率较低；进行复杂问题的多途径检索时，需要反复查找许多检索工具；用户主要是专业技术研究人员。

(二) 计算机信息检索阶段

以计算机技术为主的现代信息技术的发展是计算机信息检索发展的基础。计算机技术的不断进步和信息量的成倍增加，使人们对信息检索技术的要求也越来越高，尤其是网络技术和多媒体技术的出现，促使信息检索技术也不断地发展。计算机信息检索的实现，大大方便和加速了信息资源的交流和利用，并对社会经济的发展和人们的科学研究产生了深刻的影响，从而也极大地促进了科技的进步。

自从 1946 年第一台计算机诞生以来，计算机在信息检索领域的应用探索便不断取得突破与成功。计算机信息检索走过了辉煌的四个发展阶段：脱机批处理阶段(20 世纪 50 年代初至20 世纪 60 年代中期)；联机检索阶段(20 世纪 60 年代中期至 20 世纪 80 年代初)；光盘检索阶段(20 世纪 80 年代初至 20 世纪 90 年代初)；互联网检索阶段(20 世纪 90 年代初至今)。

1. 脱机批处理阶段

这一阶段主要以脱机检索的方式开展检索服务，其特点是不对一个检索提问立即作出回答，而是集中大批量提问后进行处理，且进行处理的时间较长，人机不能对话。早期的计算机没有终端设备，输入数据、命令均用穿孔卡片或纸带，存储介质主要是磁带，检索采用顺序检索技术，由用户向计算机操作人员提问，操作人员对提问内容进行主题分析、标引、编写提问式，输入计算机，建立用户提问档，按提问档日期对新到的文献进行批量检索，并将结果及时通知用户。

在 20 世纪 50 年代初期，美国麻省理工学院的巴格利开始利用计算机检索进行代码化文摘的可行性研究实验。1954 年，美国马里兰州银泉海军军械实验室利用 IBM701 型电子计算机，将文献号和少量标引词存储在计算机中，进行相关性比较后输出检索结果——文献号，由此诞生了世界上第一个文献信息的自动化检索系统。由于当时的计算机尚处在电子管时期，用于信息处理有很大的局限，所以无实用系统，而且只能是脱机检索。

20 世纪 50 年代末到 60 年代初，由于第二代计算机(半导体)的软硬件有了发展，文献处理与信息检索的性能增强，信息检索进入实用化的脱机批处理阶段。1959 年，美国的劳恩利用 IBM650 型计算机建立了世界上第一个基于关键词索引(Key Word in Context，题内关键词或题中关键词)的定题检索 SDI 系统，为科研机构提供一定主题的新式文献服务。KWIC 索引的编制，在信息检索界引起了广泛的关注和热烈的回应。1961 年，美国《化学文摘》社使用计算机编制《化学题录》(Chemical Title)，并发行《化学题录》机读磁带版，这是第一次公开利用计算机来处理书目信息。自此之后，计算机信息检索在世界范围内正式进入到实际应用与生产型开发的新时期。1962 年，美国国家航空和航天局开设了英国宇航局(National Aeronautics and Space Administration，NASA)系统。1963 年，美国系统发展公司受国防部委托开始研制 ORBIT(on-line Retrieval of Bibliography Information Time-shared)计算机存取系统并获得成功。1964 年美国国家医学图书馆也开始使用计算机编制世界医学文献的检索刊物"医学索引"(Index Medics)和建成了医学文献分析与检索系统(Medical Analysis and Retrieval System on-line，MEDLARS)并投入实际使用。MEDLARS 系统后来演变成联机检索系统，目前已成为世界上最大、最权威的医学文献检索服务系统。

2. 联机检索阶段

所谓联机检索，就是指用户使用终端设备通过通信线路与中央计算机连接，直接与计算机对话进行检索，结果由终端输出。

早在 20 世纪 60 年代初，就有了联机检索的研究和试验。在 1962 年，美国麻省理工学院进行了世界上最早的联机信息检索试验。进入到 20 世纪 60 年代中后期，随着计算机技术的不断进步，第三代计算机——集成电路计算机开始出现。与此同时，高密度海量随机存储器——硬磁盘及磁盘机问世并投入使用，软件上采用分时技术，存储容量大幅度增加，数据库管理及通信技术有了深入发展，以及数字通信技术和分组交换公用数据通信网的普及，这些都为联机检索系统的发展创造了客观条件。信息检索进入了人机对话式的联机实时检索时期，主要表现为：信息检索中心的主机借助于电话线与远距离检索终端相连，形成联机实时检索系统，用户通过检索终端与检索系统进行对话，并可以在终端屏幕上即时获得检索结果，联机检索广泛使用倒排文档检索方式，另外还对布尔逻辑检索、截词检索、位置检索等计算机检索技术加以试验和运用。

最早的联机信息检索系统，是美国洛克希德(Lockheed)公司研究实验室研制的 Convers 系统。该系统经过不断试验与改进以后，于 1966 年改名为 Dialog 系统，1967 年开始为 NASA 提供常规检索服务。与此同时，美国国家医学图书馆的 MEDLARS 于 1967 年秋与系统发展公司签订合同，将 ORBIT 软件装上该馆系统进行联机检索试验成功。1970 年，该系统开始向美国 90 家医学机构提供对《医学索引》数据库的一个子集进行检索，得到了令人满意的用户反映，并于 1971 年 10 月建立了完整的《医学索引》联机文档。欧洲宇航局的信息检索(Europe Space Agency Information Retrieval System，ESA-IRS)系统和美国纽约时报联机检索系统也投入运行。进入 20 世纪 70 年代以后，联机检索基本上结束了自己的内部试验性使用，开始投入商业化运营，面向社会公众提供联机服务。随后，卫星通信用于计算机网络，世界各大计算机检索系统纷纷接入通信网络为世界各地区进行服务，从而发展到国际联机检索。

联机实时检索阶段的主要特点有：检索速度快，检索效率高；信息资源丰富且质量高；可及时提供最新信息，实时性好；使用方便，检索途径多；可靠性强，共享性好；查全率和查准率高；但检索费用也比较高等。主要的检索方式有单词检索、词组检索、截词检索、布尔逻辑检索、限定检索和位置逻辑检索。它提供的基本服务包括回溯检索、定题检索、联机订购文献原文、电子邮件和光盘服务等。

3. 光盘检索阶段

早在 20 世纪 70 年代初，荷兰飞利浦(Philips)公司的研究人员开始致力于用激光来记录和存放信息的研究工作；1978 年，飞利浦公司推出了第一代数字式音频唱片；1983 年，首张高密度只读光盘(CD-ROM)诞生。自 20 世纪 80 年代中后期起，第一张只读光盘数据库 BIBLIOPHILE(即美国国会图书馆的 MARC 记录)于 1985 年投放市场，标志着光盘存储检索技术在信息检索领域实际应用的开始。1987 年，Dialog 系统开始推出其光盘检索服务(OnDisc)。此后，大量以光盘为载体的数据库产品和电子出版物及其服务不断涌现，并在检索领域逐步开展并逐渐流行起来。

由于光盘体积小、存储密度大、运输携带方便，而且与计算机、传真机、打印机等设备连接方便，光盘检索系统操作方便，不受通信线路的影响和制约，成本低廉，读取速度快，并且光盘数据库的存储检索技术又以惊人的速度向文字、图像、声音、动画等多媒体的方向发展，所以，光盘检索已成为计算机信息检索系统中备受信息检索用户青睐的一种方式。

早期的光盘检索系统是单机驱动器和单用户。为解决多用户同时检索的要求，即同一数据库多张光盘同时检索的要求，出现了复合式驱动器、自动换盘机及光盘网络技术。复合式驱动器可以同时处理多张光盘。光盘网络技术是将多个光盘驱动器连接在一台微机上，再与网络连接。这样，每个工作站都可以通过网络服务器查找存放在任何一个光盘驱动器中的光盘数据库，实现了光盘资源共享。

光盘检索阶段的主要特点是：使用方便快捷，不受通信线路及网络拥塞影响；一次购买，可以反复使用，检索费用低；检索界面友好，检索功能强大；可以实现多媒体检索；检索结果输出方式灵活。

4. 互联网检索阶段

进入 20 世纪 90 年代以后，互联网的发展风起云涌，人类社会的信息化、网络化进程也大大加快。随着综合业务数字网(ISDN)的普及与高性能通信设施的普遍采用，以国际因特网(Internet)为代表的先进的计算机信息网络的发展，不仅为我们开辟了走向世界的信息通道，也对计算机信息检索的模式产生了巨大影响。由于因特网具有信息量巨大、功能先进与多样、用户界面友好、成本低廉等优势，除网络版光盘检索外，人们同时可以采用动态的、交互式的方式在国际互联网上访问各类信息系统，利用各种搜索目录和搜索引擎查询信息资源，以获得更多在内容和格式上更符合需要的信息资源。

卫星通信技术的应用，使通信网络更加现代化，也使信息检索系统更加国际化，信息用户可借助国际通信网络直接与检索系统联机，从而实现不受地域限制的国际联机信息检索。尤其是世界各大检索系统纷纷接入各种通信网络，每个系统的计算机成为网络上的节点，每个节点联接多个检索终端，各节点之间以通信线路彼此相连，网络上的任何一个终端都可联机检索所有数据库的数据。这种联机信息系统网络的实现，使人们可以在很短的时间内查遍世界各国的信息资料，使信息资源共享成为可能。联机网络和检索终端几乎遍及世界所有国家和地区，使得国际联机信息检索的发展达到了相当高的水平，开展商业性国际联机检索服务的大机构已达 200 余家，像美国的 Dialog 信息公司已成为全世界最为著名的联机检索服务机构。

同时，因特网集成了文本、声音、图像，甚至动画等各种媒体信息的多媒体技术，与计算机技术、网络通信技术和信息处理技术有机结合起来，为信息检索系统的发展注入了新的活力。目前，多媒体信息系统已广泛地应用于科技、娱乐、服务、商业、教育等领域。这使信息检索在深度和广度，以及完整性方面与传统信息检索相比有了较大的飞跃。同时，由于其与计算机技术和通信技术相结合，因而能够实现多媒体信息的远程检索通信。

网络检索提供的基本服务包括：文档查询服务、基于菜单的信息检索服务、基于关键词的文档检索服务、基于超文本的搜索引擎服务。

三、信息检索的意义

(一) 信息检索是获取新知识的捷径

开放的市场经济，使传统教育培养的知识型人才已满足不了市场的需要，新的经济形势要求培养具有创新能力的创造型人才。创造型人才首先要具有自学的能力和独立的科研能力，其次在已掌握专业基础知识的基础上，能利用信息检索的方法查找到更新、更尖端、更专业的知识，在更广阔的知识领域中进行探索和钻研。20 世纪 70 年代，美国核专家泰勒收到一份题为《制造核弹的方法》的报告。他被报告精湛的技术设计所吸引，惊叹地说："至今我看到的报告中，它是最详细、最全面的一份。"但使他更为惊异的是，这份报告竟出于哈佛大学经济专业的青年学生之手，而这个 400 多页的技术报告的全部信息来源又都是从图书馆那些极为平常的、完全公开的图书资料中获得的。

(二) 避免重复研究，提高科研成功率

科学技术的发展具有连续性和继承性，任何科学研究都是在继承前人的知识后有所发明、有所创新的。科学研究最忌讳重复，因为这将造成不必要的浪费。在研究工作中，任何一个课题从选题、试验直到出成果，每一个环节都离不开信息。所以任何人从事某一特定领域的学术活动，或开始做一项新的科研工作，都要花费大量的时间，对有关资料进行全面的调查研究，摸清国内外是否有人做过或者正在做同样的工作，取得了一些什么成果，尚存在什么问题，以便借鉴、改进和部署自己的工作。只有这样方能做到胸有成竹，才能有所发现、有所创新、有所前进，否则容易造成重复劳动，导致人力、物力、财力的浪费。例如，我国葛洲坝工程二江电站出线方案，由于情报人员及时搜集、查阅、分析了大量国内外情报资料，提出高压架线路方案，该方案被采纳后，仅投资一项就节约了 400 万元。

(三) 节省科研时间，提高工作效率

随着科学技术的发展，信息数量在剧增并且学科间相互渗透，科研人员在进行一项科研活动中，查找资料占了大量时间，而且查找到的信息重复性多，查全率低，价值性不高。信息检索是研究工作的基础和必要环节，成功的信息检索无疑会节省研究人员的大量时间，使其能用更多的时间和精力进行科学研究，提高工作效率。据美国和日本 20 世纪 60 年代的一个统计，科学工作者在从事科研活动中所花的时间为，试验研究占 32.1%，计划、思考占 7.7%，数据处理占 9.3%，查找情报资料占 50.9%。如果熟悉文献检索方法，就能大大节省查找资料的时间，从而加快科研速度，早出科研成果。

在当今世界，提高工作效率，加快科研速度的意义还在于使相同科研课题在国内外竞争中处于有利位置。专利法规定，对相同的发明成果，按先申请原则授予专利权。即只授予第

一个申请人专利权，其后申请的发明作为已知技术处理。显然，如果忽视科研速度，即使科研获得了成功，但由于发明失去了时效性，也会变成无效劳动，给国家带来损失。

（四）有利于培养复合型、开拓型人才

现代科技发展日新月异，每时每刻都有新发现、新发明、新创造、新进步。无论从事哪项研究工作或对某一问题进行研究探讨，或对某一技术、工艺进行改革，都必须从查找文献、寻求信息开始，研究成功的可能性才大。掌握信息检索的方法和技能，提高自身的信息意识和信息观念，提高独立分析问题和解决问题的能力，才能使自己具有更强的社会生存和社会竞争能力。总之，信息检索知识和技能，已成为人们知识结构中不可缺少的最重要的组成部分。学习信息检索知识和操作技能，对于培养复合型、开拓型人才具有十分重要的意义。

四、信息检索的类型

信息检索的类型有很多划分标准，可以根据检索的对象、检索的方式、检索的性质、检索的策略以及检索的工具等等，这里主要介绍以下三种。

（一）按检索的对象划分

（1）文献检索(document retrieval)，是指利用目录、文摘或索引等二次文献查找某一课题、某一著者、某一地域、某一机构、某一事物的有关文献的出处和收藏单位等，以及文献信息的全文检索。文献检索不单单检索文献的出处，还通过文献的线索查找文献的全文。全文检索是近几年来随着网络技术的发展，在超文本技术的支持下，应用自由文本方式存储和检索信息的新领域。它是用自然语言深入揭示知识单元，根据文献全文的自然状况直接设置检索点，使用户采用自然语言即可检索未经标引的一次文献。文献信息检索为相关性检索，检索结果有相关程度大小和相关文献数量多少的区别。完成文献信息检索主要借助于检索工具书和文献型数据库。例如，检索"我国关于教育产业化研究的论文"，"国有企业的体制改革的论文"等。

（2）事实检索(fact retrieval)，是指以客观事实为对象的检索活动，利用参考工具书、数据库等检索工具从存储事实的信息系统中查找特定事实的过程，包括检索事物的性质、定义、原理以及发生时间、地点、过程和因果关系等，是一种确定性检索，必须经过分析、推理、归纳多篇相关的文献和统计数据后才能得出最终结果。例如，改革开放以来上海市的经济实绩，近五年在我国申请专利的境外公司的主要变化等。

（3）数据检索(data retrieval)，是指以数值或图表形式表示的数据为检索对象的信息检索，又称为数值检索。它是利用参考工具书、数据库等找出包含在信息中的某一数字数据(如电话号码、银行账号、各种统计数据、参数等)和市场行情、图表、化学分子式等非数字数据的检索。数据检索也是一种确定性检索，其检索结果通常具有唯一性。例如，杨浦大桥的高度和跨度，2010 年我国人均 GDP 指数等，这些数据无论在什么文献中出现，都是相同的。

（4）图像检索(image retrieval)，是指以图形、图像或图文信息为检索内容的信息检索。早期的图像检索是基于文本式的，即首先由人工根据图像进行关键词标引，从而将图像检索变成基于图像关键词的文本检索。目前的图像检索主要是基于内容的图像检索，即在目标图像集合中依据图像指定的特征或包含的内容特征进行图像的检索。图像主要有颜色、形状、纹理等视觉内容和主题、人物、场景等信息内容。要检索图像，首先要建立图像索引，描述图像的内容。目前，视觉内容的索引一般可以通过特征提取得到，语义信息的索引则往往要通过人机交互的方式才能得到。在数据源是未知的互联网上和存储海量数据的数据库中，如何实现高效、可靠的图像检索十分重要。

(5) 多媒体检索(multimedia retrieval) 指查找含有特定信息的多媒体的检索，其结果是以多媒体形式反映特定信息的文献，如图像、声音、动画、影片等，是在网络环境下发展起来的全新检索类型。多媒体检索分为基于文本方式的多媒体检索和基于内容特征的多媒体检索两种。

(二) 按检索的方式划分

(1) 手工检索(manual retrieval)，是指通过手工的方式来存储和检索信息，主要以纸质载体为依托、以文献化的信息资源为检索对象，如期刊论文、专著、会议论文、专利文献等，其使用的检索工具主要是书本型、卡片式的信息系统，即目录、索引、文摘和各类工具书。手工检索是信息检索的传统方式，历经了一个多世纪的发展历程。其优点是便于控制检索的准确性；缺点是检索速度慢，工作量较大，漏检率高，查全率受信息资源储备数量的限制。

(2) 计算机检索(computer-based retrieval)，是指利用计算机技术、数据库、计算机网络和通信系统进行信息的存储和检索，包括脱机检索、联机检索、光盘检索和因特网检索。计算机检索是在手工检索的基础上发展起来的。随着计算机技术和通信技术的不断发展，计算机检索从单机检索向网络检索发展，从简单化向智能化、多语种等方向发展。与手工检索相比，计算机检索速度快、效率高、查全率高、不受时间和空间限制、检索结果输出方式多样化，但查准率与网络及数据库质量的高低有直接关系。

(三) 按检索的性质划分

(1) 全文检索(full text retrieval)，是指将存储于数据库中的整本书、整篇文章中的任意内容信息查找出来的检索。它可以根据需要获得全文中有关章、节、段、句、词等的信息，也可进行各种统计和分析。例如，它可以回答"《三国演义》一书中诸葛亮一共出现过多少次"这样的问题。

(2) 超文本检索(hyper text retrieval)，是指对每个节点中所存信息及信息链构成的网络中信息的检索。这种检索方式强调中心节点之间的语义连接结构，靠系统提供的复杂工具进行图示穿行和节点展示，提供浏览方式查询，可以进行跨库检索。

(3) 超媒体检索(hyper media retrieval)，是指对存储的文本、图像、声音等多种媒体信息的检索。它是多维存储结构，有向的链接，与超文本检索一样，可以提供浏览式查询和跨库检索。

五、信息检索工具

检索必须借助于一定的检索工具。检索工具有广义和狭义之分。广义的检索工具是指用来报道、存储和查找各种信息的一切工具和设备，可分为手工检索工具、计算机检索工具等。广义的检索工具与检索系统的含义是一致的，彼此并没有严格的区分界定。狭义的检索工具则主要指手工检索工具，也称印刷型检索工具或书本式检索工具。我们这里所提到的检索工具是广义的检索工具，任何具有信息存储和检索功能的工具或设施均可称为检索系统或检索工具。在手工检索的时候，多使用检索工具一词，而在计算机检索时则更多使用检索系统一词。

检索工具的特点主要有：详细描述文献的内容特征、外表特征；每条文献记录必须有检索标志；文献条目按一定顺序形成一个有机整体；能够提供多种检索途径。

(一) 手工检索工具

手工检索工具是人们用来报道、存储和查找各类信息的系统化文字描述工具，主要包括二次、三次传统印刷型的手工检索工具。

手工检索工具根据不同性质和标准可划分为不同的类别，其分类主要有下面几种。

1. 按所收集信息的学科内容划分

(1)综合性检索工具。它收录范围和涉及学科比较广，信息类型和语种多，一般都具有较长的历史，提供多种检索途径，是科研工作比较常用的检索工具。世界著名的综合性检索工具主要有：美国的《工程索引》、《科学引文索引》，英国的《科学文摘》等。

(2) 专科性检索工具。它收录的范围仅限于某一学科领域，适用于检索特定的专业信息。例如，《中国石油文摘》、《中国化学化工文摘》、《美国石油文摘》等。

(3)专题性检索工具。它仅限于收录某一特定类型的信息，收录的学科范围可窄可宽。主要包括专利索引、科技报告文摘、学位论文索引、会议文摘、标准目录等。

2. 按著录信息的特征划分

1) 目录

目录(catalogue)又称为书目，是对图书、期刊或其他单独出版物特征的揭示和报道。目录以单位出版物为著录对象，一般只记录文献的外部特征，主要的著录项目有题名、著者、出版年月、出版地、载体形态等。

目录的种类很多，根据编制目的及社会职能，目录可分为以下几种：

(1) 国家书目。揭示某一时期国家出版的各类图书的总目。例如，《全国总书目》、《中国国家书目》、《全国新书目》、《国际在版书目》、《英国国家书目》等。

(2) 联合目录。主要揭示和报道某个地区、系统，乃至全国的图书馆或文献信息情报机构文献收藏情况的目录。把分散在各馆的书刊从目录上连成一体，使用户既能查到所需书刊，又能知道该书刊的馆藏所在，以便就近借阅。常见的有《西文参考工具书联合目录》、《西文科技学术会议录联合目录》、《天津地方史资料联合目录》、《美国全国联合目录》、《英国期刊联合目录》、《美、加图书馆连续出版物联合目录》等。

(3) 馆藏目录。主要揭示一个图书馆或文献情报机构收藏图书报刊情况的目录。有卡片目录和书本式目录两种。卡片目录通常配有三套即分类目录、书名目录和作者目录，供用户从不同的途径去检索。书本式目录是馆藏目录的印刷型。可为到馆的用户查阅使用，也可为不到馆的用户提供函借或复印。

(4) 专题目录。指为一定范围的用户全面系统地揭示与报道关于某一特定学科、某一专门研究方向或研究课题的文献而编制的图书报刊文献目录，具有很强的针对性。例如，《大学生导读书目》、《20 世纪外国经济学名著概览》等。

网络上的目录型搜索引擎提供一种可供检索的分等级列出的主题目录，以超文本链接的方式将不同学科、专业、行业和区域的信息按分类或主题目录的方式组织起来，人们通过主题目录的指引逐层浏览，查找自己需要的信息。

2) 题录

题录(title)是对单篇文献外表特征的揭示和报道，著录项目一般有篇名、著者、著者单位、文献来源、语种等。题录在揭示文献信息的内容上比目录更进一步，收录范围广、报道速度快。题录一般不做过多的加工，不做内容摘要，仅列出篇名、著者、出处，在形式上和功能上分别与目录和索引有相似之处，但就其性质而言，题录和目录、索引有根本的不同。典型的题录型检索工具有我国的《全国报刊索引》、美国的《化学题录》(Chemical Title)等。

3) 索引

索引(index)是指将信息中所包含的主题词、分类号、著者、题名、引用文献、刊名、篇名等内容摘录处理，并注明它们所在图书、期刊或检索工具中的位置，然后按照一定的规则编排组织起来所形成的检索工具。索引条目通常有三个著录项目：标目(heading)、说明语和存储地址。标目是索引条目所指示的信息某方面的特征，其属性值有著者、主题词等；存储地址是所指示的属性值对应的特定信息内容集合中的地址，如流水号。主题索引和著者索引是最常用的索引。

索引是检索者与检索工具之间的桥梁，目的是指引某知识单元所在的位置，即起到指南和标示地址的作用。在揭示书刊内容方面，索引比目录更深入细致，可以帮助读者检索到散见于书刊中的资料。

4）文摘

文摘(abstract)是以精炼的语言把文献信息的主要内容、学术观点、数据及结构准确地摘录下来，并按一定的著录规则与排列方式编排起来，供用户使用的一种检索工具。文摘通常以一个内容上独立的文献单元为基本著录单位。它和目录的主要区别在于：目录以单位出版物为著录对象，而文摘的著录对象可以是一个单位的出版物，也可以是单位出版物的个别内容；目录反映的是文献的外表特征，而文摘既反映文献的外表特征，也反映文献的内容特征。

根据文摘的目的与用途，文摘可以划分为指示性文摘、报道性文摘和评论性文摘。

(1) 指示性文摘(indicative abstracts)。文摘内容比较简单，一般在 100 字左右，简明扼要地介绍文献的主题范围、研究方法、结论、用途等。其不涉及具体的技术内容，以使读者对文摘内容不产生误解为原则，故也称为简介。

(2) 报道性文摘(information abstracts)。是对原文内容的高度浓缩，报道原文的论点、方法、设备、结论、具体数据等。一般 200~300 字。其内容详细具体、客观而无评论，故有时可代替原文。这类文摘对于不懂原文文种以及难以获得原文的科技人员尤为重要。如美国的《化学文摘》、《工程索引》等。

(3) 评论性文摘(comment abstracts)。除浓缩原文内容外，还包括文摘员的分析和见解，如美国的《数学评论》。

(二) 计算机检索工具

计算机检索工具就是计算机检索系统。计算机检索系统是借助计算机技术、通信技术、光盘技术、网络技术等信息技术建立的存储和检索信息的检索工具。检索系统由硬件和软件组成，硬件主要包括计算机主服务器、检索终端、数据输出设备等。软件主要包括检索程序和数据库等。检索时，将符合检索需求的提问式通过检索终端向检索系统发出请求，检索系统在选定的数据库中执行匹配运算，然后将符合要求的检索结果按一定的格式输出。计算机检索系统具有检索效率高、响应速度快等特点，但是成本和检索费用较高。

计算机检索系统一般可分为之前已提到过的光盘检索系统、联机检索系统和网络检索系统等。

1. 光盘检索系统

光盘检索系统是指利用光盘数据库作为信息资源数据建立起来的计算机信息检索系统，可分为单机版和网络版。单机版光盘检索系统结构非常简单，主要由计算机、光盘驱动器及光盘数据库构成；网络版光盘检索系统是在计算机局域网的基础上发展起来的，除局域网上的各类计算机与服务器外，它还需要一系列用于光盘网络的硬件和软件。光盘检索系统除可提供追溯检索、定题服务外，还可用于"自建库"和做联机检索前预处理。

2. 联机检索系统

联机检索系统是指信息用户利用终端设备，通过国际通信网络与世界上的信息检索系统进行直接的人机对话，从检索系统的数据库中找出人们所需信息的检索系统。联机检索系统是计算机技术、信息处理技术和现代通信技术三者的有机结合，是一个典型的计算机检索系统，能完成数据收集、分析、加工处理、存储、传递通信和信息的检索。

3. 网络检索系统

网络检索系统是通过 Internet 提供网络数据库、出版物、书目、动态信息等网上信息资源查询和利用的检索系统。一般由计算机服务器、用户终端、通信网络、网络数据库等组成，其特点是方法简单、灵活、方便、资源丰富、时效性强、检索方便、费用低。网络检索系统是目前发展最快，最受人们欢迎的信息检索系统。人们能够很容易地通过互联网访问到文字、图像和音频等数字化资源，检索到科技信息、商贸信息、经济信息、时事新闻等信息。

各种具体的检索工具和检索系统的使用本书将会在后面的章节进行专门介绍。

第二节　信息检索语言

一、检索语言的概念及其特征

信息检索语言是信息检索系统中信息存储与检索用语，是用户与检索系统借以交流互动的媒介。它直接影响着检索系统的效率。为了避免漏检和误检，提高检索效率，在使用检索工具时，应该对检索语言有所了解。

信息检索语言是根据检索需要而编制的用来描述信息的外表特征和内容特征的一种人工语言，是从自然语言中精选出来并加以规范化的一套词汇、符号。那些代表了信息外表特征的著者姓名、题名、报告号、标准号、专利号等信息检索标识和代表了信息内容特征的分类号、关键词、叙词和标题词都是信息检索语言。

信息检索语言是人与检索系统对话的基础，在信息检索中起着极其重要的作用，是连接存储和检索两个过程的桥梁，也是沟通标引人员和检索人员的媒介，又是编制检索工具各种索引的依据，是用于信息标引和检索提问的约定语言。当信息存储时，标引人员将搜集到的信息按其外表特征和内容特征用一定的语言加以描述，并赋予一定的标志，如题名、著者、关键词等，将其整理、加工、存储于检索系统中。用户进行信息检索时，首先要对检索课题进行分析，用同样的语言，抽取出几个能代表检索课题要求的检索标志，通过与检索系统中存储的标志相匹配，获取所需信息。这种在信息检索中用来联系文献信息和用户需求的"语言"就是信息检索语言。所以，信息检索语言是适应信息检索的需要，并为信息检索特设的专门语言。检索语言因而也具有了以下一些突出特征。

(1) 具有必要的语义和语法规则，能准确地表达各学科领域中的任何标引和提问的中心内容及主题。

(2) 具有表达概念的唯一性，即同一概念不允许有多种表达方式，不能模棱两可。

(3) 具有检索标志和提问特征进行比较和识别的方便性。

(4) 既适用于手工检索工具，又适用于计算机检索系统。

二、检索语言的类型

检索语言的类型按描述信息的有关特征来划分，信息的特征分为外表特征和内容特征两方面。以图书为例，其外表特征和内容特征如图 2-3 所示。

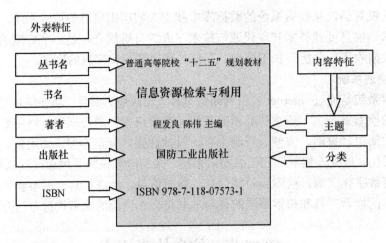

图 2-3　图书的外表特征和内容特征

按照这两方面的特征，检索语言的类型分为表达信息外表特征的语言和表达信息内容特征的语言，如图 2-4 所示。

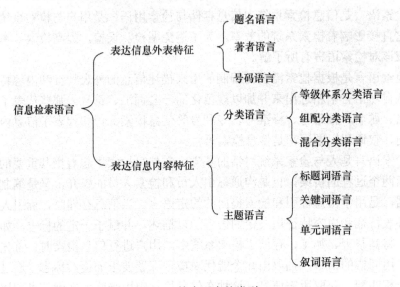

图 2-4　检索语言的类型

表达信息外表特征的语言有题名语言(书名、刊名、篇名等)，著者语言(著者、译者、编者、团体著者等)，号码语言(专利号、标准号、报告号等)。

表达信息内容特征的语言有分类语言(等级体系分类语言、混合分类语言、组配分类语言等)，主题语言(标题词语言、关键词语言、单元词语言、叙词语言等)。

(一) 分类语言

分类语言是用分类号和相应的分类款目名称来表达信息主题概念，并将信息按学科性质分门别类地系统组织起来的一种检索语言。分类语言能反映事物的从属派生关系，便于按学科门类进行族检索。它又分为体系分类语言、组配分类语言和混合分类语言三种。

1. 体系分类语言

体系分类语言是一种直接体现分类等级概念的标志系统。它以科学分类为基础，以信息内容的学科性质为对象，运用概念的划分与概括的方法，按照知识门类的逻辑次序，从上到下、从总到分，进行层次划分，每划分一次，就产生许多类目，逐级划分，就产生许多不同级别的类目。这些类目层层隶属，形成一个严格有序的等级结构体系。如《杜威十进制分类法》(Dowey Decimal Classification，DDC)、《中国图书馆分类法》(简称《中图法》)，使用的就是典型的体系分类语言。如图 2-5 所示，分类表则是这种语言的具体体现。

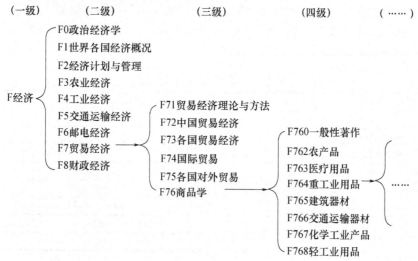

图 2-5　体系分类语言示意图

体系分类语言的主要特点是：按学科、专业集中信息，并从知识分类角度揭示各类信息在内容上的区别和联系，提供从学科分类检索信息的途径。

2. 组配分类语言

组配分类语言是用科技术语进行组配的方式来描述信息内容。这些科技术语按其学科性质分为若干组，称为"组面"，组面内各个术语都附有相应的号码。标引信息时，根据信息内容选择相应的组面和有关术语，把这些术语的号码组配起来，构成表达这一信息内容的分类号。例如，印度阮冈纳赞的《冒号分类法》(Colonial Classification，CC)，其对"牙医外科"的分类号为 L124:4:7，其中字母 L 代表医学，数字 124 表示牙齿，数字 4 表示疾病，数字 7表示外科，这些字母和数字通过冒号组配就形成了一个分类号。

组配分类语言是体系分类语言的发展，组配分类的分类标志是散组式的、组合的、可以分拆的，其中诸因素是可以变换位置的，这样给分类语言带来了很大的灵活性，克服了体系分类标引能力差的弱点以及"集中和分散"的基本矛盾，在提高检索效率上前进了一大步。

3. 混合分类语言

它是组配分类和体系分类语言的结合，两者有所侧重，因而又有组配体系分类语言和体系组配分类语言之分。例如《国际十进分类法》(Universal Decimal Classification，UDC)。

《中图法》是我国第一部集中了全国图书馆和信息部门的力量共同编制的一部综合性大型文献分类法。目前广泛应用于各类型图书馆。《中图法》主要是从科学分类和知识分类的角度来揭示文献内容的区别和联系，按学科和专业集中文献，提供从学科和专业出发检索文献的途径。

《中图法》主要由类目表、复分表和索引三部分组成。

1) 类目表

类目表是《中图法》最主要的组成部分，它由基本部类、基本大类、简表及详表构成。

(1) 基本部类和基本大类。《中图法》的分类体系是指基本部类与基本大类的构成及其序列以及所有类目相互联系与相互制约形成的等级结构，而基本部类与基本大类的构成及其序列是《中图法》最基本的分类体系。

《中图法》的五大基本部类主要有：马克思主义、列宁主义、毛泽东思想、邓小平理论；哲学、宗教；社会科学；自然科学；综合性图书。这是整个分类表最先确定、最本质、最概括的区分。

《中图法》在基本部类的基础上，根据当前学科状况区分形成的一组具有独立体系的纲领性类目，即一级类目，这是在基本部类基础上展开的知识分类体系框架，是传统的、稳定的、较为概括的学科或知识领域。《中图法》在五大部类的基础上设置了 22 个基本大类的分类框架，其序列如表 2-1 所列。

表 2-1　基本部类与基本大类

基本部类	基本大类	
	类号	类名
马克思主义、列宁主义、毛泽东思想、邓小平理论	A	马克思主义、列宁主义、毛泽东思想、邓小平理论
哲学、宗教	B	哲学、宗教
社会科学	C	社会科学总论
	D	政治、法律
	E	军事
	F	经济
	G	文化、科学、教育、体育
	H	语言、文字
	I	文学
	J	艺术
	K	历史、地理
自然科学	N	自然科学总论
	O	数理科学和化学
	P	天文学、地球科学
	Q	生物科学
	R	医药、卫生
	S	农业科学
	T	工业技术
	U	交通运输
	V	航空、航天
	X	环境科学、安全科学
综合性图书	Z	综合性图书

(2) 简表。简表是在基本大类的基础上进一步区分出的类目。它是整个分类表的骨架，起着承上启下的作用。简表一般包括一、二、三级类目，可以反映出整个分类表的概貌。

(3) 详表。详表是在简表的基础上扩展而成的。这是分类表最主要、最本质的组成部分，是分类表的主体，也是文献分类标引和分类检索的主要依据。

《中图法》的详表是由分类号和类目组成的集合。类目是类的名称，是具有共同属性的一组概念。分类号是类目的标志符号，其主要作用就是简明系统地表示每个类目在分类体系中的位置，以便组织分类目录和图书排架。类目和分类号一一对应，相辅相成。

《中图法》的编号制度采用基本的层累制。层累制是根据类目的不同等级，配以相应不同位数号码的编号方法，类目的等级与其号码位数是相对应的。层累制的号码可以无限纵深展开，可充分满足类目体系层层展开配号的需要，同时又有良好的表达性。

《中图法》的标记符号采用汉语拼音与阿拉伯数字相结合的混合号码。其中字母表示大类，数字表示其大类下进一步细分的小类(下位类)。一般情况下，数字位数的多少代表其类目划分的级数，如表2-2所列。

表2-2 文学类目表

分类号	类目名称	级次
I	文学	一级
I0	文学理论	二级
I1	世界文学	二级
I2	中国文学	二级
I21	作品集	三级
I22	诗歌、韵文	三级
I23	戏剧文学	三级
I24	小说	三级
I25	报告文学	三级
I26	散文	三级
……		
I266	现代作品(1919年—1949年)	四级
I266.1	随笔、杂文	五级
……	……	……
I266.4	游记	五级
……	……	……
I267	当代作品(1949—)	四级
I27	民间文学	二级
……		
I3/7	各国文学	二级

根据以上分类表可知，《最美的旅程——环球审美游记》(钟文音著)是属于中国当代游记作品集，所以其分类号为I267.4。

2) 复分表

复分表又称为辅助表、附表，是由共同性的子目构成单独编制，供有关类目进一步区分时共同使用的表。《中图法》的复分表分为总论复分表、世界地区复分表、中国地区表、国际时代表、中国时代表、世界种族与民族表、中国民族表、通用时间地点表。

3) 索引表

《(中国图书馆分类法)索引》单独出版发行，它收录了分类表中已列出的具有检索意义的概念，并将这些概念依汉语拼音字顺排列起来。它的编制目的主要在于提供从字顺查检分类表类目的途径，其次是使分类表具有一定程序的主题检索功能。

(二) 主题语言

主题语言又称主题词语言，是一种描述性语言，是用自然语言中的词、词语来描述信息内容特征，即信息所论述或研究的事物概念。换言而之，不论学科分类如何，主题语言直接借助于自然语言的形式，作为信息内容的标志和检索依据，是一种以主题词字序为基本结构的检索语言，比较直观。

主题语言可分为关键词语言、标题词语言、叙词语言、单元词语言四种。

1. 关键词语言

关键词是直接从信息的标题、正文或摘要中抽取出来，未经过规范化处理，能够表达信息主题内容的关键性词汇。关键词语言是一种未经过规范化的自然语言，但具有表达信息概念直接、准确等特点，被广泛应用于手工检索和计算机检索。

关键词索引是以信息中的一些主要关键词作为检索标志，按字顺排列，并指出信息出处的一种索引。按其款目是否保留非关键词(冠词、介词、连词等)以及不同的排检方法分为：单纯关键词索引、题内关键词索引和题外关键词索引。

关键词语言的主要特点是：标引完全专指，易于实现自动标引。其不足之处是：由于对词汇不经控制或少量控制，其检索质量较差。

采用关键词语言编制的检索工具有很多。例如，美国《化学题录》(CT)中的"题内关键词索引"、《化学文摘》(CA)中的"关键词索引"、《国际学位论文文摘》(Dissertation Abstracts International)及《应用力学评论》(Applied Mechanics Reviews)等。

2. 标题词语言

标题词是从自然语言中选取并经过规范化处理的，表达事物概念的词、词组或短语。标题词语言是用经过规范化处理的名词术语来直接表达信息所论及的事物或主题，并将全部标题词按字顺排列起来而形成的一种检索语言。它是一种先组式的检索语言，也是最早使用的一种主题语言。

标题词表是根据标题词语言编制的，收录标题词及其规则的一部标题词典。它对标题词进行规范化处理和管理，通过参照系统显示词与词直接的逻辑关系，是标引和检索信息的依据。例如，美国工程信息公司编制的《工程主题词表》(简称 SHE)。

标题词语言的主要特点有：形式直观，含义明确，操作简便。其主要不足是：概念难以多向成族，无法从多个因素、多个途径检索，灵活性较差等。

3. 叙词语言

叙词语言是从自然语言中优选出来并经过规范化处理的名词术语。叙词语言是采用表示单元概念的规范化语词的组配来对信息内容主题进行描述的后组式词汇型标志系统的检索语言，也是目前使用最广泛的主题语言。

叙词受词表控制，词表中词与词之间无从属关系，都是相互独立的概念单元。检索时可根据需要选出相应的叙词，按照组配原则任意组配检索概念。例如，我国编制的《汉语主题词表》是典型的叙词语言。在我国，叙词的组配次序依据国家标准《文献叙词标引规则》(GB/T 3860—1995)，组配次序为"主体—方面—空间—时间—文献类型"。反映到机读目录格式中，主题 606 字段的子字段次序为"$a 主体因素$x 方面因素$y 空间因素$z 时间因素$j 文献类型因素"，如描述主题"21 世纪中国农业与农村经济"的叙词组配为：606 0# $a 农业经济$A[拼音]$x 经济发展$x 研究$y 中国$z21 世纪，描述《1998 中国城市统计年鉴》的叙词组配为：606 0# $a 城市经济$A[拼音]$x 统计资料$y 中国$z1998-#$j 年鉴。

叙词语言的主要特点是：组配准确，标引能力强；组配方式灵活，可实现多向成族、多途径、多因素检索，检索效果较好。其不足之处是：词表编制和管理难度大，对标引人员要求高，标引难度大。

《汉语主题词表》是由中国科学技术信息研究所、国家图书馆主编的我国第一部全面反映自然科学和社会科学领域名词术语的大型综合性汉语叙词表。它是一种将自然语言转换为检索语言的叙词控制工具，是叙词语言的具体表现。

《汉语主题词表》按社会科学和自然科学两个系统分别编制，第一卷为社会科学部分共 2 个分册；第二卷为自然科学部分共 7 个分册；第三卷为附表 1 个分册，其卷册划分如表 2-3 所列。

表 2-3 《汉语主题词表》卷册划分表

第一卷	第一分册	主表(字顺表)
	第二分册	索引(含范畴索引、词族索引和英汉对照索引)
第二卷	第一至四分册	主表(字顺表)
	第五分册	词族索引
	第六分册	范畴索引
	第七分册	英汉对照索引
第三卷		附表

1) 主表

主表(字顺表)由社会科学主表和自然科学主表两个部分组成，是《汉语主题词表》的主体部分，是标引和检索汉语文献、组织主题目录的主要工具。是由全部正式主题词款目和非正式主题词款目组成，并按主题词的汉语拼音字顺排列。主表的内容主要有：主题词款目(包括正式主题词款目和非正式主题词款目)和主题词款目语义参照系统。主题词款目是由主题词的汉语拼音、英文译名、范畴分类号和注释组成。参照系统是根据主题词之间的等同关系、属分关系和相关关系建立起来的，目的是控制词表中的同义词、反映主题词之间的相互关系及明确主题词的含义。

2) 附表

附表是主表的一种特殊形式，是主表的组成部分。它是将各学科领域中共同使用的一些具有单独概念性质的、有较强检索意义和组配功能的主题词，按照一定的范畴编排而成的表，其目的在于控制主表的词量，缩小主表的篇幅，便于使用。附表包括世界各国政区名称表、自然地理区划分表、组织机构名称表、人物名称表和英汉对照表。这四个附表的叙词均按汉语拼音、汉语名称及英文译名等项组成，在非正式叙词后，用括号指明规定所用的正式叙词。

3) 辅助索引

辅助索引是由主表中的主题词根据某种特定需要，采用不同方式、从不同角度编制而成的一些对主表起补充配套作用的索引，可以满足用户不同角度查词的需要，是主表的一种辅助工具。它共有四种索引：词族索引、范畴索引、英汉对照索引和轮排索引。轮排索引是由自然科学增订本增编的。

4. 单元词语言

单元词语言是以单元词作为文献内容标志和检索依据的一种主题语言。所谓单元词，是从文献正文、摘要或题目中抽取出来的最一般、最基本的，其概念不可再分的词。它一般未经过规范化，也无词表。检索时，根据检索课题的内容特征，选取恰当的单元词进行组配检索。例如，美国化工专利使用的《化学专利单元词索引》。

单元词语言的主要特点有：词表体积小，标引专指度高，概念可多向成族，可进行多因素和多途径组配检索，灵活性较大。其不足之处是：直接性较差，采用字面组配，在字面分解与语义分解不一致时，容易产生误差，概念显示不充分，难以进行相关检索。

第三节　信息检索方法与程序

一、信息检索的方法

(一) 信息检索的一般方法

信息检索的效率跟信息检索方法有很大的关系，使用高效的信息检索方法能够使用户以最少的时间获得最满意的检索效果。常见的信息检索方法主要有以下几种。

1. 常规法

常规法又称常用法，是使用检索工具(系统)查找信息的方法，又分为顺查法、倒查法、抽查法三种。

(1) 顺查法。顺查法是一种以信息检索课题起始年代为起点，按时间顺序由远而近地查找信息的方法。查找需摸清课题提出的背景及其简略的历史情况，了解和熟悉问题概况，然后选用适宜的检索工具，从课题发生的年代开始查起，直到查到信息够用为止。此法的优点是查全率高，缺点是费时费力，适合于检索内容复杂、时间方法较广的理论学术性课题。

(2) 倒查法。倒查法是一种逆时间顺序，由近及远、由新到旧地查找信息的方法。这种方法多用于查找新课题或有新内容的老课题，需要的是最近发表的文献，因此，一旦掌握了所需的文献信息即可中止检索。此法优点是节约时间，缺点是漏检率较高。

(3) 抽查法。抽查法是一种针对研究课题发展的特点，抓住学科发展迅速、发表文献较多的年代进行查找的方法。由于学科发展兴旺时期不但文献数量远远高于其他时期，而且新的观点、新的理论也会在这个时期产生，因此抽查法能以较少的时间获得较多的文献资料。使用此法必须以熟悉检索课题的学科发展历史和特点为前提，否则难以取得预期的效果。

2. 回溯法

回溯法又称追溯法，是以某一篇文献末尾所附的参考文献为线索，由近及远地进行逐一追踪查找的方法。此法直观、方便，不断追溯可查到某一专题的大量参考文献。在不具备检索工具的情况下，是一种扩大信息源的好办法。缺点是检索效率低，漏检率高。

3. 循环法

循环法又称交替法，是先利用检索工具查出一批相关文献资料，然后再利用这些文献末尾所附的参考文献线索进行追溯查找，如此交替获得更多信息的方法。此法的优点在于检索工具缺年、缺卷期时，也能连续获得所需年限内文献资料。

以上各种方法各有优缺点，在实际信息检索工作中究竟采用哪种方法，应根据检索要求、检索工具(系统)情况、学科特点等具体条件来确定。

(二) 各类型信息的检索方法

1. 传统印刷型(手工)信息检索的方法与技术

传统印刷型信息的检索主要使用的是手工检索工具，例如，目录、题录、文摘、索引、年鉴、百科全书、手册等工具书。这里主要介绍手工检索工具的常见排检方法，具体的工具书检索方法将在第三章专门介绍。手工检索工具的常见排检方法主要有以下几种。

(1) 字顺排检法。字顺排检法是指将检索工具的内容按字、词的一定顺序或规律，系统地组织排列起来的方法。

(2) 分类排检法。分类排检法是指将信息素材按信息或事物性质系统地加以排列。该方法有按一种方式单独编排的，也有与按时间、地区排列方法相互配合使用的。

(3) 主题排检法。主题排检法是指以规范化的自然语言为标志符号，来标引信息内容的排检方法。主题排检法的一般形式是以主题词来揭示信息素材描述的中心内容或对象，主题词本身按读音或笔画或字母顺序加以排序。这种排检方法把属于不同学科、不同知识体系种论述同一问题的信息素材集中标引出来，揭示信息素材内容比较深入、广泛。

(4) 时序排检法。时序排检法是指按时间顺序组合信息素材的方法。这种方法多用于编制年鉴、年谱、年表等检索工具。

(5) 地序排检法。地序排检法是指按一定时期的行政区域来排列信息素材的方法。这种方法可以把同一地区的有关信息素材集中在一起，全面地反映某一地区、某一国家的历史和现状。

2. 电子型(计算机)信息检索的方法与技术

电子型信息检索主要使用计算机信息检索系统，如联机检索系统、光盘数据库、网络数据库、网络搜索引擎等，这里也只是介绍利用计算机检索系统检索电子信息的一般性方法和技术，各检索系统的具体检索使用方法将在后面的章节中介绍。计算机信息检索的技术主要有以下五种。

1) 布尔逻辑检索技术

布尔逻辑检索技术就是指利用布尔逻辑算符连接各个检索词，然后由计算机进行相应逻辑组配运算，从而获得检索结果的一种方法。这是计算机信息检索中最基本的也是最常用的技术。在具体检索时，是通过以下三个布尔运算符来实现其功能的，具体如表 2-4 所列。

表 2-4　布尔逻辑运算一览表

名称	符号	表达式	功　　能
逻辑与	* 或 and	A*B	同时含有提问词 A 和 B 的文献，为命中文献
逻辑或	+ 或 or	A+B	凡是含有提问词 A 或 B 的文献，为命中文献
逻辑非	— 或 not	A-B	凡是含有提问词 A 但不含有 B 的文献，为命中文献

(1) 逻辑"与"(and)。逻辑"与"组配是具有概念交叉关系和限定关系的一种组配。通常用"and"或"*"作为算符表示。

例如，检索词 A 和检索词 B 两个概念集合的逻辑"与"组配关系可用图 2-6 表示。

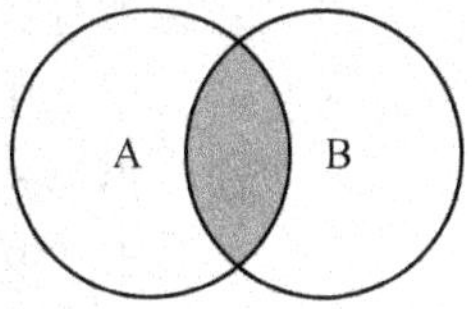

图 2-6 中，中间的阴影部分是检索词 A 与 B 的组配结果。在检索中，通常表示一部分文献集合包含有检索词 A，另一部分文献集合包含有检索词 B，逻辑"与"的组配结果是既包含 A 又包含 B 的文献，也叫做命中文献(即阴影部分)。

图 2-6　逻辑"与"的概念组配关系

从图 2-6 可以看出，逻辑"与"的组配缩小了检索的范围。

例如，要查出关于"中学生心理测试"的文献，也就是说要检索出既包含"中学生"又包含"心理测试"这两个词语的文献，这时必须使用逻辑"与"的概念组配。在心理学数据库中进行检索得到以下结果，如表 2-5 所列。

表 2-5 "与"的检索结果

检索式	命中文献篇数
中学生	11050
心理测试	33450
中学生 and 心理测试	1676

可以看出，包含有"中学生"的文献有 11050 篇，包含有"心理测试"的文献有 33450 篇，但是同时包含有这两个概念词的文献只有 1676 篇。由此可以看出使用逻辑"与"命中的文献大大小于单个词语命中的文献数量。

逻辑"与"组配的词可以有两个以上，参加逻辑"与"检索的词越多，检索的结果范围限制得越小，命中的文献也就越少。

计算机检索实例：查找有关"计算机检索"的文献，如图 2-7 所示。

检索式：计算机 and 检索(或计算机*检索)

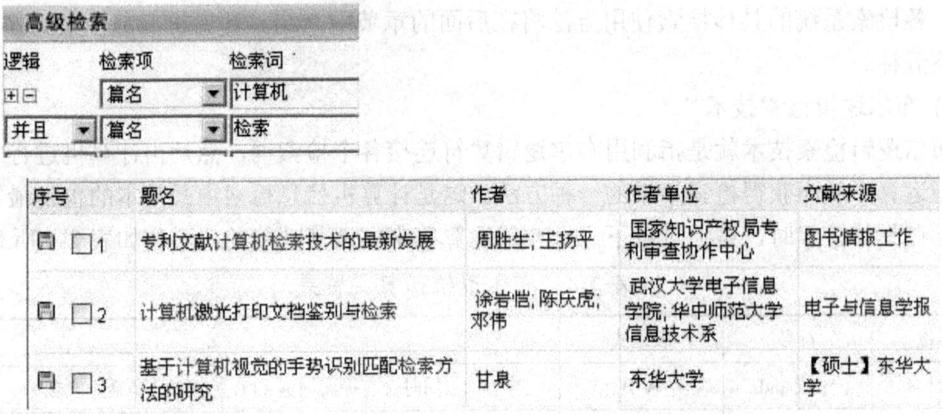

高级检索

逻辑	检索项	检索词
⊞⊟	篇名 ▼	计算机
并且 ▼	篇名 ▼	检索

序号	题名	作者	作者单位	文献来源
▢ ☐1	专利文献计算机检索技术的最新发展	周胜生;王扬平	国家知识产权局专利审查协作中心	图书情报工作
▢ ☐2	计算机激光打印文档鉴别与检索	徐岩恺;陈庆虎;邓伟	武汉大学电子信息学院;华中师范大学信息技术系	电子与信息学报
▢ ☐3	基于计算机视觉的手势识别匹配检索方法的研究	甘泉	东华大学	【硕士】东华大学

图 2-7 利用"计算机 and 检索"的检索结果示意

(2) 逻辑"或"(or)。逻辑"或"是并列概念关系的一种组配，通常用运算符 "or"或"+"表示。逻辑"或"的概念组配关系如图 2-8 所示。

图中阴影部分为检索词 A 与检索词 B 的组配结果。在文献检索中通常表示数据库中凡是包含 A 或者 B 两个中任意一个词的文献都为命中文献。很显然，逻辑"或"的关系扩大了检索范围。

例如，检索"教学评价或教学评估"的文献。对用户来说，要检索出包含"教学评价"或者包含"教学评估"的文献，两者中的任意一个都是需要的。在教育文献数据库中检索出结果，如表 2-6 所列。

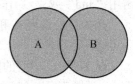

图 2-8 逻辑"或"的概念组配关系

表 2-6　or 检索结果

检索式	命中文献篇数
教学评价	1210
教学评估	736
教学评价 or 教学评估	1940

可以看出，包含"教学评价"的文献有 1210 篇，包含"教学评估"的文献有 736 篇，去掉互相重复的文献 6 篇，一共命中文献 1940 篇。

逻辑"或"组配的词也可以有两个以上，参加组配的词越多，命中的文献量也就越多。用逻辑"或"组配相当于增加了检索词的同义词和近义词，从而扩大了检索范围。

计算机检索实例：查找"计算机"或者"检索"方面的文献，如图 2-9 所示。

检索式：计算机 or 检索(或计算机+检索)

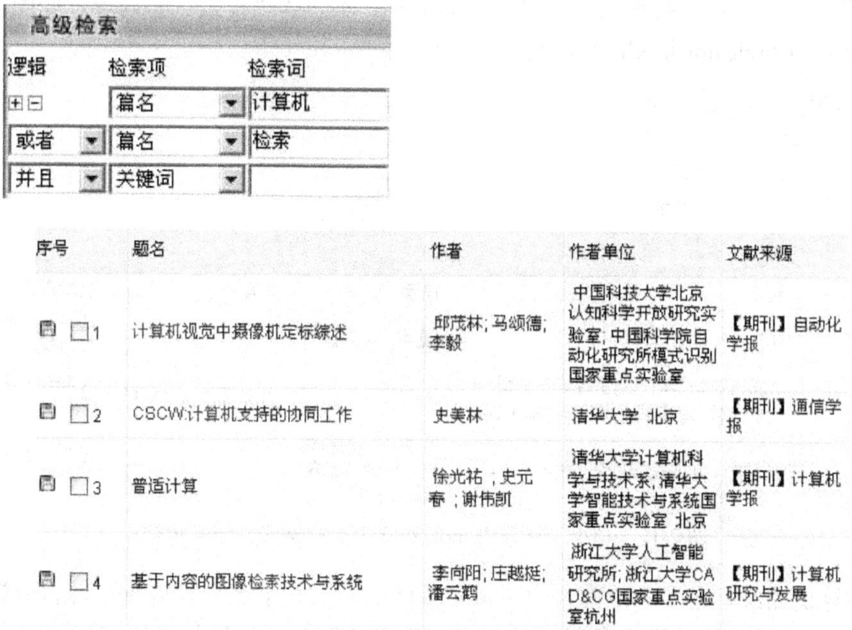

图 2-9　利用"计算机 or 检索"的检索式及结果示意

(3) 逻辑"非"(not)。逻辑"非"组配是指不包含某种概念关系的一种组配。它可以从原检索范围中排除一部分文献记录，逻辑"非"的运算通常用"not"或"-"作为运算符。逻辑"非"的概念，如图 2-10 所示。

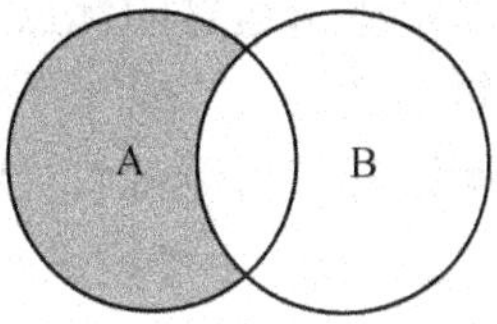

图中 A 和 B 分别代表两个检索词，阴影部分为组配结果。在检索中，表示从包含检索词 A 的文献中去掉那些包含 B 的文献而得到的结果。

例如，要检索"非儿童的心理测试"文献，对用户来说，需要包含"心理测试"的文献，但去掉那些包含儿童研究的文献。在心理学数据库中可检索到的结果，如表 2-7 所列。

图 2-10　逻辑"非"的概念组配关系

表 2-7 not 检索结果

检索式	命中文献篇数
心理测试	43150
儿童	11560
心理测试 not 儿童	1500

可以看出，包含有"心理测试"的文献 43150 篇，关于儿童研究的文献有 11560 篇，通过"非"的逻辑组配后剩下 1500 篇。

显然逻辑"非"的检索也是一种缩小检索范围的组配方式。但是使用逻辑"非"的组配时需要特别小心，常常会把有用的文献也非掉了。如上述检索中，非掉的是关于"儿童"研究的文献，但是如果这些非掉的文献中，有几篇除了谈儿童心理测试外，还涉及青年与成年人的心理测试，那么这部分实际有用的文献也非掉了，所以逻辑"非"要谨慎使用。

计算机检索实例：查找有关"计算机"的文献，不包含"检索"的内容，如图 2-11 所示。

检索式：计算机 not 检索(或计算机-检索)

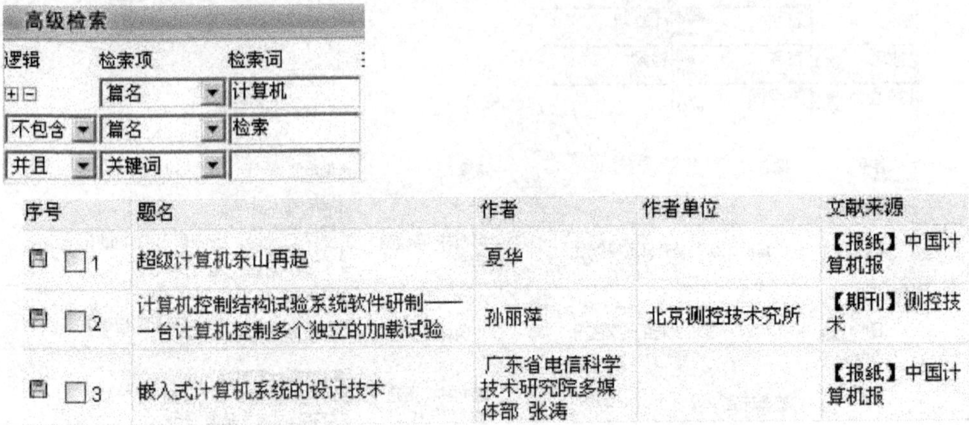

图 2-11 利用"计算机 not 检索"的检索式及结果示意

(4) 运算优先级。当一个检索式中，同时出现不同的布尔逻辑算符时，它的运算级别是不同的。布尔逻辑算符的运算次序通常是：在有括号的情况下，括号内的逻辑运算先执行，有多层括号时，先执行最内层的括号。逻辑"与"、"或"、"非"的运算次序是：先执行逻辑"非"操作，再执行逻辑"与"，最后执行逻辑"或"。其公式如下：

括号>逻辑"非">逻辑"与">逻辑"或" 或者 ( )>not>and>or

布尔逻辑运算的优点在于它能将复杂的检索提问按其概念组面的逻辑关系描述出来。布尔逻辑的"与"、"或"、"非"的算符可以组合在一起表达一个复杂的检索提问。例如，"儿童心理测试与智力测试"可以用布尔逻辑算符表达为：

"儿童 and(心理测试 or 智力测试)"

布尔逻辑是二值(二元)逻辑，其运算结果只有两种状态，要么是真，要么是假，即数据库中的文献对某个检索提问来说，要么命中，要么不命中，命中的文献与检索提问有多大的相关度是无法反映出来的。而用户在文献信息检索中总带有"非常相关、基本相关或有些相关"的基本判断准则，因此布尔逻辑"一刀切"的判断，多少有点机械、呆板和武断，存在着一定的局限。但是由于布尔逻辑简单，易于理解，仍然是信息检索系统中进行检索的基本方法，即使是最新的网络搜索引擎，仍沿用布尔逻辑的检索技术。

2) 截词检索技术

截词检索技术(truncation)是一种常用的检索技术，特别是在西文检索中，更是广泛使用。截词检索技术就是对词的片段进行比较。检索者将检索词在合适的地方截断，然后截出的片断进行检索。西文的构词比较灵活，在词干上加上不同性质的前缀就可以派生出许多新的词汇，而且这些词汇在意义上都比较相近，如单数和复数形式、动词与动名词形式，或者同一词的英美两种不同的拼法等等。这些词如果在检索时不加以考虑就会出现漏检的现象，但是将这些词全部罗列又相当繁琐，而截词检索正好可以解决这一问题。

截词的方式有多种。按截断的字符数量来分，可分为有限截断和无限截断两种类型。有限截断是指有具体截去的字符数，而无限截断则不指明具体截去的字符数。按截断的位置区分，可以划分为后截断、前截断以及中间截断。

截断常使用截断符号，各检索系统所使用的截断符号有所不同，一般有"?"、"＄"、"#"以及"*"等，其中"?"、"*"较为常用，以下举例中用"?"来表示字符截断(即有限截断)，用"*"表示无限截断。

(1) 后截断。后截断也叫做右截断，即将一个词字符串的后方或右方截去有限或无限个字符，后截断检索的方法也叫"前方一致"检索。

例如，comput*为无限后截断，可以检索出包含 computable、computation、compute、computer、computers、computerize、computerization 等词汇的文献。

comput?? 则表示有限后截断，截两个字符，可检索出 Computer, computor 等。有限截断比较精确，只检索出用户需要的词汇，而无限截断使用时必须注意词干不要太短，否则会检出许多无关的文献。应尽量选用不会引起误检的截断词。

(2) 前截断。前截断也叫左截断。前截断的检索方法也叫"后方一致"检索。前截断常用于复合检索词。例如，*magnetic 为无限截断的表达式，可检索出包含 magnetic、electronmagnetic、paramagnetic、thermomagnetic 等词汇的文献，但不能检索出 magnetics、magnetical。

前截断与后截断也可以组合起来使用。例如，*chemi*可以检出包含 chemical、chemistry、chemist、electrochemical、electrochemistry、physicochemistry 等词汇的文献。

前截断使用的系统比较少，在联机检索系统中，ORBIT 系统允许使用前截断检索。

(3) 中间截断。中间截断就是将提问字符串中间的字符用符号代替，主要用于英美不同拼法的英文单词或单复数不同的单词。例如：

| man | woman | organization | defense |
| men | women | organization | defence |

检索时为防止漏检可用中间截断的检索方法。例如：

| m?n | wom?n | organi?ation | defen?e |

无论是前截断、后截断还是中间截断，从根本上来说，它们是逻辑"或"or 的运算，因此能扩大检索范围，提高查全率。此外，还能减少输入检索词的工作量，简化检索步骤，节省机时和费用。在中文数据库中使用最多的是后截断(即前方一致检索)，如图 2-12 所示。

3) 限制检索技术

在检索系统中，为了提高检索的查准率，缩小检索范围，通常有一些限制的手段和方法，使用这些方法进行检索通常称为限制检索(Limit Search)。常用的限制符号有："/"、"="、":"、Less than、Greater than、From to、Limit 等。限制检索的方式有多种。例如，进行字段限定检索、使用范围限制符、采用限制检索命令等。

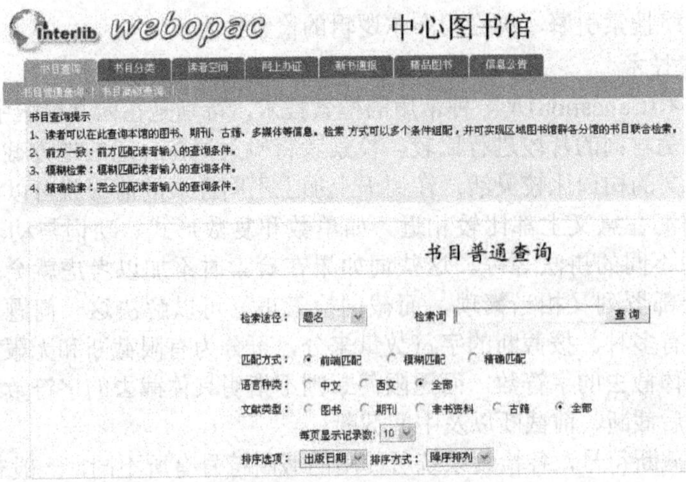

图 2-12　截词检索示例

(1) 字段限定检索。字段限定检索是最常用的限制方法。数据库中每条记录都有许多字段，将检索词限定在特定的字段中进行检索就叫做字段限定检索。例如：

education/TI　　　　　　　(将 education 限定在题名字段 TI 中检索)
high school/DE　　　　　　(将 high school 限定在叙词字段 DE 中检索)
teaching/AB　　　　　　　(将 teaching 限定在文摘字段 AB 中检索)
AU=Wang haiyan　　　　　(将 Wang haiyan 限定在作者字段 AU 中检索)
JN=psychology abstract　　(将 psychology abstract 限定在刊名字段 JN 中检索)
LA=English　　　　　　　(将 English 限定在语种字段 LA 中检索)

字段限定举例：

查找微型机和个人计算机方面的文章。要求"微型机"一词出现在叙词字段或文摘字段中，"个人计算机"一词出现在标题字段或文摘字段中，检索式可表示为：

microcomputer*/de,ab or personal computer/ti,ab

查找 wang wei2010 年发表的文章，可以输入检索式：

au＝wang wei and PY＝2010

(2) 使用范围限制符号。常用的范围限制符有"："、To、Less than、Greater than、From to 等。

例如，查找 1989 年—1999 年的文献，可表示为：PY＝1989：1999 或者 PY＝1989 to PY=1999 。

又如，查找 2000 年以来的计算机方面的文献，可表示为：computer* And Greater than 1999 。

(3) 使用限制指令。限制指令可以分为：一般限制指令(Limit，它对事先生成的检索集合进行限制)、全限制指令(Limit-all，它是在输入检索式之前向系统发出的，它把检索的全过程限制在某些指定的字段内)。

例如，Limit S5/328000-560000 表示把先前生成的第 5 个检索集合限定在指定的文摘号内。又如 Limit all/de,ti 表示将后续检索限定在叙词和题名字段。

上述几种限制检索方法既可独立使用，也可以混合使用。

目前，在菜单式驱动检索界面中，一般都提供了图形界面的限制检索，让用户能够对关键词出现的字段进行限制，对文献信息出版的年份、语种、文献类型等作出相应的限制。通常用户不需使用限制符，只要在下拉菜单中选择某个字段名称，在提问框中输入检索词，就可完成字段限定检索。如图 2-13 所示。

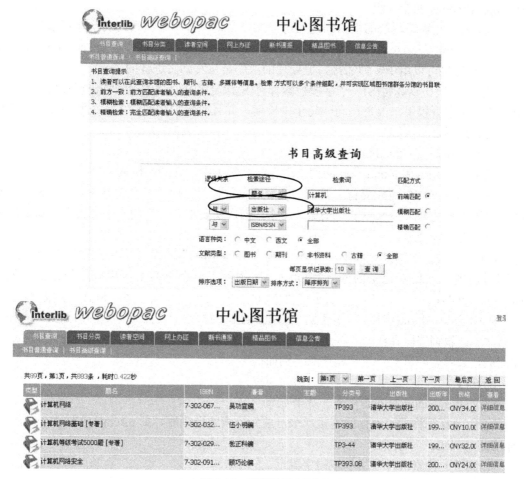

图 2-13 限制检索示例

4) 位置检索技术

位置检索又叫全文本检索，是指对数据库记录的全文本检索，即记录中的每个词都可以作为检索入口，且可以限定词与词之间的语义关系。布尔逻辑检索、截词检索和限定检索技术组合在一起也只能局限在字段一级的检索水平，只能反映出某词汇是否出现在某个字段，无法表现出检索词与检索词之间位置逻辑关系。位置检索技术正是为了弥补上述各种技术的不足而提出来的。

常用的位置算符主要有以下几种。

(1) (W)算符与(nW)算符。(W)算符是"With"的缩写，表示此算符两侧的检索词必须按此前后邻接的顺序排列，顺序不可颠倒，而且检索词之间不允许有其他的词或字母，但允许有空格或连字符号。例如，teaching (W) method 仅表示"teaching method"这个词组，其中 teaching 和 method 两词次序不能颠倒。

(nW)表示此算符两侧的检索词之间允许插入几个词,但两个检索词的次序还是不能颠倒。例如,wear (1W) materials 可检索出 wear of materials 和 wear materials。

(2) (N)算符与(nN)算符。(N)算符是"Near"的缩写,表示此算符两侧的检索词彼此必须相邻接,但两个检索词的前后关系可以颠倒。例如,money (N) supply 可检索出 money supply 和 supply money 两个词组。

(nN)表示此算符两边的检索词之间可插入几个词,且两个检索词的次序可以任意颠倒。例如,economi? (2N) recovery 可检索出 economic recovery、recovery of the economy 等词组。

(N)算符也可以用于多词邻接,但处理的次序是从左到右进行的。

(3) 子字段检索算符(S)。子字段检索算符(S)指定算符两侧的检索词出现在同一个子字段中,在文摘中可以用来限定在同一句子中检索,并且检索词之间的单元词数可以是不定的,且前后关系不限。例如:

Literature (S) foundation

只要 literature 和 foundation 两词出现在同一句子中,就满足检索条件。

(S)算符比起(W)、(N)算符,其词间位置关系放松了。因为某些检索中,用户对检索词之间的位置关系的要求不像(W)、(N)那么严格,但还是要求有一定的上下文关系,那么使用(S)算符检索就比较合适。

(4) 同字段检索算符(F)和(L)。(F)算符是"Field(字段)"的缩写,表示在算符两侧的检索词须同时出现在数据库记录的同一字段中,词序可变。字段类型可用限制符限定。例如,environmental (F) impact/DE, TI 表示这两个词必须同时出现在叙词字段和篇名字段中。

(L)算符是"Link(连接)"的缩写,表示(L)两侧的检索词之间有一定的从属关系。在某些数据库中,叙词字段存在着主标题词与副标题词,副标题词一般是修饰主标题词或限定主标题词的,二者之间有一定的从属关系。例如:

aircraft   主标题词

agricultural applications   副标题词

可用(L)算符将主、副标题连接起来,达到检索的准确度,如 aircraft (L) agricultural applications/DE。

(L)算符的检索,只适用于叙词字段。

位置检索的位置算符从检索的越来越宽泛的次序可依次排列如下:

$$(W) \rightarrow (N) \rightarrow (S) \rightarrow (F)$$

按这个次序,检索出的文献一个比一个多,但同时误检率也相应地提高了。位置检索的位置算符可以单独使用,也可以混合在一起使用,并且可以与布尔逻辑算符一起混合使用,以组成比较复杂的检索提问表达式。

系统在处理检索式时,位置算符是从左到右运算的,因此,用户在编制检索式时,应将最专指的位置算符放在前面。如 redwood (W) deck? (F) patio,先处理(W),再处理(F)位置算符。

与逻辑算符结合在一起时,如果没有括号(括号优先处理),则位置算符先于逻辑算符执行。例如,talent (W) child And school (W) education,先处理(W)算符,再处理"and"算符。而(gifted or talent) (W) (Child or Children),则先处理括号中"or"运算。

以下为在 ERIC 中,使用位置检索的示例。

输入检索式 library (N) 1998,得到的检索结果,如图 2-14 所示。

图 2-14 位置检索示例

5) 加权检索技术

加权检索的方法是，在检索式中，根据每个提问词在检索要求中的重要程度，分别给予一定的加权数值加以区别,我们称这个数值为权数；同时再给出检索命中的阈值。检索时，首先提问词与文献的被检索词要匹配，其次要计算所有匹配的检索词权数之和，亦称之为所检索文献的权数。当某一文献匹配的检索词权数之和满足阈值条件时，即确认为命中文献。

例如，查找计算机情报检索自动化方面的文献资料，用加权法列提问式如下：

$$W=计算机(1)情报检索(4)自动化(2)$$

上式中括号内的数字即给提问词加的权数。计算机检索时，首先在所有存储的记录中找到满足上述提问词的文献，然后对提问词加权，文献按匹配的检索词权数之和从大到小排列，加权检索的全部输出结果，如表 2-8 所列。表中"∨"表示相应提问词与文献的被检索词相匹配，A 代表计算机，B 代表自动化，C 代表情报检索。

表 2-8　加权检索的输出结果

组合号	包含的提问词			权数和
	A	B	C	
1	∨	∨	∨	7
2		∨	∨	6
3	∨		∨	5
4			∨	4
5	∨	∨		3
6		∨		2
7	∨			1

按下限阈值为 5 的设定时，由表 2-8 可知,组合 1～3(即指满足组合 1～3 提问词)的所检索文献为命中文献。加权检索的优点是可明确各检索词在检索中的重要程度，检索结果按照切题顺序排列，表达式简捷。它的缺点是加权法提问式含义不如逻辑式那么明显直观，而且在盲目地给出权数的情况下容易出现误检。

二、信息检索的程序

无论是手工检索还是计算机检索，检索的程序都是相同的，都是经过仔细分析，并通过实践逐步完善查找方法的过程。

整个检索过程通常有以下六个步骤：分析检索课题——选择检索工具——选择检索方法——确定检索途径——查找信息线索——获取原文信息。如图 2-15 所示。

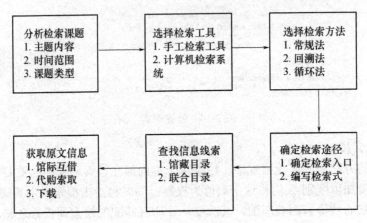

图 2-15　信息检索程序示意图

(一) 分析检索课题

分析检索课题是检索过程中的首要环节，分析课题就是要明确检索要求和范围。所以在进行检索之前，对课题要进行认真的分析研究，明确课题查找的目的和要求。目的越明确，范围越具体，掌握的线索越多，查检所需信息的准确性就越大。课题分析主要从以下几方面进行。

1. 分析主题内容

所谓主题内容，就是课题研究的中心问题。首先，根据课题内容，深入分析主题的目的，明确课题的要求和内容特征，确定课题的学科属性、专业范围、时间范围和语种等。课题的主题越具体越有利于检索。其次，找出课题研究的关键问题，选择恰当的主题词或关键词。

2. 分析时间范围

分析时间范围的目的在于确定检索的时间范围，可避免浪费时间和精力。通过分析时间范围，根据课题的历史背景和检索要求，可估算出所找信息的合适时间段。例如，了解某个领域的最新研究进展，只需查找近一两年的文献即可。

3. 分析课题类型

分析课题类型的目的在于确定检索工具。因为不同的检索工具对不同类型的信息收集有所不同。明确课题信息类型，选择检索工具和检索手段，提高检索针对性，检索效果将会达到最佳。

(二) 选择检索工具

根据课题主题、涉及的学科范围选择适当的检索工具或系统。不同的检索工具或系统，其收录范围、文种、编排形式等性能参数方面各不相同，所以必须对各检索工具或系统所覆盖的学科范围、收录情况等性能参数应该有充分的了解(详见本书的第三～六章)，然后从课题的类型、时间范围、文种等方面来选择检索工具和系统。对于类型相似的检索工具和系统，应根据收录信息齐全的情况、文摘和题录的质量、标引的质量、使用的方便程度、更新的周期等加以选择。

(三) 选择检索方法

完成任何一种特定任务的方法都是十分重要的，信息检索也不例外。方法正确，会收到事半功倍的效果；方法不对或不够科学，不仅延误检索时间，而且会造成人力、财力、物力的浪费。常用的信息检索方法如前文所述有顺查法、倒查法、抽查法、回溯法、循环法等。每一种检索方法都有自己的特点，在实践中可以根据信息检索要求、条件、学科发展特点等选择使用或配合使用，以快速、准确地完成检索任务，实现预期的目标。

1. 检索的条件

在检索系统不完备的情况下，可采用追溯法。在检索系统完善的情况下，可采用常规法。

2. 课题的要求

检索一般要求具备快、全、准。如以全、准为主，则可采用顺查法；如以快、准为主，则可采用倒查法。

3. 学科的发展特点

若检索课题属于新兴学科，一般可采用顺查法；若检索课题属于古老课题，一般可采用倒查法；若检索课题处于兴旺发展时期，一般可采用抽查法。

(四) 确定检索途径

检索途径又称检索入口、检索点或者检索项等。用户在检索时选择正确的检索途径，能够更加快捷、准确、全面并花费较低成本地查到所需信息。根据前文所述的信息的外表特征和内容特征，检索时一般可以采取以下五种检索途径。

1. 题名途径

题名途径是通过题名来查找信息的途径。题名包括文献篇名、书名、刊名、数据库名、专利名等，检索时可以利用书名目录、刊名目录、篇名索引、会议资料索引等进行。

2. 著者途径

著者途径是通过已知著者名称来查找信息的途径。著者包括个人著者和团体著者。检索知名的学者时，著者途径具有较强的实用性。

3. 主题途径

主题途径是通过信息的主题内容提取主题词或者关键词进行检索的途径。一般来说如果知道所检信息的主题概念或是解决某个具体的技术问题时，选用主题途径为好。

4. 分类途径

分类途径是按信息内容所属的学科类别和事物性质进行分类查找信息的途径，以信息所属学科专业的分类号为特征标志的检索方法。分类检索途径的一般过程是：首先，分析提问的主题概念，选择能够表达这些概念的分类目录(包括类名和类号)；其次，按照分类类目的字顺，从分类目录或索引种进行查找，从而得到所需的信息。

5. 代码途径

代码途径是通过已知信息的专用代码来查找信息的途径。信息的代码主要有国际标准书号(ISBN)、国际标准刊号(ISSN)、专利号、报告号、合同号、登记号等。

在计算机检索中，确定检索途径之后还需要编写检索式。检索式也称检索表达式或检索提问式，是一种可执行的检索方案，是使用逻辑算符、限制算符和其他符号等将检索途径、检索词连接起来，正确表达它们之间的关系，构成机器可识别和执行的命令形式。(具体例子可参见前文的计算机信息检索技术中的例子。)检索式可以一步编写，一次完成检索；也可以分步编写，最后将多步检索的结果进行组合。许多数据库的普通检索都是分步检索的方式，而高级检索则是单步方式。相对而言，单步检索式编写的难度高。而对同一个检索课题，检索式未必是唯一的，可能具有多种组配、描述的方式。

(五) 查找信息线索

完成上述几步后，根据检索标引，通过检索工具具体查找所需信息的线索，以获得原文的出处。用已经构成的检索提问式，按照相应的检索途径查找有关的索引(如主题索引、分类索引、作者索引等)，通过检索查到与检索提问一致的信息后，就要仔细阅读分析信息的著录款目，判断主题内容是否符合检索要求。倘若符合检索要求，就要准确记下信息篇名、著者、来源、文种等著录事项。

如果检索反馈的结果过多或过少，就应调整检索策略，直至得到满意的结果。对检索数量比较少的结果，可以进行扩检，提高查全率。具体办法有：增加一些检索词，或将查询检索词的上位类词、近义词等补充进去；调整组配算符，如改"and"为"or"；使用截词检索；取消或放宽一些检索限定，例如检索的年限长一些，检索的期刊不只是核心期刊等；增加或修改检索入口，例如在已经检索题名入口的基础上，增加关键词、主题词、文摘、全文检索等。对检索数量过多的检索结果，考虑进行缩检，提高查准率，具体方法与扩检相反，例如减少一些相关性不强的检索词，增加"and"组配算符，增加检索限定，减少检索入口等。

(六) 获取原文信息

获取原文信息是信息检索的最后一个步骤，也是非常重要的一步。当检索到课题的相关信息后，应仔细认真地检查信息的著录内容，判断是否符合检索需求。如符合需要，则准确地记录下题名、作者、来源等，利用馆藏目录或联合目录进行链接以获取原文。在获取原文前，应注意以下两点。

(1) 掌握文献的出版类型。不同的检索工具和系统收藏的文献类型有所区别，主要的类型有期刊、图书、专利文献、会议报告、标准文献等。

(2) 获取原文的途径。如原文数据在本馆馆藏目录中无法找到，则可通过馆际互借或代购获取原文，或根据款目要素中提供的著者姓名及其单位名称和地址向著者索取。

信息检索是一个逻辑思维非常严谨的推理过程。只要遵循一定的检索方法、途径和步骤，提高检索的针对性，尽可能减少检索的盲目性，就可以提高检索的效率。但在具体使用某种检索工具或系统时，检索的步骤与过程可能会稍有不同，应根据具体的情况灵活运用。下面，我们来看一个具体的检索案例。

【案例】检索"城际高速磁浮列车的紧急制动控制及其应用研究"的资料。

【课题英文题名】study on emergency braking control in high-speed intercity maglev train and its application

【题解】

1. 分析课题

本课题的学科分类主要属于交通动输中的列车制动装置(U260.35)方面，涉及的知识学科门类比较专指，可以采用"分类号"结合其他限定性关键词的方式进行检索。

该课题属自然科学领域一般层次的应用型研究，通常情况下需要首先检索时间跨度为5年左右的文献，再视具体情况回溯5~10年。信息类型涉及中外文专利、期刊、学位论文、会议文献等。

2. 检索工具的选择

根据检索课题的学科范围和研究的方向性质，确定需要查找的检索工具如下：

① 维普中文科技期刊数据库；

② 万方中国科技文献数据库群；

③ 万方中国科学技术成果数据库；

④ 万方中国学术会议论文数据库；

⑤ 万方中国学位论文数据库；

⑥ CNKI 中国优秀博硕士学位论文全文数据库；

⑦ CNKI 中国重要会议论文集全文数据库；

⑧ CNKI 中国期刊全文数据库；

⑨ NSTL 中文库：中文期刊、中文会议论文、中文学位论文，西文库：西文期刊、外文会议论文、外文学位论文、国外科技报告；

⑩ EBSCO Host；

⑪ AIP/APS(美国物理所/物理协会)数据库；

⑫ CSA(剑桥科学文摘数据库)11；

⑬ Engineering Village 2(EI)；

⑭ 中国国家知识产权局专利检索；

⑮ 欧洲专利局；

⑯ 美国专利商标局。

3. 确定检索途径

本课题最好选用主题(关键词)途径，必要时可结合分类途径，检索方法选用交替法，即时间法与引文法交替进行。

4. 确定检索词

(1) 首选检索词。本课题可以选用的关键词有：城际铁路(intercity railroad)；高速列车(high-speed train)；高速铁路(high-speed railway)；磁浮(maglev、magnetic levitation)；紧急制动(emergency braking)；制动控制(braking control)；涡流制动(Eddy-current brake)。

(2) 备选检索词。快速列车(express trains)；有限元(Finite Element Analysis)；距离限值(stance limit)；模糊控制(fuzzy control)；刹车(brake)；制动力学(braking dynamics)。

5. 拟定检索式(仅列举部分)

(1) (城际铁路 OR 高速铁路 OR 磁浮)AND (制动力学 OR 紧急制动 OR 涡流制动 OR U260.35)

(2) (intercity railroad OR high-speed railway OR maglev*)AND (brak* dynamics OR emergency brak* OR Eddy-current brak* OR U260.35)

6. 检索实施

根据不同检索系统的语法规则，对上述检索式作适当的调整，并选择合适的检索字段进行检索，本示例对上述 15 个数据库分别进行了检索，并利用网络搜索引擎百度进行了补充查找；时间跨度均为 15 年。共检索出相关文献 50 余篇，现按文献类型部分列举如下：

1) 期刊论文

(1) 骆廷勇，郭其一.基于涡流制动技术的高速磁悬浮列车安全制动控制研究.铁道机车车辆，2006.

(2) 应之丁.涡流制动技术在高速列车上的应用. 电力机车与城轨车辆，2004.

(3) B H Cmej10B，张兆平.高速列车新型制动系统. 国外内燃机车，2006.

(4) 郭其一，胡景泰，路向阳，等.高速列车线性涡流制动的特性研究. 同济大学学报(自然科学版)，2006.

(5) 高尾.高速铁路制动系统控制技术. 国外铁道车辆，1997.

(6) 袁有车，周光德，姜靖国.准高速列车电空制动控制系统. 铁道车辆，1992.

(7) 王卓，王艳辉，贾利民，等.基于 ANFIS 的高速列车制动控制仿真研究. 铁道学报，2005.

(8) 苗勇，王新.高速列车(300km／h)电空制动控制单元的研究. 铁道机车车辆，2000.

(9) The preparation of brake linings for a high speed railway car. By Wang，H-Q；Wang，C-G；Zhuang，G-S；Sun，Y；Li，L；Yao，Y-Q Source: New Carbon Materials (China). Vol. 17，no. 2，pp. 29-34. June 2002.

(10) Analysis of eddy-current brakes for high speed railway. By Wang，P.J. (Natl Tsing Hua Univ); Chiueh，S.J. Source: IEEE Transactions on Magnetics，v 34，n 4 pt 1，Jul，1998，p 1237-1239.

2) 学术会议论文

(1) 胡波，姜靖国，吴萌岭.高速列车与动车制动系统电空转换装置的研究. 中国铁道学会车辆委员会制动分会第一次学术研讨会，1999.

(2) 马大炜.关于我国高速列车的制动技术问题.中国铁道学会制动学术交流会，1997.

(3) Design and analysis of an eddy current brake for a high-speed railway train with constant torque control. By Hong-Je Ryoo; Jong-Soo Kim Source: Industry Applications Conference，2000. Conference Record of the 2000 IEEE.

(4) Finite element analysis on the thermal behaviors of a disk-pad brake for a high-speed train. By Chung Kyun Kim; Boo-Yong Sung; Seung Hyun Cho; Jung Hwan Cho; Su Tae Kwak Source: The 1st Asia International Conference on Teratology (ASIATRIB'98)，vol.2，Beijing，China，October 12-15，1998.

(5) Finite Element Analysis of Eddy-current Brake for High Speed Train. By: Liang Guozhuang; Guo Liwei; Fang Youtong; Ling Yuesheng; Yang Guofu; Fan Yu Source: Fourth International Conference on Electromagnetic Field Problems and Applications，4th，Sep 18-20，2000，Tianjin，China.

3) 专利文献

(1) 车辆涡流制动实验装置/郭其一；朱龙驹等//CN03129355.7.

(2) 磁悬浮钳盘式制动器/ 郭其一；朱龙驹等// CN 200310107898.4.

(3) 用于制动磁悬浮轨道机车的装置/莱茵哈德·霍夫曼；沃尔夫冈·斯佩思// CN 200510052795.1.

(4) MAGNETIC LEVITATION TRAIN PROVIDED WITH AN EDDY-CURRENT BRAKE/KUNZ SIEGBERT (DE) // WO2005DE00456.

(5) EDDY CURRENT BRAKE DEVICE FOR ELECTRIC RAILWAY TRAIN/HASEBE TOSHIROU// JP60187256.

4) 博硕士论文

(1) 翟智民.高速列车制动控制系统研究. 北方交通大学，1995.

(2) 赵海龙.300km/h 高速列车制动系统中空电联合制动力分配的优化. 铁道部科学研究院，1999.

(3) 刘智勇.高速磁浮列车安全速度曲线算法及紧急制动控制研究.浙江大学，2004.

(4) 唐永春.超导磁浮直线电机及其控制和涡流制动系统的研究.浙江大学，2006.

(5) 邓妮. 磁浮列车涡流制动系统建模及紧急制动控制策略的研究.浙江大学，2006.

【检索效果评价】

高速铁路制动系统的研究，目前仍是国内外相关领域学者研究的一个热点问题。且我国一些高校及研究机构的部分研究成果已经达到或者处于世界先进水平，如浙江大学、西南交通大学等。

但目前类似的研究大多停留在理论层面上，从检索的结果看，其具体的应用性研究(如应用于城际高速铁路)较少，因此，此课题——"城际高速磁浮列车的紧急制动控制及其应用研究"社会价值及学术意义显著，具有一定的研究价值。

第三章　工具书检索

工具书是人们在书山探宝，学海求知的重要工具。学会和善于利用工具书，是学习与生活的一项重要基本功。工具书可以提供资料线索，可以解答疑难问题；可以反映学术成果。熟练运用工具书能为人们的学习、生活和科研带来极大的便利。

第一节　工具书基础知识

一、工具书的定义

《辞海》把"工具书"定义为：按一定排检次序把有关知识、资料或事实加以汇编，专供检索查考的书籍，包括字典、词典、百科全书、手册、年鉴、表谱、书目、索引、图录、图谱等，其中以词典为最多，用途最广。《中文工具书基础》(图3-1)(朱天俊，李国新. 北京：北京图书馆出版杜，1998)认为：工具书就是专供翻检查阅的书；或者详细一点说就是将汇辑编著或译述的材料，按照特定的方法加编排，以供释疑解难时查考之用的图书。美国学者马奇(I. G. Mudge)认为工具书一般是内容广泛、叙述扼要，而且按照某种特别的方式把知识排列起来，以便随时准备查到这些知识的书籍。

综合各家所言，我们认为：工具书是一种具有特定的编排体例和查检方式，供人们释疑解难、查考特定资料的文献参考系统。

随着计算机技术的应用和网络的普及，网络工具书大量出现，其编排与利用方式与传统工具书相比，发生了较大的变化，使工具书的外延充分扩展。

图 3-1　《中文工具书基础》

二、工具书的特点

工具书具有五大特点，即查考性、易检性、概括性、权威性和稳定性。

(一) 查考性

查考性是指工具书是专为读者解疑释难、查检咨询的，这也是工具书最本质的属性，是工具书区别于非工具书的主要特征。几乎没有人会把《新华字典》等工具书从头到尾通读一遍，因为工具书一般是用来备检的，随时解答读者的咨询。

(二) 易检性

易检性主要反映在工具书的编排体例和检索方法上。工具书的查检方式一般有分类法、主题法、字顺法、时序法、地序法、号码法、列表法等，这样的结构能够帮助读者迅速而准确地检索到所需信息。为了体现工具书易检性的特点，许多工具书均配有多种检索途径，以增加检索点。例如，《中国大百科全书》的检索系统，包括音序索引、笔画索引、分类检索、内容检索、外文检索、时序检索、图片索引、参见系统、书目检索等九个检索系统。

（三）概括性

概括性是说工具书是在众多的一次文献或二次文献的基础上加工而成的，具有信息密集、言简意赅的特点。例如，综合性百科全书被称之为"高集成度的信息库"，而年鉴被认为是"知识密集、信息密集、时间密集、人才密集"型的工具书。工具书信息密集的特点决定了它不能花很多的笔墨来层层剖析、繁琐考证、引申发挥、描写议论，只能在明白、简洁上下功夫，做到开门见山、文约事丰、严谨朴实，体现出抽象性、概括性、典型性、简洁性的特点。

（四）权威性

权威性是说工具书具有公认的典范准绳作用和学术价值。工具书的权威性主要通过四个方面来体现：一是工具书编撰过程的规范化。工具书在编撰过程中必须遵循由国际标准化组织下属的术语标准化技术委员会制订的标准，例如，我国于1991年由国家技术监督局批准发布的《辞书编撰符号》等国家标准。二是工具书的科学性。工具书编撰的客观性、准确性和严格的编撰程序是其科学性的充分体现。三是名人撰稿也体现了工具书的权威性。中外大型工具书的编委往往是人才荟萃，例如，《新帕尔格雷夫经济学辞典》(New Palgrave:A Dictionary of Economics)，就聘请了世界上900多名经济学及相关学科的著名学者，其中包括12位诺贝尔经济学奖的获得者。最后，工具书的权威性还体现在其完备性上。工具书收集资料广泛，内容全面系统。在工具书的类型中，百科全书就充分体现了工具书完备性的特点，它一般能统括人类所取得的一切最新成果，对于各个领域、各个学科均能涵盖。

（五）稳定性

稳定性是说工具书的内容及其编撰体例不会朝令夕改，一般情况下工具书都能经得住时间的考验。工具书是向读者提供知识信息的，而稳定性正是知识信息的支柱。工具书的稳定性要求不能把目前一些尚不成熟或时间性较强的知识信息收到工具书中来，尽管这些可以在著作或论文中予以反映。但工具书的稳定性又是相对的，是现阶段在新颖性、科学性、完备性基础上的稳定。

三、工具书排检方法

工具书的排检法包括编排方法和检索方法两个方面，前者是从工具书编纂角度使工具书内容有序化的方法，后者是从工具书使用角度查考工具内容的方法。从总体上来说，有多少种编排方法就有多少种检索方法。对某种工具书而言，一般是以一种排检法为主，其他的排检方法为辅，以增加检索途径。工具书能否为读者迅速提供有关的知识资料或文献信息，除取决于工具书的内容外，还有赖于所采用的排检方法以及读者对它的熟悉程度。因此，为了有效地利用工具书，提高检索效率，必须掌握几种常用的工具书排检方法。

中文工具书的排检方法大体可分为两大类。一类为字顺法，通常称为检字法或查字法，包括形序法、音序法和号码法；另一类为类序法，包括分类法、主题法、时序法、地序法等。

（一）字顺法

字顺排检法是根据汉字的形体结构和声韵规律排检单字或复词的方法。字典、词典、百科全书，某些类书、索引、手册等多采用这种方法。字顺法又可分为形序法、音序法和号码法。

1. 形序法

形序法是根据汉字的形体结构，按照字形的某一共同性将汉字序列化的排检方法，包括部首法、笔画法和笔形法。

(1) 部首法。部首法是将汉字相同的部件(部首)加以归纳作为排检的方法。这里我们需要了解汉字的另一个特点，即独体和合体。一些字有单独的形体，如日、月、上、下、丸等，这些大部分是象形字或表意字，独体字大多发展成了部首，通常部首为汉字的义符。而随着汉字的演变，汉字组合成合体字，即形声字，一边表形，一边表声，如江、河、湖、海。单个独体结构就形成部首、偏旁，如水、木、衣等。

东汉许慎著《说文解字》，将9353个汉字（小篆），按字和字义归纳为540部，创立了部首法。此后，晋吕忱《字林》、南朝顾野五《玉篇》、宋司马光《类编》等字书沿用了这种方法。明代梅膺祚的《字汇》对《说文解字》的540部进行了革新，变为214部。建国后新编的字典、词典，对沿用已久的214部进行了改革。1954年，《新华字典》部首本率先将部首简化为189个。1956年实行简化字以后，新编的字典、词典对部首作了调整。《现代汉语词典》《四角号码新词典》的"部首检字表"，改并为188部。1979年版的《辞海》采用比较完整的部首改革方案，在214部的基础上改为250部。1982年中国文字改革委员会和上海辞书出版社在214部的基础上调整为200个部首。

部首法使用很广，其优点是：①较能适应汉字的结构特点，并能反映多数汉字同部首在意义上的联系；②符合从形求音求义的查字习惯和要求，便于查检不会读、不会解的生字，并适合用来编排收字较多的字典、词典。但部首法也有不少缺点，如部首的位置不固定，有些字难以确定部首，尤其是旧部法，归部或象形或会意，更难掌握。而且同笔画的部首字及部内统属字，排列无次序，不易查检。

(2) 笔画法。笔画法是根据汉字笔画的数量多少，将汉字排列成系统的方法。汉字的笔画是汉字的基本要素，但是汉字的笔画数量很多，有的仅一笔，最多的汉字多达60多笔。随意翻开字典，会发现多笔画的字非常之多，尤其繁体字，如鹽字24画、齽字27画。笔画数量相同的更多。《康熙字典》一共收录了47000多个汉字，12画的字就有3642个，《汉语大字典笔画检字表》11画的汉字就收了4119个。

在笔画数量相同的字群中，又以起笔的笔形编排，实际上这种排检法为笔画笔形法。

笔画法很简单，但数的笔画是否正确很重要，如"长"字，习惯是5笔，实则4笔，又如"收"字，习惯写7笔，实则6笔，这就需要相当好的基本功，稍有差错就会浪费很多时间，影响查阅资料的心情。

用笔画编排工具书时，往往与别的查检法结合起来，或按部首，或按笔顺等。如《中国人名大辞典》、《中国古今地名大辞典》、《十三经索引》等，同一画数的字再按部首排列。新《辞海》有"笔画查字表"，同一画数的字按第一笔或第一、二笔的笔形次序排列。

笔画法的优点是：简单方便，容易掌握。但缺点很多：有些字笔画不容易数准确，手写体与印刷体又有所不同，查检时容易犯错误；有些字笔画太多，数起来很费时；另外，同笔画的字也相当多，必须结合其他的方法才能排序，难以提高检索速度。

(3) 笔形法。无论汉字怎样千变万化，均由八种笔形构成，即—(横)、丨(竖)、丿(撇)、丶(点)、乛(折)、乀(捺)、/(提)、亅(勾)八种笔画，只因它们的位置、布局、数量、组合不同，就构成了数以万计的汉字。其中 乀(捺)、/(提)、亅(勾) 三种笔画从来不在第一笔出现，所以实际用来排检的只有五种笔形即： —(横)、丨(竖)、丿(撇)、丶(点)、乛 (折)。又因为笔画相同的字太多，所以产生另一种排检汉字的方法：笔形法。

古代工具书中的起笔笔形法，笔形的先后顺序并不完全一样。目前常用的是《辞海》采用的"札"字法，即：—(横)、丨(竖)、丿(撇)、丶(点)、乛(折)为排列汉字的顺序，"札"字作为起笔笔形的方法非常便于记忆。起笔笔形法一般先按笔画数从少到多排列，相同笔画再按笔形顺序排列，起笔笔形相同的，再按第二笔的笔形顺序排列，依此类推，直到分出先后。关于笔形的顺序有不同的主张，工具书常见的有三种笔形顺序为：

① 札字法：横、竖、撇、点、折；

② 丙字法：横、竖、折、撇、点；

③ 江天日月红法：点、横、竖、撇、折。

笔形法起源于清代吏目档案所用的排检方法。典型的有陈德芸的《古今人物别名索引》、《德芸字典》；以及陈立夫的《五笔检字法学生字典》。文化部和文字改革委员会 1964 年 12 月联合颁发的《印刷通用汉字字形表》(当时未公开发行，文字改革出版社 1986 年出版)，规定了 6196 个字的字形和笔顺，应该作为确定字形笔顺的依据。

由于起笔法排列汉字的功能有限，起笔法一般均是作为辅助方法，与部首法和笔画法结合使用，没有成为一种独立的排检方法。

2. 音序法

音序排检法是根据汉字(词)的发音规律，按照一定的语音符号将汉字(词)序列化的排检方法。主要包括：汉语拼音字母法、注音字母法、韵部法及声部法四种。

(1) 汉语拼音字母法。汉语拼音字母法是按照汉语拼音字母顺序编排单字或复词的一种排检方法。汉字的汉语拼音法是根据 1958 年 2 月 11 日第一次全国代表大会第五次会议批准的《汉语拼音方案》的字母顺序排列的。汉语拼音字母与拉丁字母对应的一共有 26 个，但 V 只作拼外来音中使用，而 i、u 又不作为音节的开头，遇到则用 y、w 代替，所以汉语拼音法是用 23 个字母排列，因此分成 23 个部。

汉语拼音有声母 21 个，如 b、P、m、f；有韵母 25 个，如 a、o、e、ao、en 等，声母与韵母相拼组成音节。相同音节再以声调排列，阴平、阳平、上声、去声、轻声。自《汉语拼音方案》推行后，《新华字典》率先用它来编排字典。其他一些用这种方法编排的有《现代汉语词典》、《简明不列颠百科全书》、《列宁全集索引》、《韩非子索引》等。这是现在最通行的编排法之一。

汉语拼音字母法的优点是：①排检速度快，准确率高；②不受简、繁字体的影响；③符合国际上大都按音序检索的习惯。但由于汉字不是音素文字，加上各地方言复杂，读不出或读不准音的字、词便难以查找，不适合用来编排收字较多的字典、词典。

(2) 注音字母法。这是近代音韵学家劳乃宣提倡并创立，1913 年由北洋政府教育部颁发，1918 年开始施行的一种排检方法。它一直是汉字重要的注音体系，解放前和目前的一些港台工具书，均是采用注音字母编排，解放后的《汉语词典》、《同音字典》也是用注音字母编排的。

注音字母的形体是利用汉字的偏旁改造而成，形象不太像字母。如ㄅ(a)、ㄣ(b)、ㄎ(c)、ㄉ(d)、ㄷ(f)、ㄍ(g)、ㄇ(m)、ㄙ(s)、ㄕ(t)等，它一共有 40 个字母，声母 24 个，韵母 16 个。其声母的排列顺序是按照发音部位来排列的(这一点与汉语拼音不同)，韵母的排列顺序是《汉语拼音方案字母表》的纵行次序，都是比较容易掌握的。

目前，中国大陆的工具书已经很少用注音字母编排索引了，但是还经常将注音字母放于汉语拼音的后面，以利于港台人士或一些老人辩认查找。值得一提的是，目前一些港台工具书还以此编排，因此适当了解也属必要。

(3) 韵部法。韵部法是按照古汉语韵部次序编排单字或复词的一种排检方法。汉魏六朝，由于反切的盛行及四声的发现和归纳，先后出现了按五音和韵部编排的韵书，如《声类》、《切韵》。自《切韵》以后，《广韵》、《集韵》等著名韵书均按韵编排。其中《广韵》、《集韵》的206 韵和《平水新刊礼部韵略》的 106 韵较为通行。尤其是"平水韵"的 106 韵对后代影响较大。106 韵包括上平声 15 韵、下平声 15 韵、上声 29 韵、去声 30 韵、入声 17 韵。朱起凤的《辞通》和清代的《佩文韵府》等字书和类书，皆为 106 韵。明清以来平水韵流行极广，许多分韵编排的重要工具书都采用这一韵目系统。现代编纂出版的一些与古代读音关系密切的工具书，也有采用韵部编排法的，但一般是与其他现代人熟悉的检字法配合使用。

韵部法大体有三种形式：①先按声调分为上平声、下平声、上声、去声、入声五类，再在每一声调下分韵部，然后在每一韵部按同音字或字的难易分组排列，如《广韵》、《集韵》；②先分韵部，每一韵部内再按声调阴平、阳平、上声、去声分开，然后在每一声调内按同音字分组排列，如《中原音韵》；③先分韵部，每一韵部内再按声类划分，然后每一声类的字再按等弟或声调平声、上声、去声、入声分开排列，如《五音集韵》、《韵略易通》。

(4) 声部法。声部法是按照古代汉语声部字母为序编排汉字的一种排检方法。声部字母指中世纪人们分析汉语语音，用汉字代表中古时期声母的标母。如唐代释守温根据牙、齿、舌、喉、唇不同部位的发声，依照梵文制订 30 个字母做声母的标母。后经宋人增加成 36 个，通常称为"守温三十六字母"。声部法起初被用作韵书的辅助编排方法，如韩道昭《五音集韵》先按韵部再依声部编排。尔后，清王引之《经传释词》、吴昌莹《经词衍释》等几部词典才按"守温三十六字母"编排。按照字词的不同声部编排的工具书较少，如《经传释词》、《古书虚字集释》等。这种编排法使用不便，也不通行。

3. 号码法

号码排检法是根据汉字的形体结构，用数码代表一定部位的笔形并按数码大小为序的排检方法。号码法实际是形序法的一种变形。最常用的号码法是四角号码法，此外还有庋撷法和其他各种号码法。

(1) 四角号码法。四角号码法是根据汉字方块形式的特点，以字的四角笔形取代号，并按四角号码大小为序的一种排检方法。它是 1925 年商务印书馆王云伍老先生发明的，1926 年 2 月发表。商务印书馆出版了《王云武大辞典》及《王云武小辞典》使之基本定型并得以流传。解放后商务印书馆又出版了《四角号码新词典》，还用这种检字法编印了很多专书索引，使这种检字法有了普及的基础。

四角号码将汉字笔形分成十个大类，分别以 0-9 数字表示，每字取方块字的四个角，再按号码排列，并有一个朗朗上口的口诀："横一垂二三点捺，叉四插五方块六，七角八八九是小，点下有横是零头"。例如：

横一垂二三点捺   0   2
                                       端   号码为 0212
                                  1   2

                                  0   1

又四插五方块六   颜   号码为 0128
                                  2   8

七角八八九是小

$$\begin{matrix} 4 & & 3 \\ & 截 & \text{号码为 4325} \\ 2 & & 5 \end{matrix}$$

点下有横是零头

$$\begin{matrix} 9 & & 7 \\ & 烙 & \text{号码为 9786} \\ 8 & & 6 \end{matrix}$$

其取号规则是：

① 一笔可以分角取号，例如"以"号为 2870 ；"乱"号为 2261。

② 一笔上下两段和别笔构成两种笔形的分两角取号。例如，"半"号为 9050；"大"号为 4080。

③ 下笔笔形偏在一角的按实际位置取号。例如，"产"号码为 0020；"亏"字号码为 1002。

④ 外围是门、口的，左右两个下角取里面笔形。例如，"园"号码为 6021，"田"号码为 6040，"闻"号码为 3740。

⑤ 一个笔形前角已用，后面作 0。例如，"王"号码为 1010，"直"号码为 4010。

⑥ 附号。为区别同码字，取过四角后，再取靠近右下角上方最露锋芒的一笔作为附号，如已用过，则为 0。

$$\begin{matrix} 4 \quad 4 & 4 \quad 0 & 6 \quad 0 & 1 \quad 0 \\ \text{芒——附号0} & \text{喜——附号0} & \text{目——附号1} & \text{工——附号2} \\ 7 \quad 1 & 6 \quad 0 & 1 \quad 0 & 1 \quad 0 \end{matrix}$$

四角号码取字法最大的优点是方便、快捷、直接。中央汉字检字法工作组公布了《四角号码查字法》(草案)于 1977 年已经开始施，它是使用新的四角号码法，新法对旧法有详细的说明。

(2) 庋撷法。庋撷法也称中国字庋撷为汉字编码的一种检字法，是解放前"哈佛燕京学社"引得编纂处洪业等人发明的，庋是放入的意思，撷是检出的意思，即检索之意。巧妙的是，"中国字庋撷"这五个字分别代表了汉字的五种结构：1 中(独体)、2 国(整体)、3 字(上下)、4 庋(偏重)、5 撷(左右)。而庋撷二字拆分笔画后正好分出十种笔形，又给出 0-9 十个号码：

$$\begin{matrix} 0 & 1 & 2 & 3 & 4 & 5 & 6 & 7 & 8 & 9 \\ 、 & 一 & 丿 & ㄨ & 又 & 才 & 系 & 乛 & 目 & 八 \end{matrix}$$

例如，题——2/ 8799 5　坐——3/ 9910 0　年——1/ 9050 1

此种方法规则复杂，很难推广，只有哈佛燕京出版社出版的 60 余种古书引得(索引)使用该法。《礼记引得》、《墨子引得》、《水经注引得》、《佛藏道藏子目引得》、《论语孟子引得》、《荀子引得》、《庄子引得》等，均使用了这一检字法，如有兴趣，可以参考。

(二) 类序法

类序排检法是根据一定的学科体系、事物性质、主题范围、时空观念来排检有关知识内容的方法。书目、索引、文摘、年鉴、手册、名录、类书、政书、表谱、图录及丛集汇要等多采用这种方法。类序法可分为分类法、主题法、时序法、地序法。

1. 分类法

分类法是把文献或知识内容，按照学科体系或事物性质分门别类加以组织的排检方法。如《杜威十进分类法》、《中国图书馆图书分类法》等。

2. 主题法

主题排检法是根据代表事物或概念的名词术语的字顺进行排检的方法。包括单元词法、叙词法、标题法、关键词法等。

3. 时序法

时序法是以时间的先后顺序编排文献的方法。一般年表、历表、年谱等经常使用这种方法。如《中外历史年表》、《历代人物年里碑传综表》、《中国回史/回历》以及《鲁迅著作年谱》等。

4. 地序法

地序法是以地理区域、地域(世界范围、国家范围、地区范围)编排文献的方法。主要用于地图、邮政编码等。如《中华人民共和国分省地图集》、《中国地方志综录》等。

第二节　各类工具书介绍

一、字典、词典

(一) 字典

1. 字典的定义

字典是为单字提供音韵、意思解释、例句、用法等，并按一定次序编排的工具书。对于字母语言的使用人群，是没有字典的概念，字典是汉字独有的。字典以收字为主，亦会收词。词典或辞典收词为主，也会收字。

在中国，正式使用字典一词，始于《康熙字典》。根据《说文解字》，典是五帝的书本，神圣尊贵的大册。其意义在于可以成为典范的书本，规范了字的意义及用法。

汉字是表意文字，很多字既是书写单位，又是表意单位，字和词的区别不太明显，所以字典和词典的区别也没有那么绝对。

东方最早的字典可算是在公元 30 年—124 年，汉朝许慎编写《说文解字》。《说文解字》创立了六书理论，制定了中文字部首的基础，是字书中的佼佼者。

1190 年，即西夏千佑庚成二十一年，党项人骨勒茂才完成了西夏的第一部西夏文中文双语字典——《番汉合时掌中珠》，成为考古学家翻译西夏文的依据。

在 1716 年(康熙五十五年)，第一部正名为字典的《康熙字典》正式面世。当中除了列举字的出处外，还罗列《唐韵》、《广韵》、《集韵》、《韵会》、《正韵》等的反切，并对同音切语加以归并。

1815 年，英国传教士马礼逊在澳门为了翻译工作，编写了中国第一部英语学习字典《华英字典》。《华英字典》是世界上第一本英汉—汉英对照的字典，篇幅大，内容丰，有丰富的例句及解释，并收录大量成语、俗语。

2. 字典的特征

字典的突出特征表现为:

1) 查找迅速

字典高度浓缩、高度概括一定领域的知识信息，供人们查找、阅览以寻求解决问题的方法。其目的是供读者查找而不是为了一般的阅读。通过字典，人们可以用最简捷的方法、最短的时间查到自己需要的知识信息。

2) 概括性强

字典往往是用最简单、最准确的语言解释某一个字，信息资源的概括性特别强。

3）方便实用

字典是根据人们的需求，汇集大量的信息知识，依照科学的编排方法，提供快速查找途径，节省人们的精力和时间，从而使人们能快速获取知识，节省时间而收到事半功倍的效果。

3. 字典的组织结构

1）正文

这是解释每一个字的具体内容，是一本字典的主体部分。正文包括排列、注音、释义三方面。

(1) 排列。文字的主要编排方法。我们经常看到的有部首法，如《说文解字》、《康熙字典》、《汉语大字典》等。

(2) 笔形法。如《五笔检字法学生字典》、《德芸字典》。

(3) 笔形码法。如《发新桥字典》等。

(4) 韵母法。如《广韵》、《集韵》、《佩文诗韵》等。

(5) 声母法。如《古书虚字集释》。

(6) 注音字母法。如《同音字典》。

(7) 汉语拼音字母法。如我们最常见的《新华字典》、《古汉语常用字典》等。

(8) 分类法。如《尔雅》、《通俗编》等。

2）注音

就是字的注音方法。主要有以下几种。

(1) 读若法。读若法即读相似的音，如《说文解字》的"读若某"、"读与某同"、"某声"、"某省声"等。

(2) 直音法。用同意字生音，如过去最早的工具书《新加九经字样》、《辞海》等。

(3) 注音字母法。用 37 个注音字母再加四声注音，如《新华字典》、《同音字典》、《辞海》(修订本)等。

(4) 汉语拼音字母法。用 26 个汉语拼音字母再加四声注音，如《新华字典》、《汉语大字典》等。

(5) 反切法。用两个汉字拼切另一个汉字注明读音，反切上字取声母，反切下字取韵母和定声调。自从东汉末年产生了反切法之后，《切韵》、《唐韵》、《广韵》等韵书，《字汇》、《正字通》、《康熙字典》等字书以及现代的《中华大字典》、《汉语大字典》等字典几乎都采用了这种注音方法。

3）释义

这是一本字典正文部分最主要的内容，字典正是由释义的内容而提供知识，释疑解惑的。释义有以下几种方法。

(1) 义训。从训诂的角度研究字义，采用同义字对释到训。《尔雅》用今语释古语，用通语释方言，用雅语释俗语，就是一种义训方式。

(2) 形训。从字形求字义。《说文解字》根据文字"六书"的原理解释字义即是。例如，"章，乐推为一章，从音从十，十数之终也"。

(3) 声训。从字音发现字义。《释名》一书用音同或音近的字解释字义，并进一步探究事物命名的由来，就是采用声训方式。例如，"川，穿也，穿地而流也"。

(4) 定义。用词组、语句给字下定义。《新华字典》采用了下定义的释义方式，从而改变了过去大量采用同义词对释的方法，提高了释义的准确性。

4）例证

例证就是书证和举例，这是字典释义的重要手段。《说文解字》是最早引用书证的工具书。《玉篇》大量引书证义，有时甚至以引书代替释义。《类篇》则多引它以前字书的解说。《字汇》力争一音一义都有引证，确立了字书释义例证统一的定型模式。《康熙字典》很注意引证，几乎每一个字每一义都有例句，引证十分广博。《中华大字典》为改进《康熙字典》的繁琐不便用，往往删去很多例证，而《辞源》"结合书证，重在溯源"则显得别具一格，另辟天地。《新华字典》等小型工具书自撰例证的办法也很好。

5）目录索引和辅助说明文字

这部分内容是字典、词典类工具书不可或缺的，而且非常有用。这些辅助说明内容大致包括列在正文前的出版说明、本书简介、再版说明、修订说明、前言或序言、凡例、新旧字形对照表、汉语拼音音节索引、部首检字表(及说明文)、检字表、难查字表等，读者通过阅读这些内容首先了解本辞书的编写动机、编制目的、使用对象、取材范围、编排方法、修订过程、再版次数等。目录索引，其中目录在正文之前，索引一般在正文之后，也有部分内容安排在正文前边的，不论置前或放后，目的都是为了方便读者使用。

6）附录

附录部分也是字典等类工具书必不可少的一部分，而且往往内容丰富，所载资料极有价值，或解释正文，补充正文，或让读者作为资料查考。这部分内容包括《汉语拼音方案国家标准》、《常用标点符号用法简表》、《我国历史朝代公元对照表》、《我国少数民族简表》、《我国各省、直辖市、自治区及省会(或首府)一览表》、《计量单位简表》、《节气表》、《元素周期表》、《嚼汉字偏旁名称表》、《公制计量单位和换算表》、《我国历代纪元表》、《中国各民族表》、《亲属关系表》、《天下地支表》、《甲子纪年表》、《中国法定假日和主要传统节日表》、《中国民族乐器表》、《针灸穴位表》、《中国行政区划和主要地名表》、《中国国家机构、政协、政党和人民团体表》、《香港特别行政区政府和其他机构表》、《中国军衔与英美军衔对照表》、《中国人民警察警衔》、《中国法定计量单位及换算表》、《联合国系统组织及专门机构》、《其他国际组织与区域组织》、《世界各国家、地区首都或首府及货币表》、《中国地质年表》、《汉字简繁体对照表》等。有的工具书附录或附表达30多种，《中华成语辞海目录》的相关附表就占去300多页。

4. 字典简介

1）《新华字典》(图3-2)

《新华字典》，顾名思义，就是新中国出版的字典。这是一本不到70万字的小字典，50年来200余次重印，发行4亿册。在当代中国，几乎每一个识字的人都知晓它。它是亿万中国人的良师益友，是海内外中文读者的"挚爱亲朋"，是人们汲取知识养分的最初的起点，是读书人相伴终身的"无声的老师"。

图3-2　《新华字典》

《新华字典》初版于1953年，是新中国成立后出版的第一部以白话释义、用白话举例的字典，是迄今最有影响、最权威的一部小型汉语字典，堪称小型汉语语文辞书的典范。《新华字典》是"世界上发行量最大的辞书"，同时，也是中国辞书史上修订频率最高的辞书。

《新华字典》平均每5年进行一次修订，每一次修订都体现了强烈的时代特征。"字典虽

60

小乾坤大，甘苦几多心自知。"每一次修订都要在字词上"咬文嚼字"，都要在内容上"与时俱进"，都要在形式上"革故鼎新"。如同一台影像机，《新华字典》记录、反映了新中国这50多年的风雨变迁。《新华字典》编撰之初，不可避免地留下特殊时期的特殊痕迹。比如，收了一些政治性的名词术语，"生产队"、"互助组"、"人民公社"、"高呼毛主席万岁"等。在某些时期，《新华字典》成了后人眼中的"政治教科书"。进入20世纪90年代以后，该字典进行修订，删除一些不太常用的，如"租借地"、"愚民政策"、"锻铁"等，增加了互联网、黑客、克隆、期货交易、盗版、白领、社区等上百个新词新义。环保意识也渗入了字典的修订中，对于已经被国家定为保护动物和保护植物的，一般都将释文中"……肉可吃，脂肪可以做油"等语句删除，增加了"属于国家保护动物"等语句。

《新华字典》的定价一直是500g肉的价格。1957年是1元，后来是7角，1998年版11元，2004年版12.5元。这里有个典故：周总理曾经提议降低成本，所以商务印书馆在这方面做了大量的工作，可谓绞尽脑汁，要好纸又要便宜，让农村的孩子能买得起。第11版已于2011年7月出版发行。在最新版本的《新华字典》中，新增了800多个正字头，另外，还增加了1500多个繁体字和500多个异体字。为切实解决农村地区学生缺乏正版《新华字典》问题，根据新闻出版总署的要求，商务印书馆此次出版的《新华字典》第11版，特意推出平装本，其定价为12元，主要供农村地区学生使用。同时，中国辞书学会会长江蓝生表示，《新华字典》第11版发行之日，就是第12版修订之时。

到2011年，《新华字典》已经出了11版。1998年，商务印书馆有了专有出版权的意识，把全国印刷权收回。每次《新华字典》开印都是50～100万册。1971—1992年的20年间，《新华字典》的组织修订和维护完全由商务印书馆负责。

2)《汉语大字典》(图3-3)

《汉语大字典》全书约2000万字，共收楷书单字56000多个，凡古今文献、图书资料中出现的汉字，几乎都可以从中查出，是当今世界上规模最大、收集汉字单字最多、释义最全的一部汉语字典，被誉为"共和国的《康熙字典》"。该字典由四川、湖北两省300多名专家、学者和教师经过10年努力编纂而成的，以解释汉字的形、音、义为目的的大型汉语专用工具书。

3)《说文解字》(图3-4)

图3-3 《汉语大字典》   图3-4 《说文解字》

《说文解字》由东汉著名学者许慎编纂。原本已失传，现在我们看到的是宋代学者徐弦整理出来的版本，中华书局1936年出版，是我国语音学史上一部划时代的宏篇巨著，是我国第一部汉语大字典，也是我国第一部系统分析字形、解释字义的大型工具书。《说文解字》公元

121 年问世，距今近 2000 年了。全书分 15 篇，收篆字 9353 个，全书解说文字达 133441 字，另有重文 1163 个(即古留异体字)，共收字 10516 个。在编排体例上首创部首法，按文字形体及偏旁构造分列 540 部。该书从形体结构出发，解释字的本义，揭示了汉字的构成规律，保存了文字的古文原貌。它力求每个字下边先解释字的本义，再根据"六书"分析字的形体结构，以形求音求义。有的再用"读若法"注音。该书保存了许多先秦字体和汉以前的古音古训，对阅读古代文献、了解汉字本义和辨认甲骨文、秦汉篆隶有重要作用。同时，由于反映了上古时期汉语的词汇面貌和文字体系，也为研究汉语词源学、古音学、古文字学提供了宝贵的资料。本书包括典章文物和历史事件的记载，又能提供有关古代社会和自然科学方面的知识。

4)《康熙字典》(图 3-5)

这是根据清朝皇帝康熙的指令，由大学士张玉书、陈廷敬组织 30 多位学界专家集体编纂的。编修工作从康熙四十九年开始(公元 1710 年)，康熙五十五年(公元 1716 年)成书，历时 6 年。因是康熙年间编修的，所以取书名《康熙字典》。这本书的编纂主要是在明代学者梅膺祚《字汇》、张自烈《正字通》两部书的基础上编写而成的。全书共分 12 集，以十二地支标名，每集分上、中、下三部分，全书共收单字 47035 个，比《字汇》、《正字通》增加了 1 万多字，分为 214 部首，沿袭了《字汇》、《正字通》的做法。在《康

图 3-5 《康熙字典》

熙字典》的卷首、卷末，有几种比较重要的附录。《总目》是字典部首的总目录；《检字》是查找疑难文字的笔画检字表；《辨认》把那些字形相似，但音义完全不同的字罗列出来，加以辨别；《康熙字典备考》收录那些有音无义，或音义全无，但又无可考证的字，为人们进一步深入研究提供线索；《康熙字典补遗》补充字典正文的遗漏。以上这几种比较重要的附录，是《康熙字典》本身的重要组成部分。

《康熙字典》对每一个单字的解释多数都有如下内容：列出单字，如该单字有古义形体，一并列出；列出注音，包括罗列古代韵书中的反切注音和直音注音；解释单字的本义。

5)《广韵》

宋朝陈彭年等着《广韵》全称《大宋重修广韵》，五卷，是我国北宋时代官修的一部韵书，宋真宗大中祥符元年(1008 年)，由陈彭年、丘雍等奉旨在前代韵书的基础上编修而成，是我国历史上完整保存至今并广为流传的最重要的一部韵书，是我国宋以前的韵的集大成者。原是为增广《切韵》而作，除增字加注外，部目也略有增订。

(二) 词典

1. 词典定义

词典是收录词语并附释义，以提供有关信息的工具书。广义的词典包括语文词典和其他各种以词语为收录单位的工具书；狭义的词典仅指语文词典。在汉语中，词典有时也称辞典。在中国和日本，还常将以词典体例编成的工具书泛称为辞书。

词典一般有如下特点：

(1) 汇集词语或词语的某些成分。

(2) 以条目(词条)形式提供各个词语的有关信息，并构成词典的主体。

(3) 所收词语多按字顺方式编排。

世界上现存最古老的词典是公元前 7 世纪亚述帝国时编成的苏美尔－阿卡德语双语难词

表。中国最早的词典是西汉初成书的《尔雅》，中国清代以前的词典基本上是按《尔雅》体例编成的，如《小尔雅》、《释名》、《广雅》、《埤雅》、《尔雅翼》、《骈雅》、《通雅》、《别雅》、《叠雅》等等，近代又出现了《辞源》、《辞海》、《汉语大词典》等著名的词典。在西方，词典在相当长的时期内都未突破难词表的阶段。第一部英语词典是 R·考德莱编的《字顺英语难词表》。1928 年成书的《牛津英语词典》是近代西方最大的词典，共收词 41.4 万个。

据古希腊记载，公元前 2 世纪已有字书家 35 人，不过他们的书没有传下来。中古世纪所出拉丁文词典多为解释《圣经》和古典作品之用，语词释义不足。1612 年，意大利佛罗伦萨学士院编出《词集》，释义用文史引语，是第一部欧洲民族语词典。1694 年法兰西学士院出版《法语词典》。1726—1739 年西班牙学士院编出 6 卷本《西班牙标准语词典》。第一部大型英语词典出版于 1755 年，编者 S·约翰逊，收 43500 词，文史引语 118000 条。近代西方最大的词典是《牛津英语词典》，倡议于 1857 年，1928 年成书，共 12 卷，又补编一卷。这部词典收 1150 年以后曾见于英语文献的 414000 词，每词有引语为证，按年代列明词的意义和形态的演变，共 1827000 条。此书出版后，成为英语民族的骄傲，各国也相继仿效，编出同样规模的词典。

中国古代的字书可以追溯到公元前 8 世纪的《史籀篇》，现存最古的是史游的《急就篇》(公元前 1 世纪)，是一种儿童识字课本。按意义编排的《尔雅》大约成书于公元前 3 世纪，是解释字义和分类编排事物名称的字书。扬雄的《方言》是中国第一部记录方言的书，成书于公元 1 世纪初。许慎的《说文解字》成书于汉和帝永元十二年(100 年)到汉安帝建光元年(121 年)，它将汉字分为 540 部，并按"六书"说明文字。中国从汉代以后，词典学即分为：

(1) 没有注解的分类识字课本。

(2) 有注解，按意义编排的分类字典。

(3) 按部首编排并解释字的形、声、义字典。

(4) 按意义排列的方言字汇。

清代官修的《康熙字典》成书于 1716 年，收 47021 字。按部首编排近几十年出版的词典，通行最广的是《辞源》和《辞海》。此外，《汉语大词典》和《汉语大字典》从 1986 年起陆续出版。

2. 词典的分类

词典一般可划分为语文词典和专科词典两大类。

1) 语文词典

语文词典主要收录普通词语(一般以进入普通词汇者为限)，兼收少量专科词语。按用途它又可分为学习用、参考用和研究用等三种类型；按所采用的语种又可分为单语词典和双语词典；按收录范围和释义项目的多寡又可区分为详解语文词典和特种语文词典。

(1) 详解语文词典。详解语文词典是全面收录普通词语并在词形(拼写)、读音、语义、用法等方面作详细解释。大型详解语文词典可代表一个国家的科学文化发展水平。20 世纪已完成或正在编纂的大型详解语文词典有：《牛津英语词典》、《韦氏第三版国际英语词典》、《法语宝库》；18—20 世纪(1789—1960)的《法语词典》、《格林兄弟德语词典》、《日本国语大辞典》、《汉语大词典》、《汉语大字典》等。

(2) 特种语文词典。特种语文词典又称专门语文词典，它按特定用途而只收某一类别的普通语词，或只就词语的形、声、义三方面的某一方面进行解释或提供信息，如成语词典、名句词典、典故词典、正音词典、同义词词典等等均属特种语文词典类。

2）专科词典

专科词典是专收某一或若干学科的专业词汇、术语等的词典，它又可再分为百科词典(包括所有学科)、多科词典和单科词典。

除上述语文词典和专科词典两大类的划分以外，词典还可按规模分为大型词典、中型词典、小型词典等;按排检方法可分为形序词典、音序词典、义序词典等。词典按所收词语的性质还有各种专名词典，包括人名词典、地名词典、书名词典、机构名词典等等。

3．电子词典

电子词典是以光盘、磁盘、芯片等光、电、磁介质作为载体，并借助于微型处理器及相关设施进行查询和阅读的词典。Hartmann 和 James 把电子词典定义为"一种利用计算机及相关技术把信息展现于屏幕上的工具书"。按照承载介质的不同，普通电子词典又可以分为微型芯片词典(掌上电子词典)、计算机电子词典(软件、光盘)和网络电子词典。传统的纸本词典逐渐电子化，其内容出现在上述各种电子词典中。

1）微型芯片电子词典

微型芯片电子词典是指把词典内容固化于芯片上，置入相应的信息处理硬件设备中，通过一定的界面查询并阅读词典信息的电子词典。由于其外观小巧，可以直接握在手掌上操作，所以一般又称为"掌上电子词典"。世界上最早的芯片词典诞生于 1983 年。尽管这部芯片词典存在严重缺陷，但它却标志着词典形式的一场革命，算是第一代芯片词典了。1989 年末，真正适合英、汉学习者使用的中英文芯片词典(快译通 EC1000)正式问世。随着科技日新月异的发展，芯片词典正在向小型化、多功能、大容量方向发展。掌上电子词典是一种时尚的、深受学生群体喜爱的电子类产品，目前市场上主要有"快译通"、"文曲星" (图 3-6) 、"好易通"、"商务通"等系列产品。按照收词规模，掌上电子词典可分为小型词典(收词量为 10～20 万)、中型词典(收词量为 20～30 万)和大型词典(收词量在 30 万以上)。按照功能分类，掌上电子词典分为一般用途词典、专门用途词典、多功能词典。

图 3-6 文曲星电子词典

2）计算机电子词典(软件、光盘)(图 3-7)

光盘是一种用于存储和搜寻声音和数字信息的高能媒体，它是近几年来计算机技术发展的产物，其特点是信息容量大，储存方便。将词典压缩成光盘，就成为"光盘电子词典"。欧美国家从 20 世纪 60 年代起开始研发电子词典，20 世纪 80 年代末 90 年代初开始迎来了电子词典出版的高峰，这些词典进入中国市场时都是以光盘形式出现的，所以被称为"光盘电子词典"。光盘词典可分为只读光盘(CD-ROM)和交互式光盘(CD-Inmracfive)。只读光盘和交互式光盘为以数字化形式综合存储和处理语音、视频、图像、文字、数据等多媒体信息提供了有利条件。利用多媒体技术，可以在光盘上储存一个具有检索和管理功能的多媒体数据库。光盘词典携带和使用方便，可以在微型计算机、袖珍式数据光盘播放器、交互式光盘驱动器上使用。

图 3-7 《牛津高级学习字典》纸质版与光盘版

随着计算机技术的发展，不依赖光盘而以纯软件形式出现的计算机词典(图 3-8)也如雨后春笋，纷纷出现。常见的有金山词霸(图 3-9)、有道词典、Lingoes 灵格斯词霸、Dr.eye 译典通、汉语大辞典、韦氏电子词典、StarDict 星际译王等。这些电子词典软件不仅仅出现在桌面电脑上，各种含有微型电脑处理器的便携电子产品上都有它们的身影，如智能手机、平板电脑等。

图 3-8 手机上的电子词典

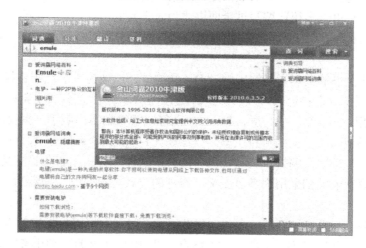

图 3-9 金山词霸 2010 牛津版

3) 网络电子词典(图 3-10)

网络电子词典(简称网络词典)又称在线词典，是一种可在线查询的电子词典，其基本信息存储单位是数据库。它将词典的内容以标准通用标记语言(SGML)和可扩展标记语言(XML)等超文本语言进行编码后，再以电信网络为媒体进行传输。我们熟知的一些著名辞书出版社都为自己的代表性词典建立了专门的网站，如 Merriam-Webster，American Heritage，Cambridge 等。国内用户常用的网络电子词典有金山词霸、百度词典、CNDICT 在线词典、有道词典等。

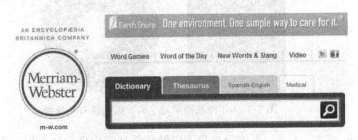

图 3-10　Merriam-Webster 在线词典

二、百科全书、类书和政书

(一) 百科全书

1. 定义

百科全书(encyclopaedia，也作 encyclopedia)是概要记述人类一切知识门类或某一知识门类的工具书。百科全书在规模和内容上均超过其他类型的工具书。百科全书的主要作用是供人们查检必要的知识和事实资料，其完备性在于它几乎包容了各种工具书的成分，囊括了各方面的知识，常被誉为"没有围墙的大学"。高质量的百科全书的编纂成为衡量一个国家科学文化发展水平的标志之一。

百科全书采用词典的形式编排，收各科专门名词、术语，分列条目，详细解说，比较完备的介绍文化科学知识。有包罗万象的综合性的百科全书，也有专科性的百科全书，如医学百科全书、工程技术百科全书等。

百科全书是对人类过去积累的全部知识或某一类知识的书面摘要。

古希腊学者亚里士多德曾编写过全面讲述当时学问的讲义，被西方奉为"百科全书之父"，中国汉初的《尔雅》是中国百科全书性质著作的渊源。中文"百科全书"一词是 20 世纪初才出现的。

近现代百科全书的奠基者是法国学者 D·狄德罗，以他为首的法国百科全书派于 1751—1772 年编纂出版了《百科全书》，或称为《科学、艺术和手工艺分类字典》。

18—20 世纪，英、德、法、意、苏、日、西等国相继编纂出版了一批权威性的百科全书，如《不列颠百科全书》、《美国百科全书》、《苏联大百科全书》、《世界大百科事典》等。西方现代百科全书大多按字顺编排，突出工具书的检索功能，并采用小条目主义的编纂思想。注重百科全书教育功能的则采用大条目主义。修订的方式有再版制、补卷制、出版年鉴和连续修订制四种。

中国古代的类书是一种百科全书式的资料汇编，偏重古文史。自 1978 年起开始编辑出版的《中国大百科全书》，总计 74 卷，历时 15 年，于 1993 年 8 月全部出齐。并于 2009 年出版了第二版。

2. 种类

1) 综合性百科全书

综合性百科全书选收各时代已有的各门类知识。前期多采取分类编排法，而分类体系则依编纂者而不同。十六七世纪受词典编纂法影响，出现按字母顺序编排的百科全书。德国的

《布罗克豪斯百科全书》和《不列颠百科全书》(又称《大英百科全书》)(图 3-11)是综合性百科全书两种格局的代表。前者始终严守一种将知识整体分解为十分狭小的条目的体制；后者新版的"便捷参见索引"(简编)也带有某些布罗克豪斯型的因素，但全书以大条目的"详编"为主体。

图 3-11 大英百科全书纸质版

2) 专业性百科全书

专业性百科全书出现于 18 世纪。著名的专业性百科全书在化学方面有乌尔曼(Fritz Ullmann)的《应用化学百科全书》(1914—1923)，基尔克—欧特玛(Kirk-Othmer)的《化学工艺百科全书》(1947—1956)；在音乐方面有德拉劳伦斯(Lionel de La Laurencie)等人编的大型《音乐百科全书或音乐学校词典》(1913—1931)，科贝特(Walter Willson Cobbett)编的《室内乐百科全书》(1929—1930)；在哲学方面有《哲学百科全书》(1967)；建筑艺术方面有《世界艺术百科全书》(1959—1968)；宗教方面有《教会知识百科全书》(1907)，《伊斯兰教百科全书》(1960)和《犹太百科全书》(1971—1972)；文学方面有《卡斯尔文学百科全书》(Cassell's Encyclopaedia of Literature，1953)；物理学方面有休利斯(James Thewlis)主编的《物理学百科词典》(1961—1964)；医学方面有《英国医疗百科全书》(1936—1939)。

3) 国家与地区性百科全书

国家与地区性百科全书出现于 19 世纪末，内容局限于一个国家或一个地区的情况。例如，《南非百科全书》(1961)，《澳大利亚百科全书》(1958)，《纽西兰百科全书》(1966)，《墨西哥百科全书》(1966)，《阿根廷大百科全书》(1956—1964)，《罗马尼亚百科全书》(1938—1943)，《波兰百科全书》(1916—1920)，《加拿大百科全书》(1957—1958)。

4) 少年儿童百科全书

少年儿童百科全书出现于 19—20 世纪。拉鲁斯于 1853 年出版《儿童小百科全书》(Petite Encyclopedie du jeune age)，1957 年改编为《拉鲁斯儿童百科全书》。更受人欢迎的是英国作家密(Arthur Mee)主编的《儿童百科全书》，美国版称为《知识全书》(The Book of Knowledge)。《世界图书百科全书》是另一部成功的少年百科全书，旨在"寓知识于故事和图画之中"。《大英少年百科全书》于 1963 年出版，读者对象为 12 岁以下的少年儿童。《牛津少年百科全书》与前几种少年百科不同，采取分类编法，12 卷分收 12 大类，第 13 卷为索引。

5) 百科词典

百科词典于 17—18 世纪开始盛行，是介于传统的百科全书与词典之间的工具书。早期代表作是英国哈利斯的《技术词典》(1704)。

百科全书中的众多条目必须让想要在特定主题上找到信息的读者易于取得。在印刷的百科全书中把条目标题按字母连续顺序排列，这是通行的做法，虽然有些百科全书以较广的主题范围为本将条目细分。经由字母索引或条目间的参照等辅助方法，也有助于找到想要的信息。电子百科全书中的搜索功能也可以帮助读者查找有用的信息。

3. 编排

西方现代百科全书大多按字母顺序编排。注重检索功能的话，一般采用小条目的编纂思想。注重百科全书教育功能的则采用大条目的方式。修订的方式有再版制、补卷制、出版年鉴和连续修订制四种 。

百科全书中常见的一些编排方式：

(1) 字顺编排。

(2) 分类编排。

(3) 大类编排，条目按字顺编排。

4. 条目

百科全书的条目包括标题、正文内容和图表等。在百科全书的编纂中，条目的命名非常重要。好的命名应该便于检索，有学者认为条目应该都是独立的主题，应以方便读者的检索为准则。另外，条目的主题应该是客观形成的，而不是人为拟定的。例如，海湾战争是客观存在的事实，而"狗的神话"则是人为拟定的主题。

条目的命名应该清晰明确，不能含糊不清。例如新型武器，很难界定"新型"的划分。

百科全书条目的选择有一些共通性的原则：

(1) 独立主体原则。主体应该是相对独立的，就像我们去一个公司办事，我们先想到的是公司的名称、地址，而不是其中的某个部门。

(2) 客观形成原则。这个主题应该是人们在了解，改造世界的过程中客观形成，为人所熟知，而不是人为拟定的。如创世神话是一个客观存在的神话题材类型，但是狗的神话就是一个人为概括的主题。因此缺少公认的规范性和确定性。

(3) 单一主题原则。如时间和空间是两个主题，应该分设。

(4) 准确性原则。条目的名称应该准确的表明条目的主题。

(5) 通用性原则。应该使用规范的或约定俗成的名称。

(6) 名词性原则。条目名称应该是名词性的，静止的。例如，"解放海南岛"应该改成"海南岛战役"。

(7) 简要性原则。如使用"唐诗"，而不用"唐代诗歌"。

(8) 非研究原则。百科全书不是研究论文。

(9) 非应用原则。百科全书不是为了指导具体的应用。

百科全书的分类结构以及不断更新的特点使它非常适合多种在线或离线的电脑格式。最近几年，大多数主要的百科全书都已经在不同程度上电子化。基于磁盘(特别是 CD-ROM)的出版物拥有携带方便、成本低廉的优点，如《大英百科全书》光盘版(图 2-12)。同时，电子百科全书还可以包含各种传统媒体无法承载的多媒体格式，如动画、音像或视像。在线的百科全书则拥有动态的优点：新的信息几乎可以立即被呈现，而不用等到下一次的出版。著名的在线百科全书有大英百科全书在线(图 3-13)维基百科、百度百科等。

图 3-12 《大英百科全书》光盘版

图 3-13 《大英百科全书》在线版

(二) 类书

1. 类书的定义

类书是辑录古书中的史实典故、名物制度、诗赋文章、丽词骈语等，按类别或语词的韵目加以编排，以便寻检和引证的工具书。类书被认为是我国古代的百科全书，但是类书与百科全书又有所不同，百科全书是对具体事物作解释说明，需要作者进行著述，而类书不需要作者著述，抄现成的书中部分内容、分类编排而已。我国自公元 220 年魏文帝下令撰集《皇览》以来，历代官私编纂的类书众多。其中非常著名的有宋代四大类书:《太平御览》、《太平广记》、《文苑英华》和《册府之龟》。

2. 类书的特点

类书从内容到形式都是非常特殊的一种检索工具，特别是我国古代类书，它罗列文字、训诂、辞藻、典故，却不是辞书；它包括经史杂传、诸子百家之言以及诗文作品，却游离于经、史、子、集四部之外；它涉及典章、制度、山川、地理、医卜星相、花草树木、禽兽虫鱼，却并非政典、丛考、方志、舆图，也非任何一家专著。详细说来，类书的主要特点有:

(1) 在资料收录上，包罗万象。类书取材范围十分广泛，有片断资料，也有整篇或者整部著作。如《永乐大典》便汇集了我国宋元以前的大量典籍，包括了经、史、子、集、释藏、道经、戏曲、医学、工技、农艺等各类著作，有七八千种之多，内容极为丰富。

(2) 在体系上，依类相从，体系庞大。类书是我国古代分类最深最细的工具书。详尽的分类使得类书与其他汇编性文献，如总集、丛书等区别开来，从而发挥其独特作用。类书分类通常以伦理为原则，以事物形态为依据，一般遵循"天、地、人、事、物"的基本模式。详细的分类也使得类书查检方便，颇为实用。

(3) 在编排目的上，类书编纂的最初目的是供封建帝王查考史料、精读文献精华、采撷辞藻典故和了解治国策略之用，是典型的资料集成物。到了现代，类书的资料性得到了极大的体现，除了查考史料外，还体现于辑佚、考证、校勘等方面，被称为"辑佚之渊薮"，称为文史学者的得力助手。

3. 类书的类型

按其收录的内容范围，分为综合性类书和专门性类书。

综合性类书辑录各个学科、门类的文献资料，覆盖面宽，如《艺文类聚》、《太平御览》以及《古今图书集成》等。

专门性类书只收录某一方面的资料，就某一范围来说，其资料更为全面丰富，如辑录岁时典故的《月令粹编》、编录事物起始的《格致镜原》、辑录图谱资料的《三才图会》等。

4. 类书的功能

类书在中国文化史上具有非常重要的作用。具体来说，主要有以下几个方面的作用：

1) 辑录已经散佚的古籍遗文

类书是因为大量摘引古书而成，所以，类书就成了辑佚古书的重要来源。古籍在历代流传过程中，历经劫难，散失现象十分严重。但部分古籍曾经被类书征引过，往往在类书中还保存有只言片语。将这些文句从类书中辑录出来，虽不可能完全恢复原书的全貌，但至少可以对原书有个大体的了解。著名的总集如《诗纪》、《文纪》，有名的丛书如《汉魏六朝百三家集》、《玉函山房辑佚书》等，都是借助类书辑录而来。

2) 校勘、考订古籍

古类书在利用当时存在的各种古籍抄录资料时，绝大多数是引用原材料，而且标明出处，虽有删节或个别的改动，但从总体上看是忠实于原文的。时代变迁，各朝书籍不免有很多失传，虽然有些古籍还流传到现在，但是，在传抄、刻印或故意窜改之后，已经不同于原书的本来面目。由于类书常常大量征引这些古籍，甚至整段整篇整部原文摘抄，加上这些类书编写时间较早，所以其版本错误的可能性要小一些，因此，可以利用类书对原书进行校勘。如鲁迅就曾利用《北堂书钞》、《艺文类聚》、《初学记》、《太平御览》等对《嵇康集》进行了校勘。

3) 查找资料

类书包罗万象，而且又以摘引古书原文见长，并以类编排，这就为我们查找各方面资料提供了方便。利用类书，不仅能查找到大量的史料，如历史、地理、典制、民俗、文艺、人物等，也能查找大量的辞藻、典故、对偶句，为学术研究和文学创作提供了极大的方便。

5. 类书简介

《北堂书钞》，隋虞世南编纂，清孔广陶校订，1888 年南海孔氏刻本，天津古籍出版社 1988 年影印本，是我国现存最早的一部比较完整的综合性类书，成书于隋炀帝大业年间（605—618），因为系秘书郎虞世南在秘书省后堂编就，故曰《北堂书钞》。全书 160 卷，分为 19 部，依次为帝王、后妃、政术、刑法、封爵、设官、礼仪、艺文、乐、武功、衣冠、仪饰、服饰、舟、车、酒食、天、岁时、地等。部下再分类，共 851 类。类下先摘引词语作标目，标目之下再征引包含这个语句的古籍文句，然后用双行夹注形式注出所摘字句的出处，列出所摘字句的上下文或有关注释，最后加上自己按语。该书所引用古籍多是隋前的旧本，保存了许多珍贵的资料，对校勘、考证古籍，有极大的参考价值。

《艺文类聚》（图 3-14），唐欧阳询等编，中华书局 1965 年校点本。它是我国现存最早的一部完整的宫修类书，共 100 卷，是欧阳询、令狐德棻等十八人奉诏编撰的，始于唐高祖武德五年（公元 622 年），武德七年奏上，历时三年之久。全书约百余万言，分为 46 部（卷八十一、八十二作一部计），有子目 727 个。据 1926 年《北京大学二十五周年纪念研究所国学门临时

图 3-14 《艺文类聚》

特刊》的统计，《艺文类聚》引用书籍达1431种，经史子集，皆有辑录。《艺文类聚》以前的类书，偏重类事，不重采文，即使由诗文中取材，也只是随意摘句，不录片断。如果要查找与某事有关的诗文作品，则需要去翻检总集，总集与类书在那时是严格区别的。欧阳询在《艺文类聚序》中说："前辈缀集，各抒其意。《流别》（晋挚虞《文章流别集》）、《文选》（梁萧统撰），专取其文；《皇览》、《遍略》，直书其事。文义既殊，寻检难一。"他已经深刻感到了"文"与"事"的分离是前代类书的一大缺陷，给使用者造成极大的不便。正是为了克服这个弊病，"使览者易为功，作者资其用"，《艺文类聚》采取了"事居其前，文列其后"的新体例。这不但使得类书的面目一新，增加了读者临事取索的便利，而且越到后来越显示出它保存古文献的重要性，为后世建树了始料所不及的功勋。《艺文类聚》的先例一开，后起的类书便纷纷效法，宋代的《事文类聚》、清代的《渊鉴类函》是如此，像明代的《永乐大典》、清代的《古今图书集成》这样的鸿编巨帙，同样遵循着"事"、"文"并举的成规。

《太平御览》，宋李昉等编，1960年中华书局印本。此书是一部大型综合性类书，于宋太平兴国八年（公元983年）编成，这部书以引征广博繁富著称。据近人考订，其引征经、史、子、集、道等各类书有2579种之多。所引用的古书，今存者不过十之一二，十之八九已失传。因此书中保存了许多秦汉以来十分难得的珍贵材料。全书共1000卷，约500万字，分为天、时序、百卉等55部，每部之下又分若干子目，全书共4558个子目。其中珍宝部12卷14类；布帛部7卷34类、资产部16卷94类；百谷部卷15类；饮食部25卷62类等都记载并保存了唐五代以前的许多珍贵经济史料。

《册府元龟》，宋王钦若等编，1960年中华书局影印本。宋真宗景德二年，王钦若等奉敕修。王钦若为提总，参加修书者有杨亿、钱惟演等15人。大中祥符六年成书，前后经过九年。此书是一部史料性类书，以历代名臣事迹和治乱兴衰汇为一编，起自上古，止于五代，所采以正史（十七史）为主，间及经、子，不取杂书、小说。全书共分1000卷，另有目录和音义各10卷（现音义已失传），分31部，1104门，卷数虽与《太平御览》相当，但实际分量超过它一倍。这是宋代最大的一部类书。每部有总序，每门又有小序。大小序都能辨明源流，贯穿古今，颇为精彩。小序后即罗列历代人物事迹，各门材料按照时代先后次序排列，但材料不注明出处，因此，校订、辑佚古书不太方便。但因为该书多采十七史，因此，对校补十七史的讹脱作用也很大。对于辑佚史书也有一定用途。例如，《旧五代史》就是利用《永乐大典》和《册府元龟》编辑而成的。

《古今图书集成》（图3-15），清陈梦雷、蒋廷锡等编，1934年中华书局影印本。《古今图书集成》（原名《古今图书编汇》）是康熙三十年（1691年）编纂的，比明代的《永乐大典》收书更多并更有条理。它是我国继《永乐大典》之后，又一部大型类书。由于《永乐大典》的散佚，它成了我国现存最大的一部类书。这部书的编纂历经十年完成初稿，康熙四十五年（1706年）缮写成册，但未刊印。雍正即位后，由蒋廷锡重新校对整理，又经三年编成1万卷，共525函。雍正四年（1726年）开始使用铜活字排印，两年后印成60部，避暑山庄文津阁储存一部。全书共1万卷，目录40卷，分为6汇编、32典、6109部，约1亿字。《古今图书集成》，采撷广博，内容非常丰富，上至天文，下至地理，中有人类、禽兽、昆虫乃至文学、乐律等等，包罗万象。它集清朝以前图书之大成，是各学科研究人员治学、承继先人成果的宝库。

《中华大典》（图3-16），任继愈主编，1990年开始编辑。该书是由国务院批准立项的新型类书，由全国20多家出版社联合出版，参与的专家学者逾千人，是我国建国以来最大的一项文化出版工程。该书所集文献，上起先秦，下限清末，共录古籍近3万种，7亿多字，分为

21个典，近100个分典，百科兼收、内容广博、学术性强、规模宏大。在规模上超过《永乐大典》和《古今图书集成》的总和。在编排体例上，该书吸收了古代类书以经目纬目交织为框架的长处，采用了现代科学的系统分类方法，便于读者研究和检索。

图 3-15 《古今图书集成》

图 3-16 《中华大典》

（三）政书

1）政书的定义

政书是专门记载古代典章制度的工具书。政书专门辑录历代或某一朝代的典章制度资料，包括政治、经济、军事、文化等制度沿革资料，并分门别类地加以编排和叙述，是一种专门性的典章制度的专书。政书在一定程度上具有文献编纂的性质，但由于其内容丰富，编排有序，有时又可以作为查阅某类历史事实的工具书使用。政书的编纂方法与类书相似，区别在于类书兼收各种各样的资料，而政书专收典章制度方面的资料；类书只是辑录原始资料，不加改动，按类堆砌，政书要将采撷来的原始资料加以组织熔炼，使之成为一个整体。

2）政书的特点

政书是典章制度的专书。政书具有资料性、汇编性、分类性等特点：

(1) 资料性。政书是百科全书式的大型资料汇编，其内容广泛、系统，材料丰富、详备，是古今各类工具书不可或缺的重要一部分。

(2) 汇编性。政书是从各种文献中辑录资料，取材非常广泛。

(3) 分类性。政书是分门别类地排比或摘述资料，并大多以分类的形式出现。古代政书的立类，一般以伦理为原则，以事物形态为依据。

3）政书的类型

根据政书的时限，可以将其分为通史与断代史两个大类。

所谓通史，是指历述各代典章制度的史书。通史体的政书，以杜佑《通典》为起始，历朝相继编纂或续编，学术领域先后出现了"三通"、"续三通"、"清三通"以及"十通"等各种不同称谓的政书。"十通"记载历代典章制度的沿革，包括："三通"，即《通典》、《通志》、《文献通考》；"续三通"，即《续通典》、《续通志》、《续文献通考》；"清三通"，即《清通典》、《清通志》、《清文献通考》、《清续文献通考》。

所谓断代史，是指专详一朝典章制度的史书。断代典制史又可以区分为两种类型：会典和会要。其中，"会典"如《唐六典》、《元典章》、《明会典》、《大清明会典》等；"会要"如宋代王溥编修的《唐会要》，南宋徐天麟的《西汉会要》、《东汉会要》，清代杨晨等修编的《春秋会要》、《秦会要》、《三国会要》、《明会要》等。

此外，还有一类专记一种典章制度的政书，如清代官修《历代职官表》。

4）政书的作用

古代编纂政书的目的主要是记录前代典章制度的政治、经济、文化、军事状况，作为统治者安邦治国的借鉴。到了现代，利用政书，查检历代典章制度、古代职官机构及其编制与职责、田赋税收等资料，可以了解我国几千年来政治、经济、文化、军事制度及其发展演变的情况。

5）政书简介

《通典》(图 3-17)，唐杜佑撰，1935 年商务印书馆"十通"本，1988年浙江古籍出版社影印本。它是一部记述古代政治、经济制度沿革的历史书，是我国古代第一部真正有系统、有门类的典章制度专著，上起自远古黄帝、尧、舜时代，下至唐天宝末年，在唐代刘知己的《史通》基础上充实完善而成。《通典》自代宗大历年间着手编写，30 多年后完成。全书共 200 卷，分食货、选举、职官、礼、乐、兵刑、州郡、边防等 8门，每门类下又分若干子目。每门前有总序，后面许多地方有论。《通典》取材广泛，唐前的各个史志、魏晋以后的文集和其他资料，唐朝的实录、国史和政府档案等，都充分利用。其体例是以事类为中心，分门别类的叙述历代重要的制度沿革和史实发展，以及有关的议论等。总之，

图 3-17 《通典》

《通典》是我国第一部政书，对于了解唐天宝以前的典章制度具有非常重要的意义。同时，它也是辑佚工作和校勘工作的重要来源和依据。

《通志》，南宋郑樵撰，1935 年商务印书馆"十通"本，1988 年浙江古籍出版社影印本。郑樵是一位知识渊博的历史学家。他主张通史，反对断代。《通志》的体例与《通典》有所不同，《通典》著录的是政治、经济方面的典章制度，不收人物传记。《通志》分为两个部分，第一部分是纪、传、谱（表）、略（志）俱全的通史，第二部分是二十略，52 卷，自传说至唐及北宋，是《通志》的精华部分。这里的"略"，相当于正史里的"志"。二十略内容丰富，发凡起例很有见地，但门类太广，一人之力毕竟有限，因此，内容不够充实。《通志》不如《通典》，是因为作者没有充分条件研究历代典章制度，对于前代典章制度只是凭借研究心得，未能尽善，也是可以理解的。

《文献通考》，元马端临撰，1936 年商务印书馆"十通"本，1988 年浙江古籍出版社影印本。本书记载上古到宋宁宗时的典章制度。在元初开始编写，经过 20 多年，在元成宗大德十一年（1307 年）成书。《通考》在编纂方法上同《通典》，共 348 卷，分 24 个门类，田赋、钱币、户口、职役、征榷、市籴、土贡、国用、选举、学校、职官、郊社、宗庙、王礼、乐、兵、刑、经籍、帝系、封建、象纬、物异、舆地、四裔。包括了封建社会从经济基础到上层建筑的许多领域。虽说从上古论述到宋宋，但是有关宋代的内容，约占全书的一半以上。该书所有的材料来源，宋代以前的用诸史及《通典》，宋代以后的则采录国史、会要及诸儒的议论。与《通典》相比，此书内容更加丰富，材料更加详瞻，分类也更加详细。《四库全书总目提要》评价该书说："然其条分缕析，使稽古者可以案类而考。又其所载宋制最详，多《宋史》各志所未备。按语亦多能贯古穿今，折衷至当。虽稍逊《通典》之简严，而详瞻实为过之，非郑樵《通志》所及也。"

《续通典》，150 卷，清乾隆三十二年（1767）敕修，1935 年商务印书馆"十通"本，1988年浙江古籍出版社影印本。本书为杜佑《通典》的续书，上起唐肃宗至德元年（756），下至

明崇祯年（1644）。其材料来源，自唐天宝以后，取材于《通志》、《文献通考》，而有所增益；宋嘉定以后，取材于《续文献通考》，而有所裁剪。其中以明代史料最为详备。其分门除"兵刑典"分为两门外，余同《通典》。

《清朝通典》，100卷，清乾隆三十二年（1767）敕修，1935年商务印书馆"十通"本，1988年浙江古籍出版社影印本。该书上续《续通典》，记清代典章制度，自清初至乾隆中叶止。分类同《通典》，唯细目因古今沿革有异，故略有删改。

《续通志》，640卷，清乾隆三十二年（1767）敕修，1935年商务印书馆"十通"本，1988年浙江古籍出版社影印本。该书是郑樵《通志》的续编，体例仿郑志，分本纪、后妃传、二十略和列传。每部分起讫年代，因郑志迄年不同而不同。纪传郑志至隋，该书自唐至元。二十略郑志至唐，该书自五代至明。

《清朝通志》，126卷，清乾隆三十二年（1767）敕修，1935年商务印书馆"一卜通"本，1988年浙江古籍出版社影印本。该书只有二十略，无纪传、年谱等。每略的分目，较郑志略有删补。除了《清朝通典》不收的氏族、六书、七音、校雠、图谱、金石、昆虫草木等略外，其他记述典章制度的略，与《清朝通典》相类似，重复之处极多。

《续文献通考》，250卷，清乾隆十二年（1747）敕修，1936年商务印书馆"十通"本，1988年浙江古籍出版社影印本。该本书前，明·王圻曾撰有《续文献通考》，254卷，分30门。除《文献通考》原有24门外，增加了氏族、六书、道统、节义、谥法、方外6门。上接《文献通考》，下至明万历初年。清乾隆时修《四库全书》，认为该书有违碍处，将其列为禁书，并下令重修。清修《续文献通考》便以其为蓝本，又参考了宋元以来的史书、史评等，作了大量修改考订。该书起自宋宁宗嘉定年间，至明崇祯末，门目仍参考《文献通考》，但将郊社考细分为郊社考和群祀考，宗庙考细分为宗庙考和群庙考，共26门。

《清朝文献通考》，300卷，清乾隆十二年（1747）敕修，1936年商务印书馆"十通"本，1988年浙江古籍出版社影印本。该书上接《续文献通考》，收录清代开国至乾隆年间事迹。体例依循《文献通考》，子目略有删减。

《清朝续文献通考》，刘锦藻撰，1936年商务印书馆"十通"本，1988年浙江古籍出版社影印本。本书上接《清朝文献通考》，起自乾隆五十一年（1786），止于宣统三年（1911）。全书400卷，所分门类，在《清朝文献通考》26门的基础上，增加了外交、邮传、实业、宪政4门，合30门。各门子目也根据清代中叶以后的情况作了增补。

以上十种书，合称"十通"，是历代文物典章制度的总汇，内容广博，规模宏大，其系统完整地记录了中国历代典章制度沿革发展情况，对于我们了解、研究上起远古时期下至清朝末年历代的政治、经济、军事、文化等制度方面的资料，有着重要作用。

三、书目、文摘、索引

(一) 书目

1. 书目的定义

书目是图书和报刊杂志目录的简称。它著录和揭示一批相关的书刊文献，按一定的次序编排而成，是一种登记、报道和宣传图书期刊的检索工具。

2. 目录的基本特点

(1) 对收录文献的外部特征和内容特征进行描述，前者如篇名、著者、出版地等，后者则指有关文献内容的摘要、述评。

(2) 能提供多种检索标识和途径，如分类、主题、著者以及其他如文章序号等。

(3) 有相对完备的检索体系。读者通过它可以省去大量查阅文献资料的时间，较快获取大量的信息资料，而不致于被图书的海洋所淹没。科学使用目录检索工具，是读者了解和掌握学术动态、科研形势，进行学术研究的捷径。

3. 书目的类型

(1) 按出版物的类型可以划分为图书、报刊、标准等。

(2) 按检索途径可以划分为书名目录、分类目录、著者目录、主题目录。

(3) 按职能特点可以划分为出版发行目录、馆藏目录、联合目录、国家目录。

4. 书目的功能

(1) 目录是进行出版物登记、统计、报道、指导、阅读和科学管理图书资料的工作，具有揭示某个历史时期文献资料的概貌、报道和检索某一学科文献信息的独特功能。

(2) 我国古典书目注重"辨章学术，考镜源流"，许多书目具有学术史的性质。书目所著录的图书报刊，比较客观地反映各个不同时代的学术水平、文化水平，如《中国比较文学百年书目》(图 3-18)。

(3) 书目准确揭示了图书的内容和版本，能起到宣传图书、指导阅读的作用。解题书目、版本书目、推荐书目、查索书目等都能比较准确地揭示图书的内容和版本，并且评价图书的优劣，是一定历史时期宣传图书、指导阅读的工具。这方面最有代表性的有《四库全书总目》、《书目答问》等。

图 3-18 《中国比较文学百年书目》

(4) 书目准确反映图书、报刊杂志的馆藏情况，方便读者查阅书刊资料。联合目录、馆藏目录是反映图书、报刊资料和馆藏情况的工具，为查阅书刊资料和馆际互借、资源共享提供了很大方便。

5. 目录简介

《四库全书总目》是清代永瑢等撰。清代乾隆帝曾下令征集图书，集中一批著名的学者，编纂了一部巨大的丛书《四库全书》，收书 3 万余种，抄 7 部，分别收藏在故宫的文渊阁，沈阳的文溯阁，圆明园的文源阁，承德避暑山庄的文津阁，镇江的文宗阁，扬州的文汇阁与杭州的文澜阁。在纂修《四库全书》的过程中，对收进《四库全书》的书籍均分别编写提要，后来把这些提要分类编排，汇成一部书目，就是《四库全书总目》。

《书目答问》是清代张之洞撰，初刊于清光绪二年(1876 年)。共列举古籍 2200 种左右。每种书先列书名，次注作者，再注各种版本。全书按经、史、子、集、丛(丛书目)五部编排。

《中国丛书目录及子目索引汇编》施廷镛主编，南京大学 1982 年印行。这是一部丛书目录，收录了《中国丛书综录》漏收或未收丛书 977 种，其中有一些西学丛书和台湾地区编印的丛书。全书分丛书目录和子目索引两部分。丛书目录包括综合汇刻和分类汇刻，著录各类丛书及其子目，子目索引按笔画和笔形为序。

《(生活)全国总书目》，平心编，上海生活书店 1935 年出版。这是一部现代综合性书目。全书收录了民国元年至 1935 年全国各地书店、机关团体及私人刊印的书籍，约两万种。

《北京图书馆善本书目》是北京图书馆善本部藏书书目，版本极其珍贵，按此书目可以细查北图珍本藏书概况。中华书局 1959 年出版。全书共 8 卷，主要收录建国后十年中新入藏的善本书，兼收 1937—1948 年间陆续出版和入藏的善本书，共收录 11348 种，按经、史、子、集四部编排，著录方面重版本记载。

《全国新书目》(图 3-19)先后由国家新闻出版总署期刊司，出版总署图书馆，版本图书馆编辑出版。该书是中国现行国家书目。1950 年创刊，初为季刊，后为双月刊，1954 年改为月刊。"文革"期间停止发行，1972 年 6 月复刊，该书目能较迅速地反映全国每月出版的新书。该书目是编制《全国总书目》的基础。该书及其汇编本《全国总书目》，分别收录了我国各出版单位当月及当年公开出版发行的各种文字的初版与重版图书，是了解中国图书出版情况，查找新版图书的重要检索工具。

图 3-19　《全国新书目》网站

《中国国家书目》，北京图书馆《中国国家书目》编委会主编，书目文献出版社 1987 年起出版。这是我国第一部正式的国家书目。正文所收文献包括中国大陆出版的各种汉文图书、期刊和报纸。该书目计划收录包括台湾、香港、澳门在内的全中国的出版物，还计划收录我国著者在国外发表的著作，海外华侨和外籍华人的著述，以及外国出版的中文图书。

《中国通俗小说书目》(图 3-20)，孙楷第著，北平图书馆 1933 年初版。本书主要收录语体旧小说，包括宋至清已失未见及见存储书共 800 余种，介绍了各种小说的名称、卷数、回数、版本、作者及存佚情况，间有摘录关于该书的笔记、琐闻、序跋。孤本或珍本，还加注收藏者及收藏地点。

《中国文言小说书目》，袁行霈、侯忠义编，北京大学出版社 1981 年出版。本书收录先秦至清的古代文言小说 2000 余种。每书

图 3-20　《中国通俗小说书目》

依次著录书名、卷数、存佚、时代、撰者、著录情况、版本，并附必要的考证说明。全书按时代分为先秦至隋、唐五代、宋辽金元、明、清等五编。书后有书名索引。

《中国现代作家著译书目》，北京图书馆书目编辑组编，书目文献出版社 1982 年出版，1982 年初编本收录 50 名作家著、译、编、校的图书近 3000 种。收书范围自"五四"运动至 1981 年底。全书先按作家姓名的汉语拼音字母次序排列，再按各个作家著作的实际情况并参照《中图法》分类编排。每位作家均有生平简介，每书有简要附注。书后有书名索引和书名首字笔画检索表。1986 年续编本，收录 128 位作家自"五四"运动至 1981 年底著、译、编、校的图书 3400 余种，并附录"正编"补遗 80 余种。

(2) 能提供多种检索标识和途径，如分类、主题、著者以及其他如文章序号等。

(3) 有相对完备的检索体系。读者通过它可以省去大量查阅文献资料的时间，较快获取大量的信息资料，而不致于被图书的海洋所淹没。科学使用目录检索工具，是读者了解和掌握学术动态、科研形势，进行学术研究的捷径。

3. 书目的类型

(1) 按出版物的类型可以划分为图书、报刊、标准等。

(2) 按检索途径可以划分为书名目录、分类目录、著者目录、主题目录。

(3) 按职能特点可以划分为出版发行目录、馆藏目录、联合目录、国家目录。

4. 书目的功能

(1) 目录是进行出版物登记、统计、报道、指导、阅读和科学管理图书资料的工作，具有揭示某个历史时期文献资料的概貌、报道和检索某一学科文献信息的独特功能。

(2) 我国古典书目注重"辨章学术，考镜源流"，许多书目具有学术史的性质。书目所著录的图书报刊，比较客观地反映各个不同时代的学术水平、文化水平，如《中国比较文学百年书目》(图3-18)。

(3) 书目准确揭示了图书的内容和版本，能起到宣传图书、指导阅读的作用。解题书目、版本书目、推荐书目、查索书目等都能比较准确地揭示图书的内容和版本，并且评价图书的优劣，是一定历史时期宣传图书、指导阅读的工具。这方面最有代表性的有《四库全书总目》、《书目答问》等。

图3-18 《中国比较文学百年书目》

(4) 书目准确反映图书、报刊杂志的馆藏情况，方便读者查阅书刊资料。联合目录、馆藏目录是反映图书、报刊资料和馆藏情况的工具，为查阅书刊资料和馆际互借、资源共享提供了很大方便。

5. 目录简介

《四库全书总目》是清代永瑢等撰。清代乾隆帝曾下令征集图书，集中一批著名的学者，编纂了一部巨大的丛书《四库全书》，收书3万余种，抄7部，分别收藏在故宫的文渊阁，沈阳的文溯阁，圆明园的文源阁，承德避暑山庄的文津阁，镇江的文宗阁，扬州的文汇阁与杭州的文澜阁。在纂修《四库全书》的过程中，对收进《四库全书》的书籍均分别编写提要，后来把这些提要分类编排，汇成一部书目，就是《四库全书总目》。

《书目答问》是清代张之洞撰，初刊于清光绪二年(1876年)。共列举古籍2200种左右。每种书先列书名，次注作者，再注各种版本。全书按经、史、子、集、丛(丛书目)五部编排。

《中国丛书目录及子目索引汇编》施廷镛主编，南京大学1982年印行。这是一部丛书目录，收录了《中国丛书综录》漏收或未收丛书977种，其中有一些西学丛书和台湾地区编印的丛书。全书分丛书目录和子目索引两部分。丛书目录包括综合汇刻和分类汇刻，著录各类丛书及其子目，子目索引按笔画和笔形为序。

《(生活)全国总书目》，平心编，上海生活书店1935年出版。这是一部现代综合性书目。全书收录了民国元年至1935年全国各地书店、机关团体及私人刊印的书籍，约两万种。

《北京图书馆善本书目》是北京图书馆善本部藏书书目，版本极其珍贵，按此书目可以细查北图珍本藏书概况。中华书局1959年出版。全书共8卷，主要收录建国后十年中新入藏的善本书，兼收1937—1948年间陆续出版和入藏的善本书，共收录11348种，按经、史、子、集四部编排，著录方面重版本记载。

《全国新书目》(图 3-19)先后由国家新闻出版总署期刊司，出版总署图书馆，版本图书馆编辑出版。该书是中国现行国家书目。1950 年创刊，初为季刊，后为双月刊，1954 年改为月刊。"文革"期间停止发行，1972 年 6 月复刊，该书目能较迅速地反映全国每月出版的新书。该书目是编制《全国总书目》的基础。该书及其汇编本《全国总书目》，分别收录了我国各出版单位当月及当年公开出版发行的各种文字的初版与重版图书，是了解中国图书出版情况，查找新版图书的重要检索工具。

图 3-19   《全国新书目》网站

《中国国家书目》，北京图书馆《中国国家书目》编委会主编，书目文献出版社 1987 年起出版。这是我国第一部正式的国家书目。正文所收文献包括中国大陆出版的各种汉文图书、期刊和报纸。该书目计划收录包括台湾、香港、澳门在内的全中国的出版物，还计划收录我国著者在国外发表的著作，海外华侨和外籍华人的著述，以及外国出版的中文图书。

《中国通俗小说书目》(图 3-20)，孙楷第著，北平图书馆 1933 年初版。本书主要收录语体旧小说，包括宋至清已夫未见及见存储书共 800 余种，介绍了各种小说的名称、卷数、回数、版本、作者及存佚情况，间有摘录关于该书的笔记、琐闻、序跋。孤本或珍本，还加注收藏者及收藏地点。

图 3-20   《中国通俗小说书目》

《中国文言小说书目》，袁行霈、侯忠义编，北京大学出版社 1981 年出版。本书收录先秦至清的古代文言小说 2000 余种。每书依次著录书名、卷数、存佚、时代、撰者、著录情况、版本，并附必要的考证说明。全书按时代分为先秦至隋、唐五代、宋辽金元、明、清等五编。书后有书名索引。

《中国现代作家著译书目》，北京图书馆书目编辑组编，书目文献出版社 1982 年出版，1982 年初编本收录 50 名作家著、译、编、校的图书近 3000 种。收书范围自"五四"运动至 1981 年底。全书先按作家姓名的汉语拼音字母次序排列，再按各个作家著作的实际情况并参照《中图法》分类编排。每位作家均有生平简介，每书有简要附注。书后有书名索引和书名首字笔画检索表。1986 年续编本，收录 128 位作家自"五四"运动至 1981 年底著、译、编、校的图书 3400 余种，并附录"正编"补遗 80 余种。

(二) 文摘

1. 文摘的定义

文摘是以简明扼要的文字摘述文献的主要内容和原始数据，向读者报道最新研究成果，传递文献的情报信息和查寻文献线索的一种工具书。文摘由许多文摘款目构成，又经过科学编排的一种检索工具书。

2. 文摘的特点

文摘所报道的既有图书，又有论文。它比较深入广泛地涉及到文献的内容，含有更多的信息量。文摘的特点主要表现在以下几个方面。

(1) 文摘含有较大的信息量。

(2) 文摘如实地反映文献内容中的事实、概念、数据、原因、过程、时间等。

(3) 文摘对所摘录内容不加任何评论或观点补充。

(4) 文摘兼有报道和检索两种功能。

3. 文摘的种类

从编纂目的和组织职能来看，大体可以分为普及性文摘和情报信息性文摘。

(1) 普及性文摘是摘述报刊文章或书籍片断，向广大读者普及科学文化知识而编辑出版的文摘报刊。例如，《文摘周报》、《读者》、《海外文摘》、《青年文摘》、《科普文摘》、《文学知识常识文摘》、《东西南北中》等。这类文摘讲究知识性、趣味性、可读性，其内容多为文章摘要、片断，也有整篇原文。

(2) 信息性文摘是工作中用以传递情报信息和检索文献线索的文摘。例如，美国的《医学文摘》，我国的《冶金文摘》、《海洋文摘》等。它们专业性强，内容专深。信息性文摘又分为两种：报道性文摘，是全面真实地反映文摘信息内容的创造性部分，含有较大的情报信息量，可以使部分读者免于查阅原文献的一种文献形式；指示性文摘，是对原文献信息进行高度的浓缩。有时，在一个条目中，指示性和报道性共存的情况也有，就是所谓的报道指示性文摘。

4. 文摘的功能

文摘除了有一般检索工具的功能外，还具有以下特殊的功能。

(1) 了解各学科文献情况，把握各学科发展的现状和趋势。

(2) 确定文献与读者需求的相关性，提高文献检索的查准率。

(3) 直接获取文献的情报信息，避免不必要的阅读全文。

5. 文摘简介

《新华文摘》是大型的综合性、学术性、资料性文摘。因为中国社会科学的研究已形成综合化的特点，那些从不同角度反映时代呼声的热点问题、前沿问题往往是在交叉学科中出现的。《新华文摘》每期保持 16 个栏目，从而加快了传播速度，增强了时效性；加大了承载容量，提升了前沿性；加强了精选精编，体现了权威性。

《青年文摘》(图 3-21)由共青团中央主管、中国青年出版总社主办。是一本面向全国、以青少年为核心读者群的文摘类综合刊物，刊物集萃来自报纸、期刊、图书等大众媒体的名篇佳作，旨在为青少年打造一个丰富生动、健康向上的精神空间。

美国《化学文摘》(ChemicalAbstracts，CA)创刊于 1907 年，由美国化学学会、化学文摘社(CheroicalAbstractsService，CAS)编辑出版。由于它历史悠久，摘录范围全，几乎包括了化学化工的全部领域。

英国《科学文摘》(ScienceAbstracts，SA)是一种文摘性检索工具，创刊于 1898 年，报道物理学、电工技术、控制技术和计算机等方面的文献资料，收录世界上 50 余个国家以及各种文字出版的期刊、会议论文集、科技图书、科技报告、专利文献和学位论文等。

图 3-21　　《青年文摘》电子版

《现代外国哲学社会科学文摘》由上海社会科学院情报研究所编印，1980 年 4 月复刊，该文摘系综合性学术情报月刊。主要译载国外哲学，经济学、史学、社会学、政治学、法学和新兴学科等的重要学术论文或论著文摘以及书刊评价、名词选择、学术动态和人物机构等材料。

（三）索引

1. 索引的定义

索引历史上有"通检"、"检目"之称，在古代，比较通用的名称为引得。《目录学概论》给索引的定义是"索引是将书刊中的篇目、语词、主题、人名、地名、事件及其他事物名称，按照一定的方式编排，并指明出处的一种检索工具。"

索引的特点在于，它不是以文献整体为记录和检索单元，而以文献中的个别项目和内容为记录和检索单元。索引的目的，不在于是否能给读者一个完整原文或思想，而是指引该原文和思想所在的位置，即指南、指向、示址的作用。

2. 索引的特点

索引具有依附性、描述性、检索性等特点。

(1) 依附性。索引是揭示和检索原始文献的工具，对原始文献具有较强的依附性。首先它的生成是对原始文献的信息摹拟，其内容完全受制于被揭示的原始文献。其次，它的利用和价值实现也是以原始文献为依托的，它只是供需求者检索原始文献的中间媒介。在一般情况下，它必须与原始文献配合使用，才能够给读者提供完整的信息。

(2) 描述性。索引的核心是对原始文献的著录，而著录的实质就是对原有文献的描述和揭示，揭示的基础也在于描述。它们从微观上逐一描述了某特定文献单元的内容和外形特征。变换成款目元素，进而组合成款目。不同的款目再组织成不同的书目类型，从宏观上看，不同的书目类型从不同的角度反映了一定时间和空间内文献流通的整体特征及规律。

(3) 检索性。描述和揭示原始文献是索引的本质，而检索原始文献则是书目索引文摘的宗旨。首先，为需求者提供检索对象，详细完整地著录了文献的内容及外形特征。其次，提供检索对象的各项标识，包括文献分类号、主题词、序号、代号代码等，便于读者利用这些标识检索文献。

3. 索引的类型

从反映被检索对象的事项和内容来看，可分为篇目索引和内容索引。

(1) 篇目索引。主要是记录期刊报纸，文集论丛和会议录等所含的论文题目，按一定顺序排列起来，以便读者查找论文所在位置。篇目索引具有一定的揭示报道作用。但其主要目的仍是指向。

由于篇目索引编辑加工简单，所以报道速度较其他类型的检索工具要快，这就能够给科研人员快速地提供信息情报，提高文献的情报价值。许多图书情报单位在出版发行文摘刊物的同时，又编印文摘的篇目索引，使文献资料先与读者见面。

(2) 内容索引。它是以文献的内容中所含的字、词、句、人名、地名、主题等具体内容为记录和检索单元的，被索对象往往是一部文献或一篇作品。

4. 索引的功用

(1) 索引具有广泛的社会功能，是广大读者和图书情报工作人员读书治学、科学研究及开展图书情报工作不可缺少的工具。

(2) 索引揭示和报道了最新出版和发表的文献资料，及时反映了科学研究的发展动态，提供了最新的文献信息。科学研究必须占有资料，而书目能为科研工作者提供文献出版情况，索引揭示文献里的资料，文摘进一步摘述文献的主要内容及资料。

5. 索引简介

《全上古三代秦汉三国六朝文篇名录及作者索引》是清代严可均编纂的一部文章总集，中华书局 1965 年编辑出版。这部大型索引工具书，汇集了从上古至清代 3400 多人的文章，全书共 746 卷，按朝代顺序分为 15 集。由此书还编了 64 种引得有《佛藏子目引得》、《水经注引得》、《论语引得》、《孟子引得》、《尔雅引得》、《周易引得》等。

《清代文集篇分类索引》由现代作家王重民、杨殿殉等编纂，国立北平图书馆 1935 年初版，本书收到清代别集 428 种，总集 12 种的部分篇目，按文章性质分为学术文、传记文和杂文三部分，书前有所收文集目录、所收文集提要和文集著者索引。

《战国秦汉史论文索引》由张传玺等纂，北京大学出版 1983 年出版。这部索引收录 1900 年—1980 年国内 1240 种中文报刊上的战国秦汉史论文篇目达到 10000 多条，而且还有计划地收录了部分港台报刊上的有关文章篇目，它收录范围十分广泛，内容涉及到了考古、文物方面的资料。

《清史论文索引》由中国社会科学院清史研究室、中国人民大学清史研究所合编，中华书局 1984 年出版。本书收集 1903—1981 年 6 月我国报刊、论文集中发表的有关鸦片战争前的清史论文，史料篇目 2.4 万条，其中包括 1949 年 10 月以来港台地区的论文。

《中国名胜索引》，李文芳编著，中国旅游出版社 1987 年版。该书共收编全国名胜古迹5073 处，内容包括革命旧址、名山胜水、奇岩异洞、佛寺道观、塔像石窟、宫苑园林、亭台楼阁、城关桥堡、陵墓碑坊、文化遗址等。全书按行政区划顺序排列，并对每一处胜迹就其历史沿革、形成特点、价值意义等，作了简要的介绍。

《科学学文摘·索引》，中国科学院图书馆编辑刊行，它收录英、俄、日文科学学译文文摘与篇目。

《全金元词作者索引》，唐圭璋等编撰，中华书局 1964 年出版。

《全元散曲作家姓名别号、作品曲牌索引》，隋树森编，中华书局 1964 年出版。

《清代文集篇目分类索引》，王重民、杨殿旬编，北平图书馆 1935 年出版，中华书局 1965

年重印。

《中国近代期刊篇目记录》，上海图书馆编，上海人民出版社 1965—1985 年陆续出版。

《辛亥革命时期期刊总目》，上海图书馆 1961 年编印。

《中国近代出版史料》，初编、二编、张静庐辑注、群联出版社 1953—1954 年出版。

《中文杂志索引》，岭南大学图书馆编印，该索引创编于 1935 年，只出了第一集上、下卷，书中收录清末至 1929 年出版的 105 种杂志上刊载的论文资料。

《人民日报索引》(图 3-22)，1948 年下半年至 1950 年本，均为人民日报图书馆编辑，人民出版社 1956 年、1961 年出版。

《全国主要报刊资料索引》(图 3-23)，上海图书馆编辑出版，双月刊。

图 3-22 《人民日报索引》　　　　　图 3-23 《全国主要报刊资料索引》

四、手册、年鉴、名录

(一) 手册

1. 手册的定义

手册是汇集经常需要参考的文献、资料或专业知识的工具书。它有指南、便览、要览、一览、宝鉴、必备大全、全书等别称。不管它的名称有多少，它都是汇集某一方面的重要文献和基本知识、数据，专供经常翻查之用。手册内容丰富多彩，形式多样，是随身备用的参考工具书。手册其实是一种便览性的工具书，不但便览，而且便携。手册灵活多样，可大可小，编排体例也较为自由。而年鉴相对比较规范，一般部头比较大。手册则大可多册多卷，小可小册单行一本，资料比较稳定，能为学习、工作、生活和生产提供一些最基本、最实用的知识和资料。

2. 手册的特点

手册是汇集了某一方面的，人们经常需要查阅的知识和数据。虽然它有和年鉴、名录、百科全书等相同或相近的地方，但也有其独有的个性特点和特色。归纳起来有灵活性、实用性、资料性等特点。

1) 灵活性

手册像资料汇编，围绕一定的专题汇集有关的知识和资料；手册像辞典，汇集有关学科专业知识性条目；手册像百科全书，但又没有百科全书那么全、专、深；手册像年鉴，但又没有年鉴那样编排严谨，也没有表谱图录那样特别。手册什么都像，又什么都不是，别类不能包括它，它也无法涵盖别类，这就是手册。

2) 实用性

手册的实用性主要体现在它是面向实际的工具。一般是根据人们在学习、工作和生活上经常碰到的极需解决的知识性问题而编制，提供有关的基本资料以供随手翻检之用。例如，《养鱼指南》、《专利工作手册》、《出国留学指南》等，分别提供养鱼的具体办法，帮助了解专利工作和出国留学等必须具备的基本知识及应注意的事项。

3) 资料性

手册有较强的资料性，它通常是简明扼要地概述某一学科、专业、专题的基本知识和基本资料，具有主题明确、资料翔实、具体等特点。正是由于这一点，人们才能够把手册与辞典略加区别。例如《中华人民共和国资料手册》(图 3-24)，是一部了解和研究中华人民共和国历史发展的综合性的资料工具书。它集中反映了新中国成立以来，各个不同发展时期的基本性质。全书的内容分类编排，各部分一般通过简述、统计数字、表格、名录等形式表示。

3. 手册的类型

按编纂目的和内容范围，分为专科性手册和综合性手册两类。

(1) 专科性手册。常见的有《气象色谱手册》、《汉语拼音中国地名手册》、《世界自然地理手册》、《当代国外社会科学手册》、《中国图书情报工作实用大全》、《电脑知识手册》。

(2) 综合性手册综合性手册指的是一般的常识性手册，它为读者提供生活的基本知识和资料，如《中文电脑实用操作大全》、《青年实用手册》、《世界新学科总览》、《生活科学手册》、《青年必读书手册》、《吉尼斯世界纪录大全》、《新编读报手册》、《大学生创业手册》(图 3-25)等。

图 3-24 《中华人民共和国资料手册》

图 3-25 《大学生创业手册》

4. 手册的功能

(1) 手册能比较系统，比较专业地提供知识资料。专门性手册一般为专家、学者、专门人才、专业读者提供专门的知识数据材料。例如，《教师工作手册》、《经济工作手册》、《大学生学习手册》、《法律知识手册》、《育儿大全》等。

(2) 另一个功能是能向读者提供一些最基本、最实用的知识和资料。这一类手册主要有《大学生常用手册》、《妇女生活大全》、《生活科学手册》、《安全生产手册》等。

5. 手册简介

《当代中国社会科学手册》，这部大型工具书由汝信、易克信主编，社会科学文献出版社1989 年出版。该手册较为系统地介绍了建国以来，特别是党的十一届三中全会以来中国社会科学发展的概况，全书分三编。该手册收录的内容不包括军事、体育和除文学理论以外的艺术理论研究的内容，该书正文编排大体依照《中国图书馆图书分类法》排列，对查找建国以来我国社会科学发展情况很有帮助。

《当代国外社会科学手册》是一部专门介绍外国当代社会科学的手册型工具书，由杨承芳主编，江苏人民出版社 1985 年出版。该手册集中介绍了第二次世界大战结束到现在国外社会科学发展的基本状况。全书分上下两编，20 章。

《中华人民共和国资料手册(1949—1985)》是一部综合性的手册，由寿孝鹤等主编，社会科学文献出版社 1986 年出版。它全面反映了新中国成立以来的历史进程和光辉成就，着重反映了党的十一届三中全会以来各方面的基本情况。书中设有概况、政治、经济、文化、教育、文学艺术、人物、大事记、文献等栏目。各部分一般通过简述，统计数字，表格，名录，索引等形式表示。各类内容一般按时间为序。

图 3-26 《时事资料手册》

《时事资料手册》(图 3-26)，是由《半月谈》编辑部编，新华出版社出版的一部编年手册，创始于 1981 年。该手册着重汇集每年国内外重要的时事资料。诸如国内外大事、各方面的最新成就、最新进展、最新时事政策等。内容相当丰富，而记述则比较简明扼要。是一部方便日常学习时事政策，了解时事形势的小型手册。

《摄影手册》，徐枫编著，四川科学技术出版社 1985 年出版。本书收录摄影名词术语 1000 多条，其内容包括国内外摄像机、镜头、感光材料、光源、暗室工艺、彩色摄影、摄影艺术技巧等。《摄影手册》有 21 个附表，包括相机胶片、冲洗、镜头、滤色镜等几方面。

《中外史地知识手册》，由郑云山、臧威霆主编，上海人民出版社 1984 年出版。全书包括史地基础、古今中外历史事件、历史人物、历史名词、中外自然地理、人文地理和历史地理等 2800 多个条目，选择范围以中学教材为依据，并适当拓展知识面，依类编排，书后附有词目索引，是一本通俗性的史地知识工具书。

《世界史编年手册》，美国的威廉·兰格主编，生活·读书·新知三联书店 1978 出版。该书是美国出版的《世界史百科全书》第 5 版的中译本，依原书顺序分成三部分出版：古代和中世纪部分；近代部分、现代部分。全书从远古时代叙述到 1970 年，按历史时期分为八编，各个时期又按地区、国家划分章节，叙述的重点在政治军事和外交方面，科学技术和文学艺术略有介绍。书后附有外交条目索引。

《世界知识手册》，本书编委会编，世界知识出版社出版。后来改为《世界知识年鉴》，1953年初版，以后连年出版至今，本书是了解世界的一面窗口，为广大读者所喜爱。

《中国统计摘要》，国家统计局编，中国统计出版社 1984 年起出版。

《世界经济统计手册》，中国社会科学院世界经济与政治研究所编，中国社会科学出版社1981 年、1985 年、1988 年出版。

《出国留学指南》，国家教育委员会出国留学咨询中心编，北京语言学院出版社 1985 年出版。

(二) 年鉴

1. 年鉴的定义

年鉴是一种系统反映与记录国内外重大事件，各个学科的新知识、新资料、新进展的工具书，一般是逐年编辑，连续出版。

有些年鉴所作的记述，所汇集的资料，也不是以一年为限，如历史沿革、历史人物、历史文物、历史发展。特别是第一次出年鉴，对本地本区，本行业系统，先有一个全面系统的历史介绍和回顾，搜集一定篇幅的"历时性"资料，这是为了兼顾记述的系统性，增大年鉴的信息量。

一部系统规范的年鉴，一般包括即专文、概况、资料。专文包括特稿，是一种对重要领域专题内容的最新发展或发展趋势加以简明扼要的概述。概况是对一个国家、一个地区、一个行业、一个大型企业一年内所发生阶重要事件，全面进展状况的介绍和简略总结。这一部分是年鉴的主体内容。资料则是一年内有关的参考资料的汇集。某些学术性、经验性的文献，文摘，大事记，统计数据，新闻人物，图书论文篇目，评介以及某些实用性较强的指南性资料等。

2. 年鉴的特点

年鉴的突出特点是对事件进展的概述，具有全面系统性，精练准确性。能紧扣时代脉搏，成为时代的"镜鉴"。

年鉴的另一特点是时限性强。它基本上是以年为限，一年一鉴，所以叫年鉴。记述一年内所发生的大事，汇集一年或最近一年，或截止出版年的各方面或一方面的情况，统计资料等。所以，人们称年鉴为"年度百科全书"或"微型百科全书"。在国外，年鉴又叫百科年鉴。

3. 年鉴的种类

年鉴按知识内容和编纂特点，可以归纳为四个类别。

(1) 综合性年鉴。综合性年鉴也叫百科年鉴，能比较全面地反映一国一地、一领域、一行业或者国际政治、经济、文化等各方面的年度进展情况及有关的文献资料，涉及范围广泛。读者能及时准确地了解到国内外，行业内外各方面的大事大非进展情况和相关资料。

(2) 专门性年鉴。这类年鉴包括专科性、专业性、专题性年鉴等。它能反映某一专门范围的年度情况及有关的资料。多半围绕一定的学科专业、专题，系统收集和提供有关的情况和资料，一般为专业工作者所使用。

(3) 统计性年鉴。统计性年鉴主要用统计数字来说明有关领域或部门的进展情况。例如，《中国统计年鉴》、《中国贸易外经统计年鉴》(图 3-27)、《中国计划生育统计年鉴》等。

(4) 地方性年鉴。这类年鉴集中反映某一地方、某一区域、某一方面、某一行业的年度进展情况及有关的资料，主要供收集地方资料使用。地方性年鉴既有性综合年鉴，如《濮阳年鉴》、《开封年鉴》；也有专业性专门性的年鉴，如《河南文艺年鉴》、《河南物价年鉴》等。

4. 年鉴的功能

年鉴的基本功能有以下四点：

(1) 提供一年来的时事动态及各类知识及事件的发展概况。

(2) 提供逐年可比的有关资料。

(3) 提供一年来重要的文献及文献资料线索。

(4) 提供某些有实用价值的指南性资料。

5. 年鉴简介

《中国年鉴》(图 3-28)，本书编辑部编，新华出版社 1981 年起陆续出版，这是一部以反映我国时事形势、经济建设、社会发展为主要内容的综合性年鉴。它是一部略具新闻特色的年鉴，主要介绍上一年我国国土、人口、民族、行政区划以及各省市区的基本情况。它从 1980 年起逐年收集和记录中国各方面重大进展、重大成果、重大收获。

《中国经济年鉴》，由本年鉴编辑委员会编，经济管理杂志社出版。本年鉴创始于 1981 年，目前以多种文本出版，有北京中文版、香港中文版、香港英文版、东京日文版等。这是一部全面反映我国经济发展情况，全面记述经济建设成就的专门年鉴。

图 3-27 《中国贸易外经统计年鉴》　　　　　　　　图 3-28 《中国年鉴》

《世界经济年鉴》，是本年鉴编辑部编撰的影响较大的年鉴，创刊于 1980 年，是一部全面反映世界经济状况的专门年鉴。其基本内容主要有："世界经济综合性专题"，主要介绍世界粮食、钢铁石油、金融货币等主要经济领域的综合性专题资料。

《中国统计年鉴》，国家统计局编，中国统计出版社出版。本年鉴创始于 1982 年，其内容全面提供了我国国民经济和社会发展的统计资料，涉及的范围包括综合、农业、运输、邮电、商业、对外贸易、旅游、财政、金融、物价、人民生活、教育科学、文化、体育、卫生等各个方面。

《中国经济特区与沿海经济技术开发区年鉴》，何春霖主编，改革出版社 1991 年起出版。本年鉴已出"1980—1989 年"本，它包括综合篇、特区篇、开发区篇、法规篇及附录等部分。分别介绍了中国经济特区与沿海经济技术开发区的发展概况、典型企业、企业名录及有关的法规、条例和规定。附录部分附有经济特区和经济技术开发区经济统计资料、中国部分开放市县名录和中国经济特区大事记。

《中国教育年鉴》，该书编辑部编，中国大百科全书出版社；反映上年度我国教育事业的发展和改革情况、重大事件和重要活动，以及各地各级各类学校的教学成就和经验。

《中国文艺年鉴》，文化艺术出版社 1982 年起出版。这是一部反映我国当代文化艺术状况的专科性年鉴。内容按类编排，一般由特载、文化工作文件选载、文艺纪事、文艺百科、文学艺术新书要目、中外文化交流、概况、图片插页等部分构成。书后有分类索引。

《中国人物年鉴》，李方诗等主编，北京华艺出版社 1989 年起出版。这是一部介绍我国知名人士的活动、事迹、贡献及生平专门性年鉴。所收人物包括党政领导人、民主党派负责人、英雄模范、企业家和改革家、有重大发明的专家、有重要成就的理论家、文学家、运动员、有突出贡献的人物、有重大影响的少数民族、归国华侨和宗教界人士以及台、港、澳各界知名人士等。按姓名笔画编排。

(三) 名录

1. 名录的定义

名录包括人名录、地名录、机构名录。它是按分类或字顺编排，揭示个人及单位的个人或机构一览表，是围绕某一个专题收集资料汇编而成的。每一个条目下注释的项目、次序、详细程度，一般都是格式化的。简言之，名录是汇集机构名、人名、地名等基本情况和资料的一种工具书。机构名录，有时又称为"一览"、"概览"、"指南"、"简介"等。

人名录和地名录古籍中比较少见，我们现在能查考到的仅有《当代中国名人录》(图 3-29)、《中国图书馆名人录》、《中华民国省、地、县地名三汇》等少数几种。20 世纪 80 年代以来，名录工作发展较快，各种机构名录、人名录和地名录有近千种。

2. 名录的特点

名录具有资料性、简明性、新颖性等特点。

(1) 资料性。名录是一种比较典型的事实便览型的工具书。它为读者提供了有关机构、人和地方的基本情况，包括机构的地址、电话电报号码、人员、组织、业务范围及产品，名人的生卒年、籍贯、学历、经历及著作、地名的正确名称及地理位置等。

(2) 新颖性。名录注重提供有关专名的最新基本信息资料。人名录多半收录在世人物，地名录一般收录当代现行地名，机构名录尽量反映机构的最新情况。名录的及时性是除年鉴以外其他工具书所不能比拟的。为了及时反映变化了的情况，名录特别是机构名录很注意修订再版。

图 3-29 　《中国当代名人录》

(3) 简明性。名录是提供专名简要资料的工具书，好像是专名基本信息一览表。每一专名的介绍只有最基本的信息，没有过多的描述，名录的性质和专名辞典手册有些相似，但有明显的区别。人名辞典大多收录已故名人，少数收录一些在世名人，对人物的介绍比较详细，除生平简历外，往往对人物的政治态度、思想倾向、学术观点和流派都作全面阐述；而名人录对有关人物的生卒时间、籍贯、主要经历和成就作客观、简要的介绍。地名词典对地名的收录和解释有详有略，对地名提供正确名称或加译名、地理位置等。

3. 名录的类型

名录按收录内容大体可分为机构名录、人名录、地名录三类。

(1) 地名录。它不仅包括国家地区、城镇乡村这些行政区划的名称，而且还要包括那些山川岛屿、江河海岸等自然地理的名称。地名看似简明，其实在它身上存在着许多复杂的问题。比如任何一个地名，不仅有地理位置，方圆四至等方面的问题，还有发展演变、历史沿革等方面的问题。

许多地名有简称、别称、雅称、合称、人物名称。以濮阳为例，濮阳市郊有个张仪村，是根据战国时期本村历史名人挂七国相印的张仪得来的，地名录能提供有关地名的正确名称、所在地域、地理位置等。如《世界地名录》(图 3-30)、《全国乡镇地名录》、《亚洲十二城市街巷名称录》等。

(2) 人名录。英文为 Who'sWho，人名录源于名人传记，有时译为指南、概览、总览、一览等。它是一定区域、一定时间、一定专业范围内，某些知名人物的简传汇集，收录并简介有关人物的基本情况，包括姓名、生卒年月、籍贯、学历、经历、职务、住址、邮政编码、通信地址、著作等。人名录一般以介绍当代在

图 3-30 　《世纪地名录》(上)

世人物为主。例如，《全国科技翻译人员名录》、《中国人民解放军将帅名录》等。

(3) 机构名录。这种名录主要收录并简介有关机构的基本情况，诸如地址、人员、宗旨、职能、业务范围、产品等。例如，《中国高等学校大全》、《中国图书馆名录》等。

4. 名录的功能

名录是一种事实便览性的工具书，机构名录、人名录和地名录在各自的范围发挥着自己

独特的功能和作用。

(1) 名录提供了有关机构、人物和地名的基本知识。机构名录、人名录、地名录分别简介了机构、人物及地名的基本情况，既可供查考具体机构、人物及地名的资料，又可供人们从宏观上了解和掌握有关机构、人物、地名的发展变化情况。例如，《中国人民解放军组织沿革和各级领导成员名录》、《中华人民共和国全国人大、中央政府和地方政府、全国政协历届负责人人名录》等。

(2) 名录能起指引信息源的作用。机构名录和人名录虽然只介绍有关机构和人物的简况，但提供了有关机构和人物的基本信息和产品信息。这对沟通信息、加强联系、促进交流、开展协作有重要作用。例如，《中国工商企业名录》、《中国劳动服务公司名录》等。

5. 名录简介

《世界人名大辞典》，潘念之等编，世界书局 1936 年出版发行。本辞典共收录古今著名人物 2.8 万人，是收入人物较多的大型参考工具书。

《中国人名大辞典》，臧励等编，1940 年，第 8 版，1958 年重印，收录了上古到清末人名 4 万多个，内容丰富。

《农村企业名录》，该名录编辑部编，1985 年出版，收录我国乡镇企业 900 多家，包括机械、机电、建材、建筑、食品工业、化学工业、园林种植、水产养植、畜禽饲养、国营农场等。

《中国地名录》，这部名录按照地名首字的汉语拼音字母顺序编排，后附笔画索引，所用资料截止 1982 年底。在每一条地名下，一般注明五项内容：地名所在的省份(用简称)；地名的类别；地名的汉语拼音；地名所处的经纬度；地名在《中华人民共和国地图集》中的图幅页码和坐标、网格数。

《泰晤士世界历史地图集》(中文版)，杰佛里·巴勒克拉夫主编，三联书店 1982 年出版。这是一部驰名世界的地图集，1978 年由英国伦敦泰晤士图书公司出版以后，先后被译为多种文本。中文本从内容到形式完全保持了原著的面貌。本图集反映了人类起源开始至 1975 年为止人类历史的运动和发展。尤其注意反映人类文明在各个历史时期的不同发展水平，反映不同文明在历史上的成就、挫折和复兴。全书印有 600 幅精美的彩色地图，有 127 篇文字讲述。本图集在内容上也有许多值得注意的地方，特别是有关中国历史的内容，时有不妥之处，使用时应当特别注意。

《中国政府机构名录》，新华社中国新闻发展公司编辑，新华出版社 1989 年出版。这是一本介绍我国政府机构概况的大型工具书。全书分上、下两卷，上卷收录了国务院各部委、国务院各办事机构、国务院直属机构、国务院各部委归口管理的国家局和国务院事业单位及上述各机构所属司局级单位共 79 个；下卷收录了全国除台湾地区外的 30 个省、自治区、直辖市及其所属厅局级职能单位和事业单位、地(市)级政府。书中所收政府机构分别按国务院通常的排列次序和全国行政区划的习惯排列次序编排。每一机构介绍其名称、地址、邮政编码、电话号码、电报号码、传真号码、负责人、主要职责。所用资料截止到 1989 年 2—4 月间，资料大都经过本单位核定。

《国际组织手册》，新华社国际资料编辑室编，中国对外翻译出版公司 1988 年出版。这是一部国际组织机构名录。选收国际和地区性组织(不包括联合国机构)3600 余个，其中我国(政府、团体和个人)编入的有 400 多个。每个组织介绍其基本情况，包括总部、成立日期、宗旨、成员、机构、刊物、负责人、主要活动以及与中国的关系等。所收组织机构以笔画为序编排。正文后有国际组织外文索引、国际组织外文缩写索引及国际奖金和奖章。

《中国图书馆名录》(图3-31)，吴仁勇等编，中国学术出版社1982年出版。本书介绍了658家馆藏中外文书刊的图书馆、2887家图书馆的中英文名称及地址。

《世界各国高校名录》，北京语言学院出版社1990年出版。本书介绍了世界上88个国家和地区的近6900所高等学校的基本情况。

《中国科学研究与技术开发机构名录》，国家科学技术委员会综合局主编，1989年出版。本书收录了中国科学研究与技术开发机构6762个，包括地、市级以上政府系统直属机构、高等院校所属机构及大中型企业所属机构。每个机构简介地址、电话号码、电报挂号、担负的基本任务和工作内容等情况。所收机构按类编排，同一类专业机构再按机构所属系统、地区编列。

图3-31 《中国图书馆名录》

《新中国名人录》由京声、溪泉编，江西人民出版社1987年出版。本书收录了1949年10月1日至1984年10月间去世的中国各界著名人物近1500人。包括党、政、军、工、农、商、学、民主党派、文化教育、文学艺术等各方面的著名人物，其中也包括某些起反面作用的人。分别介绍其姓名、别号、字号、生卒年月、籍贯、民族、学历、任职、经历、著作及其他成就。所收人物以姓氏的笔画为序，卷前有人名索引。

《全国乡镇地名录》中华人民共和国民政部行政区划处编，高岩主编，测绘出版社1986年出版。本书收录全国乡镇地名95895个(台湾地区暂缺)，其中有80273个乡、2794个民族乡、8318个镇、3608个街道办事处、其他地名902个。所用资料截止1985年底。所收地名以省、市、区行政区划排列。

五、丛集汇要、表谱、图录

(一) 丛集汇要

1. 丛集汇要的定义

丛集汇要就是参考资料参考书。这类工具书部头大，丛集集中一部分书编辑成册，取材广泛，内容丰富，资料性强，参考价值高。一些大型的丛集汇要，往往是政府行为、国家行为。例如编一部《四库全书》是清廷动用上千名专家，花了几十年才完成的巨著。

2. 丛集汇要的内容样式

丛集汇要包括丛书、汇编、总集、综述、述评等内容样式。

(1) 丛书把一部分内容相近的图书，并冠以总名，集结出版。它一般选材精当，编印质量高，读者查阅方便。丛书又称为丛刻、汇刻、合刻、丛刊。

(2) 汇编。汇编一般是围绕某一学科或某一专题，以收集广泛散见的各种文献资料的系统化汇编。

汇编在近现代有了长足发展。民国时期著名的汇编长卷有《宋人轶事汇编》、《明清史料》、《清季外交史料》等。20世纪50年代以来，中国史学界编辑历史资料出版了《中国近代史资料丛刊》、《中华民国史档案资料汇编》等具有代表性的资料汇编。《中国文学史资料汇编》(图3-32)、《中国近代出

图3-32 《中国文学史资料全编》

版史料》等资料汇编大量涌现、发行。

(3) 总集。汇辑多人多种文体的作品集称为总集。与汇辑个人诗文作品的"别集"相对称。

孔子编辑的《诗经》可视为我国第一部诗歌总集，西汉目录学家史学家刘向辑录的《楚辞》是中国第一部诗文总集。现存的诗文总集以南朝(梁)萧绎的《文选》为最早。

(4) 综述、述评。综述、述评是收集某一学科中某一专题的有关文章文献，经过分析研究归纳整理，评析点述而成的概述性、述评性的文献信息资料。而恰恰是这些资料具有极高的参考价值和保存价值，虽数量有限，但往往被专业学者视为珍宝予以收藏或参阅。

3. 丛集汇要的特点

(1) 资料性。丛集汇要取材广泛，内容丰富，材料详实，具有很强的资料性，它包罗古今名著、诗文名篇、重要文献资料和学述科研资料，是人们治学研究的常用参考。丛集汇要主要是汇刻文献资料，汇集诗文资料，汇辑论著资料和概述研究资料，是纂辑型的资料书。如《二十五史》系统记载了三黄五帝到明清的史实资料。《全上古三代秦汉三国六朝文》系统记载了黄帝至明末的史实资料。

(2) 查考性。丛集汇要的内容丰富，使用率高，参考价值大，人们对它越来越重视。但是，丛集汇要多半部头较大，人们很少从头到尾仔细读完，大部分作为查考资料的工具使用，因此，它具有很强的查考性。

(3) 汇编性。丛集汇要以大量文献为编写基础，一般均有出处渊源，大部分都是原文的重印、全录或者节录节选。它直接汇编有关的文献资料，大量选辑和摘引原始资料，忠实于原文原著。因此它具有很强的汇编性。

4. 丛集汇要简介

《中央人民政府法令汇编》，中央人民政府法制委员会编，人民出版社、法律出版杜先后于1952—1955年出版。按年代分册出版，共有5册。所收法规，从1949年10月开始，至1954年9月止，编入本汇编中的主要是当时中央人民政府，中央人民政府政务院和中央人民政府各委员会发布的法令、命令、政令、指示、决定等。

《中华人民共和国条约集》，中华人民共和国外交部编，法律出版社、人民出版社、世界知识出版社等1957年起陆续出版。本条约集到1984年已出版28集，汇集了自1949年至1981年底我国政府和政府部门同外国所签订的条约、联合公报、联合声明、协定、协议、协定书、备忘录、会谈纪要、换文等文件。

《中华人民共和国对外关系文件集》(图3-33)，世界知识出版社编，1957—1965年出版。本书已出版10集，汇辑了建国以来至1963年止我国对外关系的重要文件。

《中外旧约章汇编》，第1册王铁崖编，第2册、第3册北京大学法律系国际法教研室编，三联书店1957—1962年重印。本书收录了自1689年中国开始对外订立条约起至1949年中华人民共和国成立前所有中国对外订立的条约、协定，以及与外国企业公司订立的章程、合同等。

图3-33 《中华人民共和国对外关系文件集》

《文献工作国家标准汇编》，全国文献工作标准化技术委员会编，1985年起出版。本汇编分集陆续出版，收录全国文献工作标准化技术委员会组织制定和发布的有关文献工作的国家标准。如第1集汇编了12项标准，包括世界各国和地区名称代码(GB 2659—81)等。

(二) 表谱

1. 表谱的定义

表谱或称表册，用表格或编年形式，反映各种不同时期的时间符号或事物的进展，以指示时间概念或谱列历史事实的一种辅助历史科学的工具书；是汇集某一方面或某一专题的有关资料，一般采用表格形式编排的特种参考工具书；是时间的见证，是查考历史年月日和提供历史资料的工具书。

2. 表谱的特点

表谱特性特色也比较明显，它主要有以下几个特点。

(1) 资料性。表谱是一种资料性的工具书，各种各样的表谱，能为人们提供年代和年号资料，历史大事资料，宫职和地理沿革资料，人物生卒年月日资料。如《中外历史年表》、《中西回史日历》、《唐宋词人年谱》、《中国历史纪年表》等。

(2) 历史性。表谱主要是用来回答读者"什么时侯"、"怎样发展"等问题，它作为时间和历史的见证，着重反映时间和历史的概念，是用以指示时间概念的纪元年表和历表。纪事年表和其他专门性表谱，用以反映事物发展的历史概念。所以表谱的历史性比较完善。

(3) 时序性。表谱编排体系分为纪事年表和纪元年表。

纪事年表和其他专门性表谱，大部分都是以时间为线索并用简要的文字，反映各种反复的事实，成为一种揭示事物发展脉络，辅助历史科学的工具。

纪元年表和历表，人们习惯把记录时间的不同符号，准确而统一地反映在一定形式的表格上，成为一种指示时间概念，辅助历史科学的工具。

3. 表谱的类型

表谱的类型主要包括年表、历表和专门性表谱。年表是查考历史年代、大事的工具；历表是查考、换算不同历法年月日的工具；专门性表谱，主要包括年谱、地理沿革表以及科技领域里常用的检索表等。

1) 查考历表

借助历表这种工具书查考换算不同历法年月日，换算中、西、回等不同历法的年月日，具体使用历表这种工具书应注意到它不同的使用方法。如按序列法，它可以分为对照表和速查盘两种形式。

对照表。对照表这种形式比较常见，也好使用，像《中国四史日历》、《二十史朔闰表》、《二千年中西历对照表》、《中国秦史历表》、《中国近代史历表》、《中国明史历表》、《中国元史历表》等都属于这一种。

速查盘。这种方式有一定的技巧性，使用起来没有那么方便，也不是一看就懂。使用不当，往往得不到正确结果。这一类的工具书主要有南京紫金山天文台李天赐编制的《公元干支纪日速查盘》等。

2) 查考年表

年表种类比较多，主要可以分为两类来使用。

单纯纪年表。这种年表是查考历史纪年的工具书，主要用来查考历史年代、历代帝王名号及各种历史纪元，这种年表我们经常使用，查考也比较方便，主要有《公元千支推算表》、《中国历史纪年表》(中华书局 1982 年重印本)、《中国历史纪年》(上海辞书出版社 1980 年版)等。

纪事纪年表。这一类年表除纪年外，还有纪事的功能，主要用来查考各种重大历史事件，常见有《中华人民共和国科学技术大事纪》、《中华文化史年表》、《中华人民共和国经济大事纪》，而最著名、使用率最高的是《中国历史大事编年》、《中国历史大事年表》等。

3) 专门性表谱

这部分表谱包括人物表谱和官职，地理沿革情况，一般是用来查考人物的生卒年月，生平事迹和任职情况，地理变化及沿革记录情况，这方面的表谱最具有代表性的如《历代地理沿革》、《历代官职表》、《历代人物年里碑传综表》、《唐宋词人年谱》等。

4. 表谱的功能

表谱的功能主要是用来查考历史年代，查考重大历史事件，换算不同历法年月日，查考人物生平与行政官职，地理沿革变化。

5. 表谱简介

《中国近代史历表》蔡孟源编，三联书店 1953 年初版，中华书局 1977 年重印。该书是1830—1949 年间公历与中历的逐日对照表，并记载了纪日干支全书一年一表，逐日对照，查检极便。

《中国历史纪年表》(图 3-34)，方诗铭编，上海辞书出版社 1980 年出版。该书是《辞海》(1979 年版)所附"中国历史纪年表"的单行本，出版时增编了《年号索引》。本书所记时限起于公元前 841 年(苏周共和之年)，迄于 1949 年中华人民共和国成立，按时代划分为 15 个纪年表，正文表中分栏列出公元纪年，干支年号纪年，使用较为方便。该表从秦代起标明了各朝代帝王即位，建年号，改年号以及灭亡时的中历年月份。从公年元年起公历每年的 12 月 31 日这一天都注明中历的月、日，这一年有闰月也标明。本书后附有"年号索引"，按年号首字笔画排列。

图 3-34　《中国历史纪年表》

《中外历史年表》，翦伯赞主编，三联书店 1958 年出版。该书记录了上起公元前 4500 年，下迄公元 1918 年中国和外国的比较重要的历史事件，按照年代的顺序，简明地编纂起来，该书编辑的体例是以公元纪年为主，下列各朝帝王年号，分两部分记录，先记中国史后记外国史，条理清楚，便于利用。

《中国历史大全编年》，张习孔、田珏主编，北京出版社 1987 年出版。全书共分 5 卷，记述时间上起原始社会元谋人，下迄 1918 年。全书用辞书语体，以时序为经，经史事为纬，叙述了历代政治、军事、经济、文化、科学技术、民族、宗教、考古典章制度、中外关系、人民起义、自然实异等历史事件和各界历史人物的主要事迹生平，其中大事还叙其原委，注重科学性和知识性，力求做到纠谬补缺，并有必要的考证和说明。

《中国历史大事编年》，冯君实主编，辽宁人民出版社 1985 年出版。本书集录史事上起原始社会，下迄 1949 年。古代部分，以东北师范大学历史系函授教材《中国古代史大事年表》为基础修改而成，近代、现代部分为新编，其中近代部分参考了东北师范大学历史系赵矢元所编《中国近代史事记》所记内容以政治事件为主，兼收一些重人的经济、军事、科学文化史事及历史人物等。附有《历代王朝世系表》和《年号索引》。

《两千年中西历对照表》，薛仲三、欧阳颐编，商务印书馆 1940 年初版。本书是中、英文对照的历表，包括公元元年(汉平帝元始元年)到公元 2000 年之间中历与公历日期之对照。是比较完备而精密的历表之一。本书正表共 400 面，每一表分为年序、阴历(实为阴阳历，以下同。笔者注)月序、阴历日序、星期及干支为栏。书后附有部分朝代的《朔闰与西历之对照》、

《陈黄二书异点之考校》、《历代帝系》、《历代年号》、《二十四节气在西历上之约期》、《六十干支与其序数》等18个表。

《孙中山年谱》，广东省哲学社会科学研究所历史研究室等单位编，中华书局1980年出版。本年谱按年月日顺序，逐条记载孙中山生平事迹及有关史事。

《历代地理沿革表》，清代陈芳绩编，黄廷鉴校补，商务印书馆1935年出版。此书于清康熙六年(公元1667年)编成，道光十三年(公元1833年)经黄廷鉴校补刊行。全书47卷，按古代地方三级行政区，划分为三表：卷一~四为部表，卷五~十八为郡表，卷十九~四十七为县表。分别列述虞及秦、汉至明，部(州)、郡、县的因损沿革。其编制基本上是以部(州)统郡、以郡统县，看部(州)、郡的横格，即可知其下属的郡、县。而看每一部(州)、郡、县之直行，即可知这个部(州)、郡、县的历史沿革。

《中国近现代政区沿革表》张在普编著，福建省地图出版社1987年出版。本书以我国现今的行政区划为纲，以地为经、以时为纬，详细编列了全国县级以上(含县级)行政区划的沿革过程。所录材料上起1820年、下至1984年底，包括晚清、民国和新中国35年的政区演变历史。书中前言，简要介绍了自清至今各个时期政区体制沿革概况。正文包括总表、分表和附表，总表叙述省级政区及省级领导机关驻地的变化；分表按省区展示各府、厅、州、县、道、市、自治州、自治县在各时期的名称、级别、治所、隶属关系及变动年月；附表开列日本占领台湾和东北期间上述两个政区的变动情况。书后附地名笔画索引。

(三) 图录

1. 图录的定义

图录，又称图谱，是用绘画、摄影等方式反映事物或人物形象的工具书。它以图为主文字为辅，用以对照实物，加深对事物认识。画册，画集也应归入图录中。

2. 图录的特点

图录的特点主要表现在以下几个方面。

(1) 形象性。图录与其他资料性工具书的主要区别，在于它所提供的资料是图像资料，而不是一般的文字资料，它的根本特点在于形象性。其中地图使用投影方法和比例尺，将地表事物和现象标绘于平面上，反映各种自然和社会景象的地理分布与联系的一种工具书。它直观而清晰地描绘地理知识，辅助文字叙述之不足，以解决阅读中的空间概念问题。历史图谱，文物图录，人物图录，艺术图录和科技图谱，汇集了各种重要文化遗址历史文献，古代器物，重大历史事件，历史阶段人物以及自然、科技等图像资料，为历史研究和科学研究提供了形象的材料。

(2) 资料性。图录是一种资料性工具书，它既不是向人们提供文献信息，也不是提供词语的解释，而是为人们提供有关地表事物和社会现象的地理分布资料，以及提供有关历史事件、文物、人物、物器等的图像资料。前者如各种地图，后者如各种历史图谱、文物图录、人物图录、艺术图录及科技图谱等。

(3) 艺术性。图录是十分珍贵的艺术晶，地图制作必须运用各种制图工艺，现代地图制作更需要采用科学的测绘与投影方法。其他多种图录，尤其是艺术图录，是绘画艺术的结晶，为人们收藏和鉴赏的艺术珍品。

3. 图录的类型

图录主要有地图、历史图录、人物图录、艺术图录、文物图录、科技图录。

(1) 地图。地图是按照一定的投影方法和比例尺，将地表事物和现象标绘于平面上，是反映地理学的辅助工具。有了地图，便于了解世界各洲、各国、各地区的地理概况。

地图又可分为普通地图、历史地图和专业地图。普通地图综合反映地表事物和现象的一般特征。内容包括各种自然地理和社会经济要素。它可供一般学习与查阅地理知识使用。历史地图则是反映人类各个历史时期的运动与发展情况，内容包括各个历史时期的疆域与政治军事形势、民族迁徙，重大历史事件及经济与文化科学成就等基本情况。主要供学习与研究历史使用。专业地图包括自然地理图、社会经济图、专业技术图等。它们分别反映自然地理要素，社会经济要素和专业技术要素。它们对于经济建设，国防建设和科学研究，具有极其重要的意义。

(2) 历史图谱、文物图录、人物图录，艺术图录、科技图谱等图录，它们或者编集各种历史图片资料，汇集各种绘画资料。或者摹绘、摄制和编集各种文物、人物、自然博物及科技工艺资料，对于历史研究、文艺工作制作及科学技术研究，都有重要的参考价值。

4. 图录简介

《图解现代生物学》，赵敏等译，科学出版社 1982 年出版。

《中国高等植物图鉴》，中国科学院北京植物研究所主编，科学出版社出版，共八册。《植物病毒图鉴》，梁训生等译，农业出版社 1980 年出版。

《中国历史地图集》，中华地图学社 1974 年出版。反映了 1980 年以前中国各个历史时期的政区设置变迁和部族分布的基本情况。全书八册，本图集从开始编绘到公开出版，历时近30 年，是我国历史图史上的空前巨著。它反映历史地理全面、系统，地名的古今对照做得深入、细致。编绘时间距今较近。而且广泛吸收了前人的研究成果和当代的最新资料，学术性可靠性强。

《清代学者像传》(两集线装本)，这部像集分一、二两集。第一集，清代叶兰台撰绘，商务印书馆 1930 年影印出版。书中绘有 170 名学者的画像，每幅像后附传文。第二集，叶恭绰编绘，商务印书馆出版。第二集补收清代学者 200 人，只有画像，无传文，两集作者都精于书画。提供的画像颇有参考价值。

《历代古人像赞》，古典文学出版社 1985 年影印出版。原本是明代中期的木刻本，绘制了上古至宋末历史人物图像 88 幅。

《世界地图集》，总参谋部测绘局 1974 年出版。这是一部大规模的世界地图集。全书共有地图 80 幅，除 3 幅世界总图《世界地形》、《世界政区》、《世界时区》外，其余均为分洲，分地区，分国图。每一图幅后，均有文字说明，介绍该地的概况、自然环境，自然资源，居民，经济概况和重要城市等。

《殷周青铜器通论》，容庚、张维持著，这是一部综合论述中国古代青铜器的著作，全书文图各半。文字部分系统、简要地介绍了古代青铜器的有关常识。

《中华人民共和国地图集》，地图出版社编制，该社 1983 年出版。全面介绍了我国地理面貌及经济建设成就，共收图 75 幅。其中专题图(社会、自然、经济等)30 幅，省(区)图 31 幅，城市图 14 幅(计 42 个城市)。各图均附有文字说明，并插有统计图表。

《泰晤士世界历史地图集》，(英)杰弗里·巴勒克拉夫主编，中文版编辑邓蜀生，三联书社1982 年出版。本书是一部大型的世界历史地图集。图集按人类发展历史分为七个时期，约收彩色地图 600 幅，反映了从人类起源到 1975 年人类历史的运动和发展。

《中国古代史参考图录》，中国历史博物馆编，上海教育出版社 1987—1991 年出版。这是一部比较完备而实用的古代史参考图录。全书共分九册，共选收我国古代历史文物和遗址照片7000幅，内容包括各个历史时期的政治、经济、文化、民族以及中外交流等。每册书前有目录。

《中国近代史参考图录》(图3-35)，中国历史博物馆编，上海教育出版社1981—1984年出版。全书分三册，共收录我国1840—1919年间有关重大历史事件的图实物照片、人像、历史文献等2000多幅。可供学习和研究中国近代史之用。

《世界历史教学参考图片集》，南开大学历史系世界史教研室编，上海教育出版社1991年出版。本书是一部比较完备的世界史教学参考图片集。书中以图片为主，文字说明为辅，概括而系统地介绍了远古至第二次世界大战结束的世界历史发展的进程。

图3-35　《中国近代史参考图录》

《美帝国主义劫掠的我国殷周铜器集录》，中国科学院考古研究所编，科学出版社1962年出版。本书选录新中国成立前数十年间美帝国主义者劫掠我国大量殷周铜器中的一部分，共845件。时代从殷到东汉(约公元前1300—公元220年)。全书分为三部分：一是器物的图像，共有照片1000余幅，按器物的晶类分列；二是器物铭文，共约500余幅拓本；三是说明，记录各器物的尺寸、铭文、年代、著录、流传经地及生产力考释。附录中有拓本器号对照表，可供从每一拓本查该器物铭文的说明。

《太平天国革命文物图录》正编，"太平天国起义百年纪念展览会"编，上海出版公司1952年出版；续编，郭若遇编，上海出版公司1953年出版；补编，郭若遇编，群联书店1955年出版。

第四章　数据库检索

网络与计算机技术催生了网络数据库的应用，网络数据库是数据库技术与网络技术相结合的产物，是继联机数据库和光盘数据库之后出现的一种新的信息资源组织方式。它以后台数据库为基础，加上一定的前台程序，通过浏览器完成数据存储、查询等操作的信息集合。很多检索服务商与出版社都建立了自己的检索平台与数据库。本章介绍几种常用中外文数据库的检索与利用方法。

第一节　中文数据库

一、中国知网

中国知识基础设施工程(China National Knowledge Infrastructure，CNKI)，简称中国知网，是一个以实现全社会知识信息资源共享为目标的国家信息化重点工程，"十一五"国家重大出版工程项目，由清华大学发起，同方知网技术产业集团承担建设。中国知网的首页如图 4-1 所示。

图 4-1　中国知网首页

（一）数据库介绍

CNKI工程于1995年正式立项，目前已建设成为世界上全文信息量规模最大的"CNKI数字图书馆"，深度集成整合了期刊、博硕士论文、会议论文、报纸、年鉴、工具书等各种文献资源，并以中国知网(www.cnki.net)为网络出版与知识服务平台，为全社会知识资源高效共享提供丰富的信息资源和有效的知识传播与数字化学习服务。《中国知识资源总库》简称《总库》，是具有完备知识体系和规范知识管理功能的、由海量知识信息资源构成的学习系统和知识挖掘系统。《总库》是一个大型动态知识库、知识服务平台和数字化学习平台，目前拥有国内8200多种期刊、700多种报纸、600多家博士培养单位优秀博硕士学位论文、数百家出版社已出版图书、全国各学会、协会重要会议论文、百科全书、中小学多媒体教学软件、专利、年鉴、标准、科技成果、政府文件、互联网信息汇总以及国内外上千个各类加盟数据库等知识资源。

《总库》以"三层知识网络"模式建构内容。通过知识元库和引文链接等各种知识链接方法，三个层次的数据库可融为一个具有知识网络结构的整体来使用。

1．第一层：基本信息库

基本信息库由各种源信息组成。如期刊、博硕士论文、会议论文、图书、报纸、专利、标准、年鉴、图片、图像、音像制品、数据等。该库按知识分类体系和媒体分类体系建立。

2．第二层：知识仓库

知识仓库由专业用途界定知识仓库的知识范畴和层次，由学科知识体系确定知识模块、知识点及其内容。内容可以从基本信息库中选取。

3．第三层：知识元库

知识元库由具有独立意义的知识元素构成。它包括理论与方法型、事实型、数值型三类基本知识元。既可独立使用，也可与基本信息库、知识仓库相关联使用。

理论与方法型知识元包括思想、方法论、概念、公理、原理、定律，以及正在探究中的观念、观点、理念、方法与技巧等。

事实型知识元包括自然、社会存在和演变的事实信息。

数值型知识元包括各种数据类知识和科学数据，具有数值分析和知识推理功能。

作为一个功能异常强大的知识传播共享平台，《总库》以开放式资源网格系统的形式，将分布在全球互联网上的知识资源集成整合为内容关联的知识网络，通过中国知识门户网站"中国知网"进行实时网络出版传播，为用户提供在资源高度共享基础上的网上学习、研究、情报和知识管理等综合性知识增值应用服务。它所囊括的资源类型主要有如下几种。

(1) 中国期刊全文数据库。该库是目前世界上最大的连续动态更新的中国期刊全文数据库，截至2012年6月，收录国内学术期刊7900多种，其中创刊至1993年4600余种，1994年至今7700余种，全文文献总量3400多万篇，内容覆盖自然科学、工程技术、农业、哲学、医学、人文社会科学等各个领域，收录年限从1915年至今。文献来源覆盖率为99%，文献收全率为99.9%，其中核心期刊收录率96%，特色期刊(如农业、中医药等)收录率100%，独家或唯一授权期刊共2300余种(约占我国学术期刊总量的34%)。

(2) 中国博士学位论文全文数据库。该库是目前国内相关资源最完备、高质量、连续动态更新的中国博士学位论文全文数据库，文献来源于全国420家博士培养单位的博士学位论文，211院校收录率达到100%。

(3) 中国优秀硕士学位论文全文数据库。该库是目前国内相关资源最完备、高质量、连续动态更新的中国优秀硕士学位论文全文数据库，文献来源于全国652家硕士培养单位的优秀硕士学位论文。

(4) 中国重要报纸全文数据库。收录 2000 年以来中国国内重要报纸刊载的学术性、资料性文献的连续动态更新的数据库，文献来源于国内公开发行的近 600 种重要报纸。

(5) 中国重要会议论文全文数据库。重点收录 1999 年以来，中国科协、社科联系统及省级以上的学会、协会，高校、科研机构，政府机关等举办的重要会议上发表的文献。其中，全国性会议文献超过总量的 80%，部分连续召开的重要会议论文回溯至 1953 年。

(6) 国际会议论文全文数据库。重点出版 2010 年以来，IEEE、SCIRP、SPIE、IACSIT、中国科协系统及其他国内重要单位等国内外知名组织或学术机构主办或承办的国际会议上投稿的文献。部分重点会议文献回溯至 1981 年。截至 2013 年 4 月，已收录出版国内外学术会议论文集 3500 多本，累积文献总量 41 多万篇。

(7) 中国年鉴网络出版总库。中国年鉴全文数据库是目前国内最大的连续更新的动态年鉴资源全文数据库。内容覆盖各个领域，收录时间从我国 1912 年至今。

(8) 中国工具书网络出版总库。收录了近 200 家出版社的语文词典、双语词典、专科辞典、百科全书、图录、表谱、传记、语录、手册等共 7000 多册，含 2000 万个条目，100 万张图片，其内容涵盖哲学、文学艺术、社会科学、文化教育、自然科学、工程技术、医学等各个领域。

(9) 中国法律知识资源总库法律法规库。收录宪法、法律及有关法律问题的决定、行政法规及规范性文件、军事法规及文件、地方性法规及文件、部门规章及文件、地方政府规章及文件、司法解释及文件、行业规定、国际条约、团体规定等内容，所收录文本均来自官方正式文本。截至 2013 年 12 月，收录 75 万篇，年更新 8 万篇。

(10) 中国专利全文数据库(知网版)。收录了 1985 年至今的所有中国专利，包含发明专利、实用新型专利、外观设计专利三个子库，准确地反映中国最新的专利发明。与通常的专利库相比，CNKI《中国专利数据库》可以完整地展现专利产生的背景、最新发展动态、相关领域的发展趋势，可以浏览发明人与发明机构更多的论述以及在各种出版物上发表的信息。

(11) 海外专利摘要数据库(知网版)。包含美国、日本、英国、德国、法国、瑞士、世界知识产权组织、欧洲专利局、俄罗斯、韩国、加拿大、澳大利亚、中国香港及中国台湾地区十国两组织两地区的专利。可以通过申请号、申请日、公开号、公开日、专利名称、摘要、分类号、申请人、发明人、优先权等检索项进行检索，专利说明书全文链接到欧洲专利局网站。截至 2013 年 6 月，共收录专利 3200 多万条。

(12) 国内外标准数据库(知网版)。《中国标准数据库》收录了所有的国家标准(GB)、国家建设标准(GBJ)、中国行业标准的题录信息，《国外标准数据库》收录了国际标准(ISO)、国际电工标准(IEC)、欧洲标准(EN)、德国标准(DIN)、英国标准(BS)、法国标准(NF)、日本工业标准(JIS)、美国标准(ANSI)、美国部分学协会标准(如ASTM，IEEE，UL，ASME)等题录信息。

(13) 中国科技项目创新成果鉴定意见数据库(知网版)。收录了 1970 年以来(部分回溯至 1920 年)所有正式登记的中国科技成果，按行业、成果级别、学科领域分类，每条成果信息包含成果概括、立项情况、评价情况、知识产权状况及成果应用情况、成果完成单位情况、成果完成人情况、单位信息等成果基本信息。

(14) 中国图书全文数据库。主要遴选 1949 年以来的国内外部分经典专著，以对科学技术和社会文化进步有重要贡献的原著、经典专著、名家撰写的教材为核心，包括工具书、教科书、理论技术专著、科普作品、古籍善本、经典文学艺术作品、译著、青少年读物等。

(15) 外文文献数据库(知网版)。该数据库是 CNKI 与众多外国知名的数据库商合作，向用户提供几十个数据库产品，并且重点收录外文文献的题录、文摘等元数据信息以及获得相应全文文献的链接(通常为相关外文数据库，需单独购买，CNKI 能够直接提供全文的情况较少)。

(二) 检索方法

1. 检索

在中国知网的检索平台上，用户可以在其系列数据库中的任一单独的库内检索，也可同时选择多个数据库的资源进行检索。在同一个检索界面下完成对期刊、学位论文、报纸、会议论文、年鉴等各类型数据库的统一跨库检索，可省去原来需要在不同的数据库中逐一检索的麻烦。单库检索与跨库检索都设置有简单检索、高级检索和专业检索等界面，用户可根据检索条件与检索技术水平选择其中的一个界面操作。具体检索方法以跨库检索为例介绍如下：

1) 简单检索

登录 CNKI 首页，默认情况为跨库简单检索，如图 4-2 所示，即选择"文献"的情形之下，CNKI 默认从期刊、特色期刊、博士、硕士、硕士-2013 增刊、国内会议、国际会议、报纸、学术辑刊、商业评论等数据库进行跨库统一检索，如需要选择更多的数据库，可单击图 4-2 右侧的"跨库选择"设置。可供单独使用的检索条件有全文、主题、篇名、作者、单位、关键词、摘要、参考文献、中途分类号、文献来源。

图 4-2 中国知网简单检索界面

2) 高级检索

在图 4-2 的右侧，单击"高级检索"，进入跨库高级检索界面，如图 4-3 所示，选择标准检索项，输入检索词即可进行检索。

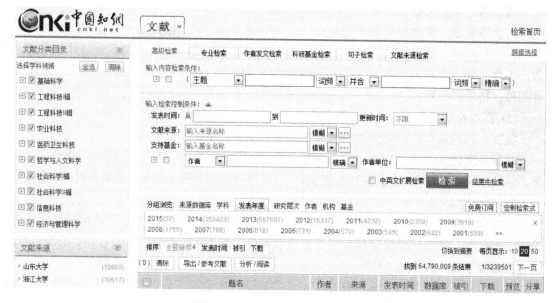

图 4-3 中国知网高级检索界面

标准检索使用说明如下。

(1) 输入内容检索条件。目标文献内容主要是检索项。检索项方式以从下拉列表中选取，主要有主题、篇名、关键词、摘要、全文、参考文献、中图分类号选项。当确定某一检索方式(如关键词)，有两个关键词时，它们的逻辑关系有并含、或含、不含三种关系；如果需要设定多个检索方式，可以单击"⊞"增加内容检索条件设置框。

(2) 输入检索控制条件。检索控制条件包括：

① 发表时间：可以从下拉列表中选取(如最近一周、最近一月、最近半年、最近一年、今年迄今)，也可以填写具体日期(如从 2008 到 2014)，默认状态下指该库中收录所有文献的发表时间。

② 文献来源：可以直接输入相关文献名称，也可以从文献来源列表中获取，即单击"▦"，在弹出的文献来源界面中选择需要的文献来源。

③ 支持基金：可以直接输入相关基金名称，也可以从基金列表中选取，即单击"▦"，在弹出的基金界面中选择所关注的基金类型。

④ 作者及作者单位：当作者超过一人时，排在第一位的是第一作者；作者单位是指发表该文章是的单位。可以单击"⊞"增加相应的条件设置框，构建多个作者和作者单位的检索情况。

输入检索范围控制条件是为了便于准确控制检索目标范围和结果，一般情况下可采取默认方式。

(3) 检索结果分组浏览。得到初次检索结果后，用各种分类与排序方法系统地分析、选择文献。分组分析方法有来源数据库、学科、发表年度、研究层次、作者、作者单位、基金、关键词等。排序方法有主题排序(即主题相关度)、发表时间、被引频次、下载频次。

(4) 检索其他说明。

相关度：按词频、位置的相关程度从高到低顺序输出。

匹配模式：精确指检索结果中包含与检索词完全相同的词语。

模糊指检索结果包含检索词或检索词中的词素。

高级检索是一种比标准检索要复杂一些的检索方法，它的优点是查询结果冗余少，命中率高。该种检索方法可以选择多个检索项，不同的检索项之间的逻辑关系有三种：并且、或者、不含；同一个检索项中两个检索词的逻辑关系也有三种：并且、或者、不含。匹配方式有两种：精确和模糊。

(5) 高级检索案例。

案例：请检索出作者为陈伟的有关图书馆领域的文章。

选择高级检索，主题处输入"图书馆学"，作者处输入"陈伟"，作者单位处输入"东莞理工学院图书馆"，其他检索条件为默认，单击"检索"按钮，其检索结果如图 4-4 所示。

3) 专业检索

专业检索比高级检索功能更强大，但需要检索人员根据系统的检索语法编制检索式进行检索，适应用于熟练掌握检索技术的专业检索人员，在专业检索的页面上有详细的检索教程，读者可自行学习，如图 4-5 所示。

专业检索案例：要求检索陈伟在中南大学或武汉大学时发表的文章。直接在检索文本框输入检索表达式：AU =陈伟 and (AF =中南大学 or AF =武汉大学)。

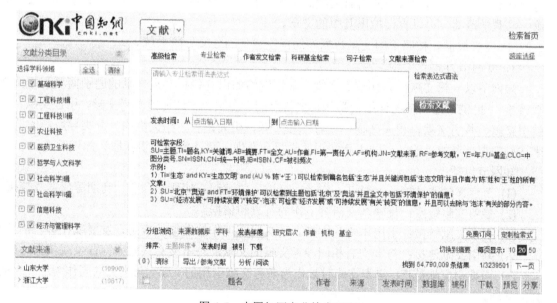

图 4-4　中国知网检索结果界面

图 4-5　中国知网专业检索界面

4) 检索词扩展

通过概念相关词典，检索平台提供"概念相关"和"词形扩展"的功能，以揭示各学科专业词汇所代表的概念之间的关系，从而帮助读者了解相关的概念及其在系统中的表示，减少用户无目的的尝试，提高工作效率。在旧版的 CNKI 检索平台中，概念扩展在检索时，出现在检索项词频控制的后面，即扩展图标，在选择检索项，输入检索词后，单击该图标即可实现概念扩展功能，如以"信息"为例，可从图 4-6 中看到与"纤维"有关的词；但是，在新版的 CNKI 检索平台中，此设置方法被弃用，取而代之的是在输入检索词后拉空格键，以列表的形式将相关的检索词展示出来供选择使用。

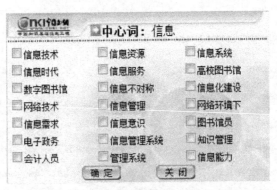

图 4-6　中国知网检索词概念相关词典

2．导航方式

(1) 目标。通过多种途径找到所需要的文献，读者依据传统的阅览习惯，即使不具备检索知识，也能找到目标信息。

(2) 统一导航。基于《中国图书馆分类法(第四版)》进行分类，统一分为 10 大专辑、168个专题，可合并为一个数据库使用。此外还提供中图分类法导航。

读者通过专辑导航浏览，逐层打开每个分类目录，能够直接查看最终分类目录下的文献，可快速获得某一学科领域内的所有文献。例如，利用专辑导航，理工 A——数学——数学概论——数学范畴，可以直接检出其中的文章。

(3) 分类导航。按照不同文献数据库的特色建立的分类导航系统。

3．知网节方式

知网节以一篇文献作为其节点文献，知识网络的内容包括节点文献的题录摘要和相关文献链接。 提供单篇文献的详细信息和扩展信息的浏览页面。即通过参考文献、引证文献、同被引文献、共引文献、相关文献、读者推荐文献、相关作者、相关机构、分类导航等的链接来达到知识扩展的目的，有助于新知识的学习和发现，帮助实现知识获取、知识发现。

知网节包括：

(1) 节点文献题录摘要：篇名、作者、机构、关键词、摘要、刊名、刊期等信息及链接。

(2) 参考文献链接：反映本文研究工作的背景和依据。

(3) 引证文献链接：引用本文的文献。本文研究工作的继续、应用、发展或评价。

(4) 共引文献链接：与本文有相同参考文献的文献，与本文有共同研究背景或依据。

(5) 同被引文献链接：与本文同时被作为参考文献引用的文献，与本文共同作为进一步研究的基础。

(6) 二级参考文献链接：本文参考文献的参考文献。进一步反映本文研究工作的背景和依据。

(7) 二级引证文献链接：本文引证文献的引证文献。更进一步反映本文研究工作的继续、发展或评价。

(8) 相关文献作者链接：链接以上相关文献作者在《总库》中的其他文献。

(9) 相关文献机构链接：链接以上相关文献作者所在机构的其他作者在《总库》中的所有文献。

(10) 相同导师文献链接：链接与本文同一导师的文献。

(11) 分类导航：链接与本文属于同一专业、学科、领域的文献，逐级揭示，并可跳转其他相关专业、学科、领域。

(12) 知识元链接：从文献中的名词概念、方法、事实、数据等知识元，链接到知识元的解释和出处文献。

4．下载所需文献

当您确定需要阅读某文章的全文后，就可以根据不同的情况来选择下载的方式。

(1) 概览区下载。在概览区单击"⬇"按钮直接下载。单击"打开"按钮，直接浏览全文或单击"下载"按钮，保存到本地磁盘，然后双击打开浏览全文。

(2) 知网节下载。在知网节区单击文章名后的下载链接，有"CAJ下载"和"PDF下载"两种下载格式，推荐使用CAJ下载，在弹出的窗口中选择"保存"即可。

注意：因为CNKI数字图书馆的文献资源为CAJ格式和PDF格式两种格式，所以在下载文章之前，务必确认已下载并正确安装CAJ浏览器或Acrobat浏览器(根据自己选择下载格式而定)，否则可能导致下载错误。

二、万方数据知识服务平台

万方数据知识服务平台(www.wanfangdata.com.cn)是北京万方数据股份有限公司在中国科技信息研究所的全部信息服务资源的基础上建立起来的，形成以科技信息为主，集经济、金融、社会、人文信息为一体，实现网络化服务的信息资源系统。万方数据库首页如图4-7所示。

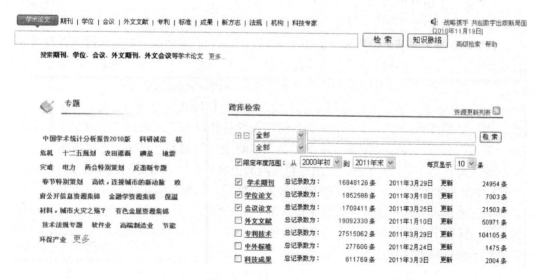

图4-7　万方数据库首页

(一) 数据库介绍

万方数据资源包含科技信息、数字化期刊以及商务信息。重要数据库有：

(1) 学术期刊数据库。期刊论文是万方数据知识服务平台的重要组成部分，集纳了多种科技及人文和社会科学期刊的全文内容，其中，绝大部分是进入科技部科技论文统计源的核心期刊。内容包括论文标题、论文作者、来源刊名、论文的年，卷，期、中图分类法的分类号、关键字、所属基金项目、数据库名、摘要等信息，并提供全文下载。

(2) 学位论文数据库。学位论文精选全国重点学位授予单位(主要是985高校和211重点高校、中科院、工程院、农科院、医科院、林科院等，共计 600 余所)的硕士、博士学位论文以及博士后报告，涵盖理学、工业技术、人文科学、社会科学、医药卫生、农业科学、交通运输、航空航天和环境科学等各学科领域，是我国收录数量最多的学位论文全文数据库。其内容包括论文题名、作者、专业、授予学位、导师姓名、授予学位单位、馆藏号、分类号、论文页数、出版时间、主题词、文摘等信息。

(3) 会议论文数据库。会议论文收录由中国科技信息研究所提供的国家级学会、协会、研究会组织召开的各种学术会议论文，每年涉及 3000 余个重要的学术会议，范围涵盖人文社会、自然、农林、医药、工程技术等多个学科领域，分为中文全文数据库和西文全文数据库。其内容包括数据库名、文献题名、文献类型、馆藏信息、馆藏号、分类号、作者、出版地、出版单位、出版日期、会议信息、会议名称、主办单位、会议地点、会议时间、会议届次、母体文献、卷期、主题词、文摘、馆藏单位等，为用户提供最全面、详尽的会议信息，是了解国内学术会议动态、科学技术水平、进行科学研究必不可少的工具。

(4) 外文文献数据库。外文文献包括外文期刊论文和外文会议论文。外文期刊论文是全文资源，学科范围涉及工程技术和自然科学各专业领域，并兼顾社会科学和人文科学，每年增加论文约百万余篇，每月更新。外文会议论文是全文资源，学科范围涉及工程技术和自然科学各专业领域，每年增加论文约 20 余万篇，每月更新。目前，该数据库的外文科技期刊和会议录等文献已达到 5 万余种，而且与 CrossRef 合作，提供百万余条外文文献链接；同时，重点收录国外知名出版社出版的优秀期刊，Elsevier、Wiley、T&F、Springer、Inderscience、CUP 和 OUP 等著名出版社出版的自然科学类期刊已经基本收齐；另外，对 SCI、EI 等数据库来源期刊覆盖率超过 93%。

(5) 学者数据库。学者信息来自万方学术圈。万方学术圈是业内率先实现读者与学者近距离接触的平台，可最快获取学者最新情况、最新研究领域、分享学术成果，学术圈的目标是建立学术交流的平台，营造良好的学术生态环境，促进学者间的交流合作。

(6) 专利技术数据库。分为中国专利文献、国外与国际组织专利两部分，收录了国内外的发明、实用新型及外观设计，涉及自然科学各个学科领域。专利所涉及的国家和组织主要是中国、美国、日本、德国、英国、法国、瑞士、欧洲专利局和世界知识产权组织。专利均是全文资源，每年增加约 25 万条，中国专利每两周更新一次，国外专利每季度更新一次。

(7) 中外标准数据库。综合了由国家技术监督局、建设部情报所、建材研究院等单位提供的相关行业的各类标准题录。包括中国标准、国际标准以及各国标准等 30 万多条记录。更新速度快，保证了资源的实用性和实效性。目前已成为广大企业及科技工作者从事生产经营、科研工作不可或缺的宝贵信息资源。

(8) 科技成果数据库。主要收录了国内的科技成果及国家级科技计划奖励、计划、鉴定项目，范围有新技术、新产品、新工艺、新材料、新设计，由《中国科技成果数据库》等十几个数据库组成，收录的科技成果总记录约 80 万项，内容涉及自然科学的各个学科领域。

(9) 图书数据库。是万方数据知识服务平台最新推出的特色数据库，收录了特种图书 4.9 万余册，主要包括新方志、专业书、工具书等，来源于各专业出版社、组织等专业机构，内容覆盖社会各个领域、特色鲜明、数量庞大，具有非常高的参考价值，是进行科研、学术活动、教学、生产等必不可少的信息资源。

(10) 新方志数据库。地方志，也称为"方志"。地方志书是由地方政府组织专门人员，按照统一体例编写，综合记载一定行政区域内，一定历史时期的政治、经济、文化及自然资源的综合著作。也有少数地方志是由地方单位或民间组织编纂的。万方数据方志收集了1949年以后出版的中国地方志。

(11) 政策法规数据库。主要由国家信息中心提供，信息来源权威、专业，对把握国家政策有着不可替代的参考价值。收录自1949年建国以来全国各种法律法规60多万条，包括13个基本数据库。其内容不但包括国家法律法规、行政法规、地方法规，还包括国际条约及惯例、司法解释、案例分析等，关注社会发展热点，更具实用价值，被认为是国内最权威、全面、实用的法律法规数据库。

(12) 机构数据库。收录了 20 多万家企业机构、科研机构、信息机构和教育机构的详尽信息，分别针对各类机构的特点进行分类导航，并整合了各类机构的科研产出(包括发表论文、承担科技成果、申请专利、起草标准)和媒体报导情况，对获取、了解与分析相关机构的社会信用、科研能力、经营状况、发展方向等情况，可以起到重要的作用。

(13) 科技专家。收录了12000多条国内自然科学技术、工程技术、农业、医药卫生、人文社会科学领域的专家名人信息，介绍了各专家的基本信息、受教育情况及其在相关研究领域内的研究内容及其所取得的进展，为国内外相关研究人员提供检索服务，有助于用户掌握相关研究领域的前沿信息。

(二) 检索方法

1. 科技信息检索

1) 简单检索

在系统中各个数据库检索方法相同，以学位论文数据库为例。在万方数据库首页选择《中国学位论文数据库》 之后，出现《中国学位论文数据库》的检索页面，如图4-8所示。

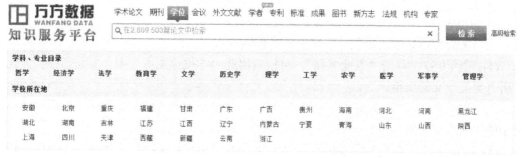

图4-8 《中国学位论文数据库》检索页面

简单一框式检索，填入检索词，单击"检索"按钮，进行检索，类似百度的一框式查询。如要检索有关"数字图书馆"的学位论文。在检索框内输入关键词"数字图书馆"即可得到结果。如图4-9所示。

2) 二次检索与显示格式选择

二次检索是在已有检索结果范围内再一次检索，以便进一步缩小检索范围。

在对"学位论文数据库"进行简单检索之后会出现二次检索入口界面，如图 4-9 所示。此页面的上部提供了二次检索入口。缩小检索范围的限制条件有标题、作者、关键词、专业、学校、导师、学习时间(如 2011-2014)，输入限制条件后，单击"确定"按钮，即可进行检索。各个检索条件的逻辑关系是 AND。单击学位论文名称链接，将在一新窗口显示此论文的全部信息。同时，可以选择"仅全文"和排序方式，其中，经典论文优先是指被引用次数比较多，或

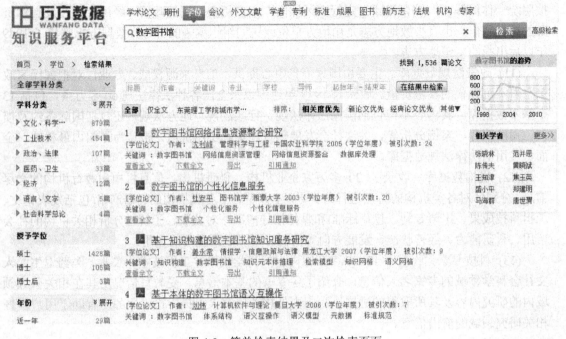

图 4-9　简单检索结果及二次检索页面

者文章发表在档次比较高的杂志上的、有价值的文献排在前面；相关度优先是指与检索词最相关的文献优先排在最前面；最新论文优先指的是发表时间最近的文献优先排在前面。另外，页面左侧的学科分类、授予学位和授予年份等限制条件，以及页面右侧的相关学者等限制条件也可以实现二次检索。

3) 关联检索

在记录全部信息中，提供了一些"关联检索"入口。例如：

(1) 学科专业：单击"专业名称"，可检索出此"学位论文库"中"专业名称"为此名称的所有学位论文的文摘。

(2) 学位授予单位：单击"学位授予单位"，可检索出此"学位论文库"中所有该单位所授予的学位论文文摘。

(3) 导师姓名：单击"导师姓名"，可检索出此"学位论文库"中所有该导师所所指导的学位论文文摘。

(4) 关键词：单击"关键词"，可以检索出所有含该关键词的论文文摘。

4) 高级检索与跨库检索

在学位论文全文数据库中，单击"高级检索"，可进入检索界面，如图 4-10 所示。高级检索项有：主题，题名或关键词，题名，创作者，作者单位，关键词，摘要，日期，学位-专业，学位-学位授予单位，学位-导师，学位-学位，检索项之间的逻辑关系是 AND，匹配方式默认为模糊匹配；限制条件有发表日期。需要指出的是，该界面的左侧给出多个数据库供用户选择，以实现跨库检索的需要。

5) 专业检索

在学位论文全文数据库中，单击"高级检索"，可进入检索界面，如图 4-10 所示，选择专业检索选项，可进入专业检索界面，如表 4-1 所列。

图 4-10　万方学位论文高级检索

表 4-1　检索表达式说明

检索表达式	检索表达式说明
教授	检索含有检索词"教授"的记录
教授*英语	检索同时含有检索词"教授"和"英语"的记录
教授+英语	检索含有检索词"教授"或"英语"的记录
教授/(60)	检索字段 60 中含有检索词"教授"的记录
教授 (G) 英语	检索同一字段中既含"教授"又含有"英语"的记录
教授 (F) 英语	检索同一字段同一重复中既含"教授"又含"英语"的记录
张$	右截断检索，以"张"字开始的记录字段值

6）其他

学位论文全文、会议论文全文、西文会议论文全文单击浏览全库即可实现浏览；标准全文可按中国标准分类号和标准代号浏览；法律法规全文可进行分库检索。

2．机构信息检索

可以通过机构名称、简介、负责人、经营项目、研究范围、办学层次、行业类名等多种途径输入检索词直接检索，如图 4-11 所示。

图 4-11　万方数据库机构检索界面

3. 数字化期刊检索

1) 按期刊分类浏览

系统中可以按照学科分类、刊名首字母、出版地等方式浏览查询。

2) 期刊论文库检索

在"期刊论文库"中，一条记录对应一篇论文，并提供了到论文全文、静态文摘页面的链接。可检索字段有：论文题名、作者、作者单位、刊名、年、期、关键词、文摘。

3) 期刊引文库检索

在"期刊引文库"中，一条记录对应一篇论文的一条引文，一篇论文可能有多条引文。可检索字段有被引论文、论文题名、论文作者、论文刊名、论文年份。其中，被引论文的作者、题名、母体文献等均从"被引论文"字段检索。

三、维普资讯

维普资讯是科学技术部西南信息中心下属的一家大型的专业化数据公司，公司全称重庆维普资讯有限公司。维普数据库目前已经成为中国最大的综合文献数据，涵盖自然科学、工程技术、农业、医药卫生、经济、教育和图书情报等学科。维普资讯首页如图 4-12 所示。

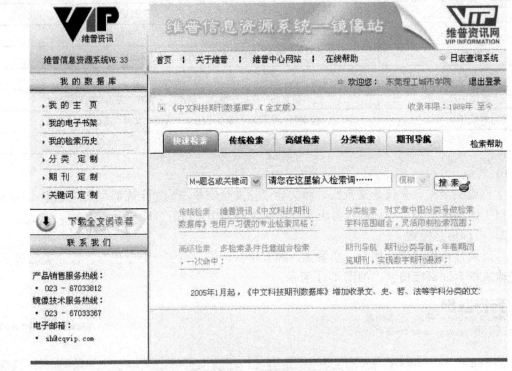

图 4-12 维普资讯首页

(一) 数据库介绍

维普数据资源系统包含以下 4 个数据库：

(1) 中文科技期刊数据库(全文版)。该库是重庆维普资讯有限公司开发研制的中文电子期刊数据库，收录期刊总数为 12000 余种(核心期刊为 1957 种)，文献总量达到 3000 余万篇，文献涉及的学科包括社会科学、自然科学、工程技术、农业科学、医药卫生、经济管理、教育科学和图书情报等。该数据库中的期刊回溯至 1989 年，但有部分期刊收录不完整。

(2) 中文科技期刊数据库(引文版)。该数据库采用科学计量学中的引文分析方法，对文献之间的引证关系进行深度数据挖掘，除提供基本的引文检索功能外，还提供基于作者、机构、期刊的引用统计分析功能。收录文摘覆盖 8000 多种中文科技期刊，引文数据加工追至 2000 年，是全新的引文索引型数据库。

(3) 外文科技期刊数据库(文摘版)。包含 1992 年至今 30 余个国家的 11300 余种期刊，800 余万条外文期刊文摘题录信息，涵盖理、工、农、医及部分社科专业资源。所有资源被分为 7 大专辑：自然科学、工程技术、农业科学、医药卫生、经济管理、教育科学和图书情报。

(4) 中国科技经济新闻数据库。遴选自国内 420 多种重要报纸和 9000 多种科技期刊的 305 余万条新闻资讯，以每年 15 万条的速度更新。全面覆盖各行各业的新产品、新技术、新动态、新法规等信息资源，资源被分为 9 个专辑：科研、工业 A、工业 B、工业 C、农业、医药、商业、经济、教育。

(二) 检索方法

维普数据资源系统几个数据库的检索界面是统一的，检索方法也基本一致，下面以《中文科技期刊数据库》(全文版)为例介绍。

《中文科技期刊数据库》(全文版)提供 5 种检索方式：快速检索、传统检索、高级检索、分类检索、期刊导航。

1. 快速检索

在首页的检索框中直接输入检索词(或检索式)进行检索的方式即为快速检索。首页的"快速检索"默认在"题名或关键词"字段进行检索。在检索结果页面上提供更多的条件限制检索功能。

1) 检索入口选择

提供多检索入口的检索，检索入口包括：题名或关键词、关键词、刊名、作者、第一作者、机构、题名、文摘、分类号、作者简介、基金资助、栏目信息、任意字段。

2) 检索范围限制

在检索结果页面可进行期刊范围的选择(全部期刊、重要期刊、核心期刊、EI 来源期刊、SCI 来源期刊、CA 来源期刊、CSCD 来源期刊和 CSSCI 来源期刊)；可进行出版年限的限制和显示方式(概要显示、文摘显示和全纪录显示)的设置。

3) 二次检索功能

在已经进行了检索操作的基础上，可进行重新检索或二次检索(在结果中搜索、在结果中添加、在结果中去除)，几种二次检索方式的说明：

① 在结果中搜索：检索结果中必须出现所有的检索词。

② 在结果中添加：检索结果至少出现任一检索词。

③ 在结果中去除：检索结果中不应该出现包含某一检索词的文章。

4) 相关检索

针对关键词、刊名、作者、第一作者等字段，提供相关检索的内容浏览，并提供相关检索内容的快捷检索(超链接)。

2. 传统检索

登录《维普资讯网》首页，在数据库检索区，单击"传统检索"即可进入传统检索页面。

1) 选择检索入口

《中文科技期刊数据库》提供 14 种检索入口：题名或关键词、关键词、刊名、作者、第一作者、机构、题名、文摘、分类号、作者简介、基金资助、栏目信息、任意字段、参考文献。用户可根据自己的实际需求选择检索入口、输入检索式进行检索。

2) 限定检索范围

《中文科技期刊数据库》可进行学科类别限制和数据年限限制。

学科类别限制：分类导航系统是参考《中国图书馆分类法》(第四版)进行分类的，每一个学科分类都可以按树形结构展开，利用导航缩小检索范围，进而提高查准率和查询速度。

数据年限限制：数据收录年限从 1989 年至今，检索时可进行年限选择限制(如选择从 2008 年到 2013 年)。

期刊范围显示：期刊范围限制包括全部期刊、核心期刊和重要期刊三种。用户可以根据检索需要来设定合适的范围以获得更加精准的数据。

3) 检索式和复合检索

简单检索直接输入检索式；复合检索分为二次检索和直接输入检索式两种情况。

二次检索：用户一次检索的检索结果中可能会遇到某些数据是不需要的，这说明检索条件限制过宽，这时就可以考虑采用二次检索。二次检索是在一次检索的检索结果中运用"与、或、非"进行再限制检索，其目的是缩小检索范围，最终得到期望的检索结果。

例如，在检索入口"关键词"字段检索"知识产权"，单击"检索"按钮，即出现相关文献信息，如图 4-13 所示。

图 4-13　维普资讯简单检索

再以作者为检索条件，检索式以"汪琼"为条件进行二次检索，即可在以知识产权为一次检索结果中继续搜索作者陈伟的文章，找到一篇文章，如图 4-14 所示。找到结果了，用户可以单击文章题目进行查看题录下载全文等进一步操作。

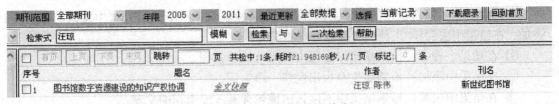

图 4-14　维普资讯二次检索

3. 高级检索

读者登录《维普资讯网》首页，在数据库检索区，通过单击"高级检索"，即可进入高级检索页面。高级检索提供了两种方式供读者选择使用：向导式检索和直接输入检索式检索。向导式检索为读者提供分栏式检索词输入方法，可选择逻辑运算、检索项、匹配度外，还可以进行相应字段扩展信息的限定，最大程度的提高了"检准率"。直接输入检索式检索时，读者可在检索框中直接输入逻辑运算符、字段标识等，单击"扩展检索条件"并对相关检索条件进行限制后单击"检索"按钮即可。如图 4-15 所示。

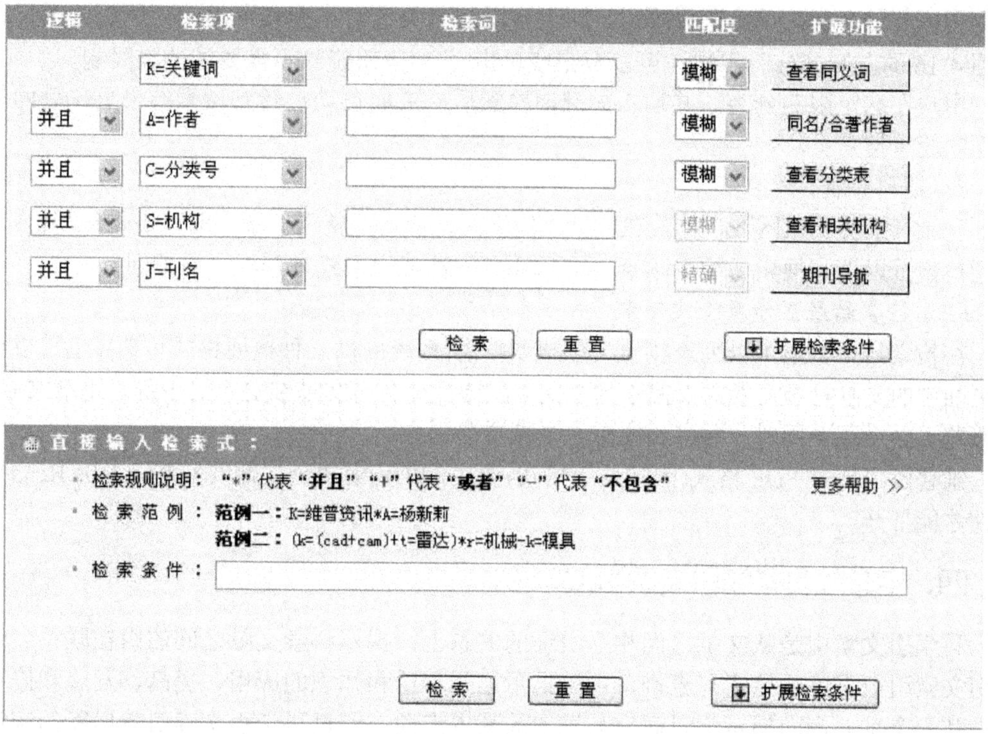

图 4-15　维普资讯分类高级检索页面

4．分类检索

登录《维普资讯网》首页，在数据库检索区，通过单击"分类检索"，即可进入分类检索页面，如图 4-16 所示。分类检索页面相当于提前对搜索结果做个限制，用户在搜索前可以对文章所属性质做个限制，如选择经济分类，则在搜索栏中的文章都是以经济类为基础的文章。

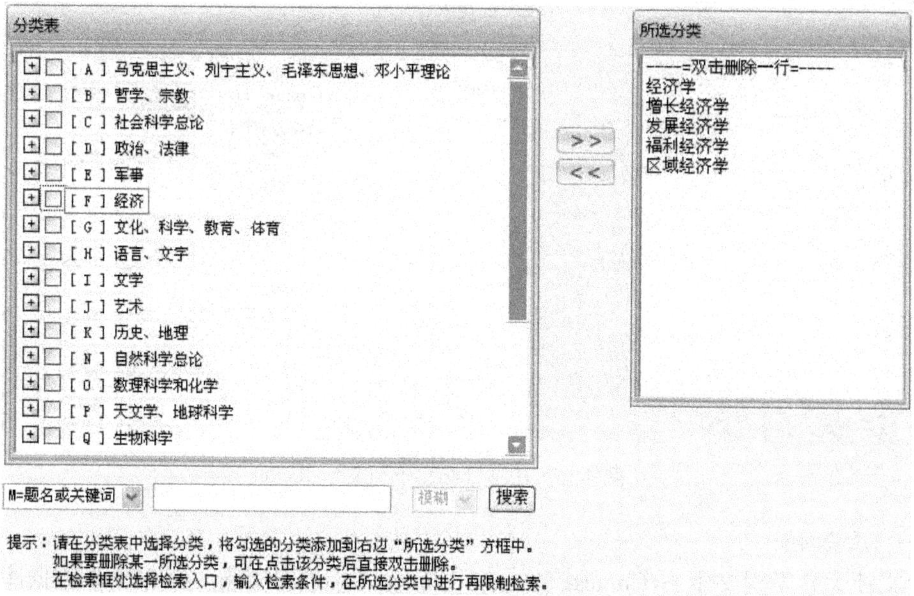

图 4-16　维普资讯分类检索页面

在图 4-16 的右侧部分，可以单击分类大项前的加号进行扩展，用户可以根据检索需要，勾取所需要的分类，单击 >> 按钮，即可将限制分类选取在搜索页中的"所选分类"之中，见图 4-16 的左侧部分。用户还可以双击或单击 << 按钮删除不需要的分类限制。

用户在选定限制分类，并输入关键词检索后，页面自动跳转到搜索结果页，后面的检索操作同简单搜索页。

5．期刊导航

登录《维普资讯网》首页，在数据库检索区，单击"整刊检索"即可进入整刊检索页面。整刊检索页以期刊搜索、按字顺查、按学科查三种搜索方式来查看所需期刊。

(三) 检索结果显示及全文下载

在检索结果窗里可以列表浏览文献概要信息(系统提供三种概要格式可选)，也可以单击概览页面中的文献标题可查看文献细览信息。在概览页面与文献细览页面中都可下载文献全文。在概览页面中还可同时下载多篇文献全文或文献题录。

维普资讯提供 PDF 格式(国际通用格式)全文。PDF 格式全文需要安装 Adobe Reader 阅读软件才能打开。

四、中文社会科学引文索引(CSSCI)

科学引文索引是从文献之间相互引证的关系上，揭示科学文献之间的内在联系。通过科学引文索引数据库的检索与查询，可以揭示已知理论和知识的应用、提高、发展和修正的过程，从一个重要侧面揭示学科研究与发展的基本走向；通过科学引文索引数据库的统计与分析，可以从定量的视角评价地区、机构、学科以及学者的科学研究水平，为人文社会科学事业发展与研究提供第一手资料。中文社会科学引文索引首页如图 4-17 所示。

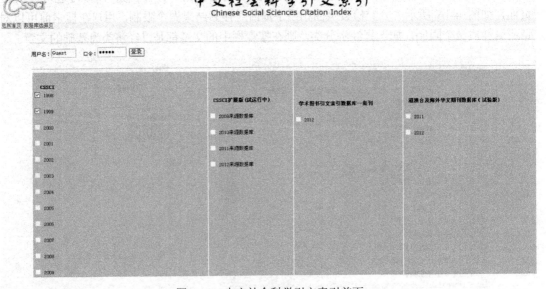

图 4-17　中文社会科学引文索引首页

(一) 数据库介绍

中文社会科学引文索引(Chinese Social Sciences Citation Index，CSSCI)。数据库是南京大学根据当前中文消息资源建设的现状和消息服务的需要研制的，是教育部人文、社会科学重

110

大研究项目之一。该数据库主要用来检索中文社会科学领域的论文收录和文献被引用情况。

CSSCI 数据库目前的数据起始年代是 1998 年，数据每年更新一次。该数据库分为 CSSCI 来源期刊(正刊)数据库、CSSCI 扩展版来源期刊数据库、学术图书引文索引数据库(集刊)、港澳台及海外华文期刊数据库(实验版)四个部分。CSSCI(2014—2015 年)来源期刊 533 种，CSSCI(2014—2015 年)扩展版来源期刊 189 种，CSSCI(2014—2015 年)来源集刊 145 种，海外出版的期刊几十种，涉及的学科范围包括管理学、马克思主义、哲学、宗教学、语言学、中国文学、外国文学、艺术学、历史学、考古学、经济学、政治学、法学、社会学、民族学、新闻与传播学、图书情报与档案学、教育学、体育学、统计学、心理学、社科总论、高校综合性社科学报、人文、经济地理、环境科学等社会科学领域。

(二) 检索方法

CSSCI 主要从来源文献和被引文献两个方面向用户提供信息。

1. 来源文献检索

来源文献检索主要用来查询本索引所选用的源刊的文章的作者(所在单位)、篇名、参考文献等。其检索途径有论文作者、篇名(词)、作者机构、作者地区、期刊名称、标引词、学科类别、基金项目以及年代等十几项，如图 4-18 所示。

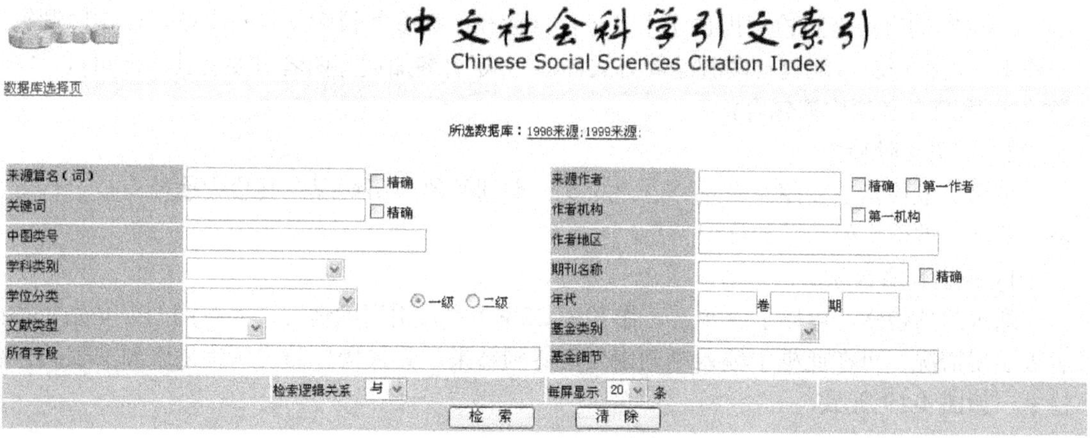

图 4-18　CSSCI 来源文献检索界面

1) 作者检索

希望查找某一学者或某团体作者(如某课题组)的发文情况，可在"作者"栏中输入该学者的姓名或团体作者名称，输入后单击"开始检索"按钮，即可在结果显示窗口中显示本次检索的命中结果，在检索结果窗口中显示出本次检索条件及命中篇数等。

2) 机构检索

在作者机构输入框中输入某一机构如"清华大学"，然后单击"开始检索"按钮，则可得 CSSCI 上所收录的清华大学所有论文发表情况。

3) 标引词检索

标引词是用来反映论文主题意义的词汇，标引词检索提供了通过关键词找到相关论文的途径。检索式中的标引词组配对象可以有多个。

4) 刊名检索

检索主要用于对某种期刊发表论文情况的查询。在刊名录入框中，输入"中国社会科学"，单击"开始检索"按钮后,可以得到 CSSCI 所收录该刊论文情况。当然也可以通过卷期来限制某卷某期发表论文的情况。

5) 篇名词检索

可以在篇名录入框中输入整个篇名,也可以输入一个词,甚至一个字。如全名"我看北大"只有一篇,而篇名中含有"北大"一词的论文则有 36 篇。

6) 基金检索

对来源文献的基金来源进行检索,可以使用精确、前方一致或模糊检索。

7) 发表年代检索

将检索结果控制在划定的时间范围内。

8) 地区检索

检索结果限制在指定地区或者非指定地区。

9) 文献类型检索

对于文献类型如研究论文、简报等进行限制。

10) 刊物学科检索

将检索结果控制在指定学科的刊物上。

11) 多项综合检索

CSSCI 的来源文献检索提供了十几个检索途径,大多数检索途径自身就可以实现逻辑组配检索,这种逻辑组配包含两种运算方式,即"或"(参加运算两者只要有其一即可)和"与"(参加运算两者必须均被包含)。

2. 被引文献检索

被引文献检索主要用来查询作者、论文、期刊等的被引情况。其检索途径有被引作者、被引篇名、被引出处和其他被引信息。

1) 被引作者检索

通过此项检索,可以了解到某一作者在 CSSCI 中被引用的情况。如查询刘国光先生的论著被引用情况,可在此框中输入"刘国光"得到结果。具体操作与说明参见来源文献的作者检索,如图 4-19 所示。

图 4-19 CSSCI 被引文献检索界面

2) 被引篇名检索

被引篇名的检索与来源文献的篇名词检索相同,可输入被引篇名、篇名中的词段或逻辑表达式进行检索。具体操作说明参见来源文献的篇名词检索说明。

3) 被引出处检索

被引出处的检索主要用于查询期刊、报纸、汇编(丛书)、会议文集、报告、标准、法规、电子文献等的被引情况。在此框中输入某刊名，可得到该刊在 CSSCI 中所有被引情况。

4) 其他被引情况的检索

其他被引情况的检索多为附加限制检索项，通常不被单独用来检索。如年代项，通常作为某一出版物某年发表的论文被引用情况的限制。

五、读秀学术搜索

(一) 数据库介绍

读秀学术搜索是由海量全文数据及资料基本信息组成的超大型数据库，为用户提供深入到图书章节和内容的全文检索，部分文献的原文试读，以及高效查找、获取各种类型学术文献资料的一站式检索，周到的参考咨询服务，是一个真正意义上的学术搜索引擎及文献资料服务平台。它以 10 亿页中文资料为基础，为读者提供深入内容的章节和全文检索、部分文献试读、文献传递等多种功能。收录中文图书全文 330 多万种，元数据 2.5 亿条(其中，中文期刊 5000 多万条，中文报纸近 3000 万条)。其一站式检索实现了馆藏纸质图书、电子图书、学术论文(期刊论文、学位论文、会议论文)、专利、标准、报纸、信息资讯、政府信息等各种异构资源在同一平台的统一检索，通过优质的文献传递服务，实现了为读者学习、研究、写论文、做课题提供最全面准确的学术资料和获取知识资源的捷径。读秀还推出特色专题馆，内容包括课程课件、考试辅导、文档下载、图片、视频、法规大全、网路畅销、学术讲座等。读秀学术搜索的首页如图 4-20 所示。

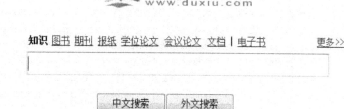

图 4-20　读秀学术搜索首页

(二) 检索方法

登陆读秀学术搜索首页，在搜索框内输入关键词，查找所需书目和全文的相关信息。

1. 全文检索

选择"全文检索"后，在检索框中输入关键词，即能搜索到包含关键词的所有图书、期刊论文、报纸、学位论文、会议论文的信息，如图 4-21 所示。

(1) 图 4-20 左边显示与关键词相关的条目，图书会显示包含关键词的章节。单击标题或本页阅读，可以试读相关的部分章节，同时可查阅本页来源，并可以打印，但论文只显示其出处及作者，如图 4-22 所示。

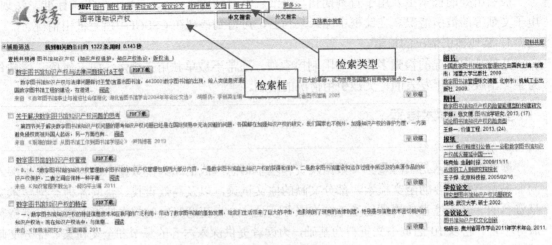

图 4-21　读秀全文检索界面

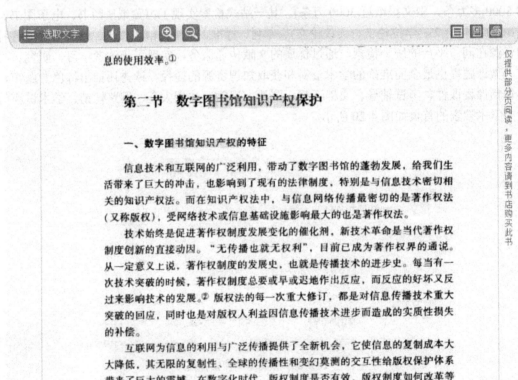

图 4-22　读秀全文检索结果界面

(2) 图 4-20 右边显示与关键词相关的不同类型条目，单击分类名将显示一系列出自该类目下的条目。

2. 图书检索

检索类型选择"图书"后，在检索框中输入书名或关键词，检索结果将显示包含书名或关键词的所有图书，并有图书的简略信息。如图 4-23 所示。

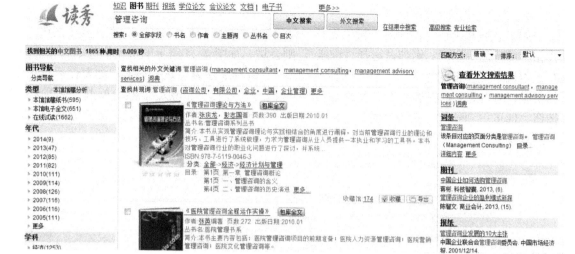

图 4-23　读秀图书检索界面

读秀学术搜索中的图书馆藏类型有三种：本馆馆藏纸质书、本馆电子全文和在线试读，并分别对应四种图书原文获取方式：图书馆文献传递、包库全文阅读和图书下载、部分阅读。单击书名，将会看到该书的详细信息(作者、出版社、ISBN 号、主题词、内容简介等)，同时可以选择相应的获取方式，其中部分阅读方式只能试读图书目录页、前言页、版权页和正文 17 页。

3．高级检索

如果需要精确搜索某一本书时，可以进行高级搜索。单击主页上的"高级搜索"按钮，则会进入图 4-24 所示的页面。在检索框中可以输入多个关键字进行精确搜索。各个检索条件之间是逻辑"与"的关系。

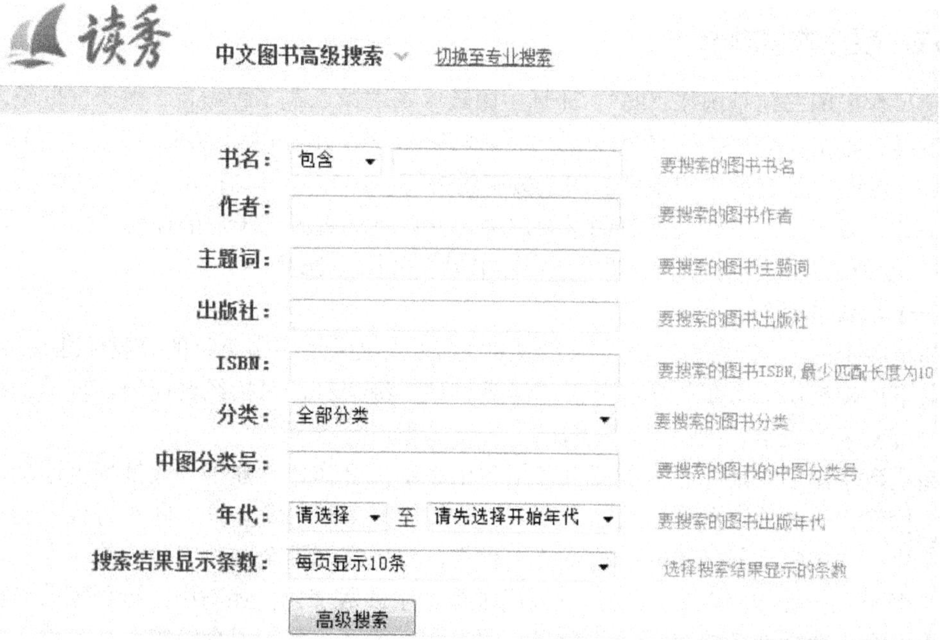

图 4-24　读秀高级检索界面

4. 特色专题库检索

如果想搜索某一个讲座时，可以进行特色专题库检索。单击主页上的"更多"按钮，选择相应的特色专题库。例如，选择"讲座"，则会进入如图 4-25 所示的讲座特色专题库页面。在检索框中可以按专题名、讲座名称、主讲人、关键词、字幕等进行检索，如要搜索杨正宁的讲座，则在检索框内输入主讲人的名字——杨正宁，选择"主讲人"，然后单击"中文搜索"按钮，即可得到结果。在该界面中，也可以根据专题的分类进行分类浏览，或者直接单击进入感兴趣的讲座。

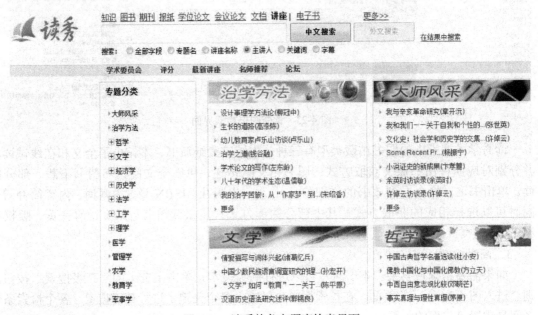

图 4-25　读秀特色专题库检索界面

六、超星数字图书

超星数字图书馆是国家"863"计划中国数字图书馆示范工程项目，由北京世纪超星信息技术发展有限责任公司投资兴建，收集了国内各公共图书馆和大学图书馆以超星 PDG 技术制作的数字图书，是目前中国最大的网上数字图书馆，1998 年开始提供网上检索服务。现有电子图书几百万册，几乎涉及所有的学科门类，并以平均每天上千册的速度不断增加，并吸引了超过 35 万的授权作者加入。超星数字图书首页如图 4-26 所示。

(一) 数据库介绍

超星电子图书按《中国图书馆分类法》的 22 大类采用多级类目的分类标准共设了 51 个类，其下还根据图书数量的多少分为二级类目和三级类目，包括经典理论、哲学、社科、经济、语言文字、文学、数理化、生物、工业技术等。

超星数字图书馆还与各专业图书情报和出版单位合作，创建了一大批特色馆藏，其中不少属于价值极高的独家垄断性数字资源，例如，与国家专利局合作，将 6 万件专利说明书全文数字化；与国家质量技术检验检疫总局合作，将国家标准全文数字化；与《人民画报》社合作，将 1950—2000 年 50 年间的《人民画报》全部数字化；还与中国近百家著名出版社和知名人士合作建立特色馆藏，如钱学森、贾兰坡、王之玺院士纪念馆等。与其他中文电子图书系统相比，超星电子图书在教材、工具书、文史资料类图书的收藏方面较具实力。

图 4-26　超星数字图书馆首页

(二) 检索方法

系统提供分类导航和检索两种方式查询所需图书。

1. 分类导航

超星电子图书的分类是多层次多级别的，按《中国图书馆分类法》的 22 大类采用多级类目的分类标准共设了 51 个类，51 个类之下还有二级、三级类目，浏览图书时可根据要查询图书的学科内容一级一级地单击，到最后一级就可看到具体的书名、作者、页数等信息，单击书名即可阅读或下载该本图书，如图 4-27 所示。

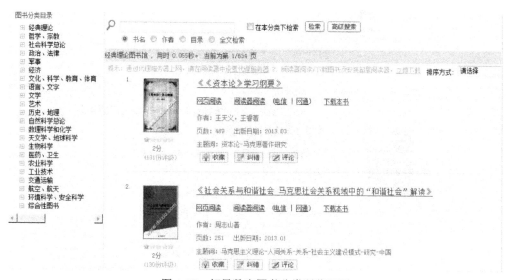

图 4-27　超星数字图书分类浏览界面

2. 快速检索

系统提供四种种检索途径：书名、作者、目录、全文检索。任意选择其中一种检索途径，并输入所需检索图书的信息，可查找所需图书，如图 4-28 所示。

图 4-28　超星数字图书快速检索界面

3. 高级检索

高级检索提供书名、作者和主题词三种检索途径，将三种检索途径任意组配，系统提供两种组配供选择：并且、或者，高级检索还可以限制图书出版年，如图 4-29 所示。

图 4-29　超星数字图书高级检索界面

4. 检索结果显示

以检索赵小龙编写的《信息资源检索与利用》一书为例，选择高级检索，在书名处输入"信息资源检索与利用"，作者处输入"赵小龙"，逻辑关系选择"并且"，检索结果如图 4-30 所示。

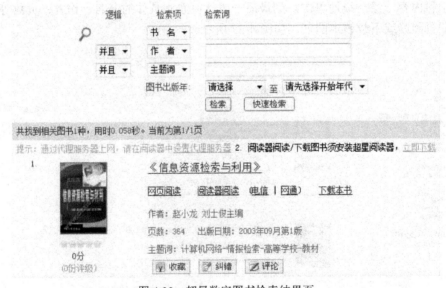

图 4-30　超星数字图书检索结果页

超星图书采用 PDG 格式，单击"网页阅读"直接进入在线阅读模式；也可以单击"阅读器阅读"，使用超星浏览器阅读；也可以直接下载该书。后两种方式都需要实现下载并安装最新的超星浏览器。启动超星浏览器进入书籍阅读窗口后，系统默认以静止方式显示一页内容，如图 4-31 所示。

118

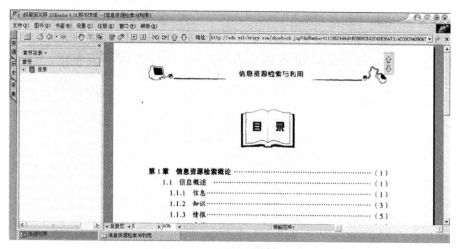

图 4-31　超星浏览器界面

为了方便用户自由地阅读，"超星浏览器"提供了多种功能，其主要功能如下：

(1) 图书下载：可以对整本图书下载，保存到本地磁盘。

(2) 文字识别：超星图书全文为 PDF 格式，可以通过"文字识别"功能，将识别结果保存为 TXT 文本文件。

(3) 剪切图像：选择"剪切图像"功能，可以直接复制、修改书中的某一部分内容。

(4) 书签：使用"个人书签"功能，对整册书添加书签或者对书中某一页添加书签。可以对使用频率较高的书，可以直接阅读，免去每次检索的麻烦。

(5) 自动滚屏：在阅读书籍时，可以使用滚屏功能阅读书籍。

(6) 更换阅读底色：使用"更换阅读底色"功能来改变书籍阅读效果。

(7) 导入文件夹：通过此功能可以将所需资料导入"我的图书馆"文件夹，从而更好地管理自己的文件。

(8) 标注：在阅读图书时可以对书中的内容做标记。标注有 6 种工具：批注、铅笔、直线、圈、高亮、链接。

(9) 历史记录：记录用户通过超星阅览器访问过的所有资源。

(10) 书评功能：可以对每本图书"发表评论"，也可以看到其他人对此书发表的评论。

七、方正数字图书

(一) 数据库介绍

方正 Apabi 数字图书系统由北大方正电子有限公司制作，收录了全国 400 多家出版社 8 万种最新中文电子图书，涵盖了社会学、哲学、宗教、历史、经济管理、文学、数学、化学、地理、生物、医学、工程、机械等多种学科。方正数字图书首页如图 4-32 所示。

(二) 检索方法

1. 分类检索

登录到方正 Apabi 数字图书系统主页后，单击左上角的"显示分类"，随即在此下部会出现 Apabi 的 23 个根类别，选择某一分类目录，可逐级单击进入子目录，页面右边出现该子目录下的馆藏书籍，可单击下载，如图 4-33 和图 4-34 所示。

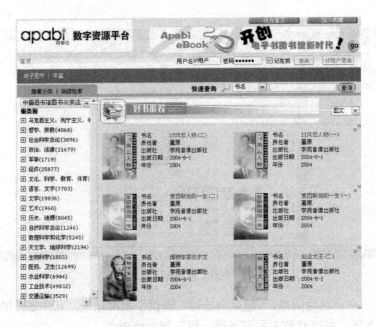

图 4-32　方正数字图书首页

图 4-33　方正数字图书分类检索界面 1　　　图 4-34　方正数字图书分类检索界面 2

2. 快速查询(初级检索)

方正 Apabi 数字图书系统主页右上方为默认的初级检索界面, 可提供书名、责任者、出版社、年份、全面检索、全文检索等多种检索渠道。首先选择其中一种, 在右面的框内输入检索词, 最后单击"查询"按钮完成检索。

以检索书名中含有"教育"的图书为例, 在检索项中选择"书名", 输入检索词"教育", 可检索到 348 条记录, 如图 4-35 所示。

3. 高级检索

单击主页左上方的"高级检索"按钮, 可进入高级检索页面, 它提供了字段内和字段间的组配检索功能。先选取要检索的字段名, 并输入检索词, 再通过"并且"、"或者"组配, 然后单击"检索"按钮, 即可进行检索。

120

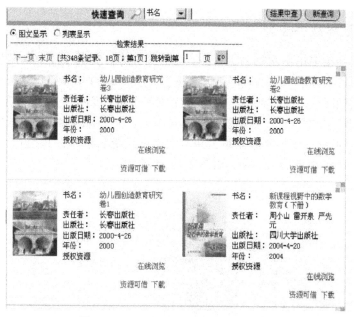

图 4-35　方正数字图书快速检索结果页

4．二次检索

在检索中，若输出的结果很多，可进行二次检索，即在页面右上部的第二个方框内，输入检索词，并单击"结果中查"按钮，即可得到缩小范围的检索结果。

5．结果处理

(1) 借阅下载：在上述过程中已经检索到的结果，可以通过在线阅览，也可以下载到本地观看，阅读方正数字图书需要安装方正 Apabi Reader 阅读器。

在检索结果中找到所需书籍，单击"资源可借下载"，系统可直接下载该书(下载到本地硬盘上)；下载完毕后，可单击"藏书阁"上显示的书名进行阅读。

"在线游览"时也需要下载，但一旦关机，数据就没有了，下次阅览时需要重新下载。

(2) 借阅规则：图书借阅有时间限制(下载到本地)。选择该书，单击鼠标右键，即可进行归还、续借等操作，系统会在借期满后自动还书。

(3) 复制与打印：用户可选中一页文字中的任意字句，并单击右键根据需要选择"划线"、"批注"、"查找"、"书签"、"加亮"、"圈注"、"复制(拷贝)文字"等操作，如图 4-36 所示。

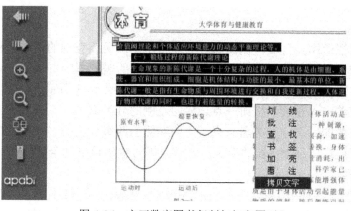

图 4-36　方正数字图书复制与打印图示

八、书生之家数字图书

书生之家数字图书馆由北京书生科技有限公司创办，其数字图书馆网站"书生之家"是一个基于互联网的全球性中文书刊网上开架交易平台，2000 年 4 月正式提供服务。下设中华图书网、中华期刊网、中华报纸网、中华 CD 网等子网，集成了图书、期刊、报纸、论文、CD 等各种出版物的书目信息、内容提要、精彩篇章、全文等内容。下设的中华图书网主要收录 1999 年以后出版的新书，其收录量为每年中国出版新书品种的 1/2 以上，数量可观，学科门类齐全。书生之家数字图书馆首页如图 4-37 所示。

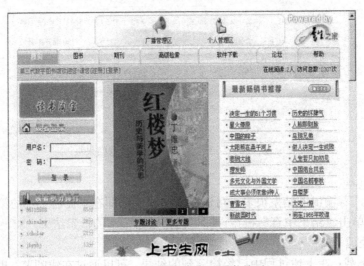

图 4-37　书生之家电子图书首页

(一) 数据库介绍

书生之家电子图书按《中图法》采用多级类目方式进行分类，共设 32 个大类，下设二、三、四级类目。其学科内容主要包括文学艺术、计算机通信与互联网、经济金融、社会科学、语言文化、工程技术、教材教参、生活百科、少儿图书、综合性图书与工具书等。

(二) 检索方法

书生之家除可以从分类号、关键词、作者、书名、ISBN 号等入口进行单项检索外，还提供分类检索、高级检索、二次检索、全文检索等强大的检索功能，并具有前方一致和逻辑组配检索功能。

1. 分类检索

在书生之家镜像站点首页左侧图书分类栏目中单击所要查询的图书学科类目，即可出现该类目的子类和该类图书，逐级单击下去，即可查到所需图书的书名、作者、出版机构等信息，单击书名，即可浏览图书全文或进行图书借阅。如图 4-38 所示。检索步骤：在书生电子图书主界面上，单击"登录"按钮→点选界面左侧的分类类名→点选界面左侧的二级分类类名→点选界面左侧的三级分类类名→点选界面左侧的四级分类类名→点选图书名称，即可输出该书的文摘等详细信息→单击"全文"按钮，即可输出该书的全文。

2. 简单检索

书生电子图书提供书名检索、作者检索、出版机构检索、丛书名称检索、ISBN 号检索、主题检索等六种检索入口，在其简单检索界面单击下拉式菜单，选择上述六种检索条件之一，并在检

122

图 4-38　书生之家分类检索页面

索框内输入需检索的内容，即可检索所需图书。检索步骤：在书生电子图书主界面上，单击"登录"按钮→在检索区点选检索入口→在文本输入框中输入检索词→单击"检索"按钮即可输出中选图书书目列表→点选图书名称即可输出该书的文摘等详细信息→单击"全文"按钮即可输出该书的全文。

3. 高级检索

书生电子图书提供高级检索功能，利用布尔逻辑算符来进行检索词的逻辑组配。在其高级检索界面通过下拉式菜单选择检索条件，输入相应检索词，再选择布尔算符"且"或者"或"，即可进行组配检索，查询到所需图书。其高级检索界面如图 4-39 所示。检索步骤：在书生电子图书主界面上，单击"登录"按钮→单击"高级检索"按钮→在第一检索字段选择列表中选择检索词的检索范围→在第一个查询文本输入框中输入检索词→在第一个检索关系选择区点选检索词的逻辑组配关系→在第二检索字段选择列表中选择检索词的检索范围→在查询文本输入框中输入检索词→…→单击"开始检索"按钮即可输出中选图书书目列表→点选图书名称即可输出该书的文摘等详细信息→单击"全文"按钮即可输出该书的全文。

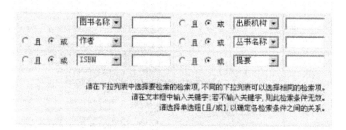

图 4-39　书生之家高级检索界面

4. 全文检索

全文检索是对图书全文中包含某个词的全部图书进行检索。检索步骤：在书生电子图书主界面上，单击"登录"按钮→单击"全文检索"按钮→在第一个查询文本输入框中输入检索词→点选所检图书的分类→单击"检索"按钮即可输出中选图书书目列表→点选图书名称即可输出该书的文摘等详细信息→单击"全文"按钮，即可输出该书的全文。

5. 二次检索

二次检索是对所检出的图书进行年代限定，二次检索可与上属任意一种检索方法配合使用，可以达到缩小检索范围的目的。检索步骤：在上述任意一种检索、任意一步检索结果的基础上，点选界面左侧的年代，即可输出在上述检索限定及年代限定条件下的中选图书书目列表→点选图书名称即可输出该书的文摘等详细信息→单击"全文"按钮即可输出该书的全文。

九、人大复印资料

(一) 数据库介绍

《〈人大复印报刊资料〉全文数据库》是国内大型的文献数据库，由中国人民大学书报资料中心从全国公开出版的 3000 多种核心期刊、报纸中精选出的，具有一定的学术价值、应用价值，含有新观点、新材料、新方法、或具有一定的代表性，能反映学术研究或实际工作部门的现状、成就及其新发展的学术资料的全文文献，按专题分类编辑而成的。数据库分为四个大类：政治类(包括马列、社科、政治、哲学、法律)；经济类；教育类(包括教育、文化、体育)；文史类(包括语言、文学、历史、地理及其他)，共计 100 多个专题。每类按年度(最近一年按季度发盘)编排。每年增加文献约 2.5 万篇，每篇记录包括文章的题录、文摘、全文、和有关的著录项。设有原文出处、原刊地名、分类号、分类名、复印期号、作者、任意词等检索入口，用户可以通过某个检索入口进行初级检索，也可以运用布尔算符等灵活组织检索提问式进行高级检索。检索速度快，检索结果为纯文本格式文件，可以任意打印、复制。人大复印资料首页如图 4-40 所示。

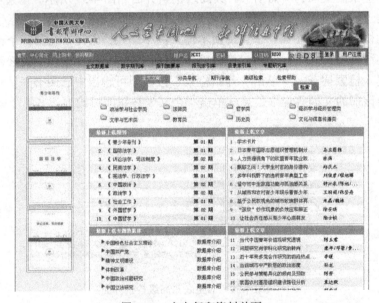

图 4-40　人大复印资料首页

(二) 检索方法

《〈人大复印报刊资料〉全文数据库》采用的天宇信息检索平台，系统提供了浏览与检索两种方式。检索又分简单检索与高级检索。

1. 分库浏览

选择检索数据库：单击主页左侧列表框中"人大复印报刊资料全文数据库"前面的文件夹，可出现数据库列表。数据库列表中显示的每一行表示一个数据库，在数据库列表中单击某行，即可在右侧出现该数据库包含内容的篇名列表(可以选择多个结构相同的数据库同时检索。如果准备选择的数据库和已选择的数据库结构不同，系统会提示"您选了多个不同类型的数据库，系统不支持不同类型的库同时检索"）。如图4-41所示。

图 4-41　人大复印资料分库浏览界面

2．简单检索

首先在左侧数据库列表前面的复选框中钩选要检索的数据库，然后在检索框内输入检索词，单击"查询"按钮进行检索。凡是出现过该任意词的文章都会被检索出来，这种检索方法的精确度不高。如图4-42所示。

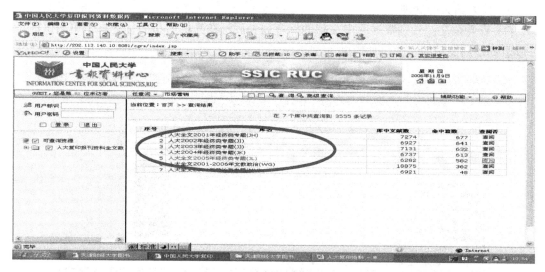

图 4-42　人大复印资料简单检索界面

3．高级检索

从检索字段选择栏选择"高级查询"，弹出高级检索窗口。单击字段名右边的箭头，弹出检索字段选择窗口，显示可以检索的所有字段名。高级检索可以在任意词、记录号、标题、刊物名、出版地、关键词这六个字段之间，用逻辑关系(与、或、非)组配进行检索，检索词之间用下列符号连接。"+"表示逻辑"或"，"*"表示逻辑"与"；"－"表示逻辑"非"。单击"添加"按钮，最后单击"查询"按钮进行检索。这是一种比较精确的检索方法。如图4-43所示。

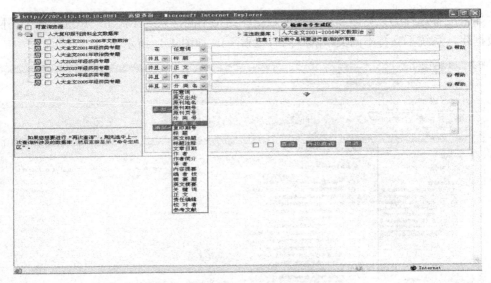

图 4-43　人大复印资料高级检索界面

4．二次检索

系统为了缩小检索范围，可以"在结果范围内再检索"或"再次查询"，即在当前这次检索结果文献范围内，再给出检索条件进行检索。经过多次的二次检索，逐渐缩小文献范围，达到检索目标。因此，二次检索有时也称"渐近检索"。选择检索字段，在检索框内输入检索词，然后单击"二次检索"按钮进行检索。

5．检索结果的处理

(1) 查看全文：看到数据库中文献的标题列表后，在光标所指的标题行上单击鼠标左键，可以看到该篇文献的全文，如图 4-44 所示。

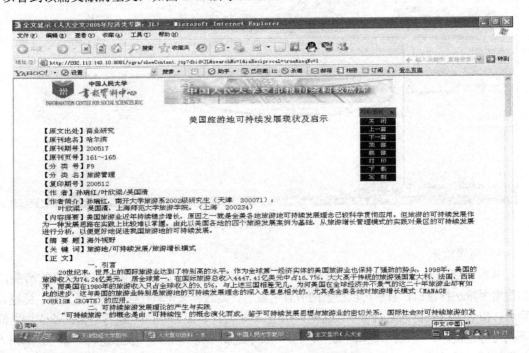

图 4-44　人大复印资料查看全文界面

(2) 显示多篇文献：在标题行前的空格中单击鼠标左键，表示选中一篇文献，可以一次选择多篇文献。单击"多篇显示"按钮，将显示全部所选文献的全文。选择菜单项"检索/清除多篇文献选择标记"可取消选择。如图 4-45 所示。

图 4-45　人大复印资料显示多篇文献界面

(3) 数据库还提供了下载和打印功能。如图 4-46 所示。

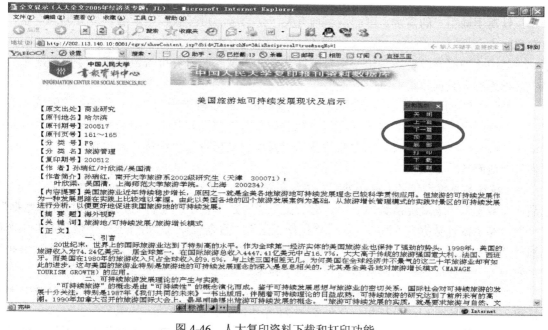

图 4-46　人大复印资料下载和打印功能

十、国研网

国务院发展研究中心信息网(以下简称国研网)是由国务院发展研究中心主管,国务院发展研究中心信息中心主办、北京国研网信息有限公司承办的大型专业性经济信息服务平台,创建于 1998 年 3 月,并于 2002 年 7 月 31 日正式通过 ISO9001：2000 质量管理体系认证,2005年 8 月顺利通过 ISO9001：2000 质量管理体系换证年检,是中国著名的专业性经济信息服务平台,也是中国各级政府部门、研究机构和企业等获取中国经济政策和经济运行数据的重要信息源。国研网首页如图 4-47 所示。

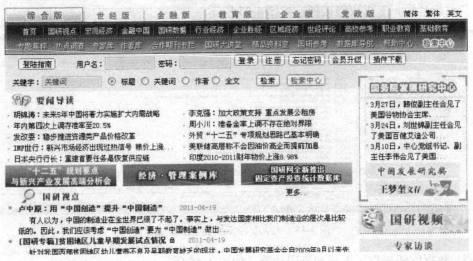

图 4-47　国研网首页

针对不同用户的需求，国研网目前开发了综合版、世经版、金融版、教育版、企业版、党政版六个版块。

其中"国研网教育版"由全文数据库、统计数据库、研究报告数据库、专题数据库和特色数据库五大数据库集群组成。

"全文数据库"包括"国研视点"、"宏观经济"、"金融中国"、"行业经济"、"区域经济"、"企业胜经"、"高校管理决策参考"、"职业教育"、"基础教育"、"中国国情报告"、"世经评论"、"经济形式分析报告"、"财政税收"、"发展规划报告"、"经济普查报告"、"政府工作报告"、"政府统计公报"。

"统计数据库"包括"最新数据"、"每日财经"、"对外贸易数据"、"工业统计数据"、"产品产量数据"、"宏观经济数据"、"金融数据"、"医药工业"、"建材工业"、"区域经济数据"、"教育经费统计数据"、"汽车工业"、"机械工业"、"冶金工业"、"轻工业"、"信息产业"、"石油化工"、"交通运输"、"纺织工业"、"地产业"、"旅游行业"、"高新技术产业"、"能源工业"、"农业"、"批发零售贸易与餐饮业"、"科学技术"。

"研究报告数据库"又分为"行业季度分析报告"、"行业月度分析报告"、"金融中国分析报告"与"宏观经济分析报告"四类共 21 个小库。

"专题数据库"包括"领导讲话"、"宏观调控"、"体制改革"、"聚焦十一五"、"市场与物价"、"基础设施建设"、"人口与就业"、"公共管理理论"、"社会保障"、"资源环境"、"科学发展观"、"农民工问题"、"新农村建设"、"国际贸易"、"跨国投资"、"循环经济"、"国内政府管理创新"、"国外政府管理借鉴"、"政策法规"。

"特色数据库"包括"世经数据库"、"DRC 行业景气监测平台"、"经济·管理案例库"、"战略性新兴产业数据库"、"文化产业数据库"、"电子商务数据库"。

十一、EPS 数据平台

EPS(Economy Prediction System)数据平台由北京福卡斯特信息技术有限公司开发，将数据库和数据分析软件进行整合，为研究、教学、投资等提供专业服务的数据平台。EPS 数据平台首页如图 4-48 所示。

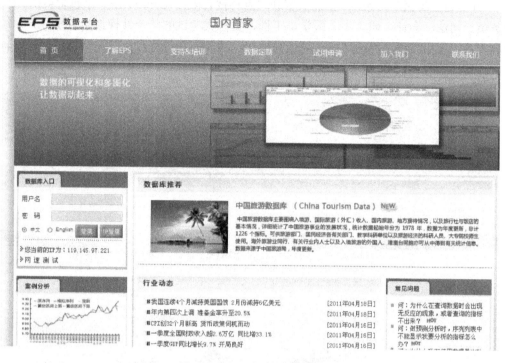

图 4-48　EPS 数据平台首页

EPS 数据库涵盖经济、金融、会计、贸易、能源等领域实证与投资研究所需的绝大部分数据，参考了 SAS、SPSS 等国际著名分析软件的设计理念和标准，在完整、全面、权威的数据库的基础上建立强大的数据分析和数据预测功能，突破了传统数据库数据单一、操作复杂的使用方式，通过内嵌的数据分析预测软件，在平台内只需单击相关按钮，即可完成对数据的分析和预测。

EPS 数据平台将统计数据与经济分析预测工具整合在一个开放的系统平台，形成了面向用户不同需求的一系列专业数据库，并且将这些数据库进行整理、归纳，配合 EPS 数据平台高效、直观的使用功能，运用实用、强大的预测分析功能，为各类读者、研究者及各类研究机构、行业机构及投资机构提供完整、及时、准确的数据以及各种数据分析与预测工具。

EPS 具有中文和英文两种语言平台，可以根据需求选择中文或者英文操作界面。在数据领域，EPS 数据平台已建成一系列专业数据库，其中包括世界贸易数据库、世界能源数据库、世界宏观经济数据库、世界经济发展数据库、欧亚经济发展数据库、中国工业企业数据库、中国工业产品产量数据库、中国贸易数据库、中国宏观经济数据库、中国金融数据库、中国科技数据库、中国卫生数据库、重庆社会发展数据库、中国农业数据库、中国教育数据库、世界教育数据库。

EPS 平台在系统操作方面提供数据的查询、打开、保存、导出等功能，并提供切换数据显示模式功能，用户可以将查询结果显示为表格、图表和数字地图三种数据显示模式。除此之外，EPS 数据平台还将各种分析和预测工具整合在一起，为用户所需的预测分析提供高级经济预测。

十二、起点自主考试学习系统

"起点自主考试学习系统"由北京智联起点科技有限公司开发，是一个包含英语、计算机、公务员、司法、会计、研究生、医学、工程、资格类考试的整合性模拟学习平台。系统具有内容丰富、实用性强、界面友好、简洁易操作、功能完善等特点，是无纸化考试，教辅功能的新体验。"起点自主考试学习系统"首页如图4-49所示。

图 4-49 起点自主考试学习系统首页

"起点自主考试学习系统"由试卷、随机组卷、专项训练、模拟考场等部分组成，为读者提供了一个模拟考试的环境，内含大量真题及模拟试卷，涉及许多考试领域，主要包括英语类考试(4938篇)、计算机等级类考试(2440篇)、计算机水平类考试(245篇)、司法类考试(1241篇)、财经类考试(1371篇)、考研类考试(583篇)、工程类考试(1097篇)、资格类考试(1519篇)、医学类考试(4572篇)、自建库(3358篇)。

"起点自主考试学习系统"以最新的考试信息和可靠的多形式模拟方式引领学生熟悉考试模式、巩固知识要点、完成学习任务。在线答题，在线评分，达到了即用即知即学即会的效果，全面提高学习成绩。在多媒体教学方面，起点自主考试学习系统可满足网络化教学的需要，使学生更快地适应这种机式阅读和答题方式，由纸质化考试向上机化考试转轨。作为学生多媒体课堂练习使用的学习工具，其内容丰富、充实，功能完善，简洁易操作。

十三、"软件通"——计算机技能自助式网络视频学习系统

"'软件通'——计算机技能自助式网络视频学习系统"是中新金桥信息工程技术(北京)

公司与北京育碟苑科技发展有限公司合作开发的多媒体视频数据库。系统采用了视频教学、全程语音讲解、手把手教授的大信息量教学方法，使平淡枯燥的软件课程更加形象具体，富有吸引力。尤其是系统数据库含盖范围广，根据不同层次人群的需求，把视频课程划分为初、中、高三个等级，对于学习者来说更加实用、直接，特别适合计算机等工科应用学科的不同层次的教学要求。同时还通过"自学课程"的方式给初级使用者提供了引导式的辅助学习方法。"软件通"系统首页如图 4-50 所示。

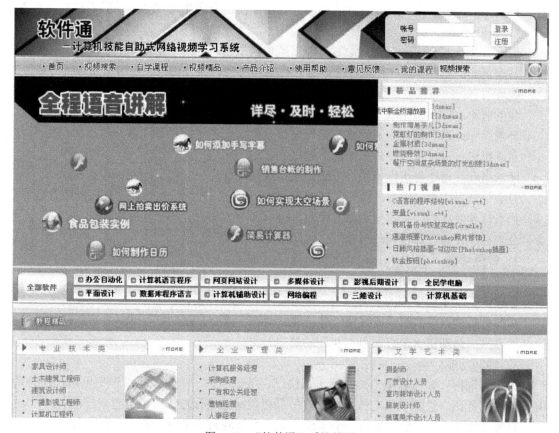

图 4-50 "软件通"系统首页

"软件通"系统具有两大特色功能："课程"和"论坛"。课程是指一系列为满足某一特定需求而挑选出来的有很高相关度的视频。课程的提出是为了帮助初学者和某些特定人群在最短的时间，学到最有用的技能。在软件学习过程中，课程是帮助用户学习过程必不可缺的好帮手。在"软件通"系统中，课程有"自学课程"和"我的课程"两种："我的课程"是为一些想为自己安排学习计划和学习强度的使用者准备的，可自行定义的课程，增加或删除课程或课程内的视频。

论坛是"软件通"系统的另一个特色功能。"软件通"系统的论坛具有绝大多数论坛都有的功能，它的设置有两个目的，一方面是给使用者提供一个相互交流、相互帮助的平台，另一方面是为了收集使用这对系统、软件和视频的意见与建议。

"软件通"系统的各个软件信息和视频页面对论坛做了相应的链接，方便用户随时在软件、视频、论坛、课程各个功能之间的转换，并且提供了软件浏览及视频查看和搜索等功能。

十四、银符考试题库

"银符考试题库 B12"共涵盖十大考试专辑、280 大类二级考试科目、近 900 种考试资源、8 万余套试卷、800 余万道试题。题库紧扣国家资格类考试大纲，考题全面综合了大量的模拟考题和历年真题，可以在线答题、在线评分，交卷后有答案解析，适合进行考前的模拟练习。

银符考试题库支持在线答题、在线评分、在线解析、在线语音播放、在线打印、图片放大多种功能。可以多方位有针对性的强化练习，全面提升考生考试成绩，其具体功能如下：

1. 基础功能

题库：含有符合国家考试大纲的历年真题和模拟题。

答题页面：在线答题、在线评分、查看答案与解析、保存试题、打印试卷、听力播放等。

题库信息：针对数据库变动为广大用户提供最新的信息，协助用户有效的使用的数据库。

我的题库：保存答完或未答完的试卷，以便进行再次练习。

分类题库：以考试点为基础将练习题进行分类，为考生提供针对某一考点的强化练习。

真题快递：第一时间提供最新的真题试卷。

随机组卷：可选择组题模板，系统随机地在对应题库中抽取试题组成模拟试卷。

升级信息发布栏：公布最新升级试卷的名称、位置、升级数量等，可直接链接升级试卷。

热点试卷发布栏：提供焦点试卷信息，把握考试方向，让用户少走弯路。

公告栏：公布题库最新信息。

2. 特色功能

专项训练：针对薄弱题型进行强化训练。

检索：提供试题资源的全文检索、试卷检索、试题检索。

成绩分析器：根据测试成绩统计分析测试情况，调整自己的复习计划，全面提高过关率。

留言簿：最新留言信息，且有相应的解决结果。

3. 辅助功能

银符咨询网：发布各类考试最新考试快讯、考试动态、考试技巧，学生可通过银符资讯网了解考试资讯、进行学习交流，还可就平台相关问题进行在线咨询与建议反馈。

自建多媒体库：为学校提供一个本校范围内的资源共享平台，老师可将自己的课堂 PPT、讲义、复习资料等上传至本平台供本校学生下载。随库银符免费为用户赠送约 60GB 的视频、音频、电子书等多元化的学习资源。

十五、慧科搜索数据库

慧科搜索数据库是由香港慧科讯业有限公司推出的中文媒体数据库，包含 1300 种中国大陆、港澳台、东南亚中文报纸和 600 多家网络媒体的信息，含自 1998 年以来 15 年的历史资料回溯。每天即时更新，日新增数据量 2 亿汉字。数据库可以进行全文检索等多种检索方式，数据库内容可复制、下载、打印等功能。

关键词搜索：输入中文或英文的关键词，便可查索数据库内每日更新的新闻内容及丰富齐全的存档。运用连接词「and」、「or」、「not」或象征性连接词「+」、「/」、「-」建立更精细的搜索条件，便可获得更准确的结果。

同义字搜索：选择同义字搜索，搜寻器会于相关词库内搜寻关键词的中英、繁简体对应资料，包括关键词在不同地方的称呼、全角或半角的写法，令搜索文章结果更全面。

我的字库：您可按需要而设定自己的关键词词库，从而获得更精准的搜索结果。

互动关键词搜索：您只需在搜索出来的文章内标示单字或词语，便可进行有关单字或词语的新闻搜索，无需重新输入关键词。

公司搜索：输入上市公司名称或股票代号，或选择行业及公司财务数据分类，如营业额、税前溢利、市盈率、资产回报率等项目，便可一览有关香港上市公司的新闻快拍、公司概览及财务重点。

在结果中搜索：只要输入另一组关键词或选择所需媒体，便可从搜寻结果中进一步缩窄范围，获得更精确的信息。

灵活处理信息：简单功能键提供打印、下载及暂存文件等功能，可灵活地处理信息。

十六、优阅外文原版电子图书

优阅外文原版电子图书目前约有 60 余万种，其中买断类型图书近 20 万种，底价合作类型图书近 40 余万种，涵盖中图法 22 个大类，包括 OverDrive、CyberRead、Ingram 集团以及 MIT Press、McGraw-Hill、Academic Press、Palgrave Macmillan、National Academy Press、Prentice Hall、Dover publication、Focal Press、ICON Group International，Inc.、University of California Press、University of Michigan Press、Jones and Bartlett ebooks、Cisco Press、Routledge 等 6000 余家学术出版商和集成商，86.7%为 2000 年及以后出版；62.8%为 2005 年及以后出版，近三年图书占 20%，且实时更新，与欧美市场同步。优阅外文原版电子书编目规则严格遵循 ISBD、AACR2 等国际规则著录，题名、责任者、版本项等信息均取自规定的信息源，字母大小写、标点符号等书写标准、规范。编目数据完全采用详细级的 Marc21 格式，能提供国会、OCLC 以及 CALIS 等书目中心的电子书 Marc 数据，让图书馆很方便地集成进本地自动化系统和统一检索平台。考虑到用户外文图书采选困难的实际情况，优阅外文原版电子书书目在 Dublin Core 15 个核心元素基础上，增加了阅读对象、内容特征、政府出版物、会议出版物、文学形式等元数据，从多方面对电子资源进行揭示和描述。

第二节　外文数据库

一、Web of Science

Web of Science 是一个基于 Web 所建立的整合的数字研究环境，为不同层次、不同学科领域的学术研究人员提供信息服务。现在，Thomson ISI 推出了增强的跨库联合检索功能，用户不仅可以同时检索所在机构订购的基于 Web of Science 平台上的所有资源，而且可以通过 WebFeat 提供的跨库联合检索功能，检索数据不在 Web of Science 平台上但对研究者来说非常重要的学术信息资源。Web of Science 首页如图 4-51 所示。

（一）数据库介绍

Web of Science 以 Web of Science Core Collection（ISI 著名的三大引文索引 Science Citation Index Expanded®，Social Science Citation Index®，Arts & Humanities Citation Index®）为核心，凭藉独特的引文检索机制和强大的交叉检索功能，有效地整合了学术期刊(ISI Web of Science)、技术专利(Derwent Innovations Index)、会议录(ISI Proceedings)、化学反应(ISI Chemistry)、研究基金(ISI eSearch)、Internet 资源、学术分析与评价工具(ISI Essential Science

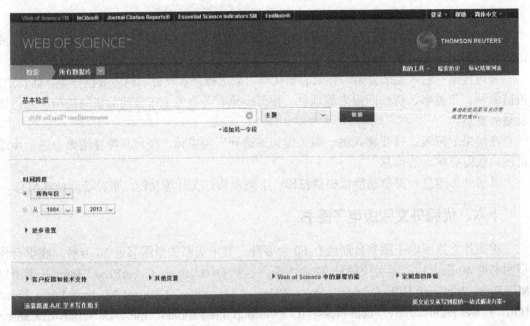

图 4-51　Web of Science 首页

Indicators)、学术社区(ISIHighlyCited.com)及其他重要的学术信息资源，提供了自然科学、工程技术、生物医学、社会科学、艺术与人文等多个领域中高质量、可信赖的学术信息。它主要的数据库有：

(1) Science Citation Index Expanded(科学引文索引网络版，SCI-E)。科学引文索引(SCI)历来被公认为世界范围最权威的科学技术文献的索引工具，以提供科学技术领域最重要的研究成果著称。SCI 引文检索的体系不仅可以从文献引证的角度评估文章的学术价值，还可以迅速、方便地组建研究课题的参考文献网络。发表的学术论文被 SCI 收录或引用的数量，已被世界上许多大学当做评价学术水平的重要标准。其引文记录所涉及的范围十分广泛，包括书、期刊论文、会议论文、专利和其他各种类型的文献。

(2) ISI Proceedings，包括 ISTP 科学技术会议录索引和 ISSHP 社会科学及人文科学会议录索引。汇集了世界上最新出版的会议录资料，包括专著、丛书、预印本以及来源于期刊的会议论文，提供了综合全面、多学科的会议论文资料。

(3) Journal Citation Reports(期刊引用报告，JCR)。由美国 ISI 公司出版，依据期刊相互引用情形编制的书目计量分析统计报告，是期刊评价、排名、分类及比较的量化工具。它收录了全世界 3000 多个出版社的 7000 多种学术期刊，内容涵盖科学技术和社会科学所有专业领域，包括两个部分：① JCR Science Edition(自然科学版)，涵盖 5900 多种国际性科学技术期刊 ；② JCR Social Science Edition (社会科学版)，涵盖 1700 多种国际性社会、人文科学期刊。JCR 可提供的信息包括：期刊刊载论文数量，依递减次序排列比较其出版量多寡；各期刊当年被引用次数；某一期刊当年刊载的论文在同一年即被引用的比率；期刊论文的平均被引用率，对于每一特定年度期刊计算出它的影响因子(impact factor)；计算每种期刊的引用文献和被引用文献的半衰期。

(4) Derwent Innovations Index(德温特世界专利创新索引，DII)。这是德温特公司与 ISI(Institute for Scientific Information)公司合作开发的基于ISI统一检索平台的网络版专利数据库。DII 将"世界专利索引(WPI)"和"专利引文索引(PCI)"的内容有机地整合在一起，为研究人员提供了世界范围内的、综合全面的专利信息。DII 覆盖了全世界 1963 年以后的约 1 千万项基本发明和 2 千万项专利。每周增加来自全球 40 多个专利机构授权的、经过德温特专利专家深度加工的 20000 篇专利文献。同时，每周还要增加来自 6 个主要的专利授权机构的被引和施引专利文献，大约有 45000 条记录。这 6 个专利授权机构是世界专利组织(WO)、美国专利局(US)、欧洲专利局(EP)、德国专利局(DE)、英国专利局(GB)和日本专利局(JP)，主要涉及化学、电子与电气和工程三大领域。

(5) Essential Science Indicators(基本科学指标，ESI)。是由世界上著名的学术信息出版机构 ISI(美国科技信息所)于 2001 年推出的衡量科学研究绩效、跟踪科学发展趋势的基本分析评价工具，是基于 ISI 引文索引数据库 Science Citation Index (SCI)和 Social Science Citation Index(SSCI)所收录的全球 8500 多种学术期刊的 900 万多条文献纪录而建立的计量分析数据库。ESI 在农学、生物学、化学等 22 个专业领域内分别对国家、研究机构、期刊、论文、科学家进行统计分析和排序，帮助用户了解在一定排名范围内的科学家、研究机构(大学)、国家(城市)和学术期刊在某一学科领域的发展和影响力。ESI 还能分析特定研究机构、国家、公司和学术期刊的研究绩效，测定特定研究领域的研究产出与影响，评估潜在的合作者、评论家、同行和雇员，跟踪自然科学和社会科学领域内的研究发展趋势并提供与 ISI Web of Knowledge、ISI Document Solution 和 Science Watch 的链接。该数据库滚动统计了十年来累计引用数进入学科前 1%的单位、作者、论文及进入学科前 50%的国家和期刊，有助于学者了解前沿的科学领域和某项研究在国际上所处的水平，并有简要的说明指导用户进行数据分析，所有图表带有解释性的链接页面。ESI 的另一个独特之处是提供被称为研究前沿的专业领域列表，该列表反映了当前正深入研究的和有突破性进展的科学领域。ESI 进行数据统计的范围仅限于 ISI 中做了索引的期刊的文章，不包括图书及其章节或 ISI 中未做索引的期刊中刊登的文章，也不对其出版数量和引文数量进行统计。

(6) INSPEC(SA)科学文摘。科学文摘是理工学科最重要、使用最为频繁的数据库之一，由英国机电工程师学会(IEE，1871 年成立)出版，专业面覆盖物理、电子与电气工程、计算机与控制工程、信息技术、生产和制造工程等领域，还收录材料科学、海洋学、核工程、天文地理、生物医学工程、生物物理学等领域的内容。文献类型包括期刊、会议录、报告、图书等，文献源自于 80 多个国家和地区，涉及 29 种语言，收录年代自 1969 年开始。

(7) BIOSIS Previews(BP)。由美国生物科学信息服务社 (BIOSIS)出版，是世界上最大的关于生命科学的文摘索引数据库。该数据库覆盖学科范围广，从传统生物学领域(如植物学、动物学、微生物学)，到与生物学相关的领域(如生物医学、农业、药理学、生态学等)，再到交叉学科领域(如医学、生物化学、生物物理、生物工程、生物技术等)，共收录了 1926 年以来的 1800 万条记录，数据来源于 90 多个国家出版的 5000 多种期刊、1500 多种会议录以及图书和专利说明书等出版物。BIOSIS 所具有的关系检索(Context-Sensitive Indexing)可以帮助用户提高检索效率。数据库每周更新，每年新增记录约 56 万条。

(8) SciELO(Scientific Electronic Library Online)。通过 SciELO 图书引文索引可以访问拉丁美洲、葡萄牙、西班牙及南非等国在自然科学、社会科学、艺术和人文领域的前沿公开访问期刊中发表的权威学术文献。

另外，通过 Web of Science 还可以检索 BiologyBrowser 等免费资源，并有参考文献最新报道、文献被引最新报道、期刊文献最新报道等。

(二) 检索方法

Web of Science 在进行跨库检索时仅提供基本检索功能，在选择具体的数据库时则针对各数据库提供了不同的检索方式，各个数据库检索方式上大同小异，以其核心 Web of Science Core Collection 为例，提供了基本检索、被引参考文献检索及高级检索功能。

1．基本检索

Web of Science Core Collection 数据库的默认检索方式为基本检索，如图 4-52 所示。检索途径可选择主题、标题、作者、作者识别号、团体作者、编者、出版物名称、DOI、出版年等，并可根据需要增加检索字段及限定包括检索年限及不同分库等的检索条件选项。

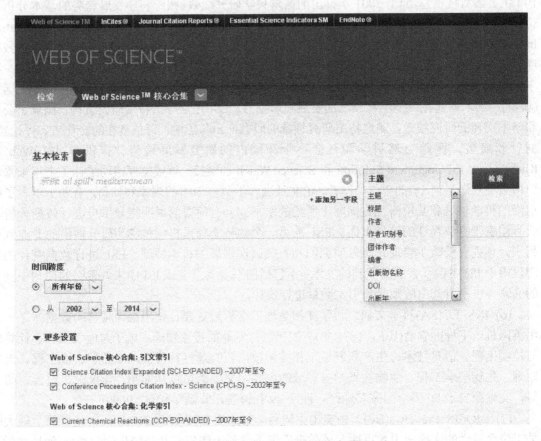

图 4-52　Web of Science 基本检索界面

2．作者检索

在"基本检索"旁的下拉菜单中选择作者检索方式，作者检索界面如图 4-53 所示。作者检索方式能够在查找特定作者发表的文章的同时，帮助区分具有相同姓氏和名字首字母的作者，此外还能够通过学科领域和机构缩小查找范围。作者检索通常是按照以下四个步骤进行的。

(1) 输入作者姓名。

(2) 选择最符合要求的姓名方式。

(3) 选择该作者的研究领域。

(4) 选择作者所在的研究机构，单击 Finish 按钮完成检索。

图 4-53　Web of Science 作者检索界面

3．引文检索

单击"被引参考文献检索"链接，进入引文检索界面，如图 4-54 所示。

图 4-54　Web of Science 引文检索界面

1) 引文检索概述

引文索引用发表文章的参考文献作为检索词，揭示了一种作者自己建立起来的文献之间的正式链接，通过参考文献检索能检索包括期刊、会议录、图书章节以及揭示与某一领域研究相关的任何出版物的信息，可以越查越深入。

通过引文相关信息的检索，可以发现同行中或者著名权威谁在引用自己的研究成果；了解其他人如何理解利用某一原始观点从而影响某一相应领域的继续研究；识别竞争对手研究进行中迫切需要的信息源；构建一个研究领域、重要发明或者重大发现的客观历史框架；利用一篇现有的论文作为起始点扩展检索。查到谁正在引用这篇论文以及谁又在引用那些引用文献，从而获取所有时间段上的相关论文；通过一些提出能弥补现有研究成果不足的新思想的被引论文，跟踪最新的研究热点。

引文检索以被引作者、被引用著作和被引年份作为检索点进行检索。

2) 检索途径

被引作者：第一作者的姓(不超过 15 个字母)，空格，以及名的首字母(不超过 3 个)，用 or 将第一作者与其余作者分开。

被引著作：被引文献名或专利号，刊名、缩写至 20 个字符，可借助缩写列表；在检索页面列出了引用著作列表列出了 ISI 来源期刊的缩写形式。在被引文章字段中通常只使用文献名的部分字符，从而保证命中不同形式的期刊名缩写，例如检索期刊名(Science* or J Comput Appl Math*)、书名(Structural Anthropology)或专利号(3953566)。

被引年份：该论文发表的年份。

3) 限定检索条件

引文检索的限定条件与基本检索相同，可以设定检索的数据库与时间。

4. 高级检索

单击下拉菜单中的高级检索链接进入高级检索页面，如图 4-55 所示。

图 4-55　Web of Science 高级检索界面

138

高级检索页面允许利用两个字母的字段标识符和检索符号进行组配创建复杂的检索式。但注意不要在一个检索式中混合使用检索集合号和字段标识符。例如想进行一个检索操作查找发表在Energy或者Energy Policy期刊上有关于减少二氧化碳排放的文章，便可以创建如下的检索式：TS=((carbon dioxide or co2) same emission* and (reduc* or mitigat* or abat*)) and SO=(energy or energy policy)。

5．保存检索历史和创建定题跟踪服务

系统可以将检索策略保存在本地计算机或者Web of Science的服务器上。保存在本地的检索策略可以再次打开并运行；保存在服务器上则允许用户创建定题跟踪服务并更容易管理检索历史。这一功能既可用于一般检索也可用于引文检索。

用户可以通过"我的工具"中"保存的检索式和跟踪"链接保存检索策略。如果希望创建定题跟踪服务，注意定题跟踪服务是基于最后一个检索式而提供的。在每个检索历史中最多可保存 20 个检索式。

6．记录标记与检索结果的处理(Marking and Processing Records)

选择需要输出的记录，选择当前页面上的记录(使用复选框选择记录)；选择当前页面上的所有记录(0，25 或 50)；选择一定范围内的记录。

选择需要的数据字段：书目字段，包括作者，题目和来源期刊信息 ；书目字段+ 摘要，包括书目字段和作者提供的摘要；全记录，包括全记录页面上所显示的所有字段；全记录+参考文献，包括全记录页面上的所有字段和每一条记录的所有参考文献。

选择输出选项：打印；电子邮件；导出到Reference Manager软件——将已选中的记录导出到EndNote，Reference Manager或ProCite.软件的数据库中。只有在安装了Thomson ResearchSoft的输出插件后，才能看到Export To Reference Software 按钮；保存到文件；添加到标记列表，将记录添加到标记列表中。能够提交的最大记录数为500。

(三) 个性化服务(Personalization)

系统可以通过注册可以实现个性化服务。个性化服务能够帮助用户管理并节省很多时间，可以建立和保存邮件跟踪服务，如定题跟踪服务和引文跟踪服务。

二、Springer Link

(一) 数据库介绍

Springer 出版公司是世界上著名的德国科技出版集团，通过 Springer Link 系统提供学术期刊及电子图书的在线服务。目前，Springer Link 所提供的全文电子期刊收录了近 500 种学术期刊，其中许多为核心期刊，内容涉及数学、物理和天文学、化学、医学、生命科学、工程技术、计算机科学、环境科学、地理、及经济、法律等学科，其中许多为核心期刊，是科研人员的重要信息源。Springer Link 首页如图 4-56 所示。

(二) 检索方法

系统提供浏览与检索两种方式，其中浏览有按刊名字顺浏览及按学科分类、按文献类型分类浏览。

1．基本检索

在"Search"文字输入框内输入关键词后单击"搜索"按钮即可，如图 4-57 所示。

图 4-56　Springer Link 首页

图 4-57　Springer Link 初级检索界面

2. 高级检索

单击基本检索页面里 ⚙ 按钮中的"Advanced Search"按钮可进入高级检索界面，如图 4-58 所示。在高级检索界面中可根据检索需要设置全部包含、精确包含、至少包含、不包含、标题、作者、出版年份等检索词。

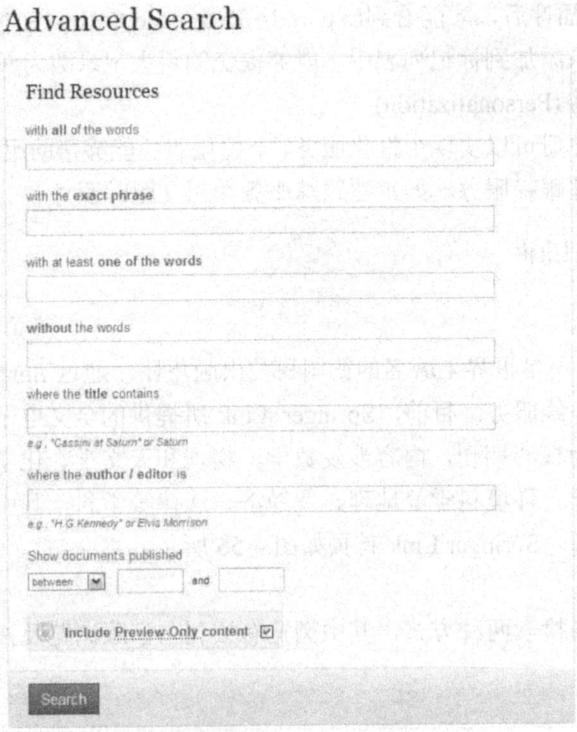

Advanced Search

Find Resources

with **all** of the words

with the **exact phrase**

with at least **one** of the words

without the words

where the **title** contains

e.g. "Cassini at Saturn" or Saturn

where the **author / editor** is

e.g. "H G Kennedy" or Elvis Morrison

Show documents published

between ⬛ and

☑ Include Preview-Only content ☑

Search

图 4-58　Springer Link 高级检索界面

3．浏览

1) 学科分类目录浏览

在Springer的主界面左侧可以进行学科分类导航，选择某一分类目录，可逐级单击进入子目录，页面右边出现该子目录下的文献，如图4-59所示。

图 4-59　Springer Link 学科分类导航界面

2) 文献类型分类浏览

在Springer的主界面左侧学科分类导航的下方可进行文献类型分类浏览，如图4-60所示。

Browse 8,437,106 resources	
Articles	5,020,520
Chapters	3,007,614
Reference Work Entries	374,358
Protocols	34,614

图 4-60　Springer Link 文献类型分类浏览界面

三、Emerald

Emerald 于 1967 年由来自世界著名百强商学院之一的布拉德福商学院(Bradford University Management Center)的学者建立。Emerald (爱墨瑞得)出版社同英国大不列颠图书馆合作，将 Emerald 出版的所有期刊进行了电子化。2010 年，中国国家图书馆正式引进 Emerald 回溯内容全国在线开通。用户可以通过检索直接获取期刊的回溯文章。该库最早回溯至 19 世纪，为商业、管理学领域的学者及社会历史学家等人士提供了重要而有意义的历史资料。

Emerald 数据库首页如图 4-61 所示。

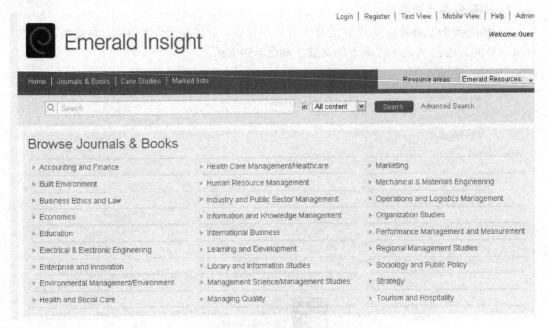

图 4-61　Emerald 数据库首页

(一) 数据库简介

Emerald 目前出版的期刊包括 200 种管理学(超过全球同类期刊 10%，含 24 种图书馆和信息管理学)，16 种为工程学。Emerald 全文期刊覆盖以下学科范围：会计金融和法律，经济和社会政策，健康护理管理，工业管理，企业创新，国际商务，管理科学及研究，人力管理，质量管理，市场学，营运与后勤管理，组织发展与变化管理，财产与不动产，策略和通用管理，培训与发展，教育管理，图书馆管理与研究，信息和知识管理，先进自动化，电子制造和包装，材料科学与工程。它的主要数据库有：

(1) Emerald Management Xtra(Emerald 管理学全集，EMX)。EMX 是 Emerald2006 年最新推出的管理学和图书馆学综合性数据库产品，提供 Emerald 出品的 150 种高质量的管理学全文期刊，Emerald Management Review 管理学评论，以及案例分析、预选文集、采访录、书评、专业的教学资源和作者及研究资源在内的许多管理学科其他辅助内容。

(2) Emerald Engineering Library(Emerald 工程图书馆，EEL)。Emerald 出版 16 种高品质的工程学期刊，涵盖先进自动化、工程计算、材料科学与工程和电子制造与封装等相关领域，所有期刊曾多年被 SCI 索引。该数据库所有期刊内容经同等专家评审，确保每篇文章具有既定的学术标准和价值，是工科院校的重要参考资源。

(3) International Civil Engineering Abstracts (土木工程文摘库，ICEA)。来自全球著名的 150 多种期刊的超过 120000 的文摘，内容涵盖建筑管理、环境工程和结构工程等。著名的期刊包括 ASCE Journal of Structural Engineering(USA)，Engineering with Computers(UK)，International Journal for Numerical Methods in Engineering(UK)等。

(4) Computer Abstracts International Database (国际计算机文摘库，CAID)。超过 140000 来自于 200 多种计算机期刊的文摘，涉及到人工智能、通信和网络和系统工程等专业领域。著名期刊有 ACM Trans. On Computer Systems(USA)，The Computer Journal(UK)，SIAM Journal

on Computing(USA)等。

(5) Computer and Communications Security Abstracts (计算机和通信安全文摘库，CCSA)。CCSA 提供超过 100 多种期刊的 9000 多篇文摘内容，主要覆盖的领域包括电子商务安全、网络安全和第三方信任等。同时该数据库还包括每年 40 多个国际重要会议的会议录文摘。被包含的所有期刊参照在该领域具有不凡成果的大学的图书馆馆藏，如剑桥大学图书馆，著名的 Eurocrypt，IEEE Security and Privacy(USA)等。

(6) Current Awareness Abstracts (图书馆和信息管理文摘库，CAA)。CAA 确保您知晓在全球 400 多种核心期刊中出版的每一篇重要的有关图书馆学和信息管理科学的文章。36300 多篇文摘存档回溯至 1989 年，并且每月更新。

(二) 检索方法

系统提供了浏览与检索两种方式。

1. Emerald 全文期刊的浏览

在 Emerald 主页单击"Browse Journals & Books"栏目下的期刊分类即可进入浏览期刊页面。在该页右侧有"Browse options"，分为"Browse by title"和"Browse by subject"，既可按刊名首字母浏览，也可按学科分类浏览。

(1) 按字母浏览。将所有期刊按字母顺序排列起来，用户可以按刊名逐卷逐期地直接阅读自己想看的期刊；

(2) 按学科浏览。将期刊按下列 12 个学科类目分类，再按字母顺序排列：会计与金融，先进的自动化，建成环境，商业道德和法律，计算数学，经济学，教育，电器制造和包装，企业和创新，环境管理/环境，医疗保健管理/人力资源管理，工业和公共部门的管理，信息和知识管理，国际商务，语言和语言学，学习和发展，图书馆和信息研究，管理科学/管理研究，管理质量，营销，材料科学与工程，营运与物流管理，组织研究，绩效管理和测量，心理学，区域管理研究，社会学和公共政策，策略，旅游与服务。

2. Emerald 全文期刊的检索

检索又分简单检索与高级检索。

1) Emerald 平台常用检索规则

(1) 支持布尔逻辑符。可以直接在检索框中输入布尔符号 AND、OR 和 NOT，需要注意的是布尔逻辑符必须大写。

(2) 短语检索和完全匹配检索。可以选择检索框下面的选项，进行短语检索和完全匹配检索。也可以在检索框中使用""将检索词锁定。注意：如选择完全匹配检索，则只返回与检索词完全相同的检索结果，如检索marketing，并选择journal title字段和完全匹配，则检索结果只返回期刊名称为marketing的文章，而不包括期刊名称为The European Journal of Marketing或 Marketing Intelligence and Planning等包含marketing的文章。

(3) 词干检索。可以选择检索框下面的Truncation选项，也可以使用通配符"*"和"？"，通配符只能出现在检索词的中间和末尾，不能出现在检索词开头。

(4) 模糊检索。可以使用"～"来进行模糊检索，如输入检索词"roam～"，可以返回包含"room"和"foam"内容的检索结果。

(5) 权重检索。可以使用权重符号"^"，进行权重检索。如检索"work^4 management"，则检索结果中 work 的权重是 management 的 4 倍。

2) 基本检索

用户可以在主页平台上直接进行检索操作，在检索框中输入检索词，并选择相应的检索字段进行检索，然后单击"Search"，进入检索界面。可选的字段包括 All content(全文)、Journals(期刊)、books(著作)、Case Studies (案例研究)，默认是全文(All content)检索，如图 4-62 所示。

图 4-62　Emerald 基本检索

3) 高级检索

单击Emerald页面上的Advanced Search按钮进入高级检索页面。高级检索是用布尔语言构造复杂的检索式，高级检索的输入方式为输入检索词、选择短语或精确匹配方式，通过下拉菜单选择检索词出现的字段，检索词之间可以用逻辑算符("AND"、"OR"、"NOT")组配。常用的检索字段包括：All fields(所有字段)，All except full text(所有字段-不包括全文)，Abstract(文摘)，Publication title(刊物名称)，Content item title(题名)，Author(作者)，ISSN(ISSN号)，ISBN(国际标准书号)，Volume(卷)，Issue(期)，Page(页码)，Keyword (关键词)，可在下拉列表框中选择其中一项进行检索。在检索词输入框的下方可以限定文章类型、出版时间等。单击"search"按钮可进行检索。默认检索字段是All fields，默认逻辑关系是AND，默认匹配方式是ALL，如图4-63所示。

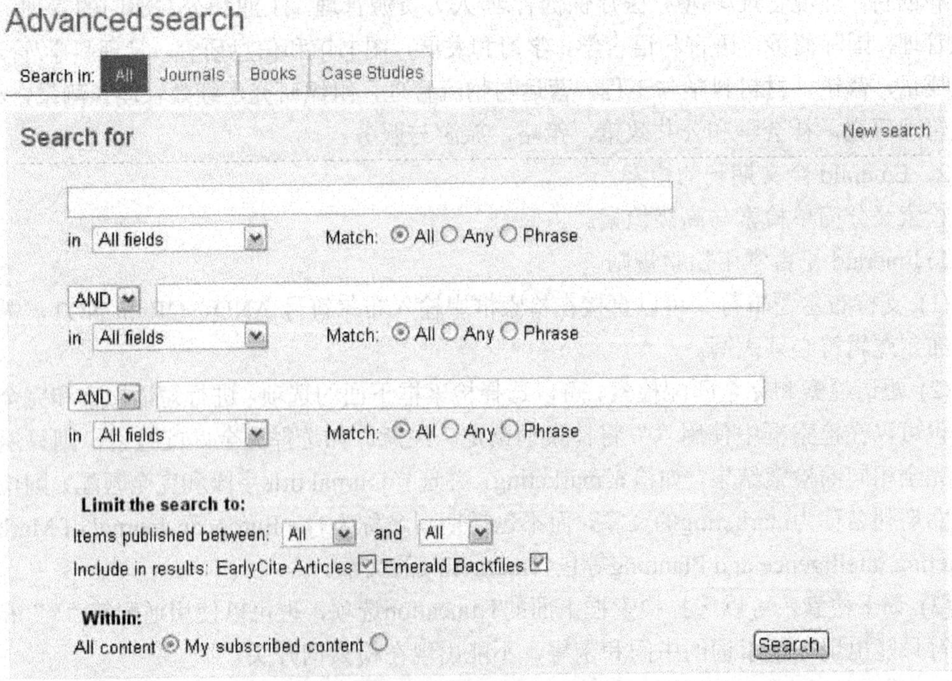

Advanced search

Search in: All　Journals　Books　Case Studies

Search for　　　　　　　　　　　　　　　　New search

in [All fields ▾]　Match: ⦿ All ○ Any ○ Phrase

[AND ▾]

in [All fields ▾]　Match: ⦿ All ○ Any ○ Phrase

[AND ▾]

in [All fields ▾]　Match: ⦿ All ○ Any ○ Phrase

Limit the search to:
Items published between: [All ▾] and [All ▾]
Include in results: EarlyCite Articles ☑ Emerald Backfiles ☑

Within:
All content ⦿ My subscribed content ○　　　[Search]

图 4-63　Emerald 高级检索

3．个性化功能

单击"My Profile"按钮，享受系统提供的增值的个性化服务，但注意，第一次使用需要

144

免费登录个人信息，获取个人的用户名和密码。

4．资源(Resources)

主页右上角的 Resources 下拉菜单，帮助特定用户获得更多帮助信息：Author 专栏提供作者详尽的投稿信息；Librarians 提供图书馆员更多的期刊信息和图书馆学研究热点和会议信息；Partners 提供 Emerald 与业内同行合作信息；Managers 为经理人精心编写的 ManagementFirst 专栏信息。

四、EBSCO 数据库

EBSCO 数据库是美国 EBSCO 集团公司出版发行的一套大型全文数据库系统，现有150 多个电子文献数据库，其中期刊数据库产品约 50 余种，是全球最大的多学科综合型数据库之一，涉及自然科学、社会科学、人文和艺术等多种学术领域。数据库将二次文献与一次文献捆绑在一起，为最终用户提供文献获取一体化服务。其中两个主要全文数据库是 Academic Search Premier 和 Business Source Premier 。EBSCO 数据库首页如图 4-64 所示。

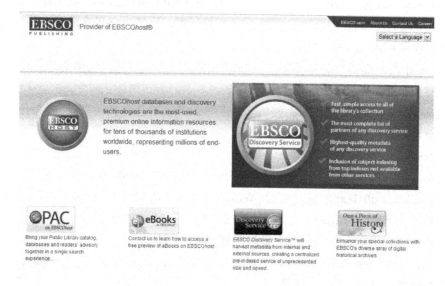

图 4-64　EBSCO 数据库首页

(一) Academic Search Premier(学术期刊集成全文数据库)

数据库收录期刊 12800 多种，包括 8700 多种全文期刊(其中 7613 种为专家评审期刊)，553 种非期刊类全文出版物(如图书、报告及会议论文等)，被 SCI & SSCI 收录的核心期刊为 993 种(全文有 350 种)。收录文献的主题范畴有社会科学、教育、法律、医学、语言学、人文、工程技术、工商经济、信息科技、通信传播、生物科学、教育、公共管理、社会科学、历史学、计算机、科学、传播学、法律、军事、文化、健康卫生医疗、宗教与神学、生物科学、艺术、视觉传达、表演艺术、心理学、哲学、妇女研究、各国文学等。收录年限从 1887 年至今。

(二) Business Source Premier(商业资源电子文献全文数据库)

总收录期刊 4432 种，其中提供全文的期刊有 3606 种，总收录的期刊中经过同行鉴定的期刊有 1678 种，同行鉴定的期刊中提供全文的有 1067 种，被 SCI & SSCI 收录的核心期刊为

398 种(全文有 145 种)。同时，收录 10000 多种非刊全文出版物(如案例分析、专著、国家及产业报告等)。涉及的主题范围有金融、银行、国际贸易、商业管理、市场行销、投资报告、房地产、产业报导、经济评论、经济学、企业经营、财务金融、能源管理、信息管理、知识管理、工业工程管理、保险、法律、税收、电信通信等。收录年限从 1886 年至今。

(三) EBSCO 系统中的其它数据库

(1) Communication & Mass Media Complete(大众传媒全文数据库，CMMC)：收录著名学协会及出版社的 820 多种期刊，其中 500 种为全文收录。

(2) ERIC：教育资源文摘数据库，提供 2200 余种文摘刊物和 980 余种教育相关期刊的文摘以及引用信息，收录年限从 1966 年至今。

(3) MEDLINE：由美国 National Library of Medicine 创建，提供 4800 多种医学期刊的文摘。

(4) Newspaper Source：收录 40 多种美国和国际报纸以及精选的 389 种美国宗教报纸全文；此外还提供电视和广播新闻脚本。

(5) Library，Information Science & Technology Abstracts(LISTA)：收录期刊、图书、研究报告，包括 240 多种期刊的全文，主题涉及图书分类、目录、书目计量、在线信息检索、信息管理等。收录年限从 1960 年至今。

(6) GreenFile：提供人类对环境产生的影响的深入研究信息；包括全球变暖、绿色建筑、污染、可持续农业、再生能源、资源回收等。

(7) Teacher Reference Center：提供 280 多种最畅销的教师和管理者期刊的索引和摘要，旨为专业教育者提供帮助。

(8) EBSCO 电子图书(原名：NetLibrary 电子图书)：提供 30 多万种电子图书，涉及各个主题并涵盖多学科领域，除提供全文的电子书外，还提供 16000 多种有声电子图书。

(9) OmniFile Full Text Select(H. W. Wilson 全文期刊精选库)：收录期刊近 3000 种，内容覆盖应用科技、艺术、生物农业、教育、普通科学、人文、社会科学、法律、图书馆与信息情报学、商业等几乎所有学科领域，最早回溯至 1981 年。

(10) Art Full Text(H. W. Wilson 艺术全文数据库)：该库收录 600 余种期刊的全文及文摘，其中 260 种期刊为同行评审期刊，文献最早回溯至 1984 年；另外，收录 18000 余篇学位论文，涉及广告艺术、考古学、建筑和建筑史、艺术史、电影与电视、博物馆学、摄影等学科领域。

五、WorldSciNet 全文电子期刊

WorldSciNet 为新加坡世界科学出版社(World Scientific Publishing Co.)电子期刊发行网站，目前可提供 84 种全文电子期刊，涵盖数学、物理、化学、生物、医学、材料、环境、计算机、工程、经济、社会科学等领域。WorldSciNet 出版的书刊以高学术水准见称，在出版的专业刊物中，多种刊物被 SCI 和 SSCI 收录。WorldSciNet 数据库首页如图 4-65 所示。

WorldSciNet 全文电子期刊学科领域及分布：物理 20 种，其中 14 种被 ISI 收录；数学 24 种，其中 12 种被 ISI 收录；计算机科学 28 种，其中 8 种被 ISI 收录；医学与生命科学 12 种；非线性科学 5 种，其中 3 种被 ISI 收录；化学 6 种；材料科学 7 种；环境科学 3 种；经济与管理科学 17 种；社会科学 3 种。

图 4-65　WorldSciNet 数据库首页

　　WorldSciNet 提供了特色功能：标记列表——为最喜欢的文章做标记，以便下一次更快地读取；搜索存档——保存以往搜索过的内容，使回顾搜索更加便捷；我的最爱——保存最喜爱的期刊，方便下次更快地读取；最新提示——发送用户感兴趣的出版物的最新消息和发行情况；自动搜索——指示 WSPC 按照搜索存档标准对最新发行的出版物进行自动搜索，如果有搜索结果，系统将会及时发送通知。

六、《Nature》网络版

　　《Nature》杂志由 Nature 出版集团(the Nature Publishing Group，NPG)发行，在世界科学研究领域具有超高的影响力。《Nature》及其系列月刊杂志的网络评价影响因子均相当高，可见其传播价值、经济价值以及学术水平都非常之高。自从 1869 年创刊以来，始终如一地报道和评论全球科技领域里最重要的突破。随着时代的发展，《Nature》通过其网站向用户提供丰富的电子化内容，即将 1997 年 6 月以来所有的《Nature》杂志全文整合在网站中，形成网络版《Nature》(www.nature.com)。《Nature》网络版首页如图 4-66 所示。

　　概括来看，Nature 的系列刊物可分为三种，即综述性期刊(Nature Reviews Journals)、研究类期刊(Nature Research Journals)和临床医学类期刊(Nature Clinical Practice Journals)，它们所重点关注的领域分别是：综述和评价相关具有重大影响力的研究工作，具有极高价值的原创性研究论文或报告，追踪医学领域的最新研究成果进行权威性诠释并促进成果转化。

七、Ei Village

　　EI(Engineering Index，工程索引)，是美国工程信息公司(Engineering Information Inc.)开发的引文分析和文献评价工具，主要面向工程技术领域。Ei Village 则是以 Ei Compendex 为核心数据库，集成其他 250 多个数据库、专利、标准以及众多工程技术相关的信息，从而形成一个功能强大的在线信息服务平台。自 1992 年起，开始收录中国的工程技术类期刊，并且于 1998 年在清华大学图书馆设立 EI 镜像站点。Ei Village 首页如图 4-67 所示。

图 4-66　《Nature》杂志网络版首页

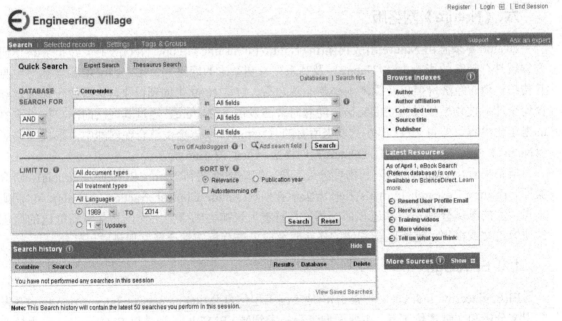

图 4-67　Ei Village 数据库首页

　　核心数据库——Ei Compendex 是目前全球最全面的工程领域二次文献数据库。收录了1969 年至今的选自 5100 多种期刊、技术报告、会议论文和会议录的 1100 多万篇的参考文献和摘要，每年更新 50 万条文摘索引数据且更新频率以周计算。该数据库对检索全世界范围内的工程和技术文献、跟踪与评价技术新成果非常有用，文献类型为索引。Ei Village 平台上还有 Inspec、GeoBase、NTIS Database、Referex、Ei Patents 等 10 多个数据库资源。

Ei Village 收录的文献涵盖了所有的工程领域，该数据库侧重提供应用科学和工程领域的文摘索引信息，其中化工和工艺类的期刊文献最多(约占 15%)，计算机和数据处理类占 12%，应用物理类占 11%，电子和通信类占 12%，另外还有土木工程类(占 6%)和机械工程类(占 6%)等。大约 22%的数据是有主题词和摘要的会议论文，90%的文献是英文文献。

第五章 网络信息资源检索与利用

随着数字化革命的深入，互联网成为现代社会的信息汇聚地。互联网的即时性与交互性，使人们可以轻易跨越时间与空间的距离。在信息时代，互联网已成为未来社会发展的重要依托。互联网信息从信息内容上看，覆盖人们生活与工作的各个领域；从信息容量看，小到微博，大到一个数字图书馆，都在互联网中兼收并蓄。如何从这浩如烟海的信息当中准确寻找到我们所需的信息资源，将是本章重点探讨的内容。

第一节 网络信息资源

一、中国互联网概况

近年来，我国互联网普及率及网民规模实现了稳步增长。截至 2008 年底，我国互联网普及率以 22.6%首次超过 21.9%的全球平均水平，2013 年底中国互联网普及率已攀升至 45.8%，中国网民总数也已达到 6.18 亿，如图 5-1 所示。

图 5-1 2005—2013 年中国互联网普及率

国内的网络应用中，搜索引擎使用率持续增长，在 2013 年底其使用率达到了 79.3%，用户规模为 4.51 亿；在移动互联网的推动下，契合手机使用特性的网络应用进一步增长；即时通信作为第一大上网应用，其用户使用率继续上升，微博等其他交流沟通类应用使用率则持续走低；电子商务类应用继续保持快速发展，网络购物用户规模大量增长，如图 5-2 所示。

	2013 年		2012 年		
应用	用户规模（万）	网民使用率	用户规模（万）	网民使用率	年增长率
即时通信	53215	86.2%	46775	82.9%	13.8%
网络新闻	49132	79.6%	46092	78.0%	6.6%
搜索引擎	48966	79.3%	45110	80.0%	8.5%
网络音乐	45312	73.4%	43586	77.3%	4.0%
博客/个人空间	43658	70.7%	37299	66.1%	17.0%
网络视频	42820	69.3%	37183	65.9%	15.2%
网络游戏	33803	54.7%	33569	59.5%	0.7%
网络购物	30189	48.9%	24202	42.9%	24.7%
微博	28078	45.5%	30861	54.7%	-9.0%
社交网站	27769	45.0%	27505	48.8%	1.0%
网络文学	27441	44.4%	23344	41.4%	17.6%
网上支付	26020	42.1%	22065	39.1%	17.9%
电子邮件	25921	42.0%	25080	44.5%	3.4%
网上银行	25006	40.5%	22148	39.3%	12.9%
旅行预订	18077	29.3%	11167	19.8%	61.9%
团购	14067	22.8%	8327	14.8%	68.9%
论坛/bbs	12046	19.5%	14925	26.5%	-19.3%

图 5-2　2013 年国内网络应用发展状况

二、网络信息资源的特点

（一）信息的开放性

互联网是一个全球性分布的结构，它对所有具有上网条件的公众开放，用户可以非常自由地通过各种终端在互联网上获取、发布信息。

（二）信息来源丰富与信息质量良莠不齐

互联网是一个开放的信息传播平台，任何机构、任何人都可以将自己拥有的且愿意与他人共享的信息上传。在这个庞大的信息供应源中，起主导作用的主要有网络信息服务商、公共图书馆、传统媒体、传统联机服务商、高等院校、科研机构、各类商业公司等。互联网的这种开放性，导致互联网在拥有着丰富信息资源的同时，也混杂着大量质量低下的信息。

（三）信息内容与表现形式的多样性

互联网是信息的海洋，其信息内容几乎涵盖所有领域。有科学技术领域的信息，也有与大众日常生活息息相关的信息；有历史档案信息，也有展现现实世界的信息；有知识性和教育性信息，也有消息和新闻的传媒信息；有学术、教育、产业和文化方面的信息，也有经济、金融和商业方面的信息。网络信息资源的表现形式也多种多样，如声音、图像、文字、多媒体等。

（四）信息传播速度快

利用网络信息制作与传播技术，能即时地通过网络将信息传播到世界各地。在 Web2.0 技术特别是微博、微信得到广泛应用的今天，网络的即时性与交互性，可以让我们在事件发生的同一时间，将最新信息快速制作、发布和传播。

（五）信息交互性

互联网是交互性的，用户不仅可以从中获取信息，也可以向网上发布信息。互联网提供了各种各样的讨论、交流的渠道，诸如即时通信软件、微博、论坛、电子邮件等。

（六）信息组织的局部有序性与整体无序性

各搜索引擎和站点目录都收集大量互联网的站点，并按照学科和文献信息类型分类，实现了信息组织的局部有序化。但由于互联网急剧膨胀，仍有大量信息被淹没在信息的海洋里，这种无序性必将影响信息检索的系统性、完整性和准确性。

（七）信息传播的碎片化趋势

微博、微信等的广泛应用，使得信息传播呈现出"碎片化"的趋势。用户现在在这些平台发布的信息通常是简短的几句话，甚至是一幅图片、一段视频，这种传播信息的便捷性，受到了广大用户的欢迎，但也会增加人们获取信息的时间和成本。

三、网络信息资源的种类

网络信息资源可按照不同的分类方法来划分。

（一）按信息来源划分

网络信息资源按信息来源可划分为政府信息资源、公众信息资源、商用信息资源、教育科研信息资源、个人信息资源等。

1．政府信息资源

各国政府纷纷在网络上发布有关该国家与政府的各种公开信息，进行国家与政府的形象展示。政府信息主要包括各种新闻、统计信息、政策法规文件、政府档案、政府部门介绍、政府取得成就等。

2．公众信息资源

公众信息资源，即为社会公众服务的机构所拥有信息资源，如公共图书资源、科技信息资源、新闻出版资源、广播电视信息资源等。

3．商用信息资源

商用信息资源主要包括经济、产品、商情、资讯等各类信息，主要由商情咨询机构或商业性公司拥有并负责发布。

4．教育科研信息资源

教育科研信息资源主要包括网络课程、教材、多媒体课件、论文集、研究成果等各类信息，通常由各类教育科研机构或网上数据库拥有并负责发布。

5．个人信息资源

个人信息资源主要由网络个体用户拥有并通过博客、微博、论坛等方式发布。

（二）按信息承载平台划分

网络信息资源按信息承载平台可划分为电子邮件型信息资源、图书馆目录资源、书目与索引资源、全文资料及电子出版物资源、基于开放平台的协作型信息资源。

1．电子邮件型信息资源

凡是通过电子邮件方式进行交流的信息都属于电子邮件(E-mail)型信息资源。它并不局限于个人之间的通信，还包括报告、论文、文献目录、甚至整本书、整本期刊。

2．图书馆目录资源

网络上的图书馆目录不再受时空限制，用户可以在家里或办公室查阅、检索。

3．书目与索引资源

互联网上有大量历史、政治、经济、物理、化学、矿业、化工、建筑等许多学科的书目与期刊索引资源。

4．全文资料及电子出版物资源

全文资料及电子出版物已越来越多地通过互联网提供有偿或无偿使用，如中国知网、万方、维普等。

5．基于开放平台的协作型信息资源

常见的有网络协作型百科全书、互动问答平台、文件共享平台等资源。

（三）按网络传输协议划分

网络信息资源按网络传输协议可划分为 WWW、Telnet、FTP、P2P 等信息资源。

1．WWW 信息资源

WWW(World Wide Web，简称 WWW 或 Web)信息资源是建立在超文本、超媒体技术以及超文本传输协议(Hyper Text Transfer Protocol，HTTP)的基础上，集文本、图形、图像、声音为一体，并以直观的图形用户截面展现和提供信息的网络资源形式。

2．Telnet 信息资源

Telnet 信息资源是指借助远程登录，在网络通信协议(Telecom munication Network Protocol)的支持下，可以访问共享的远程计算机中的资源。Telnet 使用户可以在本地计算机上注册到远程计算机中的资源。使用 Telnet，用户可以与全世界许多信息中心、图书馆及其他信息资源联系。Telnet 远程登录的使用主要有两种情况：一是用户在远程主机上有自己的账号，即用户拥有注册的用户名和口令；二是 Internet 主机为用户提供某种形式的公共 Telnet 信息资源，这种资源对于每一个 Internet 用户都是开放的。

3．FTP 信息资源

FTP 信息资源是指利用文件传输协议(File Transfer Protocol，FTP)可以获取的信息资源。FTP 使用户可以在本地计算机和远程计算机之间发送和接收文件，FTP 不仅允许从远程计算机上获取、下载文件(Download)，也可以将文件从本地计算机复制传输到远程计算机(Upload)。FTP 是目前 Internet 上获取免费软件和共享软件资源不可缺少的工具。

4．P2P 信息资源

P2P(Peer-to-Peer，点对点)可以让用户直接连接到其他用户的计算机、交换文件，而不是像过去那样连接到服务器去浏览与下载。其中,最具代表性的P2P技术的应用是BT(BitTorrent)，经常用来传输大容量文件，如视频、安装软件等。BitTorrent协议(简称BT，俗称比特洪流、BT下载)是一个基于互联网的文件传输协议，它能够实现点对点的文件分享技术。比起其他点对点的协议，它更有多点对多点的特性。

（四）新型信息资源

新型信息资源主要有博客、微博、微信等信息资源。

1．博客

博客(Blog)又称网志、部落格。Blog 的全名是 Web log，后来缩写为 Blog。博客是一个易于使用的网站，用户可以在其中迅速发布想法、与他人交流以及从事其他活动，所以有些网络用户称其为网络日志。它起源于 1993 年创建的 NCSA 的 "What's New Page" 网页，主要罗列 Web 上新兴的网站索引。目前各大门户网站都设有博客应用，如图 5-3 所示。

图 5-3 博客

从某种意义来讲，博客是一种"自媒体"，与传统媒体不同的是，它传播的更多的是 Blogger 其个人的思想、知识及身边的事物。但并不意味着，Blog 只带有私人性质的。实际上，Blog 是私人性和公共性的有效结合，它绝不仅仅是纯粹个人思想的表达和日常琐事的记录，它所提供的内容可以用来进行交流和为他人提供帮助，是可以包容整个互联网的，具有极高的共享精神和价值。

博客有以下作用：个人想法的自由表达，交流沟通，分享与交流知识、技术、作品。

2．微博客

微博客(MicroBlog)又称微博、围脖，是一个基于用户关系的信息分享、传播以及获取平台，用户可以通过 Web、Wap 以及各种客户端组件个人社区，以 140 字左右的文字更新信息，并实现即时分享。最早也是最著名的微博是美国的 Twitter，而国内第一家提供微博服务的网站是新浪网，在 2009 年正式推出微博服务。

微博客是一种以个人面向网络的即时广播，通过群聚的方式，每个人都可以形成一个自己的听众群落。用微博客的方式，将个人的所见所闻、见解和观点发布给自己的听众，以最精炼的词汇来表达最高深的观点。

相对于强调版面布置的博客来说，微博的内容由简单的只言片语组成，从这个角度来说，微博对用户的技术要求门槛很低，而且在语言的编排组织上，没有博客那么高。微博网站现在的即时通信功能非常强大，通过 QQ 和 MSN 等即时通信软件即可直接书写，在没有网络的地方，只要有手机也可即时更新自己的内容。微博客的实时性、现场感以及快捷性，超过了其他所有媒体。

国内著名的微博网站有新浪"微博"(图 5-4)、腾讯微博、网易微博、搜狐微博等。

3．微信(WeChat)

微信是腾讯公司于 2011 年初推出的一款快速发送文字和照片、支持多人语音对讲的手机聊天软件。用户可以通过各种移动终端快速发送话音、视频、图片和文字。微信提供公众平台、朋友圈、消息推送等功能，用户可以通过"摇一摇"、"搜索号码"、"附近的人"、扫二维码方式添加好友和关注公众平台，同时微信将内容分享给好友以及将用户看到的精彩内容分享到微信朋友圈。

微信平台集成的应用众多，如微博阅读、邮箱提醒、游戏中心、微信支付、语音搜索等。

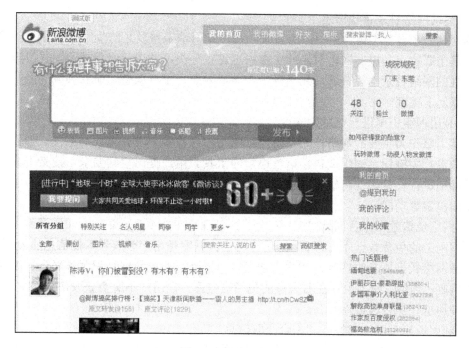

图 5-4　新浪"微博"

第二节　网络信息资源检索

一、网络信息资源检索概述

随着互联网的发展，网上信息资源的数量、种类不断激增，如何在这浩瀚、动荡的信息海洋中快捷、准确地找出所需信息已成为一个突出的问题，于是网络检索工具应运而生。

(一) 网络信息资源检索的作用

在网络社会里，是否具有或者具有多大的网络信息获取能力已经成为衡量人才的重要标准之一，掌握网络信息检索的理论和方法，不仅有利于目前的学习，更有利于今后的科学研究和事业的发展。具体来说，网络信息检索具有如下作用：

(1) 能比较全面地掌握有关的网络信息。

(2) 能提高网络信息利用的效率，节省时间与费用。

(3) 能提高人的信息素质，加速成才。

(二) 获取网络信息资源的方式

在网上获取信息，用户要找到提供信息源的服务器，首先要找到各个服务器在网上的地址(URL)，然后通过该地址去访问服务器提供的信息。大致有以下几种方式：

1. 浏览

一般是指基于超文本文件结构的信息浏览，即用户在阅读超文本文档时，利用文档中的超链接从一个网页转向另一个相关网页，在其过程中发现信息的方法。这是在互联网上发现、检索信息的原始方法，这种方式的目的性不是很强，但具有一定的不可预见性和偶然性。

这种方式可以在很短时间内通过相关链接获得大量相关信息，但也可能在这些链接中偏离了检索目标，或迷失于网络所提供的链接，因此搜索的结果可能带有某种偶然性和片面性。

2．借助网络目录查找信息

综合性的主题分类树体系的网络目录，在搜索引擎未普及之前(如 YaHoo!)受到了普遍的欢迎。其主要特点是根据网络信息的主题内容进行分类，并以等级目录的形式组织和表现。而专业性的网络目录也很普遍，几乎每一个学科专业、重要课题、研究领域的网络目录都可以在互联网上找到。

3．利用搜索引擎进行信息检索

搜索引擎作为主要的网络检索工具，在网络信息检索中具有重要的地位。搜索引擎能提供给用户进行关键词、词组或自然语言检索的工具。用户提出检索要求，搜索引擎代替用户在数据库中进行检索，并将检索结果提供给用户。它一般具有布尔检索、词组检索、截词检索、字段检索等功能。

4．网络免费数据库查询

利用网上的免费数据库进行查询。访问网络数据库是用户获取学术性信息的最有效方法，但大多数网络数据库是收费的，如读秀学术搜索平台、万方数据知识服务平台、维普资讯、中国知网等。当然，网上也存在着大量的免费数据库，在用户不愿为获取信息而支付费用时，可考虑使用这些免费数据库。

5．利用论坛及网上问答互动平台获取信息

与上述几种方式不同的是，这种方式是一种被动的提问式获取信息的方法：由用户在平台上提出问题，再由网络其他用户提供答案。这种获取信息的方式具有以下特点：以自然语言表达用户的需求，目的明确，但不能即时获取到结果；结果由其他用户提供，这些结果一般已经经过筛选，但不能保证其准确性。

二、网络信息资源检索的特点

简单地说，网络信息资源检索相比传统的信息资源检索具有检索速度快、检索途径多、更新快、资源共享、检索更方便灵活、检索结果可以直接输出等显著的优点，这是因为网络信息资源检索具有与传统信息资源检索不同的特性。

(一) 信息检索空间的拓宽

网络信息的检索空间比传统的情报检索大大拓宽了，它可以检索互联网上的各类资源，检索者不必预先知道某种资源的具体地址。其检索范围覆盖了整个互联网，可以检索互联网上所有领域、各种类型、各种媒体的公开信息资源，这为访问和获取广泛分布在世界各地的成千上万台服务器和主机上的大量信息提供了可能。

(二) 交互式作业方式

所有的网络信息检索工具都具有交互式作业的特点，能够从用户命令中获取指令，即时响应用户的要求，执行相应操作，并具有良好的信息反馈功能，实现了传统检索方法与全新网络检索技术相结合。用户可以在检索过程中及时地调整检索策略以获得良好的检索结果，并能就所遇到的问题获得检索帮助和指导。

(三) 用户界面友好且操作方便

网络信息检索工具直接以终端用户为服务对象，一般都采用图形窗口界面，交互式作业，检索途径多，提供多种导航功能，可做书签标记，保留检索历史等。检索者无需专门的检索技巧和知识，只要在检索界面按一定规则输入检索式或者通过目录逐层寻找，就可获得检索结果。

三、网络信息资源检索工具

网络信息资源检索工具是指利用超文本(或超媒体)技术在互联网上建立的一种提供网上信息资源导航、检索服务的专门的 Web 服务器或网站。这是人们获取互联网信息资源的主要检索工具和手段。

(一) 网络信息检索工具的类型

为了帮助用户准确、及时、方便地查找到广泛分布、存储于互联网这一巨大信息宝库中的数据资料,网络工作者为各类网络信息资源均开发了相应的检索工具。借助网络检索工具,用户可以在众多的网上信息资源进行有目的的检索。

1. 目录型检索工具

目录型网络检索工具(subject directory,catalogue),也称网络目录,顾名思义就是将网站分门别类地存放在相应的目录中,因此用户在查询信息时,可选择关键词搜索,也可按分类目录逐层查找。如以关键词搜索,返回的结果跟搜索引擎一样,也是根据信息关联程度排列网站,只不过其中人为因素要多一些。如果按分层目录查找,某一目录中网站的排名则一般由标题字母的先后顺序决定。

该类检索工具的数据库依靠专职编辑人员建立,完全依赖手工操作。网站管理者在提交网站后,目录编辑人员会亲自浏览该网站,然后根据一套自定的评判标准甚至编辑人员的主观印象,决定是否接纳该网站,然后形成信息摘要,并将该站点的信息放在相应的类别和目录中。所有这些收录的站点同样被存放在一个"索引数据库"中。所供用户检索的信息大多面向网站,所以目录型检索工具一般都会提供目录浏览服务和直接检索服务两种服务方式。当用户提出检索要求时,搜索引擎只在网站的简介中搜索。用户通过浏览其分类目录树,在目录体系上下位类的从属、并列等关系的导引下层层递进,不断深入,随着目录类范畴的缩小,查询的专指度逐步提高,最终使用户发现、检索到自己所需要的相关信息,满足其查询需求。

目录型网络检索工具的优点:因为加入了人的智能,所以信息准确、导航质量高,分类浏览方式直观易用,比较适合于查找综合性、概括性的主题概念,或对检索准确度要求较高的课题,适合多数网络用户和新手。网络用户在查询信息时,可以事先没有特定的信息检索目标(如确切的关键词,特定的机构名称等)。用户可以在浏览查询中分步骤地组织自己的问题,在目录的引导下不断将自己模糊的信息需求澄清,在一系列分析、调整、发现中,完成检索过程。

目录型网络检索工具的局限性:其数据库的规模相对较小,在某些主题下收录范围不够全面,使检索到的信息数量有限;其更新、维护的速度或周期要受系统人员工作时间的制约,导致检索工具的新颖性不够,可能会产生一些"死链接(Dead Link)";另外,若用户不熟悉其分类体系或对分类标准理解与系统人员不一致,也会影响其检索。

常见的网络目录有:2345 网址导航(http://www.2345.com),中国雅虎的"淘网址"(http://www.tao123.com),百度的网址之家(http://www.hao123.com),谷歌的265(http://www.265.com),腾讯的 qq 网址导航(http://hao.qq.com)以及搜狗的网址导航(http://123.sogou.com,图 5-5)。

2. 搜索引擎

搜索引擎(search engine)是指根据一定的策略,运用特定的计算机程序搜集互联网上的信息,在对信息进行组织和处理后,为用户提供检索服务的系统。

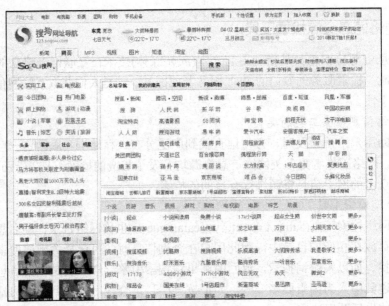

图 5-5　搜狗网址导航

搜索引擎的原理，可以看做三步：从互联网上抓取网页→建立索引数据库→在索引数据库中搜索排序。

1) 从互联网上抓取网页

每个独立的搜索引擎都有自己的网页抓取程序 Spider，也称蜘蛛程序。Spider 能够顺着网页中的超链接连续抓取其他网页，并存储起来。

2) 建立索引数据库

由分析索引系统程序对收集回来的网页进行分析，提取相关网页信息(包括网页所在 URL、编码类型、页面内容包含的关键词、关键词位置、生成时间、与其他网页的链接关系等)，根据一定的相关度算法进行大量复杂计算，得到每一个网页针对页面内容中及超链中每一个关键词的相关度(或重要性)，然后用这些相关信息建立网页索引数据库。

3) 在索引数据库中搜索排序

当用户输入关键词搜索后，由搜索系统程序从网页索引数据库中找到符合该关键词的所有相关网页。因为所有相关网页针对该关键词的相关度早已算好，所以只需按照现成的相关度数值排序，相关度越高，排名越靠前。最后，由页面生成系统将搜索结果的链接地址和页面内容摘要等内容组织起来返回给用户。

搜索引擎的 Spider 一般要定期重新访问所有网页(各搜索引擎的周期不同，可能是几天、几周或几月，也可能对不同重要性的网页有不同的更新频率)，更新网页索引数据库，以反映出网页内容的更新情况，增加新的网页信息，去除死链接，并根据网页内容和链接关系的变化重新排序。这样，网页的具体内容和变化情况就会反映到用户查询的结果中。

互联网虽然只有一个，但各搜索引擎的能力和偏好不同，所以抓取的网页各不相同，排序算法也各不相同。大型搜索引擎的数据库存储了互联网上几亿至几十亿的网页索引，数据量达到几千甚至几万 GB。但即使最大的搜索引擎建立超过 20 亿网页的索引数据库，也只能占到互联网上普通网页的不到 30%，不同搜索引擎之间的网页数据重叠率一般在 70%以下。这也是我们提倡经常使用不同搜索引擎的重要原因，就是因为它们能分别搜索到不同的内容。

搜索引擎的优点是信息量大、更新及时、无需人工干预；缺点是返回信息过多，有很多无关信息，用户必须从结果中进行筛选，用户检索策略的构造和输入方式直接影响检索结果。

3．多元搜索引擎

多元搜索引擎(metasearch engine 或 megasearch engine)又称为集合式搜索引擎，是将多个搜索引擎集成在一起并提供一个统一的检索界面的检索工具，可分为搜索引擎目录(图 5-6)和多元搜索引擎两类。

搜索引擎目录即检索工具的检索工具，它主要是将多个搜索引擎集中起来，并按类型或检索问题等编排组织成目录，帮助、导引用户根据检索需求来选择适用的搜索引擎，它集中罗列检索工具并将用户导引到相应的工具去检索，提供检索的还是某一搜索引擎自己的数据库。

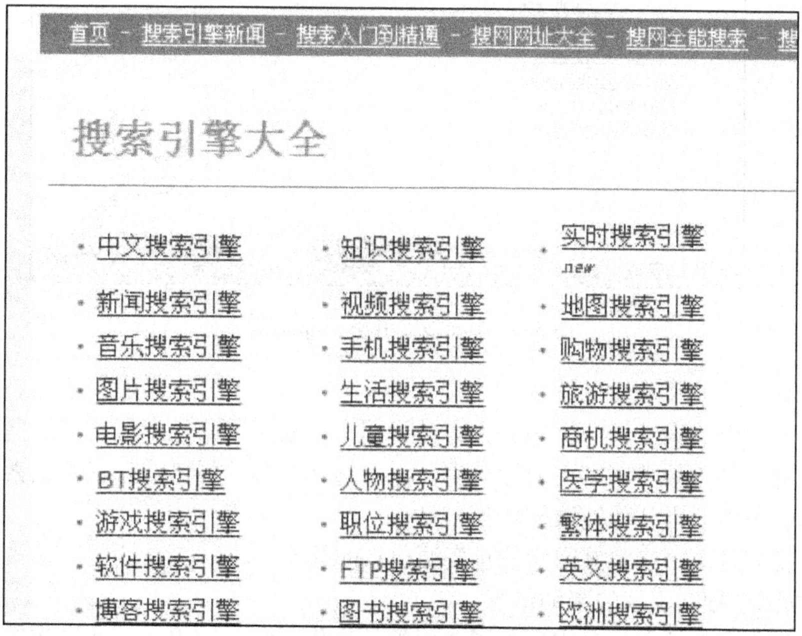

图 5-6　中文搜索引擎指南网(搜索引擎大全)

多元搜索引擎是将多个搜索引擎集成在一起，提供一个统一的检索界面，将一个检索提问同时发送给多个搜索引擎，同时检索多个数据库，再经过聚合，排除掉重复的、相关度较低的检索结果，并将最终的检索结果以统一的界面呈现给用户，是一种集中检索的方式。最大的优点是省时、全面，且检索具有可扩展性；最大缺点是检索准确性较差且速度较慢。

多元搜索引擎适用于查询一些较模糊的提问，或对某一课题的网络资源进行快速调查、摸底、综览。

1) dogpile

dogpile(http://www.dogpile.com/，图 5-7)就是一款典型的多元搜索引擎，它集合了谷歌、雅虎两款搜索引擎，可以搜索网页、图片、视频、新闻、白页等信息。

2) metacrawler

metacrawler(http://www. metacrawler.com)也是一款著名的多元搜索引擎，可以搜索网页、图片、视频、新闻、黄页、白页等信息。

159

另外，其他常见的多元搜索引擎有 Mamma(http://www.mamma.com)，Isleuth(http://www.isleuth.com)，Ask.Jeeves(http://www.ask.jeeves.com)等。

图 5-7　多元搜索引擎 dogpile 的主页

(二) 网络信息资源检索的方法

网络信息资源检索工具的出现大大方便了用户搜索网络信息资源，但一些用户在检索时难以获得满意的检索效果。其主要原因有：没有选择合适的网络信息资源检索工具、关键词选择不恰当、不能善用各种搜索技巧等。

为提高检索效率，应掌握网络信息资源检索的基本方法。

1．仔细阅读搜索引擎的帮助信息

许多搜索引擎在帮助信息中提供了该引擎的操作方法、使用规则及操作符说明，这些信息是用户进行网络信息资源查询所必须具备的知识，是用户进行检索的指南。

2．明确主题

用户的目的明确，才能制订相应的检索策略，在检索过程中才能达到事半功倍的效果。根据主题内容，确定其内容特征、时间范围、语种、信息载体类型等，由此再选择恰当的关键词进行检索。

3．选择适当的网络检索工具

选择合适的检索工具能使用户获得较为满意的查询结果。用户应掌握常用网络检索工具的特性，了解其优缺点，根据所需信息内容的特点、类型、专业深度等，选择适当的网络检索工具。例如，当用户希望对某一专业或专题进行全面的了解时，就可以按专题检索信息的方法使用目录型网络检索工具或者使用垂直搜索引擎。

4．善用高级搜索

目前网络上的大部分搜索引擎都具有高级搜索功能，用户应根据需要判定是否需要使用高级搜索功能。高级搜索有很大的优点，首先，用户无需了解相关的逻辑运算符或

160

操作符就可以进行组配检索，使用直观、方便；其次，高级搜索的各个功能选项能促使用户更加明确自己的需求，如信息类型、查询范围、查询时间等；最后，它能大幅度地缩小检索范围。

5. 选择恰当的关键词进行检索

所选检索词的表述应当能与主题关联，而且不要选择过于简单或使用率过高的检索词。

(1) 明确什么时候用自然语言，什么时候用规范化语言。目前一些搜索引擎对自然语言检索提供了很好的支持，有时候使用自然语言检索比使用多个关键词组合进行检索的效果要好，这是因为搜索引擎能在自然语言中的语句结构得到更有利于检索的信息。但用户仍需注意自然语言的表达，如"什么是信息资源检索"比"信息资源检索是什么"更为合适。若查找诸如学术信息、科技信息，那么使用规范化语言才是用户的最佳选择。

(2) 为了避免搜索质量下降，也应该保证关键词拼写无误。目前某些搜索引擎提供了错别字纠正等功能，为用户提供了方便。

(3) 用户还应根据自己的检索要求，如注重的是检索结果的查全率，还是查准率，以此来选择数量合适的、表达恰当的关键词。

(4) 善用搜索引擎所提供的"相关搜索"功能，根据搜索引擎所提供的反馈信息，选择表达更为确切的关键词。

6. 善于分析检索结果

若本次检索的效果不佳，可对本次检索结果进行分析，找出本次检索所存在的问题，从而调整检索策略，进行第二次检索。

一般可以试着使用下列的一些技巧来改善检索效果。

(1) 使用不同的检索工具。用户可尝试不同的检索工具，搭配使用网络目录和搜索引擎，甚至可以选择不同的检索平台。优点是可以大大提高信息的查全率；缺点是多次操作，查准率不理想。

(2) 尝试不同的关键词(组合)。一次成功的搜索往往由好几次搜索组成。一般先用简单的关键词进行试探性搜索，然后分析，看有哪些是自己需要的信息，挑出出现频率高或者自己认为合适的词，把这些词连同原来的关键词设计一个更好的关键词表达式再次搜索，一般能搜索到更满意的结果。

(3) 分析首次检索结果，重新调整检索策略。若检索出来的结果太多，可考虑使用以下方法：使用精确检索，使关键词不被拆分；从首次检索结果找出其他相关度较高的关键词，与原关键词(组)进行逻辑与搜索；从首次检索结果找出数量较多且不甚相关的信息，使用"逻辑非"搜索把此部分信息排除；使用其他限定搜索，如时间范围、文件格式的限定、把关键词限定在网页标题或网址的位置、指定特定语种等。

若检索出来的结果太少，可考虑使用以下方法：若使用多个关键词进行"逻辑与"检索，应考虑减少关键词的数量，去掉相关度较低的词组；若首次检索进行了时间范围的限定，应考虑扩大时间范围；挖掘与检索词同义、近义的词语，再与原检索词进行"逻辑或"搜索；减少其他限定条件，如文件格式的限定、关键词出现位置的限定等。

总之，使用搜索引擎时，选择关键词和搜索引擎是一种经验积累，通过不断的实践，学会并且习惯使用多个关键词和使用不同的检索工具，养成良好有效的搜索习惯，并留心观察、总结、完善，将会使搜索变得准确而高效。

第三节 搜 索 引 擎

一、常见的搜索引擎

国内目前主要有常见的搜索引擎有谷歌、百度、必应、搜狗、搜搜和 360 搜索。

(一) 谷歌

谷歌(Google)目前被公认为全球规模最大的搜索引擎,其域名为 http://www.google.com.hk,如图 5-8 所示。谷歌属于全文(Full Text)搜索引擎,它提供了简单易用的免费服务,用户可以使用多种语言查找信息、查看股价、地图和要闻、搜索数十亿计的图片并详读全球最大的 Usenet 信息存档,以及超过 10 亿条帖子,其发布日期可以追溯到 1981 年。Google 目前每天处理的搜索请求已达 2 亿次,而且这一数字还在不断增长。目前,Google 的数据库存 Web 文件已经超过了 30 亿个。

图 5-8 Google 检索页面

Google 除网页搜索外,还提供了博客、财经、地图、购物、视频、图片、图书、学术、音乐等信息的搜索服务。

(二) 百度

百度,2000 年 1 月创立于北京中关村,是全球最大的中文网站、最大的中文搜索引擎,其域名为 http://www.baidu.com,如图 5-9 所示。2000 年 5 月,百度首次为门户网站硅谷动力提供搜索技术服务,之后迅速占领中国搜索引擎市场,成为最主要的搜索技术提供商。2001 年 8 月,百度发布 Baidu.com 搜索引擎 Beta 版,从后台技术提供者转为面向公众独立提供搜索服务,并且在中国首创了竞价排名商业模式,2001 年 10 月 22 日正式发布 Baidu 搜索引擎。

百度每天响应来自 138 个国家数亿次的搜索请求。用户可以通过百度主页,在瞬间找到相关的搜索结果,这些结果来自于百度超过百亿的中文网页数据库。百度在中文网页的内容和数量上具有明显的优势,对部分网页每天更新。除网页搜索外,百度还提供 MP3、图片、视频、地图等多样化的搜索服务,率先创造了以贴吧、知道、百科、空间为代表的搜索社区。

图 5-9 百度检索页面

(三) 必应

必应(Bing)是微软公司推出的一款用以取代 LiveSearch 的搜索引擎，域名为 http://www.bing.com，如图 5-10 所示。微软 CEO 史蒂夫·鲍尔默(Steve Ballmer)于 2009 年 5 月 28 日在《华尔街日报》于圣迭戈(San Diego)举办的"AllThingsD"公布，简体中文版 Bing 已于 2009 年 6 月 1 日正式对外开放访问。必应内测代号为 Kumo，其后才被命名为 Bing。中文名称被定为"必应"，有"有求必应"的寓意。Bing 也包括多款垂直搜索产品，其"决策引擎"瞄准了四大领域：购物、旅游、健康以及本地。

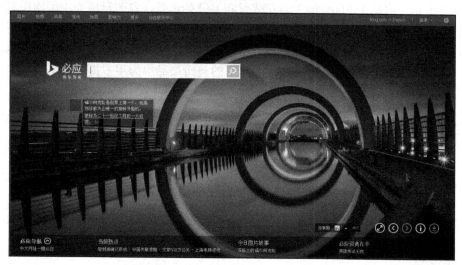

图 5-10 具有背景图片的必应检索页面

(四) 搜狗

搜狗是搜狐公司于 2004 年 8 月 3 日推出的全球首个第三代互动式中文搜索引擎，域名为 http://www.sogou.com，如图 5-11 所示。

搜狗的名称取自 2001 年电影《大腕》里的幽默台词"他们搜狐，我们搜狗，各搜各的！" 搜狗的产品线包括了网页应用和桌面应用两大部分。网页应用以网页搜索为核心，在音乐、图片、新闻、地图领域提供垂直搜索服务，通过说吧建立用户间的搜索型社区；桌面应用则旨在提升用户的使用体验：搜狗工具条帮助用户快速启动搜索，拼音输入法帮助用户更快速地输入，PXP 加速引擎帮助用户更流畅地享受在线音视频直播、点播服务。

图 5-11　搜狗检索页面

（五）搜搜

搜搜是腾讯旗下的搜索网站，是腾讯主要的业务单元之一，其域名为 http://www.soso.com，如图 5-12 所示。网站于 2006 年 3 月正式发布并开始运营，目前已成为中国网民首选的三大搜索引擎之一。搜搜通过互联网信息的及时获取和主动呈现，为广大用户提供实用和便利的搜索服务。用户既可以使用网页、音乐、图片等搜索功能寻找海量的内容信息，也可以通过搜吧、论坛等产品表达和交流思想。搜搜旗下的问问产品也为用户提供更广阔的信息及知识分享平台。

图 5-12　搜搜检索页面

（六）360 搜索

360 搜索是奇虎 360 旗下推出的综合搜索产品，其域名是 http://so.360.cn/index.htm，如图 5-13 所示。360 搜索引擎将根据用户发出的指令，以非人工检索方式自动生成到第三方网页的链接，以便用户能够找到和使用第三方网页上各种文档、图片及其他所需内容。360 搜索自身不存储、编辑或修改被链接的第三方网页上的信息内容或其表现形式。

图 5-13 360 综合搜索

二、网页搜索

网络上的搜索引擎都支持简单检索与高级检索(或操作符检索),并提供了些人性化的扩展检索功能。

(一) 简单检索

直接通过搜索框,键入一个或多个搜索字词,按下 Enter 键或单击"搜索"按钮即可实现一次简单检索。搜索引擎一般都不区分英文字母大小写。

(二) 常用的操作符检索

网络上的所有搜索引擎都提供了操作符检索,使用操作符进行检索,能使用户得到更为精确的结果。

(1)"与"搜索。要查找同时包含两个关键词的信息,在关键词之间留一空格即可。例如,要搜索有关"计算机"与"网络"的信息时,可以采用以下方法:"计算机 网络"。

(2)"或"搜索。要查找包含两个关键词之一即可的信息,可在关键词之间添加大写"OR"(谷歌、必应、360 搜索仅支持 OR)或者"|"(百度仅支持"|")。例如,要搜索有关"信息检索"或"文献检索"的信息,可以采用以下方法:"信息检索 OR 文献检索",如图 5-14 所示。

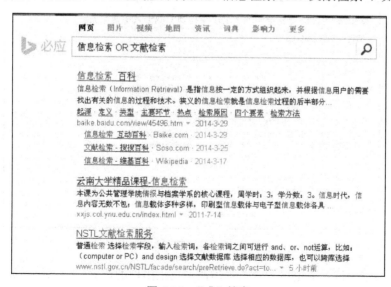

图 5-14 "或"搜索

(3)"非"搜索。要求搜索结果不含特定的关键词时,那么可以在此关键词前加"-"或"NOT"(较少用)。例如,用户想搜索文献检索,却发现搜索结果中含有大量的有关医学文献检索的信息,这时,可以采用以下方法:"文献检索 –医学"。注意:前一个关键词和减号之间必须有空格,否则,减号会被当成连字符处理,而失去减号的语法功能。

(4) 精确匹配。若输入的关键词过长,搜索引擎在经过分析后,给出的搜索结果中的关键词可能是被拆分的,如果用户对这种情况不满意,可以尝试使用精确匹配,也即让搜索引擎不拆分关键词,具体做法是给关键词加上双引号。

书名号是百度、360 搜索拥有的一个特殊查询语法。在其他搜索引擎中,书名号会被忽略,而在百度和 360 搜索中,中文书名号是可被查询的。加上书名号的查询词,有两层特殊功能,一是书名号会出现在搜索结果中;二是被书名号扩起来的内容不会被拆分。书名号在某些情况下特别有效。

例如,查名字很通俗和常用的那些电影或者小说。例如,查电影"手机",如果不加书名号,很多情况下出来的是通信工具——手机,而加上书名号后,《手机》结果就都是关于电影电视剧方面的了,如图 5-15 所示。

图 5-15　百度书名号检索结果对比

(5) 域搜索。要查找某一特定网站内的信息,可先输入用户要查找的字词,然后输入"site:域名"。例如,要查找东莞理工学院(http://www.dgut.edu.cn)网站上的招聘信息,可以采用以下方法:"招聘 site: dgut.edu.cn",如图 5-16 所示。注意,"site:"后面跟的站点域名,尽量不要带 http://www;另外,"site:"与域名之间不要带空格。

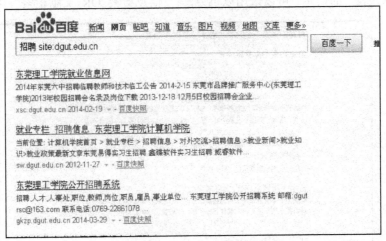

图 5-16　域限定

(6) 位置限定。位置限定可指定关键词在网页上出现的位置,可以是网页内的任何地方、网页的标题、网页的正文或网址。

166

① 指定关键词的位置在标题，格式为"intitle：关键词"。谷歌还支持"allintitle：关键词"的检索格式。网页标题通常是对网页内容提纲挈领式的归纳。把检索内容限定在网页标题中，有时能获得良好的效果。但要注意，"intitle："与后面的关键词之间不要有空格。

② 指定关键词的位置在正文，格式为"allintext：关键词"。

③ 指定关键词的位置在网址，格式为"inurl：关键词"，谷歌还支持"allinurl：关键词"的检索格式。网页地址中的某些信息，常常有某种价值的含义，例如，找关于 win7 的使用技巧，可以这样查询："win7 inurl:jiqiao"，如图 5-17 所示。注意，上述的关键词均为英文字母。

图 5-17　使检索词出现在网址中

(7) 文件格式限定。在互联网上有许多非常有价值的文档，例如 doc、pdf 等格式的文档，这些文档质量都比较高、相关性强，并且很少含有无意义的信息。要搜索特定文件格式的信息，可以采用以下方法："关键词 filetype：文件格式后缀名"。例如，要搜索文件格式全为word 文档的有关亚运的信息，可以采用以下方法："亚运 fileytpe：doc"。注：google 支持后缀名为 pdf、ps、dwf、kml、kmz、xls、ppt、doc、swf 等文件格式的限定；百度支持后缀名为 doc、xls、ppt 等格式的限定。

(8) +搜索。Google 会忽略 where、the、how 等常用字词和字符，以及其他会降低搜索速度，却不能改善结果的数字和字母。搜索引擎会在结果页中的搜索框下方显示详细信息，以指出是否排除了某一字词。如果必须要使用某一常见字词才能获得需要的结果，可以在该字词前面放一个"+"号，从而将其包含在查询字词中，如图 5-18 所示(请确保在"+"号前留一空格)。

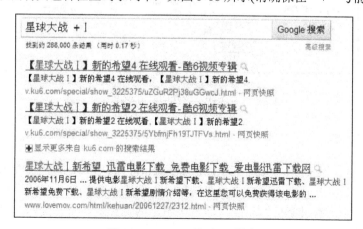

图 5-18　Google 的"+"搜索

三、高级检索

网络上的大部分搜索引擎都拥有高级检索功能，高级检索可使用户无需知道搜索引擎的操作符检索规则、无需使用繁琐的操作符，也能获得与操作符检索一样的效果。

"360搜索"和腾讯"搜搜"没有"高级搜索"这一选项；必应的高级搜索选项是在"搜索结果"页面上的搜索框显示，如图5-19所示；搜狗的高级搜索页面是在主页上的搜索框下面，如图5-20所示；百度的高级搜索链接在搜索结果页面底端。而所有的搜索引擎无一例外的在搜索结果页面的侧边栏都有一个搜索结果限定功能选择，这也可实现"高级搜索"的部分功能。

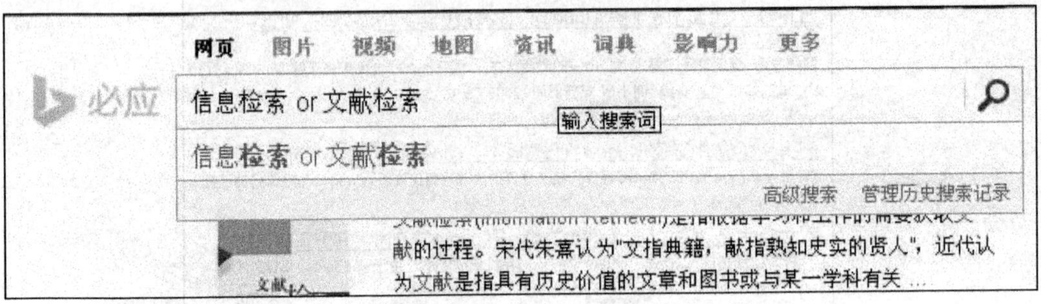

图 5-19   必应的高级搜索

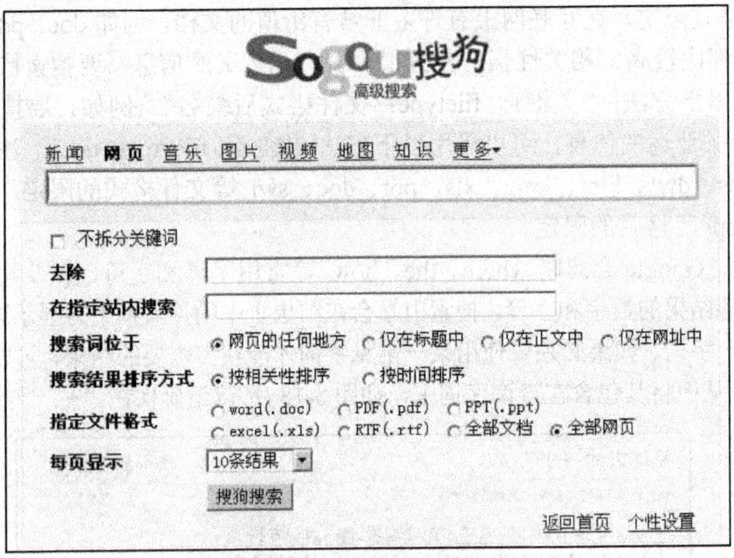

图 5-20   搜狗的高级搜索

四、扩展功能

搜索引擎除了高级搜索功能外，还提供了其他的扩展功能。这些功能为用户搜索提供了较为人性化的搜索服务，方便用户更为快捷的筛选结果，更能使用户获取与检索内容相关的反馈信息。常见的搜索引擎扩展功能有网页快照、网页预览、拼音提示、错别字提示、搜索框提示和相关搜索等。

168

(一) 网页快照

网页快照，英文名叫 Web Cache，也叫网页缓存。搜索引擎在收录网页时，对网页进行备份，存在自己的服务器缓存里，当用户在搜索引擎中单击"网页快照"链接时，搜索引擎将蜘蛛程序(Spider)系统当时所抓取并保存的网页内容以文本格式的形式展现出来，称为"网页快照"，如图 5-21 所示。

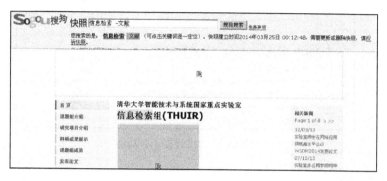

图 5-21　搜狗搜索引擎的网页快照

互联网上的网页经常发生变化，当被搜索到的网页是死链接或已被删除时，直接单击链接无法查看网页的内容。此时就可以使用网页快照来查看这个网页原始的内容。此外，网页快照可以直接从引擎数据库的储存中调出该网页的存档文件，而不实际连接到网页所在的网站，由于是访问搜索引擎的数据库，这种方式比直接访问所在站点更加安全，可以避免网页内嵌的木马、病毒的威胁；而且，通过网页快照读取网页的速度通常也更快。

(二) 网页预览(结果预览)

将鼠标移动到"预览"或相关图标，无须打开对应结果项的链接，即可预览到对应搜索结果的信息。目前仅腾讯搜搜和搜狗这 2 款搜索引擎提供网页预览功能，如图 5-22 所示。

图 5-22　搜狗搜索引擎的预览模式

(三) 拼音提示

只知道某个字或词的发音，却一时忘记怎么写时，可以在搜索框里输入检索词的汉语拼音，搜索引擎就能把最符合要求的对应汉字提示给用户。一般来说，拼音提示会显示在搜索结果上方，如图 5-23 所示。

图 5-23 "拼音提示"功能

(四) 错别字提示

用户在搜索时偶尔会输入一些错别字，导致搜索结果不佳。搜索引擎会给出错别字纠正提示。错别字提示显示在搜索结果上方，如图 5-24 所示。

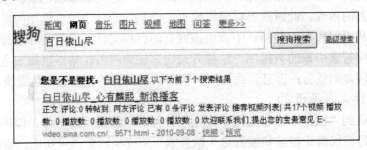

图 5-24 "错别字提示"功能

(五) 搜索框提示

搜索引擎会根据用户的输入内容，在搜索框下方实时展示相关的提示词。用户只需用鼠标单击符合检索需要的提示词，或者用键盘上下键选择并按 Enter 键，就会返回该词的查询结果，如图 5-25 所示。

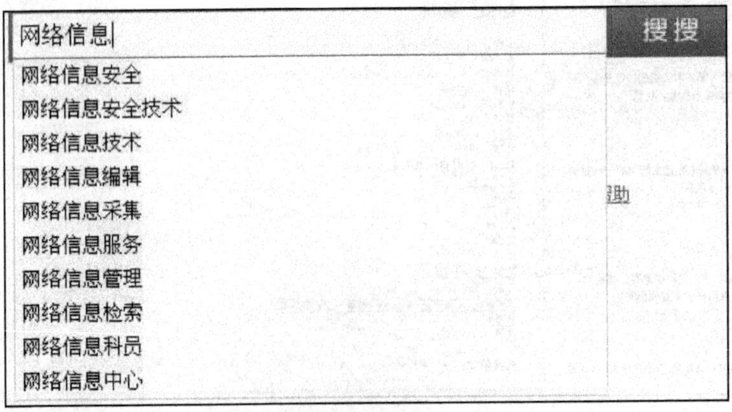

图 5-25 "搜索框提示"功能

(六) 相关搜索

用户搜索不到满意的结果，有时候是因为选择的关键词不是很妥当。这时，用户可以通过参考其他用户的搜索方法获得一些启发。在搜索结果页面，搜索引擎一般都会提供其他网络用户所使用的字词，这些字词都有两个特点：一是这些字词都是其他网络用户使用频率比较高的检索关键词；二是这些字词与本次检索所选用的关键词相关。

五、垂直搜索

垂直搜索引擎是针对某一个领域的专业搜索引擎，是搜索引擎的细分和延伸，是对网页库中的某类专门的信息进行一次整合，定向分字段抽取出需要的数据进行处理后再以某种形式返回给用户。垂直搜索是针对通用搜索引擎的信息量大、查询不准确、深度不够等提出来的新的搜索引擎服务模式，通过针对某一特定领域、某一特定人群或某一特定需求提供的有一定价值的信息和相关服务，所以在某些情况下，垂直搜索也被人称为分类搜索。垂直搜索的特点是"专、精、深"，且具有行业色彩，相比较通用搜索引擎的海量信息无序化，垂直搜索引擎则显得更加专注、具体和深入。

垂直搜索引擎和普通的网页搜索引擎的最大区别是对网页信息进行了结构化信息抽取，也就是将网页的非结构化数据抽取成特定的结构化信息数据，好比网页搜索是以网页为最小单位，基于视觉的网页块分析是以网页块为最小单位，而垂直搜索是以结构化数据为最小单位。然后将这些数据存储到数据库，进行进一步的加工处理，如去重、分类等，最后分词、索引再以搜索的方式满足用户的需求。整个过程中，数据由非结构化数据抽取成结构化数据，经过深度加工处理后以非结构化的方式和结构化的方式返回给用户。

垂直搜索引擎的应用方向很多，如企业库搜索、供求信息搜索引擎、购物搜索、房产搜索、人才搜索、地图搜索、MP3搜索、图片搜索等，几乎各行各业各类信息都可以进一步细化成各类的垂直搜索引擎。各大网络搜索引擎都提供了各种信息的垂直搜索。

(一) 音乐搜索

除必应外，各搜索引擎都提供了音乐搜索服务，支持各种格式的音乐文件的搜索，并提供了各种榜单、音乐专题和挑歌功能，如图 5-26 所示。

图 5-26　百度随心听

(二) 视频搜索

除了谷歌，其他的搜索引擎都有其独立的视频搜索页面，并提供了视频分类搜索，如图5-27所示。

图 5-27　搜狗的视频搜索页面

(三) 新闻搜索

各搜索引擎都提供了分类搜索，例如，百度提供了国际、国内、体育、娱乐等16个分类的新闻搜索。

(四) 图书搜索

目前仅有百度与谷歌提供了图书搜索的服务，因为涉及到版权的关系，只有那些已不再受版权保护或出版商已授权搜索引擎的图书，才会提供给用户预览。只有在某些情况下，用户才可以查看全文内容，如公众领域的图书。对于那些无法预览或下载的图书，搜索引擎则提供了借阅或购买该书的渠道。

(五) 地图搜索

地图搜索一般用于公交、行车路线的搜索，但大多数搜索引擎都集合了其他生活信息的搜索，如餐饮、住宿、出游、企业等信息的搜索。

(六) 财经搜索

财经搜索主要提供股市报价、资讯、货币汇率等信息的搜索，目前仅有谷歌和百度提供了财经信息的垂直搜索。在谷歌财经的首页上，可以看到各个主要板块的当前行情，将鼠标移到条线图上时可以看到该板块的一些详细的涨跌信息。谷歌还提供了"股票筛选器"的服务，为用户选择投资对象提供了便利。

(七) 图片搜索

各搜索引擎都提供了图片搜索服务，并提供了内容类型、图片尺寸、文件类型、图片颜色、图片版式甚至图片风格等条件的限定搜索。必应(图 5-28)、谷歌提供的是一页式浏览结果，其他几款搜索引擎提供的则是传统的分页式浏览。

图 5-28　必应图片搜索

第四节　网络协作型信息资源的利用

一、网络协作型信息资源

网络协作型信息资源，是指由用户在特定的网络开放平台上与其他用户进行互动、分享、协作加工等一系列行为后而产生的信息资源。网络协作型信息资源具有 4 个特征：

(1) 基于开放式的网络知识平台。

(2) 平台具有激励用户参与的奖励机制。

(3) 用户既是信息的使用者，也是信息的提供者。

(4) 信息内容的知识性。

二、网络协作型信息资源平台

网络协作型信息资源平台的类型主要有协作型网络百科、互动问答平台以及在线文件分享平台。这些平台可以帮助用户较为系统地掌握相关知识，解决搜索引擎等其他途径所无法准确回答的问题以及获取日常工作、学习中所需的文档资料。知识性与协作性是网络协作性信息平台最基本的特征。

(一) 协作型网络百科

协作型网络百科，指的是利用维基(Wiki)技术让互联网上的所有用户都可以参与撰写的网络百科。维基是一种多人协作的写作工具、协同著作平台或开放编辑系统，其目的是通过一定的机制来实现"共同创作"。

这种网络百科由吉米·威尔士和桑格于 2001 年 1 月 15 日创立，命名为维基(Wikipedia)，其定义是一部由全体网民共同撰写的百科，超文本系统提供的交流平台上，每个人都可以同时扮演读者和作者的双重角色，自由访问并参与撰写和编辑。

1. 协作型网络百科的特点

1) 编撰的协作性

协作型网络百科最大的特点便是任何用户都可以与其他网络用户进行协作，共同撰写和编辑，分享自己所了解的知识，并使其不断更新完善。这种协作方式大大节约了网站运作的

173

人力、财力。

2) 内容的中立性

协作型网络百科不具有任何倾向性，它允许任何参与撰写的用户持有自己的观点。这也使得词条所包含的内容呈多元性发展。

3) 更新的即时性

相对于传统百科编撰的周期过长，互联网的每一刻都会有用户在协作型网络百科中创建和修改词条，这保证了最新的流行词汇能在第一时间被补充进去。

2. 协作型百科的功能模块

1) 创建词条

用户为创建词条需填写词条名、词条描述、正文、参考资料、扩展阅读等信息。若词条已被建立，可转入下一模块。

2) 编辑词条

用户根据既定的规则对词条进行编辑，主要是对原词条内容的补充、更正。

3. 常见的协作型中文网络百科

目前网络上协作型中文网络百科很多，比较常见的有维基中文百科、百度百科、互动百科等。

1) 维基百科

维基百科(http://zh.wikipedia.org)是第一个使用 Wiki 系统进行百科全书编撰工作的协作计划，同时也是一部用不同语言写成的网络百科，如图 5-29 所示。

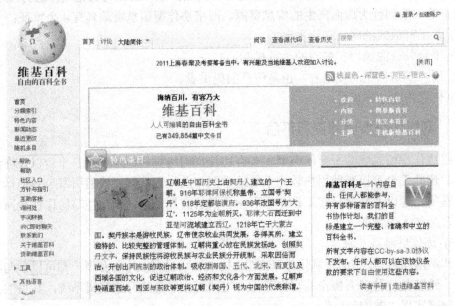

图 5-29　维基百科中文简体首页

2) 百度百科

百度百科(http://baike.baidu.com)是百度 2006 年 4 月 20 日正式发布的全民参与编辑的在线百科全书，2008 年 4 月 21 日推出其正式版，如图 5-30 所示。在技术上，百度百科与百度贴吧、百度知道构成三位一体的系统，在使用百度网页搜索或百度知道搜索时，如果百度百科中含有与检索词对应的条目，其链接通常会排在较为靠前的位置，甚至被设置在第一位，此外百度百科的条目被用作百度另一个产品——百度贴吧的贴吧档案。

图 5-30　百度百科

3) 互动百科

互动百科(www.hudong.com 或 www.baike.com)，创建于 2005 年 7 月 18 日，如图 5-31 所示。互动百科致力于为数亿中文用户免费提供海量、全面、及时的百科信息，并通过全新的维基平台不断改善用户对信息的创作、获取和共享方式。截止到 2013 年 12 月，互动百科已经发展成为由超过 700 万用户共同打造的拥有 800 多万词条的百科网站。

图 5-31　互动百科

(二) 互动问答平台

互动问答平台是一个基于搜索的互动式知识问答分享平台，与大家习惯使用的搜索服务有所不同，互动问答平台并非是直接查询那些已经存在于互联网上的内容，而是用户自己根据具体需求有针对性地提出问题，通过某种悬赏机制发动其他用户来回答该问题的答案，同时这些问题的答案又会进一步作为搜索结果提供给其他有类似疑问的用户，达到分享知识的效果。

互动问答平台也可以看做是对搜索引擎功能的一种补充，让用户头脑中的隐性知识变成显性知识，通过对回答的沉淀和组织形成新的信息库，其中信息可被用户进一步检索和利用。这意味着，用户既是搜索引擎的使用者，同时也是创造者。

1. 互动问答平台的特点

1) 具有悬赏机制

积分和奖励方式是知识问答分享平台对用户知识分享最直接的激励，而目前普遍存在的互动评价机制、专家培养机制和知识公开机制等设计也是对用户知识分享的间接激励。

2) 与搜索引擎紧密结合

互动问答平台一般都集成了自动分词、智能搜索、自动分类等一整套的自然语言处理和信息检索技术。有些特殊的问答平台也提供如增加敏感词过滤(将涉及色情、政治等敏感词自动过滤)、舆情监控等功能模块。

3) 强调对知识的沉淀和分享

在互动问答平台上，用户提供自己已有的或者查询得来的知识来解决其他用户提出的问题。而已解决的问题和答案汇集在一起形成一个知识库，从而给其他用户提供新的搜索途径和信息服务。相对于被动的搜索而言，互动问答平台更注重主动的知识分享和经验交流。

2. 互动问答平台的功能模块

1) 检索问题

对于此模块，由用户输入问题，系统提供相关问题检索结果；若用户没有获取到满意答案，可以选择提出新问题，转入下一模块。

2) 提出问题

对于此模块，由用户输入问题标题，设置问题的描述、分类、悬赏分等信息。

3) 回答问题

对于此模块，用户可以选择自己感兴趣且已获知答案的问题进行作答。

4) 处理问题

对于此模块，用户可以采纳答案、发起投票、补充问题、追加悬赏和关闭问题等。

3. 常见的中文互动问答平台

1) 百度知道

百度知道(http://zhidao.baidu.com)是一个基于搜索的互动式知识问答分享平台，于 2005 年 6 月 21 日发布，并于 2005 年 11 月 8 日转为正式版，如图 5-32 所示。

图 5-32　百度知道

2) 新浪爱问

新浪是中国最大中文门户网站之一。爱问知识人(http://iask.sina.com.cn)是新浪自主研发的搜索产品，在 2005 年 6 月 30 日正式推出，如图 5-33 所示。

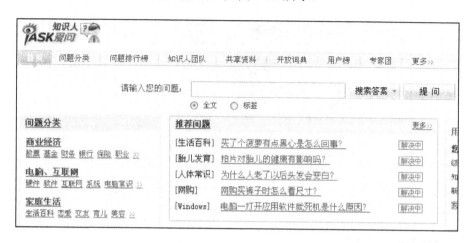

图 5-33 新浪的"爱问知识人"

3) Sogou 问问

Sogou 问问(http://wenwen.sogou.com)的前身是腾讯公司出品的"搜搜问问"，在 2014 年 3 月"搜搜问问"加入了搜狗搜索大家庭，并启用了新域名，如图 5-34 所示。

图 5-34 Sogou 问问

4) 天涯问答

天涯问答(http://wenda.tianya.cn/wenda/)是一个由谷歌和天涯社区联合开发的互动问答知识社区，如图 5-35 所示，2007 年 8 月 20 日正式上线，2008 年 8 月底开始举办"答问题送话费"活动，迅速凝聚了大量人气，挤入同类产品第一阵营。

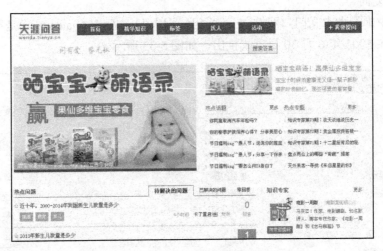

图 5-35　天涯问答

(三) 在线文档分享平台

分享是互联网的主流价值，也是 Web 2.0 时代的基本精神。从博客、社区、网络视频行业的兴起，到 SNS 网站和微博的风靡一时，分享日渐成为普通网民的使用习惯。在线文档分享平台也就是在这个背景下诞生的。

用户可以在在线文档分享平台里在线阅读和下载涉及课件、习题、考试题库、论文报告、专业资料、各类公文模板、法律文件、文学小说等多个领域的资料。

1. 在线文档分享平台的特点

1) 具有积分机制

用户无法直接复制或下载文档，下载文档需要消耗积分甚至是金钱(豆丁网以豆元为单位)，上传文档且该文档被其他用户认同(或下载)则可获取相应的积分奖励。

2) 难以控制的侵权问题

因平台上的所有文档均由网络用户自由提供，平台又缺乏对这些文档的版权审核机制，所以平台上存在着大量的侵权盗版行为。

2. 在线文档分享平台的功能模块

1) 上传文档

用户可自由上传各种格式(doc、pdf、ppt、xls、txt 等)的文档。上传时，需填写文档简介。

2) 下载文档

通过消耗积分(甚至是金钱)下载文档，若无积分，用户可转入下一模块。

3) 在线阅读文档

除"爱问·共享资料"外，其他的在线文档分享平台都提供了文档的在线阅读服务。

3. 常见的在线文档分享平台有

1) 百度文库

百度文库(http://wenku.baidu.com/)是一个供网友分享文档的开放平台，如图 5-36 所示，目前拥有各类资料近 1 亿份，使用前必须先注册为百度用户。在里面用户可以在线阅读或者下载搜索到的文档资料，这些文档都是来自其他用户上传共享，支持多种格式文件，结合百度的搜索功能，用户可以轻易搜索到想要的资料。

图 5-36 百度文库

2) 豆丁网

豆丁网(http://www.docin.com/)号称是全球最大的中文文档库，提供了超过 2 亿份各类资料，如图 5-37 所示。与百度文档类似，在该平台上面可以在线阅读或者下载搜索到的文档资料，还支持文档加密，保证用户的劳动成果不被盗版，而且用户还可以把自己的文档出售，从而获得一定的金钱收入。

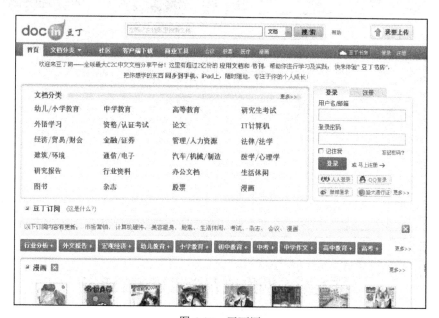

图 5-37 豆丁网

3) 爱问·共享资料

爱问·共享资料(http://ishare.iask.sina.com.cn/)是新浪的问答频道——新浪爱问下的在线文档分享服务，支持多种格式，假如没有搜索到需要的资料，可以及时提问向网友求助，如图 5-38 所示。爱问·共享资料需要是新浪用户登录才能使用。

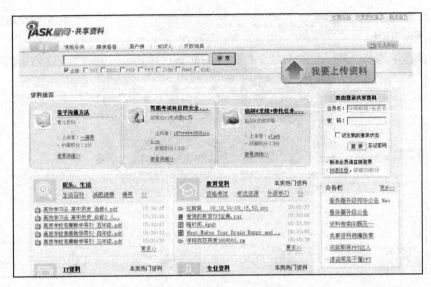

图 5-38 爱问·共享资料

4) 道客巴巴

道客巴巴(http://www.doc88.com/)是一个专注于电子文档的在线分享平台,如图5-39所示。除了可以在线浏览各类文档资料之外,还提供了各行业的最新信息,必须先注册账户,登录后使用。

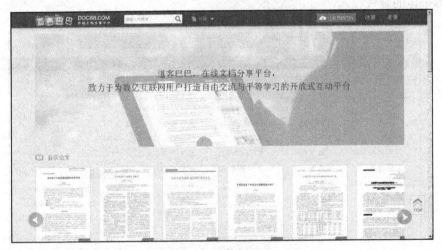

图 5-39 道客巴巴

第五节　网络免费学术资源的利用

一、网络免费学术资源概述

(一) 网络免费学术资源的概念

所谓网络免费学术资源是指在互联网上可以免费检索、阅读、下载和利用的具有学术研究价值的电子资源。随着网络的日益普及和互联网的深入人心,越来越多的用户把网络作为获取学术信息的重要手段，网络上的学术信息资源可以说涵盖了其他载体记录的学术文献的各种类型，并且拥有大量通过其他媒体不易获得的信息资源。

（二）网络免费学术资源的特点

网络免费学术资源的特点有分布广泛、内容形式多样、信息庞杂、信息质量良莠不齐、更新频率不稳定等。

（三）网络免费学术资源的内容形式

网络的免费学术资源的内容形式多种多样，有免费电子期刊、免费电子图书、开放教育资源、学术搜索引擎等。

1．免费电子期刊

主要有两种，一种是免费的传统期刊的网络版，这些资源在网络上极少；二是纯网络型期刊，常见的是 OA 期刊。

OA 期刊(Open Access Journal，开放存取期刊)，即基于 OA(开放存取)出版模式的期刊，OA 期刊既可能是新创办的电子版期刊，也可能是由已有的传统期刊转变而来。OA 期刊大都采用作者付费、读者免费获取的方式。

2．免费电子图书

电子图书又称 E-book，以数字化的方式发行、传播和阅读的电子书籍。目前网络上常见的免费电子图书有辞典、指南、百科全书、文摘、索引等工具书、谷歌所收录的已授权的电子图书和其他外文图书。

3．开放教育资源

开放教育资源(Open Educational Resources，OER)，是指那些基于非商业性目的，通过信息通信技术来向有关对象提供的，可被自由查阅、参考或应用的各种开放性教育类资源。这些开放式教育资源可通过互联网免费获得，主要用于教育机构中教师的课程教学，但也可用于学生的学习。其类型主要包括讲义、参考文献、阅读材料、练习、实验和演示，另外也包括教学大纲、课程内容和教师手册等。

开放教育资源运动是本世纪初在国外兴起的，由 2001 年美国麻省理工学院启动的"开放课件"项目(Open CourseWare Project)揭开序幕，该项目宣布将学校的课程教学材料通过互联网向全球免费开放。开放教育资源运动根据其内容特点分为"开放的协议与标准"(Open License and Standard)、"开放的内容与资源"(Open Contents and Resources)、"开源的软件与工具"(Open Source Software and Tools)三部分。

4．其他资源类型

其他资源类型还有免费电子报纸、免费专利文献、免费标准文献、免费会议文献、免费研究报告和免费统计信息等。

二、获取网络免费学术资源的方式

（一）通过免费学术资源站点

网络上的免费学术资源站点有很多，包括教育机构网站和教育网、科研院所等研究机构、数字图书馆项目成果、出版发行机构网站、免费数据库货数据库服务商的免费网站、专业或行业信息网，甚至是个人网站或博客。

（二）学术搜索引擎

实际上，相当一部分的免费学术资源在网络上是散乱、无序的，而学术搜索引擎能把这些资源有序地组织起来，供用户检索、使用。

谷歌学术搜索(Google Scholar，http://scholar.google.com.hk)涉及医药、物理、经济及计算机科学等多个领域，搜索的文献类型包括学术性刊物文章、研究机构论文、技术报告、书籍、预印本以及摘要等，还可以查询文章被引用情况。

(三) 其他方式

其他方式还有谷歌数字图书馆、学科导航、专业学术论坛、FTP 搜索引擎、新闻组、在线文档分享平台等。

三、常见的网络免费学术资源网站

(一) 国内网站

1．中国科技论文在线

中国科技论文在线(http://www.paper.edu.cn)是经教育部批准，由教育部科技发展中心主办的科技论文网站，该网站提供国内优秀学者论文、在线发表论文、各种科技期刊论文(各种大学学报与科技期刊)全文，此外还提供对国外免费数据库的链接，具有快速发表、版权保护、形式灵活、投稿快捷、查阅方便、名家精品、优秀期刊、学术监督等特点，给科研人员提供了一个快速发表论文方便、交流创新思想的平台。中国科技论文在线可为在其网站发表论文的作者提供该论文发表时间的证明，并允许作者同时向其他专业学术刊物投稿，以使科研人员新颖的学术观点、创新思想和技术成果能够尽快对外发布，并保护原创作者的知识产权。

2．奇迹文库

奇迹文库(http://www.qiji.cn)是中国第一个开放存取仓库，服务器位于公网上，为中文论文开放存取提供一个平台。本仓库以物理学论文为主，也做其他学科论文的存储，另外建立了和国外的其他开放存取仓库的链接。

预印本(Preprint)是指科研人员的研究成果还未在正式出版物上发表，出于和同行交流目的，而自愿先在学术会议上或通过互联网发布的科研论文、科技报告等文章。奇迹文库预印本论文系统收录的学科范围主要包括自然科学(理学、数学、生命科学等)、工程科学与技术(计算机科学、信息处理、材料科学等)、人文与社会科学(艺术、法学、政治、经济、图书情报学等)，以及其他分类(科学随想、毕业论文、热门资料等)。奇迹文库预印本论文专门收录中文原创研究文章、综述、讲义及专著(或其章节)，同时也收录作者以英文或其他语言写作的资料。

3．中国预印本服务系统

中国预印本服务系统(http://prep.istic.ac.cn)是一个提供预印本文献资源服务的实时学术交流系统，是国家科学技术部科技条件基础平台面上项目的研究成果。该系统由国内预印本服务子系统和国外预印本门户子系统构成。

国内预印本服务子系统主要收藏的是国内科技工作者自由提交的预印本文章，可以实现二次文献检索、浏览全文、发表评论等功能。国外预印本门户子系统是由中国科学技术信息研究所与丹麦技术知识中心合作开发完成的，它实现了全球预印本文献资源的一站式检索。通过SINDAP子系统,用户只需输入检索式一次即可对全球知名的16个预印本系统进行检索，并可获得相应系统提供的预印本全文。目前，国外预印本子系统含有预印本二次文献记录约80万条。

4．开放阅读期刊联盟

开放阅读期刊联盟(http://www.cujs.com/oajs/)是由中国高校自然科学学报研究会发起的，

加入该联盟的中国高校自然科学学报会员承诺，期刊出版后，在网站上提供全文免费供读者阅读，或者应读者要求，在 3 个工作日之内免费提供各自期刊发表过的论文全文(一般为 PDF 格式)。读者可以登录各会员期刊的网站，免费阅读或索取论文全文。现共有 14 种理工科类期刊、3 种综合师范类期刊、2 种医学类期刊和 1 种农林类期刊。

5．中国学术会议在线

中国学术会议在线(http://www.meeting.edu.cn/)是经教育部批准，由教育部科技发展中心主办，面向广大科技人员的科学研究与学术交流信息服务平台，本着优化科研创新环境、优化创新人才培养环境的宗旨，针对当前我国学术会议资源分散、信息封闭、交流面窄的现状，通过实现学术会议资源的网络共享，为高校广大师生创造良好的学术交流环境，以利于开阔视野，拓宽学术交流渠道，促进跨学科融合，为国家培养创新型、高层次专业学术人才，创建世界一流大学做出积极贡献。利用现代信息技术手段，将分阶段实施学术会议网上预报及在线服务、学术会议交互式直播、多路广播和会议资料点播三大功能。为用户提供学术会议信息预报、会议分类搜索、会议在线报名、会议论文征集、会议资料发布、会议视频点播、会议同步直播等服务。还将组织高校定期开办"名家大师学术系列讲座"，并利用网络及视频等条件，组织高校师生与知名学者进行在线交流。

6．国家精品课程资源网

国家精品课程资源网(http://www.jingpinke.com)是由国家教育部主导推动的、唯一的国家级精品课程集中展示平台；是全国高校依照"资源共建、成果共用、信息共通、效益共享"的原则合作建设，服务于全国广大高校教师和学生的教学资源共建共享服务平台；是汇集国内外优质教学资源，博览全球大学开放式课程的交流共享平台。

它集中展示近 20000 门国家级精品课程；本科课程近 14000 门；教育部全国高校教师网络培训中心合作提供培训课程；汇集美国、英国、日本、加拿大、澳大利亚 26 所学校的 3000 多门国外开放课程(Open Course Ware)；收集本科教材近 3 万种，研究生教材 2400 余种。读者完成注册后方可使用。

7．学术资源专业服务平台

学术资源专业服务平台(Socola)(http://www.socolar.com)是由中国教育图书进出口公司历时 4 年自主研发的 Open Access 资源一站式服务平台。通过 Socolar，可以检索来自世界各地、多语种的重要 OA 资源，并提供 OA 资源的全文链接。同时，可以通过 Socolar 享受 OA 资源的定制服务，推荐用户认为应该被 Socolar 收录但尚未被收录的 OA 资源，发表用户对某种 OA 期刊的评价。另外，Socolar 还是 OA 知识的宣传和交流平台、OA 期刊发表和仓储服务平台。目前收录 OA 期刊 11000 余种，其中 90%以上通过同行评审。

主要涵盖的学科：农业和食品科学，生物学和生命科学，化学，法律和政治学，工程与技术，艺术和建筑，商学与经济学，地球和环境科学，语言和文学，数学与统计，物理学，天文学，社会科学等 18 个学科。

8．中国开放教育资源协会

中国开放教育资源协会(China Open Resources for Education，CORE)(http://www.core.org.cn)成立于 2003 年 10 月，系非盈利机构，是一个以部分中国大学及全国省级广播电视大学为成员的联合体。CORE 旨在促进国际教育资源共享，提高教育质量为中外学习者提供高质量、免费的教育资源，同时提供许多优秀国外开放教育资源的链接。

（二）国外网站

1．Openj-gate

Openj-gate(http://www.openj-gate.org/)提供基于开放获取的近 4000 种期刊的免费检索和全文链接，包含学校、研究机构和行业期刊，其中超过 1500 种学术期刊经过同行评议(Peer-Reviewed)。

2．加利福尼亚大学国际和区域数字馆藏

加利福尼亚大学国际和区域数字馆藏(http://escholarship.org/)主要提供已出版的期刊论文、未出版的研究手稿、会议文献以及其他连接出版物上的文章 1 万多篇，均可免费阅读。

3．剑桥大学机构知识库

剑桥大学机构知识库(http://www.dspace.cam.ac.uk/)由 Cambridge University Library 和 University Computing Service 维护，提供剑桥大学相关的期刊、学术论文、学位论文等电子资源。

4．发展中国家联合期刊库

发展中国家联合期刊库(http://www.bioline.org.br/)是非营利的电子出版物服务机构，提供来自发展中国家(如巴西、古巴、印度、印尼、肯尼亚、南非、乌干达、津巴布韦等)的开放获取的多种期刊的全文。

5．美国密西根大学论文库

美国密西根大学论文库(http://deepblue.lib.umich.edu/index.jsp)提供 2 万多篇期刊论文、技术报告、评论等文献全文，包含艺术学、生物学、社会科学、资源环境学等学科的相关论文，另还有博硕士论文。标识为 OPEN 的可以打开全文。

6．CERN Document Server

CERN Document Server(http://cdsweb.cern.ch/)主要覆盖物理学(particle physics)及相关学科，提供 36 万多篇全文文献，包括预印文献、期刊论文、图书、图片、学位论文等。

7．NASA Technical Reports Server

NASA Technical Reports Server(http://ntrs.nasa.gov/?method=browse)主要是关于航空航天领域研究的科技报告和会议论文。

8．National Service Center for Environmental Publications

National Service Center for Environmental Publications(http://www.epa.gov/ncepihom/)提供的是美国环境保护总署(EPA)出版物。可以通过 EPA 出版号或题名检索 EPA National Publications Catalog。

9．Energy Citations Database

Energy Citations Database(http://www.osti.gov/energycitations/)提供美国能源部的科技信息摘要。学科范围包括材料科学、环境科学、计算机、能源和物理。文献类型包括期刊论文、学位论文、研究报告和专利。

10．FullText

FullText(http://www.freefulltext.com/)(日文版)提供 7000 多种学术期刊的免费全文获取。

11．PubMed Centeral

PubMed Centeral(简称 PMC，http://www.ncbi.nlm.nih.gov/pmc/)是美国 NCBI(美国国家生物技术信息中心)建立的数字化生命科学期刊文献集，现提供 50 余种生物医学期刊免费全文。

12．Directory of Open Access Journals(http://www.doaj.org/)

Directory of Open Access Journals(简称 DOAJ，http://www.doaj.org/)，由瑞典隆德大学(Lund Univ.)开发维护的开放获取期刊目录，目前收录各学科 OA 期刊 5500 余种，其中 830 种可以全文搜索，收录期刊全部由同行评审或编辑质量控制。

涵盖的学科有数学，物理，化学与化工，材料科学，天文，地质，地理，生物，医学，农业，工程技术，电子，计算机，自动化等。

13．High Wire Press

High Wire Press(http://highwire.stanford.edu/)

由美国斯坦福大学 High Wire 于 1995 年建立，是全球最大的提供免费全文的网站之一。目前提供三种免费方式：

(1) Free Issues：表示在某个时间之前的所有文献全文均为免费的。

(2) Free Site：表示可以完全免费获取全文的站点。

(3) Free Trial：表示在限定的时间内，所有文献可免费试用。目前收录 140 多家学术出版机构的电子期刊 1400 余种。

14．欧洲数学会电子图书馆

欧洲数学会电子图书馆(http://emis.math.ecnu.edu.cn/journals/)提供了期刊、会议、论文集、专著、演讲、软件等资源，并提供期刊和电子版图书的全文浏览。非电子版图书提供前言、摘要、目录和书评等内容。特别地，在经典著作栏目内，可检索到哈密尔顿和黎曼的经典论文的全文。

15．美国"科学"网站

美国"科学"网站(http://www.science.gov/)收录的内容以研究与开发报告为主，所有的信息均免费使用，也不必注册，但是通过这些站点链接的有些信息是限制使用或有条件使用的。

16．ERIC 教育资源信息中心

ERIC 教育资源信息中心 (http://www.eric.ed.gov/)是美国教育部资助的网站系列和世界上最大的教育资源数据库，其中包括各种文档以及教育研究与实践方面的论文摘要，这些摘要超过了 100 万篇，收录 980 多种教育及和教育相关的期刊文献的题录和文摘。部分资源可查找到全文。

17．PLOS 公共科学图书馆

PLOS 公共科学图书馆(http://www.plos.org/)是一家由众多诺贝尔奖得主和慈善机构支持的非赢利性学术组织，旨在推广世界各地的科学和医学领域的最新研究成果，使其成为一种公众资源，科学家、医生、病人和学生可以通过这样一个不受限制的平台来了解最新的科研动态。PLOS 出版了 8 种生命科学与医学领域的期刊，可以免费获取全文。

18．Journal of Statistical Software

Journal of Statistical Software (http://www.jstatsoft.org/)是由美国统计协会出版的《统计软件杂志》，提供 1996 年至今共 20 卷的内容。可以免费获取全文。

19．Social Science Research Network

Social Science Research Network (http://www.ssrn.com/)社会科学(经济类)研究论文数据库，部分提供全文。

20．Networked Computer Science Technical Reference Library(网络计算机参考图书馆，NCSTRL)

网络计算机参考图书馆(http://www.ncstrl.org/)，由文安德鲁梅隆基金会、联合信息网络、数字图书馆联盟、美国国家科学基金会等支持，是 Internet 上开放式的计算机科学研究报告和论文库，提供高级检索和简单检索，原文格式需根据要求，下载相应的阅读器软件。

21．世界银行报告

世界银行报告(http://www-wds.worldbank.org)汇集了 27000 篇银行报告。

22．免费外文电子图书下载搜索引擎(http://www.ebookee.net)

收录各种电子图书和下载链接，是一个不错的获取外文电子图书全文的网站。

23．NDLTD 学位论文库(http://www.ndltd.org)

NDLTD(Networked Digital Library of Theses and Dissertations)是由美国国家自然科学基金支持的一个网上学位论文共建共享项目，为用户提供免费的学位论文文摘，还有部分可获取的免费学位论文全文(根据作者的要求，NDLTD 文摘数据库链接到的部分全文分为无限制下载，有限制下载，不能下载几种方式)，以便加速研究生研究成果的利用。

目前全球有 170 多家图书馆、7 个图书馆联盟、20 多个专业研究所加入了 NDLTD，其中 20 多所成员已提供学位论文文摘数据库 7 万条，可以链接到的论文全文大约有 3 万篇。

24．古腾堡电子图书

古腾堡电子图书(http://www.gutenberg.org/wiki/Main_page)主要是西方文化传统中的文学作品，如小说、诗歌、小故事、戏剧。除此之外，古腾堡电子图书也收录食谱、书目以及期刊，另外还包括一些非文本内容，如音频文件、乐谱文件等。

25．NAP 免费电子图书

NAP 免费电子图书(http://www.nap.edu/)可免费在线浏览 2500 多种电子图书，包括环境、生物、医学、计算机、地球科学、数学、统计学、物理、化学、教育等。

第六章　特种文献检索

特种文献是指出版发行和获取途径都比较特殊的科技文献，是一种介于图书与期刊之间的似书非书、似刊非刊的文献资料。一般包括专利文献、标准文献、科技报告、会议文献、学位论文、科技档案、产品样本和政府出版物等。特种文献特点鲜明、内容广泛、类型复杂、数量庞大，涉及科学技术、生产生活各个领域，从不同角度反映着科学技术发展的现状、水平及发展趋势，具有重要的参考价值。

第一节　专利文献检索

一、专利基本知识

(一) 专利的概念

专利，是受法律规范保护的发明创造，它是指一项发明创造向国家审批机关提出专利申请，经依法审查合格后向专利申请人授予的在规定的时间内对该项发明创造享有的专有权。专利(patent)一词来源于拉丁语 Litterae patentes，原意为公开的信件或公共文献，是中世纪的君主用来颁布某种特权或独占权利证书的证明。

专利有三层含义：一是指专利权，即专利权人对发明创造享有的专利权；二是指取得专利权的发明创造，即专利技术，是受国家认可并在公开的基础上进行法律保护的专有技术；三是指专利文献，即记录发明创造的内容及法律保护的技术范围。

(二) 专利的特征

1. 专有性

专利具有专有的特性。专利权是由政府主管部门根据发明人或申请人的申请，认为其发明成果符合专利法规定的条件，而授予申请人或其合法受让人的一种专有权。它专属权利人所有，专利权人对其权利的客体(即发明创造)享有占有、使用、收益和处分的权利。我国专利法规定：任何单位或者个人未经专利权人许可，都不得实施其专利，即不得为生产经营目的制造、使用、许诺销售、销售、进口其专利产品，或者使用其专利方法以及使用、许诺销售、销售、进口依照该专利方法直接获得的产品。

2. 地域性

地域性指一个国家或一个地区所授予和保护的专利权仅在该国或地区的范围内有效，对其他国家和地区不发生法律效力，其专利权是不被确认与保护的。因此，发明创造在哪个国家申请专利，就由哪个国家授予专利权，而且只在专利授予国的范围内有效，而对其他国家则不具有法律的约束力，其他国家不承担任何保护义务。但是，同一发明创造可以同时在两个或两个以上的国家申请专利，获得批准后其发明便可以在所有申请国获得法律保护。

3. 时间性

时间性指专利权人对其发明创造所拥有的法律赋予的专有权只有在法律规定的时间内有

效，期限届满后，专利权人对其发明创造就不再享有独自制造、使用销售等专有权。发明创造便随着保护期限的结束而成为社会公有的财富，任何单位或个人都可以自由无偿地使用该发明来创造产品。各国的专利法对于专利权的有效保护期均有各自的规定，而且计算保护期限的起始时间也各不相同。

我国《专利法》第42条规定：发明专利权的期限为20年，实用新型和外观设计专利权的期限为10年，均自申请日起计算。

(三) 专利的类型

专利的种类在不同的国家和地区有不同规定。我国《专利法》规定：专利分为发明专利、实用新型专利和外观设计专利。中国香港《专利法》规定：专利分为发明专利、新样式和外观设计专利。在部分发达国家则分为：发明专利和外观设计专利。

1. 发明专利

发明专利指对产品、方法或者其改进所提出的新的技术方案。

2. 实用新型专利

实用新型专利指对产品的形状、构造或者其结合所提出的适于实用的新的技术方案。

3. 外观设计专利

外观设计专利指对产品的形状、图案或其结合以及色彩与形状、图案的结合所作出的富有美感并适于工业应用的新设计。

(四) 授予专利权的条件

我国《专利法》第22条规定：授予专利权的发明和实用新型，应当具备新颖性、创造性和实用性。

1. 新颖性

新颖性是指该发明或者实用新型不属于现有技术，也没有任何单位或者个人就同样的发明或者实用新型在申请日以前向国务院专利行政部门提出过申请，并记载在申请日以后公布的专利申请文件或者公告的专利文件中。

2. 创造性

创造性是指与现有技术相比，该发明具有突出的实质性特点和显著的进步，该实用新型具有实质性特点和进步。

3. 实用性

实用性是指该发明或者实用新型能够制造或者使用，并且能够产生积极效果。

我国《专利法》第23条规定：授予专利权的外观设计，应当不属于现有设计；也没有任何单位或者个人就同样的外观设计在申请日以前向国务院专利行政部门提出过申请，并记载在申请日以后公告的专利文件中。

(五) 专利的申请和审批

1. 专利的申请

申请发明或者实用新型专利的，应当提交请求书、说明书及其摘要和权利要求书等文件。

请求书应当写明发明或者实用新型的名称，发明人的姓名，申请人姓名或者名称、地址，以及其他事项。

说明书应当对发明或者实用新型作出清楚、完整的说明，以所属技术领域的技术人员能够实现为准；必要的时候，应当有附图。摘要应当简要说明发明或者实用新型的技术要点。

权利要求书应当以说明书为依据，清楚、简要地限定要求专利保护的范围。

申请外观设计专利的，应当提交请求书、该外观设计的图片或者照片以及对该外观设计的简要说明等文件。

申请人提交的有关图片或者照片应当清楚地显示要求专利保护的产品的外观设计。

2. 专利的审批

依据我国《专利法》，发明专利申请的审批程序包括受理、初审、公布、实审以及授权五个阶段。实用新型或者外观设计专利申请在审批中不进行早期公布和实质审查，只有受理、初审和授权三个阶段。

发明专利、实用新型专利和外观设计专利的申请、审查流程如图6-1所示。

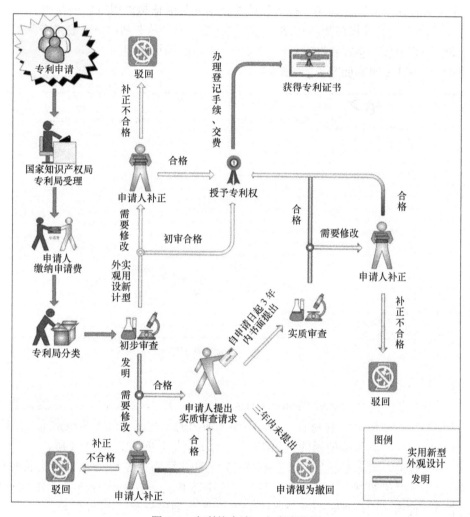

图 6-1　专利的申请、审查流程图

(六) 专利文献

指国家知识产权局按照法定程序公布的专利申请文件和公告的授权专利文件，包含已经申请或被确认为发现、发明、实用新型和工业品外观设计的研究、设计、开发和试验成果的有关资料，以及保护发明人、专利所有人及工业品外观设计和实用新型注册证书持有人权利的有关资料的已出版或未出版的文件(或其摘要)的总称。

专利文献主要有专利申请说明书、专利说明书、实用新型说明书、工业品外观设计说明书、专利公报、专利索引等。

专利说明书是个人或企业为了获得某项发明的专利权，在申请专利时必须向专利局呈交的有关该发明的详细技术说明，一般由三部分组成：

(1) 著录项目。著录项目包括专利号、专利申请号、申请日期、公布日期、专利分类号、发明题目、专利摘要或专利权范围、法律上有关联的文件、专利申请人、专利发明人、专利权所有者等。专利说明书的著录项目较多并且整齐划一，每个著录事项前还须标有国际通用的数据识别代号(INID)。

(2) 发明说明书。发明说明书是申请人对发明技术背景、发明内容以及发明实施方式的说明，通常还附有插图。旨在让同一技术领域的技术人员能依据说明重现该发明。

(3) 专利权项。专项权项简称权项，又称权利要求书，是专利申请人要求专利局对其发明给予法律保护的项目，当专利批准后，权项具有直接的法律作用。

发明专利申请说明书如图 6-2 所示。

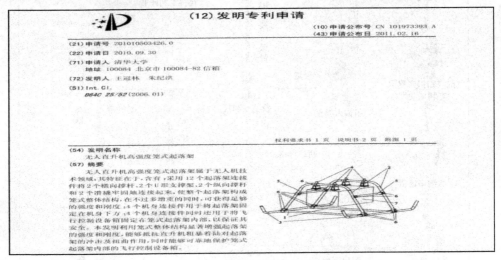

图 6-2　发明专利申请说明书

(七) 国际专利分类法

国际专利分类法(International Patent Classification，IPC)，是根据 1971 年签订的《国际专利分类的斯特拉斯堡协定》编制的，是目前国际通用的专利文献分类和检索工具。IPC 分类表，每 5 年修订一次。目前使用的是 2010 年 1 月 1 日生效的 IPC 2010.01 版。

IPC 协定规定，国际专利分类法主要是对发明和实用新型专利文献(包括出版的发明专利申请书，发明证书说明书，实用新型说明书和实用证书说明书等)进行分类。对于外观设计专利文献来说，使用《国际外观设计分类法》(也称为洛迦诺分类法)进行分类。

1. IPC 类目等级

1) 部

IPC 分类表内容包括了与发明专利有关的全部知识领域，共分为 8 个部，部是分类表等级结构的最高级别。

(1) 部的类号。每一个部由 A~H 中的一个大写字母标明。

(2) 部的类名。部的类名被认为是该部内容非常宽范围的指示。8 个部的类名如下：

A　人类生活必需

B　　作业　运输

C　　化学　冶金

D　　纺织　造纸

E　　固定建筑物

F　　机械工程　照明　加热　武器　爆破

G　　物理

H　　电学

(3) 部的内容。每一个部的类名后面有一个它下面主要细分类名的概要。

(4) 分部。部内有由信息性标题构成的分部,分部没有类号。

例如,A 部(人类生活必需)包括以下分部:

　　　农业

　　　食品　烟草

　　　个人或家用物品

　　　健康　娱乐

2) 大类

每一个部被细分成许多大类,大类是分类表的第二等级。

(1) 大类的类号。每一个大类的类号由部的类号及其后的两位数字组成。例如,H01。

(2) 大类的类名。每一个大类的类名表明该大类包括的内容。例如,H01 基本电气元件。

(3) 大类索引。某些大类有一个索引,它只是给出该大类内容的总括的信息性概要。

3) 小类

每一个大类包括一个或多个小类,小类是分类表的第三等级。

(1) 小类类号。每一个小类类号由大类类号加上一个大写字母组成。例如,H01S。

(2) 小类类名。小类的类名尽可能确切地表明该小类的内容。例如,H01S 利用受激发射的器件。

(3) 小类索引。大多数小类都有一个索引,它只是一种给出该小类内容的总括的信息性概要。IPC 的电子版本允许使用者也通过主题的复杂性顺序来浏览小类的内容。

(4) 导引标题。在小类中的很大部分涉及一个共同技术主题的地方,可能在这个部分的起始处提供了指示这个技术主题的导引标题。

4) 组

每一个小类被细分为“组”,“组”既可以是大组(即分类表的第四等级)。也可以是小组(即依赖于分类表大组等级的更低的等级)。

(1) 组的类号。每一个组的类号由小类类号加上用斜线分开的两个数组成。

(2) 大组的类号。每一个大组的类号由小类类号后面伴随一个 1~3 位的数字、斜线及 00 组成。例如,H01S 3/00。

(3) 大组的类名。大组的类名确切地限定对检索目的有用的在小类范围内的一个技术主题领域。大组的类号和类名在分类表中用黑体字印刷。例如,H01S 3/00 激光器。

(4) 小组的类号。小组是大组的细分类。每一个小组的类号由后面伴随其大组的 1~3 位数字的小类类号、斜线及除 00 以外的至少两位数字组成。例如,H01S 3/02。

任何一个在斜线后面的第3位或后继位数字应该理解为在其前面的数字的十进位细分数字。例如,3/036 可在 3/03 下面和 3/04 上面找到,而 3/0971 可在 3/097 下面和 3/098 上面找到。

(5) 小组的类名。小组的类名确切地限定对检索目的有用的、其大组范围内的一个技术主题领域。该类名前加一个或几个圆点指明该小组的等级位置，即指明每一个小组是它上面离它最近的又比它少一个圆点的小组的细分类。小组的类名经常是一个完整的词语，在这种情况下以一个大写字母开头。此系英文电子版的情形，类似情况在本分类表中文印刷版不体现。如果小组的类名解读为它所依赖的、少一个缩排点的、最靠近的上级组的类名的继续的情况下，它以一个小写字母开头。在所有情况下，必须将小组的类名解读为，依赖并且受限于其所缩排的上位组的类名。

例如：

H01S 3/00　　激光器(Lasers)
H01S 3/14　　按所用激活介质的材料区分的激光器
H01S 3/05　　光学谐振器的结构或形状

3/05 的类名是一个完整词语，但是由于其等级结构位置，这个小组被限定于激光器的光学谐振器的结构或形状。

2. IPC 完整组成

一个完整国际专利分类号由部、大类、小类、大组或小组的类号组成。例如，电疗按摩器的 IPC 号如下：

A　　　　　　部(人类生活需要)
A 61　　　　　大类(医学或兽医学　卫生学)
A 61N　　　　小类(电疗　磁疗　放疗)
A 61N 1/00　 大组(电疗装置　其所用的线路)
A 61N 1/26　 小组(电疗刷　电疗按摩器)

完整的 IPC 为：Int.Cl^{8}A 61N 1/26，其中 Int.Cl^8 表示国际专利分类第 8 版。

(八) 中国专利编号

1. 专利申请号

专利申请号是指国家知识产权局受理一件专利申请时给予该专利申请的一个标志号码。目前，我国执行的是中华人民共和国知识产权行业标准《ZC 006-2003 专利申请号标准》。

专利申请号用 12 位阿拉伯数字表示，包括申请年号、申请种类号和申请流水号三个部分。按照由左向右的次序，专利申请号中的第 1～4 位数字表示受理专利申请的年号；第 5 位数字表示专利申请的种类；第 6～12 位数字(共 7 位)为申请流水号，表示受理专利申请的相对顺序。专利申请号中使用的每一位阿拉伯数字均为十进制。

1) 申请年号

专利申请号中的年号采用公元纪年。例如，2011 表示专利申请的受理年份为公元 2011年。

2) 申请种类号

专利申请号中的申请种类号用 1 位数字表示，所使用数字的含义规定如下：1 表示发明专利申请；2 表示实用新型专利申请；3 表示外观设计专利申请；8 表示进入中国国家阶段的 PCT 发明专利申请；9 表示进入中国国家阶段的 PCT 实用新型专利申请。

上述申请种类号中未包含的其他阿拉伯数字在作为种类号使用时的含义由国家知识产权局另行规定。

3) 申请流水号

专利申请号中的申请流水号用 7 位连续数字表示，一般按照升序使用。例如，从 0000001 开始，顺序递增，直至 9999999。

每一自然年度的专利申请号中的申请流水号重新编排，即从每年 1 月 1 日起，新发放的专利申请号中的申请流水号不延续上一年度所使用的申请流水号，而是从 0000001 重新开始编排。

4) 校验位

校验位指以专利申请号中使用的数字组合作为源数据经过计算得出的 1 位阿拉伯数字 (0～9)或大写英文字母 X。校验位位于专利申请号之后，在专利申请号与校验位之间使用一个下标单字节实心圆点符号作为间隔符。

例如，专利申请号：2011 20000013.9，其各部分释义如图 6-3 所示。

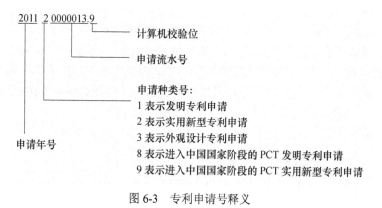

图 6-3　专利申请号释义

5) 专利号

专利号是在授予专利权时给出的编号，专利申请人获得专利权后，国家知识产权局颁发的专利证书上专利号为 ZL(专利的首字母)＋申请号。

2．专利文献号

专利文献号是指国家知识产权局按照法定程序，在专利申请公布和专利授权公告时给予的文献标志号码。目前，我国执行的是中华人民共和国知识产权行业标准《ZC 007-2004 专利文献号标准》。

专利文献号用 9 位阿拉伯数字表示，包括申请种类号和流水号两个部分。专利文献号中的第 1 位数字表示申请种类号，第 2～9 位数字(共 8 位)为文献流水号，表示文献公布或公告的排列顺序。

1) 申请种类号

专利文献号中的申请种类号用 1 位阿拉伯数字表示。所使用的数字含义规定如下：1 表示发明专利申请；2 表示实用新型专利申请；3 表示外观设计专利申请。

2) 文献流水号

专利文献号的流水号用 8 位连续阿拉伯数字表示，按照发明专利申请第一次公布，或实用新型、外观设计申请第一次公告各自不同的编号序列顺序递增。发明专利授权公告号沿用该发明专利申请在第一次公布时被赋予的专利文献号。

3) 专利文献种类标识代码

专利文献种类标识代码是以一个大写英文字母，或者一个大写英文字母与一位阿拉伯数字的组合表示，单纯数字不能作为专利文献种类标识代码使用。大写英文字母表示相应专利文献的公布或公告，阿拉伯数字用来区别公布或公告阶段中不同的专利文献种类。(具体使用方法参见《ZC 0008-2004 专利文献种类标识代码标准》)

专利文献种类标识代码中字母的含义规定如下：

A 发明专利申请公布

B 发明专利授权公告

C 发明专利权部分无效宣告的公告

U 实用新型专利授权公告

Y 实用新型专利权部分无效宣告的公告

S 外观设计专利授权公告或专利权部分无效宣告的公告

4) 专利文献号使用规则

《ZC 007-2004 专利文献号标准》特别指出：中国国家代码 CN 和专利文献种类标识代码均不构成专利文献号的组成部分。然而，为了完整地标识一篇专利文献的出版国家，以及在不同程序中的公布或公告，应将中国国家代码 CN、专利文献号、相应的专利文献种类标识代码联合使用，从而形成了专利申请公布号或授权公告号。排列顺序应为国家代码 CN、专利文献号、专利文献种类标识代码。例如，CN XXXXXXXXX A。

例如，专利授权公告号：CN 100378905 U，其各部分释义如图 6-4 所示。

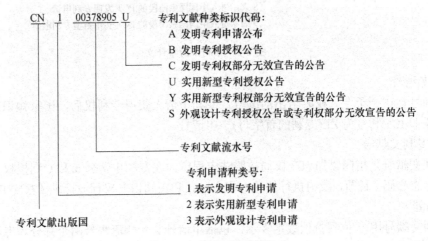

图 6-4 专利授权公告号释义

二、专利文献的检索

(一) 传统专利文献检索工具

我国常用的传统专利文献检索工具主要有专利公报、专利索引和文摘、专利分类法等。

1. 专利公报

《中国专利公报》是国家知识产权局每周定期公开出版的受理、审查和授权公告的唯一法定刊物，共分《发明专利公报》、《实用新型专利公报》、《外观设计专利公报》三种。每周每种公报合订为一期，全年 52 期，以大 16 开印刷品形式出版发行。

《中国专利公报》主要刊载专利申请公开、专利权授予、专利事务、授权公告索引等多项内容。

(1) 专利申请公开和授权决定。具体包括公布或者公告发明专利申请和实用新型专利申请中记载的著录事项、摘要和摘要附图。著录事项包括申请的名称、国际专利分类号、申请日、申请号、公开号或授权公告号等。

(2) 专利事务。具体记载与专利申请的审查及专利的法律状态有关的事项。如：申请的撤回、专利权的撤销、专利权的无效宣告、专利权的终止、专利权的继承或转让等。

(3) 索引。将每期公报所公布的专利申请以及授权的专利，按 IPC(国际专利分类号)、专利号和专利权人编排三个索引，同时给出授权公告号/专利号对照表。

2．专利索引

中国专利局目前出版有《中国专利索引》，为一年度索引，它对每年公开、公告、审定和授权的专利，以条目的形式进行报道，是检索中国专利文献的一种十分有效的工具，其不足之处为出版速度较慢，仅有年度索引，不能适应查阅近期专利的需要，又无文摘，不便于判断取舍。

《中国专利索引》的主要包括以下内容。

(1) 分类年度索引。分类年度索引将发明、实用新型和外观设计按年度，根据 IPC 号或国际外观设计分类顺序编排，其内容依次为 IPC 号 / 外观设计分类号，公开号 GK / 审定号 SD / 专利名 ZL / 公告号 GG、申请号、申请人 / 专利权人、专利名称、刊登该专利公报的"卷号"和"期号"(如 5～9 代表第 5 卷第 9 期)。

(2) 申请人、专利权人年度索引。按照申请人或专利权人姓名或译名的汉语拼音字母顺序按年进行编排，按发明专利、实用新型专利和外观设计专利编成三个部分。

无论是查阅"分类年度索引"，还是查阅"申请人、专利权人年度索引"，都可以获得分类号、发明名称、文献号或专利号、申请人或专利权人，以及卷期号这五项数据。

除《分类年度索引》外，由中国专利局文献部文献馆编辑出版的《中国发明专利分类文摘》(1985 年起出版年度刊)和《中国实用新型专利分类文摘》(1989 年起出版年度刊)，也是检索中国专利文献的工具书。这两种文摘分别收录了每年公开、公告的全部发明和实用新型专利申请。文摘有各种年度索引，如公开号索引、公告号索引、申请号索引、申请人索引等，可从不同角度进行检索。

两种文摘均按 IPC 分类编为 8 个分册，各分册内容包括 IPC 小类类目目录、文摘和各种索引。由于分类文摘是按 IPC 号顺序排列，必须持有分类号才能浏览文摘，因而各索引实际上是与分类号的对照表。

(二) 网络专利文献检索工具

我国主要的专利检索数据库有中华人民共和国国家知识产权局(www.sipo.gov.cn)、中国专利信息网(www.patent.com.cn)、中国知识产权网(www.cnipr.com)、中国发明专利技术信息网(www.1st.com.cn)、中国知网——专利数据库(www.cnki.net)、万方数据知识服务平台——专利数据库(www.wanfangdata.com.cn)等。

国外主要的专利检索数据库有美国专利检索数据库(www.uspto.gov/patft/index.html)、欧洲专利检索数据库(www.epo.org)、日本专利检索数据库(www.jpo.go.jp)、加拿大知识产权局网站数据库(opic.gc.ca)、世界知识产权组织网站数据库(www.wipo.int)等。

1．中华人民共和国国家知识产权局专利检索数据库

该数据库(www.sipo.gov.cn)划分了 4 个检索模块：

专利检索与服务系统(公众部分)，收录了 103 个国家、地区和组织的专利数据，其中涵盖了中国、美国、日本、韩国、英国、法国、德国、瑞士、俄罗斯、欧洲专利局和世界知识产权组织。

中国专利查询系统，包括 2 个查询系统：电子申请注册用户查询和公众查询系统。电子申请注册用户查询是专为电子申请注册用户提供的每日更新的注册用户基本信息、费用信息、审查信息(提供图形文件的查阅、下载)、公布公告信息、专利授权证书信息；公众查询系统是为公众(申请人、专利权利人、代理机构等)提供的每周更新的基本信息、审查信息、公布公告信息。

中国专利检索系统，收录了 1985 年 9 月 10 日以来公布的全部中国专利信息，包括发明、实用新型和外观设计三种专利的著录项目及摘要，并可浏览到各种说明书全文及外观设计图形。本数据库面向公众提供免费专利检索服务。

专利查询，包括 9 个查询系统：专利公开公告、法律状态查询、收费信息查询、代理机构查询、专利证书发文信息查询、通知书发文信息查询、退信信息查询、事务性公告查询、年费计算系统，为公众(申请人、专利权人、代理人、代理机构)提供的每周更新的专利公报信息、法律状态信息、事务性公告信息、缴费信息、专利证书发文信息、通知书发文信息、退信信息，以及代理机构备案信息、年费缴纳与减缓信息。

该数据库网页如图 6-5 和图 6-6 所示。

图 6-5　中华人民共和国国家知识产权局网站

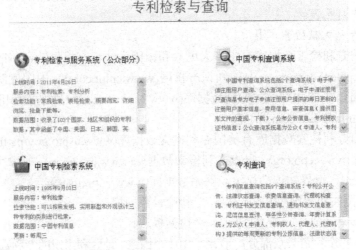

图 6-6　国家知识产权局专利检索模块

196

下面以专利检索与服务系统(公众部分)为例来介绍系统的使用方法。如图 6-7 所示。

图 6-7 专利检索与服务系统(公众部分)

选择主页面菜单中的"专利检索",在专利检索页面中,默认显示(选择)"常规检索",如图 6-8 所示。

图 6-8 专利检索与服务系统的常规检索

常规检索可以按照申请内容、申请号、公开(公告)号、申请(专利权)人、发明人、发明名称等检索类型进行检索。执行检索后在检索结果列表中系统会显示检索结果的概要信息,在检索历史列表中显示此次检索的相关信息。

(1) 选择"申请内容"检索项目时,系统将在摘要、关键词、权利要求和分类号中同时检索。

(2) 输入多个关键词,中间用空格分隔,系统按照多个关键词是"OR"的关系进行检索。

(3) 输入一个中间带空格词组,则需要在词组两边加英文的双引号,系统会检索包含该词组的文献信息。

(4) 输入保留关键字,则需要在保留关键字两边加英文的双引号。

(5) 支持逻辑运算符 and、or、not。

(6) 支持截词符#、+、?。

(7) 申请号格式：文献的申请国+申请流水号。

(8) 公开(公告)号格式：文献的公开国+公开流水号+公布级别。

(9) 当根据申请(专利权)人、发明人、发明名称检索时，系统会根据用户输入弹出联想框辅助输入，如图 6-9 所示。

图 6-9 专利检索与服务系统的联想辅助输入

系统高级检索分中外专利联合检索、中国专利检索和外国及港澳台专利检索，如图 6-10 所示。

图 6-10 专利检索与服务系统的表格检索

用户根据需要依次输入相应的检索信息，使用"生成检索式"功能，系统会根据用户输入的表格项信息，在"检索式"区域生成对应的检索式，也可以在"检索式"编辑区手动编写检索式，可以单击检索表格项/算符快速输入检索表格项名称/算符，如图 6-11 所示。

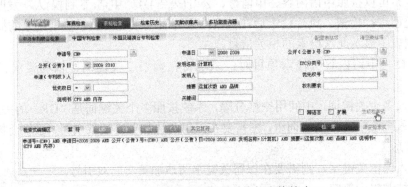

图 6-11 专利检索与服务系统的表格检索

198

使用常规或者表格检索后，检索结果会显示在检索结果列表页面中，如图 6-12 和图 6-13 所示。

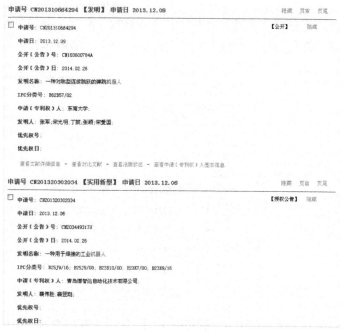

图 6-12 专利检索与服务系统的检索结果

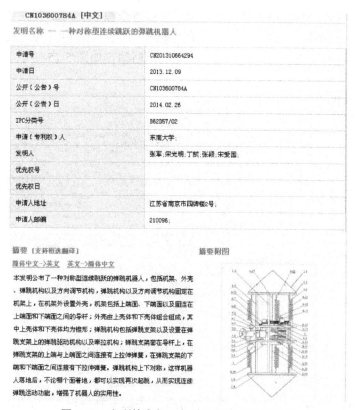

图 6-13 专利检索与服务系统的检索结果显示

2．中国知网——专利数据库

《中国专利全文数据库(知网版)》包含发明专利、实用新型专利、外观设计专利三个子库，准确地反映中国最新的专利发明。专利相关的文献、成果等信息来源于 CNKI 各大数据库。可以通过申请号、申请日、公开号、公开日、专利名称、摘要、分类号、申请人、发明人、优先权等检索项进行检索，并一次性下载专利说明书全文。如图 6-14 所示。

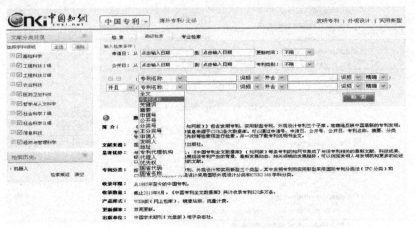

图6-14　中国知网——中国专利全文数据库高级检索界面

《海外专利摘要数据库(知网版)》包含美国、日本、英国、德国、法国、瑞士、世界知识产权组织、欧洲专利局、俄罗斯、韩国、加拿大、澳大利亚、中国香港及中国台湾地区十国两组织两地区的专利。专利相关的文献、成果等信息来源于 CNKI 各大数据库。可以通过申请号、申请日、公开号、公开日、专利名称、摘要、分类号、申请人、发明人、优先权等检索项进行检索，专利说明书全文链接到欧洲专利局网站。如图 6-15 所示。

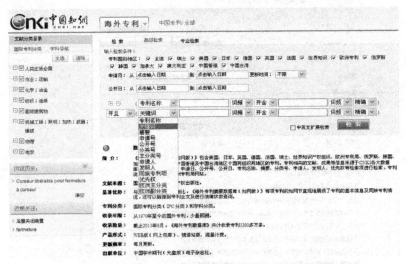

图6-15　中国知网——海外专利摘要数据库高级检索界面

3．美国专利检索数据库

该数据库(www.uspto.gov/patft/index.html)是由美国专利商标局提供的，分为授权专利数据库和申请专利数据库两部分。授权专利数据库提供了 1790 年至今各类授权的美国专利，其中有 1790 年至今的图像说明书，1976 年至今的全文文本说明书(附图像连接)；申请专利数据库只提供了 2001 年 3 月 15 日起申请说明书的文本和图像。检索方式包括快速检索、高级检索、精确检索、专利号检索等。如图 6-16～图 6-18 所示。

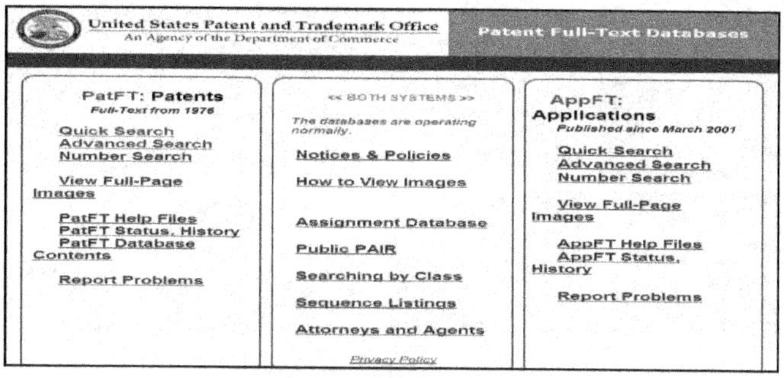

图 6-16　美国专利检索数据库

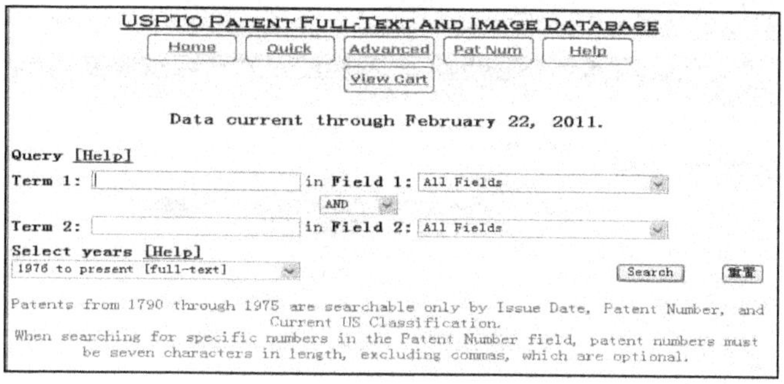

图 6-17　美国专利检索数据库快速检索

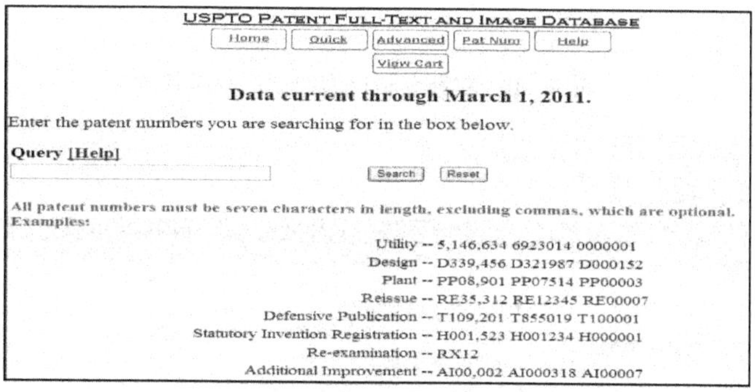

图 6-18　美国专利检索数据库号码检索

4．欧洲专利检索数据库

欧洲专利检索数据库(www.epo.org)由欧洲专利局及其成员国提供，专利数据库收录时间跨度大，涉及的国家多，收录了1920年以来(各国的起始年代有所不同)世界上50多个国家和地区出版的共计1.5亿多万件文献的数据。但检索数据不完整，只有部分国家的题录数据有英文发明名称及英文文摘。如果从英文发明名称或英文文摘字段进行检索就会造成漏检。该库主要有快速检索、高级检索和分类检索等。如图6-19～图6-21所示。

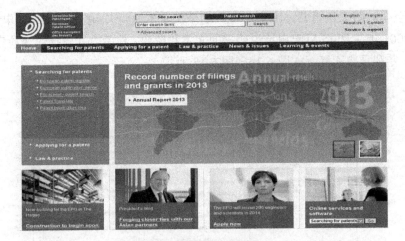

图 6-19　欧洲专利检索数据库

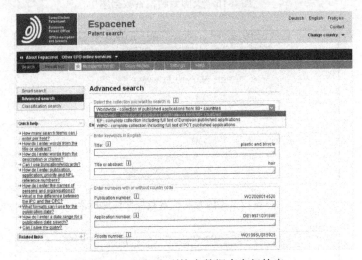

图 6-20　欧洲专利检索数据库高级检索

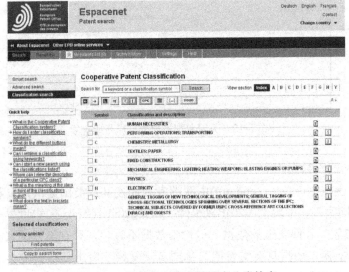

图 6-21　欧洲专利检索数据库分类检索

第二节　标准文献检索

一、标准基本知识

(一) 标准的概念

标准是指为了在一定范围内获得最佳秩序，经协商一致制定并由公认机构批准，共同使用和重复使用的一种规范性文件。它以科学、技术和实践经验的综合成果为基础，经有关方面协商一致，由主管机关批准，以特定形式发布，作为共同遵守的准则和依据。

标准涉及工农业、工程建设、交通运输、对外贸易和文化教育等领域，包括质量、安全、卫生、环境保护、包装储运等多种类型。

自标准实施之日起，至标准复审重新确认、修订或废止的时间，称为标准的有效期；又称标龄。由于各国情况不同，标准有效期也不同。ISO 标准每 5 年复审一次，平均标龄为 4.92 年。我国在国家标准管理办法中规定国家标准实施 5 年内要进行复审，即国家标准有效期一般为 5 年。

(二) 标准的类型

1. 按使用范围划分

国际标准：指国际间通用的标准。例如，国际标准化组织标准(ISO)、国际电工委员会标准(IEC)等。

区域标准：指经世界某一地区的若干国家标准化机构协商一致颁布的标准。例如，全欧标准(EM)、欧洲计算机制造商协会标准(ECMA)等。

国家标准：指由一个国家的全国性标准化机构批准颁布的标准。例如，中国的国家标准(GB)。

专业标准：指根据某专业范围统一的需要，由专业主管机构和专业标准化机构批准发布的标准。例如，美国石油学会标准(API)。

企业标准：由企业单位制定的适用于本单位的标准。例如，美国波音飞机公司标准(BAC)。

2. 按内容划分

基础标准：是标准的标准，一般包括名词术语、符号、代号、机械制图、公差与配合等。

产品标准：指对产品结构、规格、质量和检验方法所做的技术规定。

辅助产品标准：包括工具、模具、量具、夹具、专用设备及其部件的标准等。

原材料标准：包括材料分类、品种、规格、化学成分、物理性能、实验方法、保管验收规则等标准。

方法标准：指产品性能、质量方面的检测、试验方法为对象而制定的标准。

3. 按法定效力划分

(1) 强制性标准(GB)：是法律发生性的技术，即在该法律生效的地区或国家必须遵守的文件。强制性国家标准用"GB"为代号，如 GB7718—94。

属于强制性标准的有：

① 药品标准，食品卫生标准，兽药标准；

② 产品及产品生产、储运和使用中的安全、卫生标准，劳动安全、卫生标准，运输安全

标准；

③ 工程建设的质量、安全、卫生标准及国家需要控制的其他工程建设标准；

④ 环境保护的污染物排放标准和环境质量标准；

⑤ 重要的通用技术术语、符号、代号和制图方法；

⑥ 通用的试验、检验方法标准；

⑦ 互换配合标准；

⑧ 国家需要控制的重要产品质量标准。

(2) 推荐性标准(GB/T)。是建议性的技术文件，即推荐给企业或团体机构或个人使用的技术文件。不具有强制性，任何单位均有权决定是否采用，违犯这类标准，不构成经济或法律方面的责任。但推荐性标准一经接受并采用，或各方商定同意纳入经济合同中，就成为各方必须共同遵守的技术依据，具有法律上的约束性。推荐性国家标准用"GB/T"为代号，如GB/T3860—95。

(3) 指导性标准(GB/Z)。是对标准化工作的原则和一些具体做法的统一规定。例如，产品型号编制规则、各类标准编制导则等。指导性国家标准用"GB/Z"为代号。

(三) 国际标准化组织

国际标准化组织(International Organization for Standardization，ISO)，是世界上最大的非政府性标准化专门机构，是国际标准化领域中一个十分重要的组织。ISO 的任务是：制定国际标准，协调世界范围内的标准化工作，与其他国际性组织合作研究有关标准化问题，促进全球范围内的标准化及其有关活动，以利于国际间产品与服务的交流，以及在知识、科学、技术和经济活动中发展国际间的相互合作。它负责除电工领域外的一切国际标准化工作。

ISO 标准号的结构形式为标准代号＋顺序号＋制定(修订)年份。如 ISO 6743－2008。

(四) 标准文献

标准文献是按照规定程序编制并经过一个公认的权威机构批准的，供在一定范围内广泛而多次使用，包括一整套在特定活动领域必须执行的规格、定额、规划、要求的技术文件。标准文献是一种重要的科技出版物。一个国家的标准文献反映着该国的经济政策、技术政策、生产水平、加工工艺水平、标准化水平、自然条件、资源情况等内容，对于全面了解该国的工业发展情况，是一种重要的参考资料。如图 6-22 所示。

图 6-22　国家标准文献说明书

（五）标准文献的特点

1．明确的适用范围和用途

标准文献是供国民经济多部门多次使用的技术文件。出版任何一项标准，首先必须明确规定其适用范围、用途及有效期限；且每级标准适用于特定的领域和部门。

2．统一的产生过程、编制格式和叙述方法

它是有组织、有步骤地进行标准化工作的具体成果；各国标准化机构对其出版的标准文献都有一定的格式要求，这就使标准文献成为具有体裁划一、逻辑严谨、统一编号等形式特点的文献体系。

3．可靠性和现实性

标准文献中记录的数据，只能是经过严格的科学验证取得的，并且要随时间不断修订、补充和废除。

4．协调性

要求不仅与同类课题有关的现行标准，而且与正在编制的标准相互配合，从而谋求技术上的协调一致。

5．时效性

标准是以科学、技术和先进经验的综合成果为基础而编制的；随着科技发展和时间的推移，旧标准失去时效而被新标准替代。标准文献的更新较快。

6．约束性

标准文献是公认的技术依据，在一定条件下，又是一种技术上的法律，具有法律性质。

（六）标准文献的分类

1．国际标准分类法

国际标准分类法(International Classification for Standards，ICS)是由国际标准化组织编制的标准文献分类法。它主要用于国际标准、区域标准和国家标准以及相关标准化文献的分类、编目、订购与建库，从而促进国际标准、区域标准、国家标准以及其他标准化文献在世界范围的传播。国际标准分类法采用数字编号。第一级和第三级采用双位数，第二级采用三位数表示，各级分类号之间以实圆点相隔。

ICS 采用层累制分类法，由三级类目构成。第一级 41 个大类，如道路车辆工程、农业、冶金。每个大类以二位数字表示，如 43 道路车辆工程。

全部一级类目再分为 387 个二级类目。二级类目的类号由一级类目的类号和被一个圆点隔开的三位数组成。如 43.040 道路车辆装置。

二级类目下又再细分为三级类目，共有 789 个，三级类目的类号由一、二级类目的类号和被一个圆点隔开的二位数组成。如 43.040.50 传动装置、悬挂装置。

ICS 一些二级和三级类类名下设有范畴注释和／或指引注释。一般来说，范畴注释列出某特定二级类和三级类所覆盖的主题或给出其定义；指引注释指出某一特定二级类或三级类的主题与其他类目的相关性。

《国际标准分类法》(ICS)一级类目表如表 6-1 所列。

2．中国标准文献分类法(CCS)

《中国标准文献分类法》类目的设置以专业划分为主，适当结合科学分类。序列采取从总到分，从一般到具体的逻辑系统。类目结构采用二级编制形式。一级类目的设置主要以专业划分为主，共设 24 个大类，由单个拉丁字母组成，每个大类有 100 个二级类目；二级类目设置采取非严格等级制的列类方法，由双数字组成。

表 6-1　　《国际标准分类法》(ICS)一级类目表

代码	名　称	代码	名　称
01	综合、术语学、标准化、文献	53	材料储运设备
03	社会学、服务、公司(企业)的组织和管理、行政、运输	55	货物的包装和调运
07	数学、自然科学	59	纺织和皮革技术
11	医药卫生技术	61	服装工业
13	环保、保健和安全	65	农业
17	计量学和测量、物理现象	67	食品技术
19	试验	71	化工技术
21	机械系统和通用件	73	采矿和矿产品
23	流体系统和通用件	75	石油及相关技术
25	机械制造	77	冶金
27	能源和热传导工程	79	木材技术
29	电气工程	81	玻璃和陶瓷工业
31	电子学	83	橡胶和塑料工业
33	电信、音频和视频工程	85	造纸技术
35	信息技术、办公机械	87	涂料和颜料工业
37	成像技术	91	建筑材料和建筑物
39	精密机械、珠宝	93	土木工程
43	道路车辆工程	95	军事工程
45	铁路工程	97	家用和商用设备、文娱、体育
47	造船和海上构筑物	99	没有标题(该类保留出来，作为内部其他用途)
49	航空器和航天器工程		

《中国标准文献分类法》(CCS)一级类目表如表 6-2 所列。

表 6-2　　《中国标准文献分类法》(CCS)一级类目表

代码	名　称	代码	名　称
A	综合	N	仪器、仪表
B	农业、林业	P	土木、建筑
C	医药、卫生、劳动保护	Q	建材
D	矿业	R	公路、水路运输
E	石油	S	铁路
F	能源、核技术	T	车辆
G	化工	U	船舶
H	冶金	V	航空、航天
J	机械	W	纺织
K	电工	X	食品
L	电子元器件与信息技术	Y	轻工、文化与生活用品
M	通信、广播	Z	环境保护

二、标准文献的检索

(一) 传统标准文献检索工具

我国传统标准文献检索工具主要有中国标准出版社出版的《中华人民共和国国家标准目录及信息总汇》、《中国国家标准汇编》、《中国国家标准分类汇编》、《中国标准化年鉴》、《中华人民共和国行业标准目录》和《国家标准代替废止目录》等二次文献。

《中华人民共和国国家标准目录及信息总汇》是由国家技术监督局标准化司和中国技术监督情报所联合编制，由中国标准出版社按年度出版。它收录对象为中国国家标准、推荐性国家标准和行业标准。一般由四部分组成：国家标准专业分类目录(中、英文)，被废止的国家标准目录，国家标准修改、更正、勘误通知信息以及索引。其中，国家标准专业分类目录收录截止到前一年年底前批准发布的现行国家标准信息，并按中国标准文献分类法(CCS)编排。

正文前的分类目录给出分类、类目及标准著录的页码。标准条目著录有专业分类、标准号、标准名称(中文及英文)、提出部门、标准类别、标准水平、和国际标准的关系、发表日期、实使日期、代替标准等。正文后附有"标准顺序号索引"，它按标准顺序号编排，给出标准所在页码。

《中国标准化年鉴》，由国家标准局编辑，1985 年创刊，以后逐年出版一本。内容包括我国标准化事业的现状、国家标准分类目录和标准序号索引三部分。

《中华人民共和国国家标准目录》，由中国标准化协会编辑，不定期出版，内容除包括现行国家标准外，还列出了行业标准。该目录分标准序号索引和分类目录二部分编排。

《标准化通讯》，由中国标准化协会编辑出版，月刊。该刊报道国内最新标准及标准化工作动态。

《台湾标准目录》，由厦门市标准化质量管理协会翻印，1983 年出版。该目录收录台湾1983 年前批准的共 10136 个标准。

《最新国家标准和国际标准目录》，由中国标准信息中心编辑出版，该目录汇总了 1991 年 1 月至 1992 年 9 月发布的所有新的国家标准和国际标准，以及对现行标准的修改(补充)和作废情况。内容包括分类目录和标准序号索引二部分。

《世界标准信息》由中国标准信息中心编辑出版，月刊。该刊以题录形式介绍最新国家标准、行业标准、台湾标准、国际和国外先进标准，以及国内外标准化动态。

《中华人民共和国行业标准目录》汇集包装行业等 50 多个行业的标准目录，是检索行业标准的常用工具。

利用《国家标准代替废止目录》，一般既可由现行标准查找代替标准，也可由被代替标准查询现行标准。用代替或废止标准查询现行标准一般较难，这是由于有时代替标准与现行标准并非同号，国家已宣布某项标准被代替了，而用户却弄不清此项标准是被代替，还是被废止了，利用这种目录则方便查找。

(二) 网络标准文献检索工具

我国主要的标准检索数据库有中国标准服务网(www.cssn.net.cn)、万方数据资源系统(www.wanfangdata.com.cn)、中国知网——中国标准全文数据库(www.cnki.net)、标准技术网(www.bzjsw.com)等。

国外主要的标准检索数据库有世界标准服务网(www.wssn.net)、美国国家标准(ANSI)检索

(www.ansi.org)、英国标准(BS)检索(www.bsi.org.uk)、ISO 标准检索(www.iso.org)、IEC 标准检索(www.iec.ch)等。

1．中国标准服务网

中国标准服务网(www.cssn.net.cn)是国家级标准信息服务门户，其标准信息主要依托于国家标准化管理委员会、中国标准化研究院标准馆及院属科研部门、地方标准化研究院(所)及国内外相关标准化机构。目前提供查询的数据库有：现行国家标准（GB）；行业标准（HB）；美国计算机协会（ASME）；美国实验材料协会（ASTM）；美国电气与电子工程师协会（IEEE）；美国保险商实验所（UL）；国际标准（ISO）；国际电工委员会标准（IEC）制定的标准；以及英、法、美、德、日五国的国外标准。需要注意的是，非注册用户只能使用部分数据库资源，注册后（包括免费注册）才可以使用全部。

同时网站还提供国家标准化的发布实施、作废等的动态信息，和标准类期刊和图书的查询和定购，以及国内外标准的服务等。如图 6-23 和图 6-24 所示。

图 6-23　中国标准服务网

图 6-24　中国标准服务网标准高级检索

2．万方数据资源系统

万方数据的中外标准数据库是检索中外标准的题录文摘型数据库，收录了中国国家标准、中国行业标准、中国建材标准、中国建设标准、国际标准化组织标准、国际电工委员会标准、欧洲标准、英国标准学会标准、法国标准协会标准、德国标准化学会标准、日本工业标准调查会标准、美国国家标准、美国行业标准等国内外各种标准，标准提供单位是国家质量技术监督局。如图 6-25 和图 6-26 所示。

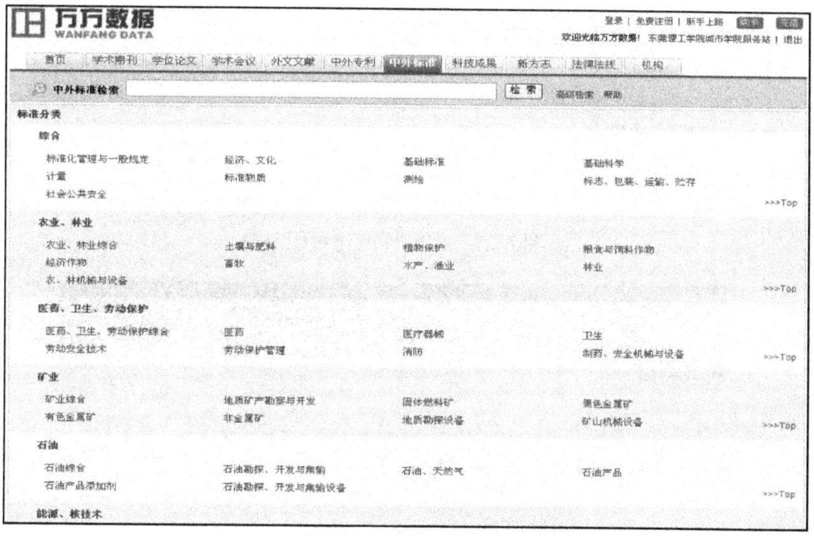

图 6-25　万方数据中外标准数据库

图 6-26　万方数据中外标准数据库高级检索

3．ISO

ISO 是由各国标准化团体(ISO 成员团体)组成的世界性的联合会。制定国际标准的工作通常由 ISO 的技术委员会完成。ISO 网站的主要服务项目有 ISO 介绍、ISO 各国成员、ISO 技术工作、标准和世界贸易、ISO 分类、ISO9000 和 ISO14000、新闻、世界标准服务网络、ISO 服务等。如图 6-27～图 6-29 所示。

图 6-27 国家标准化组织 ISO

图 6-28 国家标准化组织 ISO 标准检索

图 6-29 国家标准化组织 ISO 标准高级检索

4. IEC 标准检索

IEC 标准检索(www.iec.ch)国际电工委员会的全称是 International Electrotechnical Commission，成立于 1906 年，主要负责研究、制定、批准电工和电子技术方面的标准。现在它有 44 个成员国，我国于 1957 年正式加入该组织。IEC 下设 81 个技术委员会(TC)、123 个分委员会，有现行标准3000 多个。它包括综合性基础标准、电工设备标准、电工材料标准、日用电器标准、仪器仪表及工业自动化标准、无线电通信、电声设备、电子元件、器件标准、专用电器设备标准、各种电器装置造成的无线电干扰测试方法标准、安全标准等。如图 6-30 和图 6-31 所示。

IEC 标准的编号形式为 IEC＋年代号(制定/修订年份)。

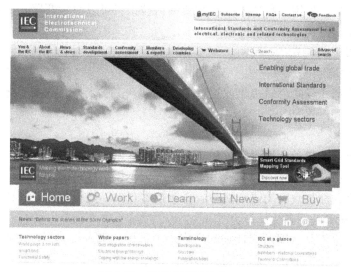

图 6-30　国际电工委员会 IEC

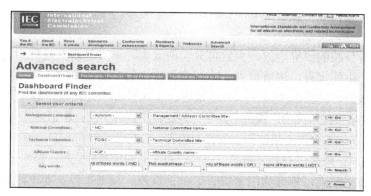

图 6-31　国际电工委员会 IEC 高级检索

第三节　科技报告检索

一、科技报告基本知识

(一) 科技报告的概念

科技报告是在科研活动的各个阶段，由科技人员按照有关规定和格式撰写的，以积累、传播和交流为目的，能完整而真实地反映其所从事科研活动的技术内容和经验的特种文献。

它具有内容广泛、翔实、具体、完整，技术含量高，实用意义大，而且便于交流，时效性好等其他文献类型所无法相比的特点和优势。

科技报告注重详细记录科研进展的全过程，大多数科技报告都与政府的研究活动、国防及尖端科学技术领域有关，其撰写者或提出者，主要是政府部门、军队系统的科研机构和一部分由军队、政府部门与之签订合同或给予津贴的私人公司、大学等。

科技报告所报道的内容一般必须经过有关主管部门的审查与鉴定，具有较好的成熟性、可靠性和新颖性，是非常重要的学术信息资源。对于交流科研思路、推动发明创造、评估技术差距、改进技术方案、增加决策依据、避免科研工作中的重复与浪费，促进科研成果转化为生产力具有积极的作用。科研人员经常查阅科技报告可以少走弯路、避免重复研究，提高科研水平的起点，得到事半功倍的效果。

(二) 科技报告的特点

1. 迅速反映新科研成果

以科技报告形式反映科研成果比这些成果在期刊上发表，一般要早一年左右，有的则不在期刊上发表。

2. 内容多样化

它几乎涉及整个科学、技术领域和社会科学、行为科学以及部分人文科学领域。

3. 保密性较强

大量科技报告都与政府的研究活动、高新技术有关，使用范围控制较严。

4. 报告质量参差不齐

大部分科技报告是合同研究计划的产物，由工程技术人员编写，由于撰写受时间限制、因保密需要以工作文件形式出现等因素影响，使报告的质量相差很大。

5. 连续编号

每份报告自成一册，装订简单，一般都有连续编号。

(三) 科技报告的类型

按科技报告反映的研究阶段，大致可分为两大类：一类是研究过程中的报告，如现状报告、预备报告、中间报告、进展报告、非正式报告；另一类是研究工作结束时的报告，如总结报告、终结报告、试验结果报告、竣工报告、正式报告、公开报告等。

按报告的文献形式可分为：报告书，是一种比较正式的文件；札记，研究中的临时记录或小结；论文，准备在学术会议上或期刊上发表的报告；备忘录，供同一专业或同一机构中的少数人沟通信息用的资料；通报，对外公布的、内容较为成熟的摘要性文件；技术译文等。

按报告的使用范围可划分为绝密报告、机密报告、秘密报告、非密限制发行报告、非密报告、解密报告等。

按报告的性质划分有科学报告、技术报告、工程报告、调查报告、研究报告、专门报告、分析报告、正式报告、非正式报告、会议报告、评估报告、专题报告、交流报告、生产报告、经济报告、测试报告等。

二、美国四大科技报告

(一) 政府行政系统的 PB 报告

美国政府于 1945 年 6 月美国成立商务部出版局，负责整理、公布从第二次世界大战战败国获取的科技资料，并编号出版，号码前统一冠以"PB"字样。20 世纪 40 年代的 PB 报告(10

万号以前），主要为战败国的科技资料；20世纪50年代起(10万号以后)，则主要是美国政府科研机构及其有关合同机构的科技报告。1970年起，转而由美国国家技术情报局（NTIS）来负责PB报告的收集及报道工作。PB报告的内容绝大部分属科技领域，包括基础理论、生产技术、工艺、材料等。20世纪70年代以后，侧重于民用工程技术，包括土木建筑、城市规划、环境保护、交通运输等方面。如图6-32所示。

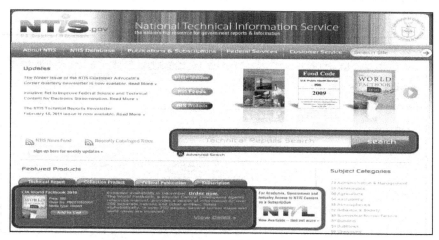

图6-32 美国政府行政系统的PB报告主页面

PB报告的报告号20世纪80年代前采用"PB＋顺序号"的形式，20世纪80年代起采用"PB＋年代＋顺序号"的形式，如PB97－127864。

(二) 军事系统的AD报告

凡美国国防部所属研究所及其合同单位的技术报告均由当时的美国武装部队技术情报局(ASTIA)整理，并在规定的范围内发行。AD报告即为这个情报局出版的文献。AD报告的来源单位有美国军事部门的研究单位、政府的科研部门、公司企业、大专院校以及一些国外和国际组织，报告内容不仅包括军事科技的，也涉及民用技术。

AD报告有密级，在其报告号用不同的字母表示。自1975年起它的主要形式如下：

AD－A000001～A表示公开报告，占45％。

AD－B000001～B表示非密限制报告，占39％。

AD－C000001～C表示秘密报告，占16％。

AD－D000001～D表示美军专利文献。

另外，AD－E是临时使用的试验号，AD－P是丛书或会议论文集的单行本，AD－R是国防部和能源部能源学科的保密文献。

PB、AD报告的主要检索工具为美国《政府报告通报和索引》。常用检索数据库都是NTIS。

(三) 航空航天系统的NASA报告

NASA报告是美国国家航空与宇宙航行局拥有的研究机构产生的技术报告。它是一种综合性科技报告，除航空航天科学技术外，还涉及电子、机械、化工、冶金、天体物理等各相关学科。NASA报告中还包括专利文献、学位论文和专著，也有外国的文献、译文。主要内容为空气动力学、发动机及飞行器结构、材料、试验设备、飞行器的制导及测量仪器等。

NASA报告号采用"NASA＋出版类型＋顺序号"的形式，如NASA－TR－107279。

报告类型有11种，包括NASA－TR－R－(技术报告)、NASA-TN-D-(技术札记)、

NASA-TM-X-(技术备忘录)、NASA-CR-(合同户报告)、NASA-TT-F-(技术译文)、NASA-SP-(特种出版物)、NASA-Case-(专利说明书)、NASA-TB-(技术简讯)、NASA-EP-(教学用出版物)、NASA-CP-(会议出版物)、NASA-TR-(技术出版物)。在 NASA 数据库中的 NASA 文献一律冠以字母 N，其编号形式为"N＋年代号＋顺序号"。

　　NASA 报告主要检索工具为《宇航科技报告》(STAR)。常用检索数据库为 NASA 数据库。如图 6-33 所示。

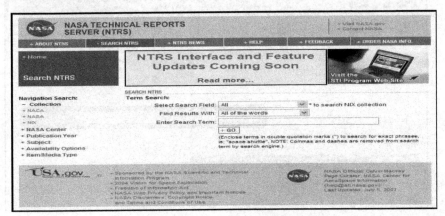

图 6-33　NASA 报告检索界面

(四) 能源系统的 AEC/ERDA/DOE 报告

　　1946 年，美国建立原子能委员会(AEC)。AEC 报告即为该委员会所属单位及合同户编写的报告。1975 年该委员会改名为能源研究与发展署，简称 ERDA，AEC 报告于 1976 年改称 ERDA 报告。1977 年该署又改组扩大为美国能源部，简称 DOE。1978 年 7 月起逐渐改为冠以 DOE 的科技报告。DOE 报告的内容主要是原子能及其他能源领域，也涉及到其他各学科。其文献主要来源于能源部所属的技术中心、实验室、信息中心，也有一些来自国外。

　　DOE 报告没有统一的编号，绝大多数是由所属单位或合同户自行标志的编号。报告号不少采用来源单位名称的首字母缩写加上顺序号构成，有的还表示编写报告的年份或报告的类型等，可以通过一些工具书来识别它们。凡与能源有关的会议论文发行时冠于 CONF 字头，由能源部发行的报告采用"DE＋年代＋顺序号"的形式，如 DE97000630。

　　其主要检索工具为《核子科学文摘》，继之为《能源研究文摘》。常用检索数据库为 OSTI 数据库。如图 6-34 所示。

三、科技报告的检索

(一) 传统科技报告检索工具

1. 我国传统科技报告检索工具

　　《科学技术研究成果公报》，由中国国家科委科学技术成果管理办公室主办，由科技文献出版社出版，1963 年创刊，发行月刊。它报道我国较大的科研成果，由国务院有关部门推荐、经国家科委科学技术成果管理办公室正式登记、以摘要形式在《公报》上公告。期刊按分类编排，有 4 个大类：第一类为农业、林业；第二类为工业、交通及环境科学；第三类为医药、卫生；第四类为基础科学。每大类中按《中图法》分类号顺序编排，每年第 12 期是年度分类索引。中国科技信息研究中心已开发了其电子产品——中国科技成果库。

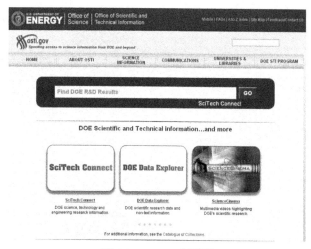

图 6-34　OSTI 主页面

2．国外传统科技报告检索工具

《宇航科技报告》(Scientific and Technical Aerospace Reports，STAR)创刊于 1963 年，发行半月刊。它由美国国家航空和宇航局编辑出版，是当前报道世界航空宇航及其相关学科和工艺技术方面科技报告的文摘型检索刊。它主要收录 NASA 报告、NASA 专利、学位论文和专著以及美国其他政府机构、研究单位、公司企业、大专院校的科技报告，也报道国外发表的科技报告。同时，它也转载相当数量的 PB、AD 和 DOE 报告。STAR 使用统一编号形式"N＋年代＋顺序号"。在 Dialog 联机检索系统中有 108 号文档与之对应，数据库名称是《Aerospace Database》。

《文摘通讯》(Abstract Newsletters)，由美国国家技术情报局出版，它按学科分成 26 个专题，按周出版，以文摘形式报道 NTIS 最新发行和有较大使用价值的报告。

《技术札记》(Tech Notes)，由美国国家技术情报局出版，它主要报道来自美国政府六大部门科研单位收集的技术上有推广价值的科技报告、技术发明和数据表格等，内容分为 12 个学科，按月出版。

《能源研究文摘》(Energy Research Abstracts，ERA)，由美国能源部科技情报中心主办，创刊于 1976 年，发行半月刊。它是 DOE 报告的主要检索工具。

《ERA》主要报道美国能源部所属单位和合同户所提供的科学研究报告，也报道与能源研究有关的期刊论文、会议论文、图书、专利和学位论文等，还有其他单位的与能源有关的文献。报道内容集中在能源领域，也包括安全、环境科学、生物医学、物理学及法规等相关方面。

(二) 网络科技报告检索工具

我国主要的科技报告检索数据库有万方数据资源系统(www.wanfangdata.com.cn)、国家科技图书文献中心 NTSL(www.nstl.gov.cn)、中国知网——国家科技成果数据库(www.cnki.net)、国研网(www.drcnet.com.cn)、中国资讯行(www.chinainfobank.com)等。

国外主要的专利检索数据库有美国国家经济研究局的研究报告文摘(www.nber.org)、网络计算机科学技术报告 (NCSTRL)(www.ncstrl.org/)、国家环境研究委员会的科技报告 (www.cnie.org/rle/crs_mail.html)等。

1．万方数据资源系统

万方数据科技成果数据库是题录资源。主要收录了国内的科技成果及国家级科技计划项目。总计约 50 余万项，内容涉及自然科学的各个学科领域，每月更新。如图 6-35 和图 6-36 所示。

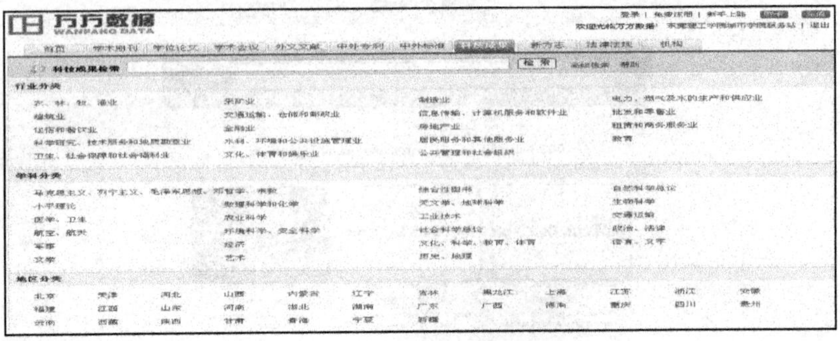

图 6-35　万方科技成果数据库检索

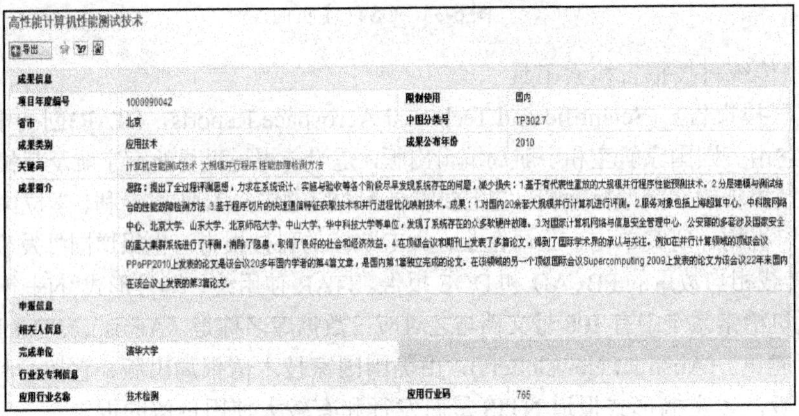

图 6-36　科技报告说明书

2．国家科技图书文献中心 NTSL

国家科技图书文献中心(National Science and Technology Library，NSTL)是经国务院领导批准，于 2000 年 6 月 12 日成立的一个基于网络环境的科技信息资源服务机构。中心由中国科学院文献情报中心、中国科学技术信息研究所、机械工业信息研究院、冶金工业信息标准研究院、中国化工信息中心、中国农业科学院农业信息研究所、中国医学科学院医学信息研究所、中国标准化研究院标准馆和中国计量科学研究院文献馆组成。如图 6-37 和图 6-38 所示。

图 6-37　国家科技图书文献中心

图 6-38　国家科技图书文献中心科技报告检索

3．中国知网——中国科技项目创新成果鉴定意见数据库

主要收录正式登记的中国科技成果，按行业、成果级别、学科领域分类。每条成果信息包含成果概况、立项、评价，知识产权状况及成果应用，成果完成单位、完成人等基本信息。如图 6-39 所示。

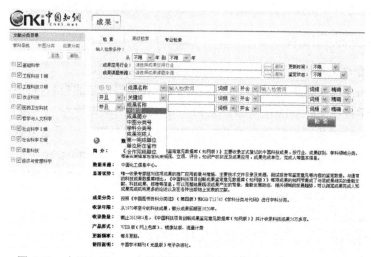

图 6-39　中国知网——中国科技项目创新成果鉴定意见数据库检索

第四节　会议文献检索

一、会议文献基本知识

(一) 会议文献的概念

会议文献是指各类科技会议的资料和出版物，包括会议前参加会议者预先提交的论文文摘、在会议上宣读或散发的论文、会上讨论的问题、交流的经验和情况等经整理编辑加工而成的正式出版物(会议录)。

(二) 会议文献的类型

会议文献可分为会前、会中和会后三种。

1．会前文献

会当文献包括征文启事、会议通知书、会议日程表、预印本和会前论文摘要等。其中预印本是在会前几个月内发至与会者或公开出售的会议资料，比会后正式出版的会议录要早 1～2 年，但内容完备性和准确性不及会议录。有些会议因不再出版会议录，故预印本就显得更加重要。

2．会中文献

会中文献包括会议期间的开幕词、讲话或报告、讨论记录、会议决议和闭幕词等。

3．会后文献

会后文献包括会议录、汇编、论文集、报告、学术讨论会报告、会议专刊等。其中会议录是会后将论文、报告及讨论记录整理汇编而公开出版或发表的文献。

(三) 会议文献的特点

(1) 传递新产生的但未必成熟的科研信息，对学科领域中最新发现、新成果等重大事件的首次报道率最高，是人们及时了解有关学科领域发展状况的重要渠道。30% 的科技成果首次公布在科技会议上，对本领域重大事件的首次报道率最高。

(2) 涉及的专业内容集中、针对性强。围绕同一会议主题撰写相关的研究论文内容新颖，即时性强。最能反映各个学科领域现阶段研究的新水平、新进展。

(3) 数量庞大，出版不规则。

(4) 出版形式多种多样。会议录(会议论文集)、期刊、科技报告、预印本等。

二、会议文献的检索

(一) 传统会议文献检索工具

我国传统的会议文献检索工具主要是《中国学术会议文献通报》。它由中国科技信息研究所主编，由科学技术文献出版社出版，创刊于 1982 年，从发行季刊、双月刊，1986 年起改为月刊。该刊是检索我国召开的学术会议及其论文的主要工具。现已出版《中国学术会议论文库》(CACP)，可以在网上检索，其网址为 http://www.chinainfo.gov.cn。它收录全国 100 多个国家级学会、协会及研究会召开的学术会议论文，报道自 1985 年以来的论文题录。

国外传统的会议文献检索工具主要有以下几种。

《科技会议录索引》(Index to Scientific & Technical Proceedings，ISTP)，由美国科学情报研究所(ISI)编辑出版，创刊于 1978 年，发行月刊，也出版年度索引。《科技会议录索引》是当前报道国际重要会议论文的权威性刊物，它不仅是一种经典的检索工具，也是当前世界上衡量、鉴定科学技术人员学术成果的重要评价工具。

《科技会议录索引》报告的学科包括生命科学、物理、化学、农业、生物和环境科学、临床医学、工程技术和应用科学等各个领域。它每年报道的内容，囊括了世界出版的重要会议录中的大部分文献。ISI 出版《科技会议录索引》的光盘版和网络版。光盘版的检索方法与 SCI 光盘版相同。网络版 Web of Science Proceeding(ISTP & ISSHP)的检索方法与 SCI 网络版相同。

《会议论文索引》(Conference Paper Index，CPI)，由美国剑桥文摘社编辑出版，创刊于 1933 年，从 1978 年起使用现刊名，发行双月刊，也出版年度累积索引。它是一种常用的检索工具，报道世界科技、工程和医学、生物学科等方面的会议文献，年报道文献量约 8 万篇。除印刷型版本外，也有电子版本，在 Dialog 联机检索系统中为 77 号文档。

《近期国际科技会议》(Forthcoming International Scientific and Technical Conferences)，由英国 AsLib 出版，创刊于 1966 年，发行季刊。主要预报本年内即将召开的国际和英国的科技会议情况，包括会议名称、会议日期、会议地点和主办单位等信息。

《出版会议录指南》(Directory of Published Proceedings)，由美国 Inter Dok Corp 公司出

版，创刊于 1964 年，有三个分册，包括社会科学与人文学，科学、工程、医学、技术，污染控制与生态学。它主要报道会议录中的论文，也收集期刊、丛书和报告中的会议论文。

（二）网络会议文献检索工具

我国主要的会议文献检索数据库有万方数据资源系统(www.wanfangdata.com.cn)、中国知网——中国重要会议论文全文数据库(www.cnki.net)、国家科技图书文献中心 NTSL (www.nstl.gov.cn)等。

国外主要的会议文献检索数据库有 ISI Proceedings(www.isiknowledge.com)、IEE Proceedings (www.iee.org.uk/publish/journals/profjrnl/cntncds.html)、IEEE 全文数据库(www.ieee.org/tag)等。

1．万方数据资源系统

万方数据学术会议论文是题录资源。收录了由中国科技信息研究所提供的，1985 年至今世界主要学会和协会主办的会议论文，以一级以上学会和协会主办的高质量会议论文为主。每年涉及近 3000 个重要的学术会议，总计 97 万余篇，每年增加约 18 万篇，每月更新。如图 6-40 和图 6-41 所示。

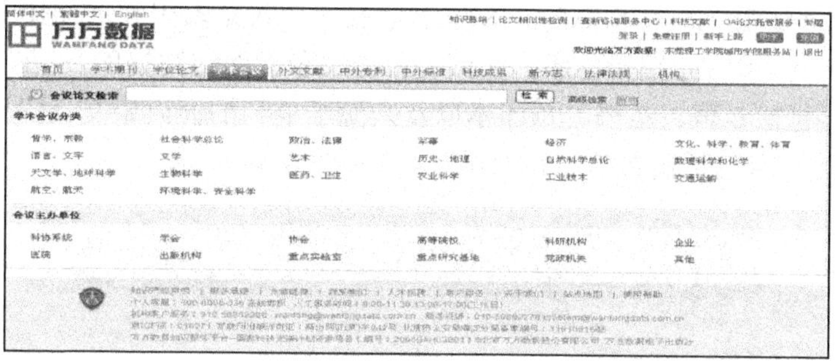

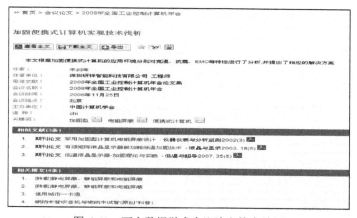

图 6-40　万方数据学术会议论文检索

图 6-41　万方数据学术会议论文检索结果

2．中国知网——会议论文全文数据库

国内外重要会议论文全文数据库的文献是由国内外会议主办单位或论文汇编单位书面授权并推荐出版的重要会议论文。重点收录 1999 年以来，中国科协系统及国家二级以上的学会、协会，高校、科研院所，政府机关举办的重要会议以及在国内召开的国际会议上发表的文献。其中，国际会议文献占全部文献的 20%以上，全国性会议文献超过总量的 70%，部分重点会议文献回溯至 1953 年。如图 6-42 所示。

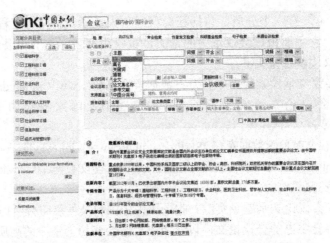

图 6-42　中国知网——国内外重要会议论文全文数据库检索

3．ISI Proceedings

ISI Proceedings (ISTP ＋ISSHP)，ISTP 科学技术会议录索引和 ISSHP 社会科学及人文科学会议录索引都是美国 ISI 编辑出版的查阅各种会议录的网络数据库，汇集了世界上最新出版的会议录资料，包括专著、丛书、预印本以及来源于期刊的会议论文，提供了综合全面、多学科的会议论文资料(包括摘要信息)。如图 6-43 和图 6-44 所示。

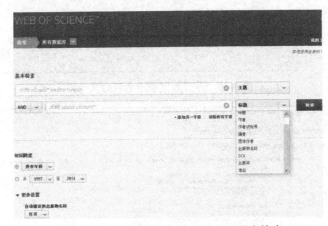

图 6-43　ISI Proceedings 会议录文献基本检索

图 6-44　ISI Proceedings 会议录文献高级检索

第五节　学位论文检索

一、学位论文基本知识

(一) 学位论文的概念

学位论文是高等学校、科研机构的学生修学毕业为获得各级学位所撰写的论文。学位论文是学术论文的一种形式。根据《中华人民共和国学位条例》的规定，学位论文分为学士论文、硕士论文、博士论文三种。

学士论文表明作者较好地掌握了本门学科的基础理论、专门知识和基础技能，并具有从事科学研究工作或承担专门技术工作的初步能力。

硕士论文表明作者在本门学科上掌握了坚实的基础理论和系统的专业知识，对所研究课题有新的见解，并具有从事科学研究工作或独立承担专门技术工作的能力。

博士论文表明作者在本门学科上掌握了坚实宽广的基础理论和系统深入的专门知识，在科学和专门技术上做出了创造性的成果，并具有独立从事创新科学研究工作或独立承担专门技术开发工作的能力。

(二) 学位论文的特点

(1) 学位论文是高等学校、科研机构的毕业生为获得各级学位所撰写的论文。

(2) 学位论文选题新颖，理论性、系统性较强，阐述详细。

(3) 参考文献多、全面，有助于对相关文献进行追踪检索。

(4) 单纯的文摘数据已无法满足读者需要，读者对电子论文全文的需求呈上升趋势。

二、学位论文的写作

(一) 学位论文的开题

1. 选题

选题是学位论文工作的第一步，且是关键的一步。一个课题选定的恰当与否，直接关系到以后的研究成功与否。选择一个有实践意义而又可行的课题，就有可能获得创造性的研究成果，写出有新思路、新见解的优秀论文。

毕业论文的选题要注意以下原则。

1) 创新性原则

选题要具有一定的新颖性。即别人没有提出过、没有解决和没有完全解决的课题，把别人尚未解决的问题作为自己研究的起点，避免重复别人已经做过的研究。

2) 可行性原则

选题需要切合实际，量力而行。范围要大小适中，难度也要适中。

3) 科学性原则

所选课题必须是科学的，具有一定的科学理论根据和科学事实根据，而不是凭空想象出来且违背科学与实际的。

2. 开题报告

开题报告是根据所选的课题的概况所作的一个文字陈述，主要是把课题内容、研究背景、创新点、难点、研究方法以及进度安排等主要问题阐述清楚。

开题报告一般包含以下内容：

(1) 论文题目。

(2) 文献综述。

(3) 选题的目的与意义。

(4) 研究的主要内容。

(5) 研究的思路和方法。

(6) 创新点和重难点。

(7) 进度安排。

(8) 参考文献。

(二) 学位论文的资料收集

任何研究都是建立在前人研究成果的基础上的，收集和积累资料是写作论文的基础，因此开始研究之前必须充分检索和搜集前人的研究资料和研究成果。资料的收集可以利用图书馆所有的纸质资源和电子资源，互联网的学术资源等。学位论文的质量取决于资料是否充实、准确和可靠。所以，资料的收集要遵循一定的原则。

(1) 切题，就是围绕自己的选题去选择能切合实际需要的材料。

(2) 真实，是指选取的材料所反映的内容在现实生活或者在科技活动中确实发生过，是经得起核查的事实。

(3) 典型，就是所选材料能够充分反映事物的本质，无论是一段情节、一个事实还是一句话，都必须具有广泛的代表性，有较强的说服力。

(三) 学位论文的写作

根据中华人民共和国国际标准 GB/T 7713.1—2006《学位论文编写规则》，学位论文主要包含以下内容。

1．题名

题名以简明的词语恰当、准确地反映论文最重要的特定内容(一般不超过 25 字)，应中英文对照。

2．摘要

摘要具有独立性和自含性，即不阅读论文的全文，就能获得必要的信息。应包括：对问题及研究目的的描述，对使用的方法和研究过程进行的简要介绍，对研究结论的简要概括等内容。

3．关键词

关键词体现论文特色，具有语义性，在论文中有明确的出处。并应尽量采用《汉语主题词表》或各专业主题词表提供的规范词。

4．前言

前言是对论文基本特征的介绍，如说明研究的背景、主旨、目的、意义、方法、编写体例、写作经过等。

5．正文

正文是论文的主体部分。一般包含论证的材料、分析方法、结果表达、讨论和结论等。但是，必须实事求是、客观真切、准备完备、合乎逻辑、层次分明、简练可读。

6．结论

结论是最终的、总体的结论，不是正文中各段的小结的简单重复。结论应包括论文的核心观点，交代研究工作的局限，提出未来工作的意见或建议。结论应该准确、完整、明确、精炼。

7. 参考文献

参考文献是指论文中引用的有具体文字来源的文献集合，其著录项目和著录格式遵照 GB/T 7714—2005 的规定执行。

三、学位论文的检索

(一) 传统学位论文检索工具

《中国学位论文通报》，是我国自然科学类学位论文的权威性检索工具，于 1985 年创刊，由中国科学技术情报研究所编辑，科学技术文献出版社出版发行。以题录、简介和文摘结合的形式，报道该所收藏的我国高等院校和科研机构的博士和硕士论文。

该刊现为双月刊。每期内容包括分类目录、正文和索引。分类目录按《中图法》分类，共设 9 个大类和 18 个子类；正文的著录内容是分类号、顺序号、论文题目、学位名称、文种、著者姓名、学位授予单位、总页数、发表年月、文摘、图表及中国科学技术情报研究所馆藏资料索取号等；索引部分有"机构索引"和"年度分类索引"。

检索者可按分类途径查找所需文献，按馆藏索取号向中国科学技术情报研究所借阅。对过去未曾报道的论文，补收在《中国博士硕士学位论文通报》中。

《国际学位论文文摘》(Dissertation Abstracts International)是查找国外博士论文的检索工具。该刊于 1938 年创刊，刊名几度变更，1969 年 7 月第 30 卷改用现名，由大学缩微品国际出版公司出版。目前该刊分为三个分册：A 辑是人文与社会科学；B 辑是科学与工程；C 辑是欧洲文摘。该刊报道美国、加拿大等国 500 多所大学的博士论文。

该刊的文摘较详细，平均每条约 350 字，它基本反映了论文的主要内容。文摘款目按分类编排，正文前有分类目次表。

对工程技术人员而言，B 辑最有用，其次是 C 辑。B 辑分生物科学、地球科学、卫生与环境科学、物理科学、心理学共五大类。物理学科之下分自然科学(化学、数学、物理……)、应用科学(工程、计算机……)等。

B 辑各篇论文摘要的著录内容是论文题目、订购号、著者姓名(全称)、颁发的学位名称、授予学位的大学名称、授予学位的年份、总页数、导师姓名(全称)、论文内容摘要。

B 辑正文后有两种索引：关键词题目索引与著者人名索引。

大学缩微品国际出版公司还出版《硕士学位论文摘要》，用于查找美国硕士论文。

(二) 网络学位论文检索工具

我国主要的学位论文检索数据库有：万方数据资源系统(www.wanfangdata.com.cn)、国家科技图书文献中心 NTSL(www.nstl.gov.cn)、中国知网——中国硕士、博士学位论文全文数据库(www.cnki.net)。

国外主要的学位论文检索数据库有 PQDT 博硕士论文数据库(proquest.umi.com/login)等。

1. 中国知网——中国硕士、博士学位论文全文数据库

《中国优秀硕士学位论文全文数据库》简称 CMFD，是国内内容最全、质量最高、出版周期最短、数据最规范、最实用的硕士学位论文全文数据库。重点收录从 1984 年至今的 985 高校、211 工程高校、中国科学院、社会科学院等重点院校高校的优秀硕士论文、重要特色学科如通信、军事学、中医药等专业的优秀硕士论文，覆盖基础科学、工程技术、农业、哲学、

医学、哲学、人文、社会科学等各个领域。截至 2012 年 10 月，共收录来自 621 家培养单位的优秀硕士学位论文 150 多万篇。

《中国博士学位论文全文数据库》简称 CDFD，是国内内容最全、质量最高、出版周期最短、数据最规范、最实用的博士学位论文全文数据库。收录从 1984 年至今的全国 985 高校、211 工程等重点高校、中国科学院、社会科学院等研究院所的博士学位论文，覆盖基础科学、工程技术、农业、医学、哲学、人文、社会科学等各个领域。截至 2012 年 10 月，共收录来自 404 家培养单位的博士学位论文 18 万多篇。如图 6-45 和 6-46 所示。

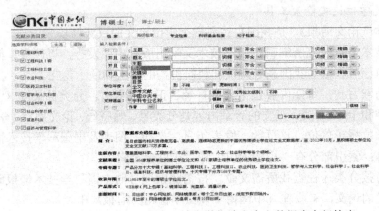

图 6-45　中国知网——硕士、博士学位论文全文数据库高级检索

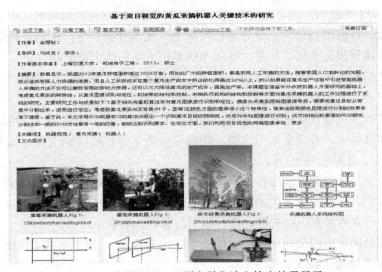

图 6-46　中国知网——硕士学位论文检索结果显示

2. PQDT 博硕士论文数据库

ProQuest Dissertations & Theses，简称 PQDT，原名 PQDD′，是美国 ProQuest 公司(原名 UMI 公司)出版的基于网络环境下的博硕士论文数据库。它收录了欧美 1000 余所大学的数百万篇学位论文，是目前世界上最大和最广泛使用的学位论文数据库。内容覆盖理工和人文社科等领域，其主题涉及农业、天文学、生物和环境科学、商业和经济、化学、教育、工程、美术和音乐、地理和地区规划、地质学、保健科学、历史和政治、语言和文学、图书信息科学、数学和统计学、哲学和宗教、物理学、心理学和社会学。PQDT 具有以下特点：收录年代长，从 1861 年开始；数据更新快，每周更新；1997 年以来的部分论文不但能看到文摘索

引信息，还可以看到前 24 页的论文原文。

PQDT 系统提供了基本检索(Basic)和高级检索(Advanced)两种检索方式。如图 6-47 和图 6-48 所示。

图 6-47　PQDT 基本检索

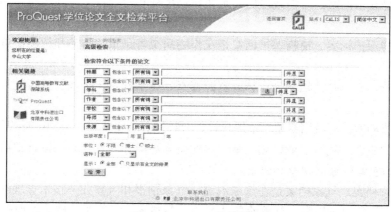

图 6-48　PQDT 高级检索

第六节　其他特种文献检索

一、科技档案的检索

(一) 科技档案基本知识

科技档案是自然科学研究、生产技术、基本建设等活动中形成的具有查考利用价值，并已归档保存的科学技术文件材料，包括图纸、图表、文件材料、计算材料、照片、影片以及各种录音、录像、机读磁带、光盘等，是档案的一大门类。它反映和记载一定单位的科学技术活动，反映和记载人类认识自然、改造自然的各项成果，是科技档案最本质的属性。

科技档案主要有以下类型：

(1) 基本建设档案。基本建设档案简称基建档案，是在各种建筑物、构筑物、地上地下管线等基本建设工程的规划、设计、施工和使用、维修活动中形成的科技档案。

(2) 医药卫生档案。医药卫生档案是在各种疾病的防预、护理及药品、生物制品的监督、检定和生产技术活动中形成的科技档案。

(3) 地质档案。地质档案是地质工作活动的记录和成果，它是地质调查研究、矿产勘探等活动中形成的科技档案。

(4) 环境保护档案。环境保护档案是环境管理和环境监测活动的直接记录，包括环境管理档案和环境监测档案两个基本部分。

(5) 自然科学研究档案。自然科学研究档案是在自然科学技术研究活动中形成的科技档案，简称科研档案。

(6) 工业生产技术档案。工业生产技术档案主要是工业产品档案，它是在工业产品的设计、研制和生产、制造活动中形成的科技档案。

(7) 工程档案。工程档案是以竣工图为核心的在工程建设和工程对象的使用、维修活动中形成的基建档案。

(8) 设备档案。设备档案是各种机器设备、车辆、船舶和仪器、仪表的档案材料。

(9) 测绘档案。测绘档案是大地测量和地图绘制活动中形成的科技档案。

(10) 农业科技档案。农业科技档案是在农、林、牧、渔各业的生产技术活动中形成的档案。

(11) 作物栽培档案。作物栽培档案是在作物播种和田间管理等栽培技术和管理活动中形成的档案。

(12) 植物保护档案。植物保护档案是在作物病虫害预报、防治和植物检疫活动中形成的档案。

(13) 林业档案。林业档案是在林业资源普查、林木抚育、采伐和更新过程中形成的科技档案。

(14) 畜牧档案。畜牧档案是在草场建设、育种饲养和畜牧兽医活动中形成的科技档案。

(15) 农业生态环境和农业区划档案。农业生态环境和农业区划档案是记载和反映农业自然生态条件和农业区划活动及其成果的科技档案。

(16) 气象档案。气象档案是在气象观测、气象预报和气象业务技术管理活动中形成的科技档案，包括气象记录档案、气象业务技术和服务档案、气象业务技术管理档案。

(17) 天文档案。天文档案是在天文观测、研究活动中形成的科技档案。

(18) 水文档案。水文档案是在水文观测(测验)和水情预报等水文工作活动中形成的科技档案，主要包括站网规划和测站文件、水文测验文件、水情预报文件。

(19) 地震档案。地震档案是在地震检测、地震分析研究和地震预报活动中形成的科技档案。主要有地震监测档案和地震分析预报档案。

(二) 科技档案的检索

1. 馆藏性检索工具

1) 卷内文件目录

卷内文件目录是以案卷为单位，系统登录卷内文件的题名和其他特征并固定其排列次序的一种检索工具。其登录内容一般包括顺序号、文号、责任者、题名、日期、页号和备注等。

2) 案卷目录

案卷目录是按照特定要求登录案卷题名和其他特征并固定其排列次序的一种检索工具。其登录内容一般包括案卷号、案卷题名、案卷所属年度、页数、保管期限和备注等。

3) 全引目录

全引目录又称为"案卷文件目录"、"卷内文件目录汇集"。这是一种将案卷目录和卷内文件目录相结合并按一定次序排列的一种检索工具。其登录内容一般包括案卷目录与卷内文件目录的所有内容。

2. 查检性检索工具

1) 分类目录与分类索引

分类目录是按照逻辑分类体系系统提示科技档案的内容与形式并将分类标志按一定顺序编排而成的综合性检索工具。

分类索引是按照逻辑分类体系揭示科技档案某一特征并将分类标志按一定顺序排列的综合性检索工具。

分类目录与分类索引的编制一般是以档案馆(室)内全部档案为对象,其著录范围完全突破了全宗、年度、保管期限等档案实体的类别界限。按照逻辑联系将全部档案组成一个有机整体。

2) 主题目录与主题索引

主题目录与主题索引都是建立在主题标引基础上的检索工具。

主题目录是以完整的文件或案卷为著录单位,将主题作为标目并按主题字顺组织起来的一种检索工具。

主题索引是以文件或案卷的主题为著录单位,将主题作为标目并按主题字顺组织起来的一种检索工具。主题索引可以作为独立的一种检索系统,也可以作为其他检索系统的一个附属部分。

3) 专题目录

专题目录是系统揭示档案馆(室)内某一专题档案的内容与形式并将其检索标志按一定顺序排列而成的检索工具。

专题目录的特点是以某一专题的档案为著录对象,不受全宗、类别、年代等方面的限制,可以系统地将档案馆(室)内有关某一专题的档案全部集中起来,便于人们按专题利用与研究。由于专题目录针对性强,编制方便、迅速。因此,在相当长一段时期内受到档案部门较为普遍的欢迎。目前一些中小型档案馆(室)往往仍以专题目录作为主要的检索工具。

4) 联合目录

联合目录是一种揭示若干档案馆(室)的全部或部分馆藏的档案检索工具。联合目录的作用是将分散在各处的档案信息从目录上联成一体,为用户提供更为系统的档案材料,充分发挥档案的作用。同时,联合目录的编制也能有效地开展档案馆之间的情报交流,以加强合作。

5) 文号索引

文号索引是以文件编号为标目,揭示文件存址的档案检索工具。文号索引实质上是一种文号档号对照表。它是以某一作者为单位,将该作者一年内所产生的文件按文号顺序排列,并指明其存址。

6) 人名索引

人名索引是以档案馆(室)内全部或部分馆藏中所涉及的人物姓名作为条目的标目,按字顺排列而成的一种检索工具。

人名索引从体例上可分为综合性与专题性两种。综合性人名索引是将档案馆(室)内全部档案中所涉及的人名都标引出来;专题性人名索引是将档案馆(室)内全部档案中有关某一方面的人名标引出来。

7) 地名索引

地名索引是将档案中有关的地名作为标目，并按一定次序排列而成的检索工具。

3．介绍性检索工具

1) 全宗指南

全宗指南是介绍和报道全宗构成者(立档单位)及其所形成档案情况的工具书。全宗指南能够向用户介绍和报道某一全宗的基本情况，从而为用户研究问题和工作查考提供依据；同时对档案人员了解和掌握全宗情况，加强档案管理，也是一种必要的工具。其编制由封页、正文和备注等组成。

2) 专题指南

专题指南是介绍和报道某一专题档案情况的工具书。专题指南介绍和报道的材料可以不受档案分类体系、全宗甚至档案馆(室)馆藏的限制，将不同全宗的有关某一专题的档案进行综合介绍，以便于档案用户能从专题的角度概览有关的档案。

3) 档案馆指南

档案馆指南是全面介绍和报道档案馆基本情况、馆藏档案和有关文献，指导用户查阅利用档案、资料的工具书。其由提示部分、正文部分和补充部分等组成。

二、产品样本的检索

(一) 产品样本基本知识

产品样本是各国厂商为推销产品而印发的一种宣传性出版物。含有关于产品的技术情报，包括产品的性能、规格、尺寸、重量、结构图、线路图及照片等。产品样本以国内外工业产品样本为最多，技术上比较新颖，参数也较可靠，能给人以直观形象，对选型、设计、研制、外贸和技术引进等工作都有较大的参考价值。

1．产品样本的类型

根据产品样本的内容和出版情况大体可以分成以下两大类：

(1) 各国厂商的出版物，包括有产品目录、单项产品样本、产品说明书、企业介绍和广告性厂刊等。

(2) 各国协会或行会、出版社(公司)等的出版物，包括有单项产品样本汇编、全行业产品一览及工业展览会目录等。

2．产品样本的特点

从范围看，产品样本介绍的是已经投产和行销的产品。因此，产品样本所反映的是较为成熟的技术，所列的各种特征曲线及技术数据都比较具体，较为可靠，具有一定的参考价值。

从形式看，一般产品样本是图文并茂的，有文章、照片、图片、表格数据等。图片是样本不可缺少的组成部分，有的产品样本还附有图纸。有的产品样本(如轻工、纺织、化工产品样本等)，还附有少量或小块样品。

因此产品样本具有直观、形象的特点。此外，多数产品样本的印刷和装订都比较讲究。

从内容看，所载资料一般都比较具体。

从对象看，便于设计、生产、技术人员和外贸人员所用。

从出版发行看，出版迅速、印刷数量多，重复率比较大。发行方法与其他出版物不同，多数为主动免费赠送，有的可以索取。

产品样本搜集比较方便，但使用寿命较短。

228

3．产品样本的搜集方法

产品样本搜集的方法一般有现场搜集、委托搜集、索取、订购、接受赠送和复制等方法。

1) 现场搜集

可以利用参观来华展览会或参加来华技术座谈会的机会搜集；通过出国参观考察或参加各种会议进行搜集。

2) 委托搜集

可以与外贸部门建立联系，委托搜集产品样本；与科技情报部门建立联系，委托搜集产品样本；委托驻外人员、出国人员、华侨或港澳同胞代为搜集；通过国外专门接受委托代为搜集所指定的厂商产品目录的企业，但是委托搜集所收的手续费甚高。

3) 索取

根据线索，不通过购买或交换而通过直按通信联系或直接去人联系而取得产品样本，这种搜集方法称为索取。

可以与国内各外贸单位建立联系，索取其多余的产品样本；与国内收藏国外产品样本的单位（如中国科学技术信息研究所，各专业部、各省市科技信息研究所）联系，索取其多余的产品样本；利用书信索取产品样本；利用"读者服务卡"(Reader Service Card)索取产品样本。

4) 采购

采购包括订购、现购、邮购和委托代购等方式。

国外有专门从事汇编产品目录的企业或是期刊出版社兼营产品目录的汇编出版业务，定期出版，计价发行。国内需要者可以通过中国图书进出口总公司向国外书商、出版部门订购。

5) 接受赠送

例如，上海市科技信息所产品样本陈列馆定期或不定期接到美、英、法等国驻沪领事馆或国外公司驻沪办事处赠送的产品样本。中国贸易促进委员会上海分会也为该馆负责提供在沪举办的展览会的部分产品样本。

6) 复制

对于份数有限而索取不到的产品样本，可以委托收藏单位代为复制。这是补充收藏的途径之一。目前国内各单位复制资料大都采取静电复制和缩微胶卷复制两种办法。各单位可根据自己的具体需要和设备条件采用其中的一种或两种。委托复制时，应将产品样本的名称、厂商名称、起讫页码以及委托单位名称、详细地址、复制品规格、品种、份数等书写清楚，准确无误。

(二) 产品样本的检索

(1) 《世界百万厂商产品集》，上海科技情报所 1989 年编辑出版。该产品集涉及世界 34 个国家近百万家厂商的 3 万余种产品，内容遍及工业、农业、矿业、机械、电子、化工、材料、药物、食品、包装、纸张、办公机械和日用消费品等，是查找国外厂商和产品的检索工具。

(2) 《机械产品目录》，原机械工业部编，机械工业出版社出版。该目录编入的范围为机械工业部归口、经鉴定合格产品，还包括部分引进产品，共分 34 册出版，各分册主要内容有编制说明、产品介绍（型号、名称、技术数据、用途等）、厂家名录等，是检索国内机械产品的重要工具。

(3) 《中国化工产品目录》，该目录是化工部对全国化工企业进行普查，收集了数十万份数据表格整理出版的检索国内化工产品的重要工具。目前已建立"全国化工产品数据库"。

(4)《中国电子仪器样本》，该书编辑部编，电子工业出版社出版。本书原名《中国电子测量仪器样本》，自 1985 年创办以来，每两年出版一次，分 20 个大类，3000 个品种，介绍各种产品用途、特点、主要技术性能、参考价值等，是检索我国电子仪器产品的重要工具。

(5)《来华技术座谈资料和新到国外产品样本收藏目录》，上海科技情报所样本陈列室编辑出版，报道该所收藏的国外来华举办技术讲座时赠送的资料和国外产品样本，还介绍新到的国外产品样本集。该目录按机械、电子技术、仪器仪表、化学化工、轻工、纺织、医疗卫生、交通运输、土木工程、冶金、材料和其他等 13 个类目排列。

(6)《美国的 MCS 目录》，MCS(Master Catalog Service)，是美国情报处理公司的重要产品之一。该公司经多年积累，将全部产品目录进行了科学分类，共分为 30 个大类，有四级类目，大小类目共 6 万个。MCS 共收录了 28066 家大公司的产品样本资料，有 260 万多页，800 多盒缩微胶卷。MCS 重点介绍各公司的概况及产品规格、标准、报价等。这些公司及产品均占美国主要公司及产品的 80% 以上。MCS 每两个月更新一次。

(7)《外国公司分类指南》，由中国国际贸易促进委员会国外新产品样本介绍中心、香港大公报和香港文化出版社 3 个单位合作出版发行，分别于 1981 年、1983—1984 年、1985—1986 年出版 3 册。这本《外国公司分类指南》按专业分类，介绍了世界著名公司和有兴趣与中国贸易的各国公司的基本情况。该《外国公司分类指南》还附有"外国、港澳公司驻华机构名录"，书后还附有英文和中文的"公司索引"、"读者询问卡"，供读者询问和索取各种资料之用。

三、政府出版物的检索

(一) 政府出版物基本知识

政府出版物又称官方出版物，是由政府机关负责编辑印制的，并通过各种渠道发送或出售的文字、图片、以及磁带、软件等。是政府用以发布政令和体现其思想、意志、行为的物质载体，同时也是政府的思想、意志、行为产生社会效应的主要传播媒介。

政府出版物主要产生于政府及其组织机构的工作过程中，包含了大量的原始资料和数据。它集中反映了政府机构的活动，反映出政府各部门对有关工作的观点、方针和政策。这对于了解一个国家的政策水平以及科学技术和经济发展现状，有着重要的参考价值。出版物中大部分是政府在决策和工作过程中产生的文献，是完成某一任务的报告，或者是研究某一地区、某一国家或某一问题的成果。这些文件往往提供原始的资料数据，也是宣传政策、报道科研进展、普及知识的有用资料。

政府出版物按性质可分为两类：一类是行政性文件，包括会议记录、司法资料、条约、决议、规章制度以及调查统计资料等；另一类是科技性文献，包括研究报告、科普资料、技术政策文件等。政府出版物包含大量的经济类文献信息，如经济报告、经济政策、国民经济统计数据，经济法规法条等。政府出版物数量巨大，内容广泛，出版迅速，资料可靠，是重要的信息源。政府出版物在出版前后，往往用其他形式发表，内容有时与其他类型的文献(如科技报告)有所重复。

政府出版物具有以下特点。

1. 信息量大

政府部门是信息资源的最大拥有者，约有 80% 的有价值的信息被政府部门掌握着。从基础科学到人文科学，政府出版物涉及的范围十分广泛，几乎涵盖了各个学科的信息资源。通过政府出版物这个信息入口可以了解到各国科技发展水平、政治经济状况及各项政策的权威性官方文献，是不可缺少的重要参考信息资源。

2．可靠性强

官方文献信息具有较高的准确性、可靠性和时效性。网络上的政府网站，提供的信息具有无可比拟的可信度。

3．参考性高

这是政府出版物信息资源最显著的特点，它集中反映了各国政府以及各部门工作的观点、方针、政策、举措，有助于信息使用者了解各国的科学技术状况、社会方方面面的情况及政策。

因此，政府出版物是极有价值的参考信息资源。又因为这些资源从其他途径获得十分困难。所以，在历史、社会科学、教育、人事管理以及自然科学、生物科学及医学研究方面的参考价值显得尤为突出。

（二）政府出版物的检索

(1)《中国政府出版物目录》由国家图书馆编辑发行，报道中央及地方国家机关、政府部门公开发布的法规、政策、报告、统计资料、白皮书等政府文献。每月一期，国内外发行。

(2) 中国政府出版物中三种典型的最高行政级别的出版物是《中华人民共和国国务院公报》（简称《国务院公报》）、《最高人民法院公报》和《全国人大常委会公报》。

《国务院公报》是 1955 年经国务院常务会议决定创办，由国务院办公厅编辑出版的面向国内外公开发行的政府出版物。它集中、准确地刊载：全国人民代表大会和全国人民代表大会常务委员会通过的法律和有关法律问题的决定；中华人民共和国主席令和任免人员名单；我国同外国缔结的条约、协定及我国政府发表的声明、公报等重要外交文件；国务院公布的行政法规和决定、命令等文件；国务院批准的有关机构调整、行政区划变动和人事任免的决定；国务院各部门公布的重要规章和文件；国务院领导同志批准登载的其他重要文件。《中华人民共和国立法法》规定：在《国务院公报》上刊登的行政法规和规章文本为标准文本；在《国务院公报》上刊登的各类公文与正式文件具有同等效力。

《最高人民法院公报》是最高人民法院公开介绍我国审判工作和司法制度的官方文献，由最高人民法院办公厅主办，是最高人民法院对外公布司法解释、司法文件、裁判文书、典型案例及其他有关司法信息资料的法定刊物。1985 年创刊，创刊时为季刊，1989 年 1 月改为双月刊，2004 年起改为月刊。它的主要内容包括重要法律、司法解释、司法文件、任免事项、文献和案例等。作为公开向全社会介绍人民法院司法信息的文献资料，它的权威性、专业性、指导性和实用性一直享有盛誉。

(3)《月份目录》(Monthly Catalogue)是检索美国政府出版物的主要刊物，该刊全面报道美国政府各机构出版物，每年有一年度累积本出版。

(4)《美国国会大全》提供了美国国会自 1789 年至今的各类资料。其中关于 1970 年后美国国会出版物索引与文摘的可靠资料，它提供了立法和公共服务政策信息的全面资料。

(5)《美国政府期刊大全》收入了 160 种以上具有较大研究、参考咨询价值或公众普遍感兴趣的联邦政府出版物中的文章，每两周更新一次，每一季度索引增加 2200 余篇文章，及时地反映了联邦政府所关注的各种问题。内容包括商业、农业、国家安全、环境、自然资源、健康、保险食物、营养运输等。

(6) 美国政府出版物数据库 GPO Monthly Catalog(GPO)包含 52 万多条记录，报道了与美国政府相关的各方面的文件，包括国会报告、国会意见听证会、国会辩论、国会档案、法院资料以及由美国具体实施部门，如国防部、内政部、劳动部、总统办公室等出版发行的文件。每个记录包含书目引文。覆盖了从 1976 年以来的资料，每月更新记录。

(7) 英国皇家出版局(HMSO)是专门出版政府出版物的机构，30％的英国政府出版物是由 HMSO 出版的，多数直接由各政府部门自行出版。检索英国政府出版物的主要检索工具有《英国政府出版物目录月报》、《英国政府出版物年度目录》等。

第七章　图书馆与信息资源利用

图书馆是实现信息资源自由、平等、免费获取的社会机构。人类社会在漫长的历史发展过程中，创设出了"图书馆"，并从以文化传承为主的"藏书楼"逐渐发展到今天的以信息资源建设及服务为目的的图书馆。图书馆是一个不断生长着的有机体，是最先应用新技术的实体机构，图书馆跟随时代的发展而发展，只有充分地了解图书馆，才能更好地利用图书馆。

第一节　图书馆的产生与发展

一、古代图书馆

(一) 西方古代图书馆

西亚的两河流域和北非的尼罗河下游地区土壤肥沃，水源充足，宜于人类的定居和耕作，是人类文明的发源地之一，也最早产生了人类的文字记录。随着人类文明的进步与发展，当各种记录的数量增长到一定程度时，个人难以依靠自身的力量去有效地管理，为了对这些记录进行有效的利用，产生了社会分工，于是就出现了各种搜集、整理、收藏文献典籍的机构和专职人员。这就是最初形态的图书馆。

考古学家在伊拉克巴格达南部尼普尔的一个寺庙废墟附近发现了许多刻有楔形文字的泥板文献，上面刻有祈祷文、神话等，这是迄今为止人们所知道的最早的图书馆遗迹之一——苏美尔寺院图书馆，这个图书馆存在于公元前 30 世纪。在美索不达米亚及其邻近各国也发现过几批泥板文献。公元前 7 世纪，亚述国王阿舒尔巴尼拔在其都城尼尼微建立了一座很大的皇家图书馆，史称尼尼微图书馆。阿舒尔巴尼拔下令搜集文献供官吏、学者与奴隶主使用，图书馆收藏的泥版图书多达 2.5 万余块，见图 7-1，是当时收藏泥板图书最多的图书馆。该图书馆已经对文献进行了初步的分类，把不同主题的泥板书放在不同的房间里，房间的墙壁上刻着简单的排架目录。

图 7-1　泥板图书

在古希腊，文艺和科学十分繁荣，贵族和学者都拥有藏书。公元前 4 世纪，各种哲学流派相继在雅典产生。柏拉图和亚里斯多德都拥有规模庞大的私人图书馆。在古希腊的废墟上，还发现过体育学校和医学学校图书馆的遗迹。

考古学家在古埃及的许多地方也发现了图书馆的遗迹，这些图书馆主要收集泥板文献和纸草文献，如图7-2所示。公元前4世纪，希腊北部的马其顿国王亚历山大，在尼罗河三角洲的地中海沿岸建立了亚历山大城，该城在托勒密时期成为整个地中海地区的最大城市和与东方各国的经济文化交流中心。古代最大的图书馆是公元前288年由托勒密一世祖孙三代建造的亚历山大图书馆。当时正是托勒密王朝鼎盛时期，各国学者云集亚历山大港，历代国王又十分热心于搜集图书，致使亚历山大图书馆的馆藏一度达到90万卷。200多年间，亚历山大图书馆一直是希腊文化的中心，但在公元前48年和公元391年遭到两次毁灭性的火灾。

图7-2　草纸图书

在古代文明中，能与亚历山大图书馆媲美的，还有公元前2世纪在小亚细亚(土耳其)建立的帕加马图书馆。帕加马的历代国王试图使它超越亚历山大图书馆。国王欧墨涅斯二世到处网罗学者，并一度试图劫持亚历山大图书馆馆长。埃及国王为阻碍帕加马图书馆的发展，严禁向帕加马输出埃及的草纸。帕加马只好改用羊皮来代替草纸，制成羊皮书。帕加马图书馆鼎盛时期曾收藏有羊皮书20万卷。

公元5世纪后期，欧洲进入中世纪。中世纪是宗教主宰万物的黑暗时代，宗教思想取代了一切文化，所以这一时期从总体上说是图书馆事业的凋敝时期。这一时期的图书馆通常都设在大教堂或宫廷里，最著名且规模最大的是梵蒂冈图书馆，也是当时天主教会中央图书馆。

中世纪的图书馆虽然处于凋敝状态，但也有其亮点，其中就有大学图书馆的兴起。较早的大学是意大利北部的波伦亚大学，而较著名的大学有大约建于1150年的法国巴黎大学、1163年建立的英国牛津大学、1366年建立的德国的查理学院等。这些大学在发展过程中逐步设立图书馆，向各类学者开放使用。大学图书馆建立的初期，不供借阅的图书大部分都用锁链牵在书桌上，叫做"锁藏图书"。

到了中世纪末期，随着大学的兴起，大学图书馆获得发展。早期的大学图书馆由私人藏书发展而来，如巴黎大学的图书馆就是在教父德·索邦的赠书基础上发展而来的。

(二) 中国古代藏书楼

从社会发展史角度来看，人们一般把1840年鸦片战争前的中国社会划为古代范畴，但就中国图书馆发展史而言，1840年并未成为古代和近代的分界线。因为至清末1904年之前，在中国根本就未出现过近代意义上的图书馆，而仅有一些藏书活动。

中国的文字起源很早，文字的创制为典籍的出现创造了条件。处于奴隶制社会的商周时期，已有担任文化事务的史官和宗教事务的卜、贞人。他们把占卜的时间、占卜者姓名、占卜结果等刻在甲骨上，形成早期的文献。

西周至春秋时期，史官增多，有专门负责起草与发布，典籍管理与提供检阅的史官。史载老子为周守藏室之史，各诸侯国亦有史官专门记言记事。先秦文献记载有策府、天府、藏室、周室等称呼，可能是分别收藏文献的处所，并由史官管理。史官对典籍的产生、收藏、传播和利用起着重要的作用。战国以前的这种藏书室就是中国"图书馆"的起源。

战国至清代末期，随着中央集权制的巩固，促进了官府藏书体系的形成、发展和兴盛。造纸术和印刷术的推广、学术文化的繁荣，促使私家藏书连绵不绝。宗教的传播为寺庙、道观藏书提供了有利条件。而书院的创立和发展，促成了书院藏书体系的建立。

1. 官府藏书

以皇家藏书为主的官府藏书体系滥觞于商周，成型于汉代，发展于隋唐及宋代，鼎盛于明清。以往讲藏书的起源多从老子任周守藏室之史讲起，其实发掘于河南安阳小屯的成批甲骨文和陕西岐山县凤雏村的周原甲骨文，可视为后世国家图书档案馆的雏形，证明我国从殷代开始就有了文献的典藏处所。随后历经各朝，国家藏书渐成规模，成为中国古代藏书事业的主体。

《四库全书》被称为官府藏书的顶峰，全书共收录古籍3461种、79309卷，几乎囊括了清乾隆以前中国历史上的主要典籍，被国际学术界誉为"中国文化的万里长城"、"东方文化的金字塔"。如图7-3所示。

2. 私家藏书

私家藏书的出现稍晚于官府藏书。春秋战国时期，学术下移民间，百家争鸣、诸子竞说的较为自由、开放的社会氛围，为早期私人藏书的滋生提供了合适的土壤。两汉时期大统一的安定环境及实现民间藏书的宽松政策使私家藏书有了较大的发展。之后唐代的科举制度、宋代的雕版印刷，都推动了私家藏书的发展，并最终于明清时代达到顶峰。

3. 书院藏书

书院藏书始于唐代，宋代发展迅速，"白鹿洞书院"、"岳麓书院"、"应天书院"、"嵩阳书院"为宋代最著名的四大书院。至清代雍正时达到鼎盛，其藏书之丰胜于宋元明诸朝，藏书的组织管理逐渐完善。到19世纪后半叶，由于政局动荡、财力不足，使得书院难以维持生计。

天一阁，中国现存最早的私家藏书楼，也是亚洲现有最古老的图书馆和世界最早的三大家族图书馆之一。建于明朝中期，由当时退隐的兵部右侍郎范钦主持建造。如图7-4所示。

图7-3　四库全书

图7-4　天一阁

4. 寺观藏书

寺观藏书指佛教的寺院藏书与道教的宫观藏书，佛道二教，一自西来，一滋本土，为宣扬教义，广征信徒，先后译经造藏，声势并起。自东汉中天竺僧人摄摩腾、竺法兰于洛阳名刹白马寺汉译佛经，至唐代已积累汉译佛经1076部，5048卷。佛教经典开始形成作为文献整体的佛藏，后世称为"大藏经"。道教典籍在数量上稍逊佛经，南朝刘宋道士陆静修于宋代撰定《三洞经书目录》，著录道书1228卷。道教典籍开始汇集成藏，后世遂名之曰"道藏"。

二、近代图书馆

(一) 西方近代图书馆

古代图书馆演变为近代图书馆的主要标志是公共图书馆的建立。近代国家图书馆、公共图书馆、大学图书馆、专业图书馆等各类型图书馆都有了长足进步。这些进步涉及的地区主要是欧洲和美洲，主要代表是英国和美国。

英国于 1850 年 8 月 14 日由国王批准颁布了《公共图书馆暨博物馆法》，这部法律是在当时的图书馆活动家爱德华兹(1812—1886)的努力下，几经周折最终得到议会通过的。该法规定：人口一万以上的英格兰和威尔士城市，有权建立公共图书馆，但必须先由市议会提议，交给纳税人投票，只有在政府召集的公民大会上获得与会者 2/3 以上的赞成票才能制定有关法令，法律规定对每英镑的固定资产课以 0.5 便士的资产税，以支付图书馆的建造费和地租。1852 年，据此法令在曼彻斯特建立了第一个基本具备近代性质的公共图书馆，爱德华兹任馆长，这是近代图书馆历史的开端。

图 7-5 卡耐基

在美国近代图书馆史上，有一位对美国公共图书馆系统的建立作出杰出贡献的伟大人物——"钢铁大王"卡耐基(1835—1919，图 7-5)。卡耐基经营钢铁企业致富后，计划将 90%的财富用于"改善人类的事业"，他首先想到了图书馆。在 1876 年到 1923 年间，卡耐基以"卡耐基公司"的名义捐献了 5616 万美元，在世界各地建起了 2509 座图书馆，其中绝大部分图书馆是美国的公共图书馆。当时卡耐基向图书馆捐赠所提出的条件是：申请新建图书馆的团体必须同意在当地设立和经营图书馆，同意将当地税收的不少于 10%的份额用于经营该图书馆，同时同意为建设新馆提供用地。在卡耐基的支持下，美国的公共图书馆从 1876 年的 188 所，发展到 1923 年的 3876 所，为奠定美国近代图书馆系统做出了不可磨灭的贡献。由此卡耐基被图书馆界尊称为"图书馆恩主"。

(二) 中国近代图书馆

近代中国的图书馆发展史，是指始于清末，结束于 1949 年中华人民共和国成立间的图书馆发展历程。

1900—1910 年，是中国公共图书馆的创建时期，当时清政府已经陷入穷途末路，慈禧太后不得不实行变法新政。维新派在"西学东渐"下宣传西方图书馆思想观念，一些地方绅士开始逐渐认识到了新式藏书楼的意义和作用，开始倡导并创建了我国第一批公共藏书楼。如 1902 年，浙江绅士徐树兰在绍兴创办"古越藏书楼"，订立章程，实施公共借阅，这是我国第一家带有公共性质的藏书楼，是我国近代图书馆的雏形。

1906—1908 年，清政府宣布预备立宪，一些政府官员以之前地方绅士创建的公共藏书楼为基础，因势利导，将之改为官办公共图书馆，相继奏设了一批公共图书馆。并于 1910 年颁布我国第一个全国性图书馆章程——《京师图书馆及各省图书馆通行章程》，由此，我国产生了一批官办公共图书馆，如京师图书馆。

在中国公共图书馆发展史上，有一位外籍女士——韦棣华（1862—1931年），为中国图书馆事业的发展做出了巨大的贡献。虽然清末新政时期催生出了一批公共图书馆，但是除了名称上具有近代图书馆的称谓外，这些图书馆在运作上与传统的藏书楼并没有本质的区别。美籍友人韦棣华女士(图7-6)为中国创办了具有里程碑意义的第一个名副其实的近代公共图书馆——文华公书林。

文华公书林创办于武昌文华大学，从一开始就完全按照美国公共图书馆的运作方式，免费向武汉三镇的市民开放，并通过开办系列文化学术讲座等方式广泛地宣传图书馆及其服务，并吸引民众。

梁启超（图7-7）在诸多学术领域中"开风气之先"，亦成为中国近代图书馆事业的开拓者之一。他早期的图书馆实践多出于政治活动的需要，流亡海外期间他考察西方图书馆并实地接触了解其先进的图书馆理念，退出政坛后他开始致力于中国近代图书馆事业并为之作出了卓越贡献。

1895年，在京师复创的"强学会"里，梁启超就积极着手兴办学会图书馆，筹集图书馆供学会中人士阅读。1922年，松坡图书馆成立，梁启超自任馆长，并亲自撰写了《松坡图书馆记》、《松坡图高书馆劝捐启》，号召社会各界关心该馆藏书建设和资金筹备，在梁启超的领导下，很短时间内松坡图书馆就办得有声有色，成为一所在北京极具规模和影响力的私人图书馆。1925年中国图书馆界第一个全国性学术团体——"中华图书馆协会"成立时，他被推选为第一任理事长。次年，国内最大的公共图书馆——北平图书馆成立，他又被任命为馆长。

蔡元培（图7-8）是我国近代著名的革命家、思想家和教育家。他为中国近代资产阶级革命以及科学、教育和文化事业作出了重大贡献。作为社会教育和文化事业重要组成部分的图书馆事业，他也与之有着密切的联系。清朝末年，一大批有识之士在各地相继建立了各类不同规模的图书馆。辛亥革命后，蔡元培出任临时政府第一任教育总长。有感于各国社会教育的发达，他十分重视社会教育，也十分重视图书馆的社会教育功能，并在教育部专设社会教育司，掌管图书馆、博物馆、美术馆、通俗教育及讲演会、巡行文库等。蔡元培与该司夏曾佑和鲁迅先生一起，大力推动我国图书馆事业的发展，为我国近代图书馆事业的发展建立了不朽的功绩。国家图书馆、京师图书馆与北平图书馆均为中国国家图书馆的前身。对于这两馆的建设和发展，蔡元培贡献出了自己的力量。

图7-6 韦棣华

图7-7 梁启超

图7-8 蔡元培

三、现代图书馆

(一) 西方现代图书馆

第二次世界大战结束后，世界范围内的图书馆事业进入现代时期。由于各国的科学技术突飞猛进，发达国家从工业社会转变到信息社会，之后又转向知识经济时代。在这种背景下，信息、知识取代传统的土地、资本等生产要素，成为支撑现代社会发展的战略资源。在这一过程中，以信息、知识的收藏与利用为目标的图书馆事业，自然也得到了前所未有的重视和发展。

进入现代以来，对世界公共图书馆来说，头等重要的事件之一就是联合国教科文组织《公共图书馆宣言》的问世。

公共图书馆是地区的信息中心，它迅速向用户提供各种知识和信息。

每一个人都有平等享受公共图书馆服务的权利，而不受年龄、种族、性别、宗教信仰、国籍、语言或社会地位的限制。对因故不能享用常规服务和资料的用户，例如少数民族用户、残疾用户、医院病人或监狱囚犯，必须向其提供特殊服务和资料。

各年龄群体的图书馆用户必须能够找到与其需求相关的资料。公共图书馆必须藏有并提供包括各种合适的载体和现代技术以及传统的书刊资料。重要的是馆藏和图书馆服务是否具有高质量，是否确实满足地方需求、适合地方条件。馆藏资料必须反映当前趋势和社会发展过程，以及记载人类活动和想象的历史。

馆藏资料和图书馆服务不应受到任何意识形态、政治或宗教审查制度的影响，也不应屈服于商业压力。

美国图书馆协会(ALA)于1939年制订其指导思想和基本原则是：图书馆有权利维护每个图书馆利用者的思想自由与表达自由，而不受任何组织或个人的强制与干涉。

美国图书馆协会郑重申明，图书馆是信息和思想的集结地，应以下述基本政策指导图书馆服务：

(1) 图书馆应为服务小区的所有人提供图书和其他图书资源，满足用户兴趣、信息和教育需要。不能因为创作者的种族、背景或观点而排除某些资料。

(2) 图书馆应提供展现当今和历史事件的所有观点的数据，不能因为党派或教义不同而排斥或剔除某些资料。

(3) 图书馆在履行信息提供和教育责任时，应敢于挑战审查制度。

(4) 图书馆应与所有倡导自由表达和自由获取思想的个人和团体合作。

(5) 不能因为种族、年龄、背景或观点，拒绝或限制某人利用图书馆的权利。

(6) 为公众提供展览空间和会议室的图书馆，应将设施的利用建立在平等的基础上，无视需求者的信仰或参加团体的性质。

随着技术的发展与应用，"复合图书馆"与"数字图书馆"应运而生。"复合图书馆"，是从英文Hybrid Library翻译而来，又可译为"混合图书馆"。1996年，英国图书馆学家萨顿(S. Sutton)最早使用"复合图书馆"一词，将图书馆分成连续发展的四种形态，即传统图书馆、自动化图书馆、复合图书馆和数字图书馆。在萨顿的"复合图书馆"设想中，印刷型与数字型信息之间的平衡越来越偏重数字型。他认为在复合图书馆中可以实现传统馆藏与数字馆藏并存，而且用户可以通过图书馆的服务器或网关自由访问跨地域的分布式数字化资源。

数字图书馆(digital library)的概念产生于20世纪90年代初，最初用来描述一个数字化的信息体系结构。多年来学术界关于"数字图书馆"的定义众说纷纭，至今没有达成基本的共识。国内外理论界基于不同的出发点，对数字图书馆的含义有不同的理解，其中有代表性的观点主要包括美国研究图书馆协会、美国数字图书馆联盟对数字图书馆含义的界定：数字图书馆是一个组织，它也许能够有效的、全面性的收集，长时间的处理及保存大量的数字容量，并且有适当的能力以及有方向的汇整，提供用户共同研究。

现代中西方有识之士都认为，大学办学水平与其图书馆的规模及其服务水平息息相关。学者需要好的图书馆，而好的图书馆又吸引并留住了优秀的学者。1966 年，A·M·卡特在致美国教育委员会的大学毕业生教育质量评价报告中指出"图书馆是大学的心脏，没有其他客观因素能像图书馆这样与大学毕业生教育质量有紧密的联系。在各方面都很强的大学必然拥有一所在本国堪称优秀的图书馆。"

美国现有大学图书馆 4000 多个。哈佛大学为国际知名学府，在 360 多年里，产生了总统 7 人，诺贝尔奖得主 40 人。哈佛之所以学风浓厚、人才辈出，是与其高质量的图书馆服务分不开的。哈佛大学图书馆(图 7-9)规模在美国及世界大学图书馆中位居榜首，拥有中心馆及 90 多个分馆，仅藏书就有 1400 多万册(件)。英国牛津大学、剑桥大学、法国巴黎大学、日本东京大学、俄罗斯莫斯科大学等大学图书馆(图 7-10)也都很有名。

图 7-9　哈佛大学图书馆

图 7-10　牛津大学图书馆

(二) 中国现代图书馆

新中国的建立为图书馆事业开辟了广阔的发展空间，图书馆事业突飞猛进，取得了丰硕的成果。1949 年新中国成立至 50 年代末，图书馆主要围绕实际工作的需要，研究图书馆工作技能与方法，先后编制了数部适合于新中国图书分类需要的图书馆分类法，奠定了以后图书分类的基础。

1957 年颁布的《全国图书协调方案》将图书馆事业的发展纳入国家科学技术发展的远景规划中。根据此方案，在全国范围内建立了 9 个中心图书馆委员会，并开始了全国图书联合目录的编制。到 2008 年末，全国已经有 2819 个公共图书馆。

改革开放后，中国的图书馆事业发展进入一个黄金时期，图书馆界各种理论实践开始与国际接轨，吸收发达国家的先进经验。美国信息高速公路建设计划在全世界范围内引起了巨大反响，以因特网为标志的现代信息技术为传统的图书馆带来一系列理论与观念上的改革。首先是图书馆自动化管理的发展。前期是各个图书馆自我开发；20 世纪 90 年代以后，随着图书馆系统的发展，各个图书馆自主开发的系统逐渐被淘汰，几个具备实力的集成系统开发商专门开发的系统得以广泛应用。与此同时，有很多 IT 业的公司参与到图书馆活动中来。比较著名的有：中国学术期刊网(CNKI)和中文科技期刊数据库、超星数字图书馆、书生之家数字图书馆和方正 Apabi 数字图书馆等，尽管他们号称数字图书馆，但本质上还是"电子图书"，与真正的数字图书馆还有一定距离。

1999 年教育部启动 CALIS 项目，标志着我国图书馆发展进入兴盛时期。CALIS 的全称是中国高等教育文献保障系统(China Academic Library & Information System)，目的在于把国家的投资、现代图书馆理念、先进的技术手段、高校丰富的文献资源和人力资源整合起来，建设以中国高等教育数字图书馆为核心的教育文献联合保障体系，实现信息资源共建、共知、共享，以发挥最大的社会效益和经济效益，为中国的高等教育服务。

2000 年根据国务院领导的批示组建了一个虚拟的科技文献信息服务机构——NSTL(National Science and Technology Library)，全名为国家科技图书中心，由中国科学院文献情报中心、工程技术图书馆、中国农业科学院图书馆、中国医学科学院图书馆组成。按照"统一采购、规范加工、联合上网、资源共享"的原则，采集、收藏和开发理、工、农、医各学科领域的科技文献资源，面向全国开展科技文献信息服务。

四、图书馆的技术应用与未来发展

(一) RFID 图书馆

RFID(Radio Frequency Identification，无线射频识别)常称为感应式电子晶片或近接卡、感应卡、非接触卡、电子标签、电子条码等。该技术最早起源于第二次世界大战中的敌我识别系统。之后几十年，该技术被广泛应用到日常生活中。

对图书馆界来说，RFID 技术最早的应用始于 21 世纪初美国拉斯维加斯的内华达州立大学图书馆，目前，中国最大的 RFID 项目的图书馆是深圳图书馆。

RFID 以非接触式读取信息，与现在使用的条形码读取相比较，操作简便。通过电波信号与RF1D 芯片交换信息，RFID 可以同时读取多个芯片信息，因此可以同时处理几本书籍的借还手续，将原来条码扫描的一次一条变成了批处理操作，并且能够在移动中读取数据，如图 7-11 所示。

图 7-11　图书馆 RFID 自动借还系统

(二) 图书 ATM 机

图书 ATM 机，指的是在城市街道设置安装图书 ATM 机，可以进行 24h 随借随还，由于借还书就像操作银行 ATM 存取款机一样方便，它也被称为"图书 ATM 机"，如图 7-12 所示。

24 小时自助图书馆设置有 6 层，按照编号最多可陈列 400 余本图书。机器左侧，是可以办读者证、借还图书的窗口。右侧则是一个查询系统，可以查询、预约图书馆内图书。借书时只需在屏幕上单击"借书"，然后在感应区刷一下读者证，就可以进入在架的书目系统。选择图书名字或者直接输入图书陈列位置的编号都可以。30 秒后，读者就会看到陈列架上"被选中"的图书自动退后，进而在幕后传送、从出/还书口送出。还书时要将标有书名和编号的书脊朝外，否则就会被机器"吐出"，还书时也只需扫描借阅证，点选"还书"按钮，将图书放进打开的还书口就可归还，送入的图书会自动上架，回到原来设定的位置上。

图 7-12　自动借还书机

(三) 集群图书馆

传统的图书馆，区域内各图书馆作为一个独立存在的实体，数字化文献资源信息无法做到共享，达不到为全区域服务的目的。集群图书馆是指采用统一的开放平台，实现传统业务与海量数字资源管理的结合，作为资源共建共享的新的载体形式，打破图书馆各自分离的局面，将区域内图书馆群作为一个整体进行管理，从而达到资源共建共享、合理配置，实现图书馆之间互相合作的目的。如图 7-13 所示。

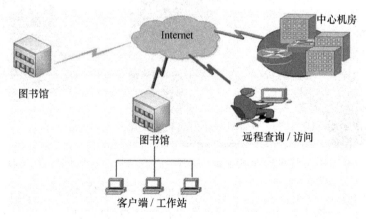

图 7-13　集群图书馆系统

(四) 未来发展趋势

网络的迅速普及，如今已经变为一个国家提供知识和信息的公共基础设施。如同某些类似的商品之间有一定的替代性一样，互联网对图书馆确实存在一定的替代性。目前的图书馆面临着两方面的压力，一方面，传统的图书馆已经不再是信息资源的唯一拥有者和提供者；

另一方面，网络的攻城略地的速度仍在加快。2004年11月互联网搜索引擎Google宣称其与哈佛大学图书馆、斯坦福大学图书馆、牛津大学图书馆、密歇根大学图书馆和纽约公共图书馆签订了一份协议，要把他们的馆藏文献数字化，并使人们通过网络可以免费查询这些信息。斯坦福大学图书馆馆长凯勒(Michael A. Keller)甚至说："20年内，世界上大部分的知识会被数字化并提供获取，人们期望在网上免费阅读文献，就和现在在图书馆免费阅读一样。"于是，我们自然而然地就会产生这样的疑问：照此发展下去，网络果真可以替代图书馆吗？

其实我们将网络与图书馆做一比较，就会得出一个结论：网络不能完全替代图书馆。

(1) 从使用上说，网络虽然便捷，但网络有"门槛"，图书馆没"门槛"。

(2) 从内容上说，网络主要以海量信息为主。而图书馆则以海量知识为主。

(3) 从功能上说，网络目前尚欠缺图书馆保持人类记忆的基本功能。

(4) 从文献源上说，网络提供的知识信息不如图书馆的可靠和权威。

(5) 从发展上说，网络与图书馆可以相互介入、相互促进，而非相互取代。

未来图书馆的基本形态，应该兼具以下几种功能：

(1) 平等、自由获取知识的公共基础设施网。

(2) 虚拟空间、物理空间结合的实体场所。图书馆的数字馆藏与实体馆藏将并存发展，有虚拟的网络交流社区和实体的交流场地。

(3) 逐渐淡化虚拟空间边界的知识资源机构。

(4) 集信息、学习、娱乐、休闲为一体的社区中心。

随着数字阅读的兴起，对纸质书和图书馆命运担忧的同时，大家也都很好奇未来图书馆会是什么样。图书馆是否会演变成如图7-14所示比利时未来城市图书馆的样子，阅读方式是否如图7-15所示现今流行的亚马逊Kindle阅读器模式。

图7-14　比利时未来城市图书馆　　　　图7-15　数字阅读—亚马逊Kindle

2013中国图书馆学会年会上，上海图书馆推出了"图书馆2020"主题展，向世人呈现"图书馆的未来之梦"。"图书馆2020"主题展览包括数字阅读自助机、上海市中心图书馆即时数据展示屏、3D打印机服务以及"我的悦读2012"年度阅读账单。在上海图书馆的不同区域，读者可以看到一座座数字阅读自助机。它为读者提供7×24h的电子书借阅服务。读者通过移动客户端的"扫一扫"、"摇一摇"功能可以方便快捷地体验并借阅电子书至自己的手机或IPAD中；"上海图书馆、上海市中心图书馆即时数据展示屏"是上海图书馆基于对大数据的分析与挖掘，利用信息可视化手段进行创新服务的尝试。"展示屏"采用新颖的多媒体交互展示方式展现上海图书馆、上海市中心图书馆阵地服务、流通业务等的即时情况；以时间为轴的柱状图表达流通量随时间流逝的变化情况，衬底的灰色图形显示了前一日的流通情况。通过切换，该屏还能显示上海市各区县、上海市中心图书馆各分馆的流通情况:正在外借书刊的图书封面即时展现在屏幕上。上海图书馆的 3D 打印机服务不设置任何使用者的身份门槛，读者只需自行提供专业三维图形文件，或使用技术方提供的简单的模板包括扳手、小盒子等，就能享受到从"阅读"到"创作"的全新体验；"我的悦读 2012"上海图书馆年度阅读账单推出后受到了广大读者的欢迎，采用触摸屏的交互方式，读者可以在大屏上查看属于自己的阅读账单。

第二节　图书馆与信息资源利用

一、图书馆的类型

在图书馆发展的历史长河中，相继出现过各式各样的图书馆。根据图书馆的组织体系，结合图书馆的性质、用户群、馆藏文献范围等标准来划分，目前我国图书馆的类型主要有国家图书馆、公共图书馆、学校图书馆、专业图书馆、儿童图书馆、科学图书馆、军事图书馆等。随着图书馆业务的延伸，近些年还出现了汽车图书馆、手机图书馆等。在这些类型的图书馆中，国家图书馆、公共图书馆、学校图书馆通常被认为我国图书馆事业的三大支柱。

(一) 国家图书馆

国家图书馆是担负国家总书库职能的图书馆，是一个国家图书馆事业的核心。联合国教科文组织对国家图书馆下的定义是："凡是按照法律或其他安排负责收集、保管国内出版的所有重要出版物的副本，并起贮藏图书馆的作用，不管其名称如何都是国家图书馆。"

国家图书馆代表本国图书馆事业的水平。一个国家可以有一个或多个国家图书馆。目前世界上国家图书馆有公共性的中央图书馆，如英国不列颠图书馆、中国国家图书馆等；有政府性的国会图书馆，如美国国会图书馆(见图 7-16)等；有大学图书馆兼做国家图书馆，如芬兰赫尔辛基大学图书馆；有科学院图书馆兼做国家图书馆、专业图书馆兼做国家图书馆、博物馆兼做国家图书馆等。

国家图书馆的主要职能是完整、系统地收集本国重要出版物，根据需要收集外国出版物，成为国家总书库；编印回溯性书目和联合目录，成为国家书目中心；为生产建设、教育科学研究服务，在国家图书情报系统中发挥中心馆的作用，组织图书馆现代化技术装备的研究、试验、应用和推广工作，在图书馆现代化建设中起中心作用；开展并推动全国图书馆学的研究，起图书馆学科学研究基地的作用；实行资源共享，成为馆际协作的中心；代表本国利益，参加国际图书馆组织和有关外事交流活动。

中国国家图书馆属于公共性的国家图书馆，中国国家图书馆旧称北京图书馆，一般简称"国图"，如图 7-17 所示。国家图书馆是我国最大的图书馆，也是世界五大国家图书馆之一。其前身是筹建于 1909 年 9 月 9 日的京师图书馆，1912 年 8 月 27 日正式开馆接待读者，馆舍设在北京广化寺。1916 年正式接受国内出版物的呈缴本，标志着开始履行国家图书馆的部分职能。之后，馆名几经更迭，馆舍几经变迁。1931 年，文津街馆舍落成(现为国家图书馆古籍馆)，成为当时国内规模最大、最先进的图书馆。1950 年 3 月 6 日更名为国立北京图书馆，1951年 6 月 12 日更名为北京图书馆。1975 年 3 月，周恩来总理提议并批准兴建北京图书馆新馆

图 7-16 美国国会图书馆

图 7-17 中国国家图书馆

(现称总馆南区)，馆址设在北京西郊白石桥。1987 年 10 月建成开放，邓小平同志题写馆名。1998 年 12 月 12 日经国务院批准，北京图书馆更名为国家图书馆，对外称中国国家图书馆。1999 年 4 月 16 日，江泽民同志题写馆名。2001 年 11 月，国家图书馆二期工程暨国家数字图书馆工程立项。2008 年 9 月 9 日，二期馆舍（现称总馆北区）建成并投入使用。至此，国家图书馆建筑面积增至 25 万平方米，居世界国家图书馆第三位。

国家图书馆馆藏丰富，古今中外，集精撷萃。截至 2012 年底，馆藏文献已达 3119 万册(件)。国家图书馆全面入藏国内正式出版物，是世界上收藏中文文献最多的图书馆，同时重视国内非正式出版物的收藏，是国务院学位委员会指定的学位论文收藏中心和博士后研究报告收藏馆。国家图书馆外文书刊购藏始于 20 世纪 20 年代，123 种文字的外国文献资料约占馆藏的 40%，是国内最大的外文文献收藏馆，并大量入藏国际组织和政府出版物，是联合国资料的托存图书馆。随着信息载体的变化和电子网络服务的兴起，国家图书馆还入藏了大量数字资源，截至 2012 年底，数字资源总量 807.3TB，其中自建数字资源总量 736.3TB，提供使用的中外文数据库达 251 个。

国家图书馆是国家总书库、国家书目中心、国家古籍保护中心。履行国内外图书文献收藏和保护的职责，指导协调全国的文献保护工作；为中央和国家领导机关、社会组织及社会公众提供文献信息及参考咨询服务；开展图书馆学理论与图书馆事业发展研究，指导全国图书馆业务工作；对外履行有关文化交流职能，参加国际图联及相关国际组织，开展与国内外图书馆的交流与合作。

(二) 高校图书馆

高校图书馆是主要服务于大学学生和教师的图书馆，通常也向社会公众开放。图书馆在高校履行教育使命中起着举足轻重的作用。正如英国文学教授 C·B·廷克 1924 年在耶鲁大学毕业生讲话中所说："没有图书，即没有以往的思想记录，也就没有大学。也不可能有文明。"

早在 12—13 世纪，欧洲就出现了大学图书馆，如牛津、剑桥、巴黎、维也纳等大学都设立有图书馆(图 7-19 为牛津大学图书馆)。这些古老大学的藏书，今天都作为特种藏书被保存起来。

我国古代的书院就设有图书馆，北京大学图书馆(图 7-19)的前身是 1902 年建立的京师大学堂，是我国大学图书馆历史较早、规模最大的图书馆。我国的高校图书馆事业在解放后也得到了迅速的发展。建国初期，全国高校图书馆只有 132 所，收藏各类书刊 794 万册。截止 1983 年底的统计，全国高校图书馆已发展到 745 所，总藏书量已达 2 亿 5000 余万册，比解放初期大约增加了 25 倍左右。2009 年，高校图书馆达 1909 所。

图 7-18 牛津大学图书馆

图 7-19 北京大学图书馆

　　高校图书馆是根据学校教学和科研的需要，搜集、整理和提供各种知识情报载体为广大师生服务的，它担负着为教学和科研服务的双重任务，是高等学校教学和科研的中心，是培养全面发展的创造型人才和开展科学研究的重要基地。高校图书馆的任务是由高等学校的性质所决定的，高等学校的基本任务是根据国家的教育方针，努力培养各种社会需要的专门人才。高校图书馆的主要任务是：

　　(1) 根据学校的性质和任务，采集各种形式的书刊资料，用科学的方法进行分编与保管。

　　(2) 配合学校教学、科研的需要，积极开展文献查阅方法、图书馆利用知识的教育和辅导工作。

　　(3) 根据教学、科研和课外阅读的需要，积极主动地开展流通阅览和读者辅导工作。

　　(4) 积极开展参考咨询和情报服务工作。

　　(5) 统筹、协调全校的图书采集、整理、保存、目录和图书资源的合理调配与共享工作。

　　(6) 进行图书馆学、目录学和情报学理论、技术方法及现代化手段的应用研究和推广工作。

　　高校图书馆的特点：

　　(1) 读者对象的单一性。一般主要是本校的教师和学生。也对公众开放。

(2) 读者需要的稳定性。一般高校的专业、参考书籍比较稳定。

(3) 读者用书的阶段性。某个阶段读者集中借阅有关课程的某些参考书刊，必然造成高等学校图书馆工作和藏书供求关系有阶段性紧张的特点。

(4) 对藏书要求丰富性与高质量性并存。高校图书馆的藏书不仅要有一定的数量，同时还必须保证一定的质量。

（三）公共图书馆

公共图书馆是为市民服务的图书馆，一般由政府税收来支持。与大学图书馆不同，公共图书馆的服务对象可以针对儿童到成人，即所有的普通公民，提供非专业的图书(包括通俗读物、期刊杂志和参考书籍)、公共信息、互联网的连接及图书馆教育(图 7-20 为英国公共图书馆、图 7-21 为深圳图书馆)。这类图书馆也会收集与当地地方特色有关的书籍和资讯，并为社区活动提供场所。公共图书馆具备三个特点：一是向社会公众免费开放；二是经费来源主要为地方政府的税收；三是图书馆的设立和管理须有法律和公共政策依据。

图 7-20 英国公共图书馆

图 7-21 深圳图书馆

中国 19 世纪末维新派倡导的公共藏书楼和他们建立的学会藏书楼已具有公共图书馆的性质，20 世纪初出现了公共图书馆。中华人民共和国建立后，建立了全国规模的公共图书馆系统，1987 年底全国县级以上公共图书馆共有 2440 所，藏书 2.7 亿册，全年服务读者 1.16 亿人次。

公共图书馆担负着为科学研究服务和为大众服务两大任务。在促进国家政治、经济、科学、文化、教育事业的发展，提高全民族科学文化水平方面发挥着极为重要的作用。其中省、市、自治区图书馆是所在省、市、自治区的藏书、馆际互借和业务研究、交流的中心，它们还对中小型图书馆提供业务辅导。县图书馆多为本县工人、农民、乡镇居民和少年儿童服务。大、中城市区图书馆的主要任务是为城市人民群众服务，其主要服务对象是城市中的各阶层居民。有些大城市的区图书馆藏书数十万册，它们在开展馆内流通阅览的同时，还到街道、里弄开办借书站和流通点，把书送到基层，并协助和指导街道图书馆(室)建立城市基层图书馆网。

2011 年 2 月，文化部、财政部共同出台《关于推进全国美术馆、公共图书馆、文化馆(站)免费开放工作的意见》，要求于 2011 年底之前，全国所有公共图书馆实现无障碍、零门槛进入，公共空间设施场地全部免费开放，所提供的基本服务项目全部免费。毫无疑问，"无障碍，零门槛"，是为了让广大人民群众免费读书、看报，参加公共文化鉴赏活动，共享文化发展成果。有关专家认为，图书馆门槛撤掉，有助于培养公民走进图书馆、使用图书馆的良好习惯，亲近图书、热爱阅读，从而在汲取知识的过程中提升自我，进而推进学习型城市的建设，促进全社会的进步。

二、图书馆的职能与工作内容

(一) 图书馆的职能

1. 图书馆的基本职能

虽然不同社会、不同历史阶段及不同条件下的图书馆所承担的职能各有差别，但是有些职能是所有的图书馆所共有的，贯穿于图书馆的整个发展过程中，不随图书馆的形态、技术方法、服务手段与对象等的不同而有所差别，也不随社会发展变化而变化。图书馆的基本职能就是收集、整理人类的知识记录，并对其进行存储，以提供利用。收藏人类的知识记录是图书馆这一社会机构最早的职能。古代图书馆就是用来对国家的政治、外交、社会与宗教等产生的文书进行保存的机构，所以早期图书馆兼具图书馆与档案馆的性质。对文献物理载体的收藏与保存在很长的一段时间内都是图书馆唯一的职能。为了确保对人类知识记录的有效系统收集，各国普遍制订了相应的政策与出版物的呈缴本制度。因此，直到现在，图书馆仍担任着其保存人类知识记录的职能。图书馆的文献收藏有"收集使之成为馆藏"的意思，实际上可以分为几个部分：一是对知识记录的载体进行选择、收集；二是对文献的物理载体进行加工、整理、存储、转化；三是对知识记录的物理载体进行传递与提供利用。

2. 图书馆的社会职能

图书馆是一个专门收集、整理、保存、传播文献信息并提供利用的科学、文化、教育和科研机构。文献信息是图书馆开展一切工作的物质基础。关于图书馆的作用，或说图书馆的社会职能，1975 年国际图联在法国的里昂召开的图书馆职能科学讨论会上，一致认为主要是四种：保存人类文化遗产、开展社会教育、传递科学情报、开发智力资源等。另外，图书馆作为一个文化教育机构，在今天还为人民群众提供了第五种功能——文化娱乐功能。

1) 保存人类文化遗产

图书馆的产生，是保存人类文化遗产的需要。因为有图书馆这一机构，人类的社会实践所取得的经验、文化、知识才得以系统地保存并流传下来，成为今天人类宝贵的文化遗产和精神财富。图书馆广泛、全面地收集各种记录人类经验、知识的载体，并进行加工、整理，使其能长期地系统地保存下来，由此可见，图书馆保存人类文化遗产的职能是很明显的。

2) 开展社会教育

图书馆的教育职能是通过图书馆的馆藏文献来进行的。在教育过程中，图书馆并不是教育的主体，实施教育行为的主体是图书馆用户本身，用户通过对图书馆文献的利用，实现自我教育。图书馆一方面向读者提供教育的文献资源，另一方面还通过向读者提供学习环境实现教育职能。公共图书馆出现以来，一直以大众教育作为图书馆职业使命的一部分，通过倡导阅读，向社会成员提供图书的方式实现社会化教育的目标。大学图书馆作为服务于高等院校的教师与学生的机构，教育职能是其核心职能之一。在现代信息社会，图书馆成为继续教育、终身教育的基地，担负了更多的教育职能。

3) 传递科学情报

传递科学情报，是现代图书馆的一个重要职能。图书馆丰富、系统、全面的图书信息资料，成为图书馆从事科学情报传递工作的物质条件。在信息社会，图书馆的科学情报功能将得到加强。图书馆的情报职能是随着社会发展变化的客观需要逐渐发展起来的。图书馆除了具有情报的载体——各类文献资料，还具备进行情报传递的技术手段与科学方法。自20世纪50年代以来，计算机技术的迅速发展使计算机的处理能力越来越强，将计算机应用于图书馆情报处理领域，可以为用户提供更快、更准确的文献检索服务。为适应社会发展对于情报传递的普遍需求，图书馆开展了各种形式的情报服务。

4) 开发智力资源

图书馆收藏的图书资料，是人类长期积累的一种智力资源，图书馆对这些资源的加工、处理，是对这种智力资源的开发。图书馆将这些图书资料提供利用，是开发图书馆用户的脑力资源。同时，图书馆针对读者的兴趣、爱好、特长提供适合读者特长的知识、信息，能使他们充分发挥特长，很可能在某一领域有所突破。换言之，图书馆承担有人才培养的职能。

5) 提供文化娱乐

图书馆的本职是向大众提供文化，但在悠闲中学文化，在文化中享娱乐，一举两得。娱乐是暂时的，文化是永恒的，记住的是文化，享受的是娱乐。图书馆进行文化与娱乐活动，将不单是在文化上增长读者的见识，更能活跃思维，丰富视野，是读者自身的迫切需要，也是21世纪学习型社会的内涵引申。从图书馆的文化与娱乐，可以看出一个校园、一个地区的文明程度和经济发展水平，将成为现代图书馆综合评价的新标志。提高全民族思想道德修养和文化水平，是国家赋予图书馆的社会责任，而文化与娱乐恰是图书馆的"及时雨"，图书馆为读者提供娱乐活动，就是为读者提供一片精神的栖息地。

(二) 图书馆工作内容

图书馆是以信息资源为工作对象，以为读者服务为工作目标，以传递信息资源为手段的一个开放、有序的系统。图书馆的所有工作都围绕着信息资源的传递和利用而展开，收集整理是传递使用的前提条件，传递使用是收集整理的目的。因此，图书馆工作主要是围绕着信息资源的收集整理和传递利用两大部分而展开的。如图7-22所示。

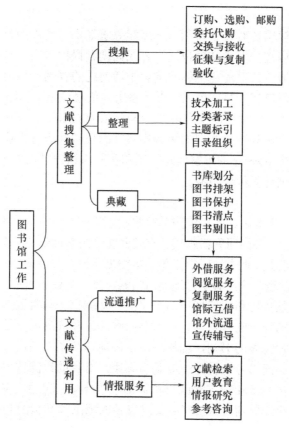

图 7-22　图书馆工作体系结构图

由上图可见，图书馆各项业务工作是前后衔接、环环相扣的。如果其中某一个环节运转不灵或失误，就会直接影响其他工作环节的顺利进行，进而损害整个图书馆系统的功能。所以，想要充分的有效利用图书馆的信息资源，就要熟悉图书馆的环境与功能设置。既要了解图书馆的体系和结构，又要了解其是如何开展相关服务的。

图书馆的业务工作一般由以下五个模块构成：

1. 资源建设

资源建设是图书馆有计划、有目的地搜集、积累各种书刊资料和各种数据库，并将它们科学地进行组织，使之成为一个有系统的藏书体系，主要担负图书馆馆藏资源的发展、书目控制以及对外联络等工作。资源建设的基本内容主要包含传统和电子载体文献资源研究；传统载体文献的采访、征集、分类编目和主题标引、组织和清点、剔旧等；编制新书通报；电子文献资源的采访、下载、组织加工；传统载体信息资源的数字化和各种数据库的采购及建设等。

2. 流通服务

流通服务工作，是指图书馆文献的使用和服务工作，如文献的外借、阅览、复制、馆际互借、馆外流通等。

图书馆流通服务工作就是要调整和解决有限藏书与无限需求之间的矛盾。建立各种类型的阅览区，吸引读者来馆读书；开辟借还服务台，方便读者借还图书；建立分馆、图书流通站、巡回书车等，便于不能来馆的读者使用图书馆的藏书；建立馆际互借制度，使本馆读者能够利用国内外其他图书馆的藏书；通过文献复制工作，为读者获得书刊资料提供重要手段。

3．参考咨询

参考咨询是图书馆馆员对读者在利用文献和寻求知识、情报的过程中提供帮助的活动。它以协助检索、解答咨询和专题文献报道等方式向读者提供事实、数据和文献线索。有些国家的图书馆参考咨询服务甚至还包括解答读者生活问题的咨询。目前，大型图书馆的参考咨询服务主要开展的工作包括：答复咨询、书目参考、信息检索、情报研究和用户教育等。

我国具有代表性的是"联合参考咨询网"(www.ucdrs.net)，它是在全国文化信息资源共享工程国家中心指导下，由我国公共图书馆合作建立的公益性服务机构，其宗旨是以数字图书馆馆藏资源为基础，以 Internet 的丰富信息资源和各种信息搜寻技术为依托，为社会提供免费的网上参考咨询和文献远程传递服务。

4．宣传辅导

宣传辅导主要负责本地区、本系统图书馆的业务辅导工作；组织本地区、本系统图书馆工作经验的交流和图书馆业务的研究；收集、整理并保管图书馆学专业文献资料；有些图书馆业务研究辅导部门，还负责办理本地区中心图书馆委员会和图书馆学会的日常工作。宣传辅导的目的在于向读者揭示馆藏，让读者更好地利用馆藏，提高文献利用率，降低文献拒借率。

宣传辅导包括文献宣传和阅读辅导两个层次。文献宣传的常用方式有新书通报、书刊展览、报告会、书评活动等。阅读辅导包括读书内容辅导和读书方法辅导两个方面。读书内容辅导主要是向读者推荐优秀的书刊，辅导用户正确地理解图书的内容，帮助用户从优秀的书刊中汲取有益的营养。读书方法辅导主要是引导用户有目的地阅读书刊，克服某些用户阅读中存在的盲目性。宣传文献和辅导阅读两者是紧密结合在一起的。宣传文献能够巩固和扩大阅读辅导的效果，阅读辅导则又直接影响文献宣传的范围和文献的利用。

5．技术支持

图书馆各个业务环节、设备的配置与维护系统的开发及运作都离不开技术支持与技术开发。图书馆数字资源的序化、整合也需要技术人员协助完成。技术支持是图书馆业务正常运行的重要保障，主要负责图书馆自动化系统、计算机及网络系统的建设、维护与管理；全馆计算机软、硬件及辅助设备的选型、安装、调试和维护、保养、管理；有关设备、配件、耗材的申报计划等工作；以及数字电子阅读服务的支持和管理工作。

三、图书馆馆藏资源建设

图书馆馆藏资源建设，是图书馆根据所承担的任务和读者需求，系统地规划、建立和发展馆藏体系的全过程。它的目标是经过精心选择与组织而形成具有特定功能的知识体系。其建设的内容主要包括：馆藏资源的体系规划，资源的选择与采集，资源的组织与管理，馆藏资源数字化与数据库建设，网络信息资源的开发与利用，资源的共建与共享等。

(一) 传统馆藏资源建设

传统馆藏资源建设，是指以文献为载体的信息资源建设，是图书馆有计划、有目的地搜集、积累各种书刊资料，并将它们科学地进行组织，使之成为一个有系统的藏书体系，主要包括文献的采访、整理和组织典藏等工作。其基本内容主要是根据本馆的性质、任务、服务对象、发展方向等，确定本馆文献资源建设的原则、范围、重点和采购标准等，并据此制定文献资源的规划或计划；根据已确定的原则、标准和计划，通过各种方式搜集和补充各种文献资源；对搜集来的各类书刊、资料进行验收和登记；根据本馆的任务、藏书基础、读者需要及建筑条件，合理地划分文献资源、组织文献资源。

1．文献采访

文献采访是指图书馆的采访工作人员通过对馆藏、读者需求和文献源的调查，有目的、有计划和系统地收集馆藏所需的文献信息资源，以满足读者需求的过程。它包括文献选择和文献采集两个重要环节。

1）文献选择

文献选择是指图书馆遵循一定的方针、原则、标准，对众多的文献进行鉴别、判断，从中挑选出适合馆藏文献资源建设目标及用户需要的文献的过程。

由于文献的增长速度加快，以及经费、时间、人员、设施、文献出版信息的收集和文献采集渠道等限制，任何图书馆都无法将所有文献收全。所以，图书馆在选择文献时，首先，应根据本馆的性质、类型和服务宗旨制订一个详细的类目表确定哪些主题的文献应重点选择，哪些可一般收藏，以指导选择工作。其次，选择适合本馆读者水平和读者需求的文献。第三，在选择文献时应优先考虑著名的专家学者的著作。第四，应优先选择那些由专业或著名的出版机构出版的文献。最后，根据本馆的经费状况确定单种文献的最高限价。

2）文献采集

图书馆要实现最大限度满足读者需求的目的，就必须依据一定的原则标准，通过各种途径进行各种类型文献的采集。文献采集的渠道、途径和方法一般分为两种：一种是购入采集方式；另一种是非购入采集方式。

购入采集方式，是指图书馆向出版发行单位和个人有偿获取文献信息的方式。它包括预订、现购、邮购、代购、网购、招标集中采购、复制等形式。购入采集方式是增加藏书的主要方式和经常性来源，是保证图书馆有计划、有针对性入藏文献，建设系统的藏书体系的主要方式。

非购入采集方式，是指图书馆采用各种方法免费或用少量经费获得各类非卖品文献的方式。主要包括呈缴、调拨、征集、索取、交换和赠送等。

2．文献编目加工

文献编目加工是指按照特定的规则和方法，对文献进行分析、著录、制成款目，并通过字顺和分类等途径组织成目录或其他类似检索工具的活动过程。其主要作用是记录某一空间、时间、学科或主题范围的文献，使之有序化，从而达到宣传报道和检索利用文献的目的。

文献编目工作的操作流程为：查重——描述——标引——复核并入库。

按照文献编目采用的组织形式，目前占主流的是集中编目和共享编目。集中编目是由一中心编目机构进行编目，向其他机构提供编目数据的编目方法。共享编目是两个或多个编目机构共同进行编目活动，通过各个参加机构通力协作，使编目结果为各参加机构共享的编目形式。

国外书目机构中影响最大的是 OCLC(Online Computer Library Center)。我国比较有代表性的则是我国高校系统的中国高等教育文献保障体系(简称 CALIS)。

文献技术加工，分为编目前加工和编目后加工两部分，具体工作主要包括文献验收，盖馆藏书章、贴防盗标签、贴条形码、印贴书标及贴书标保护膜等诸项工作。

3．馆藏文献布局

馆藏文献布局，是指将图书馆入藏的全部文献，按照一定的标准，划分为相对独立的若干部分，建立各种功能的书库，为每一部分藏书确定合理的存放位置，以便保存和利用。

图书馆的馆藏文献布局方式主要有展开式水平布局、塔式垂直布局、立体交叉式混合布局、藏借阅一体化布局、三线典藏制布局和总分馆布局等。近年来，国内新建馆舍的图书馆大多采用"藏借阅一体化布局"方式。

所谓藏借阅一体化布局，是一种全开架布局，它利用计算机技术、通信技术、网络技术等信息技术，采用"超市管理方式"，即大开间、少间隔的建筑格局，各处设有桌椅，方便读者就近阅览，除特藏文献以外，其他文献尽量不单设阅览室，文献资料尽量按学科、知识门类进行组织并集中起来，读者可以在图书馆内随意浏览和自由取书。

　　藏借阅一体化布局的优点主要体现在：①提高馆藏文献的利用率。由于读者可以在一个很大的范围内直接接触到图书，自由选择适合自己的图书，因而能最大限度地方便读者利用藏书。②减少复本，节约购书经费。大开间、少间隔的布局避免了同一种文献分散在多处收藏的情况，可以有效减少复本的配置，特别是部分利用率不高的文献，无需配置复本。③节约人力资源，提高服务质量。大开间、少间隔的布局还可以减少因分散布局而需要的人员配备，同时图书馆员可有较多的时间在室内巡视，随时为读者提供参考咨询服务，从而提高图书馆的服务质量。

　　三线典藏制布局是依据美国图书馆学家特鲁斯威尔总结的馆藏文献利用的"二八定律"(帕累托定律)理论而提出的，即在图书馆全部的馆藏文献中，大约20%的常用文献满足了80%的借阅需求，其余80%的馆藏文献仅能满足20%的读者需求。三线典藏制布局就是将能满足读者大部分需求的相对少量的高利用率的文献集中在一、二线书库，而把只能满足读者少量需求的相对大量的低利用率文献集中在三线书库，从而使读者能用最少的时间，最小的精力，获取最大的信息量，同时也使馆藏文献资源得到充分的利用。

　　4．文献排列

　　馆藏文献排列，也称馆藏文献排架，是将馆藏文献有序列地陈放在书架上，并形成一定的检索系统，使每一种文献在书库及书架中都有固定的位置，便于图书馆馆员及读者能够准确地按这个位置取书与归架，有利于文献的典藏、保管并节约藏书面积。

　　馆藏文献排架方法，如图7-23所示，按文献的特征标志，可分为两种类型：一种是以文献的内容特征为标志的内容排架法，包括分类排架和专题排架；另一种是以文献的外表特征为标志的形式排架法，包括字顺排架、登记号排架、固定排架、年代排架、书型排架、文种排架和文献出版序号排架等。我国图书馆常用的文献排列方法是分类排架。

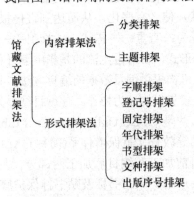

图7-23　馆藏文献排架法

　　分类索书号又称分类排架号，是表示文献在分类收藏中位置的号码，是图书馆排列文献的依据，也是文献借阅时，读者索取文献及馆员归架的依据。一个完整的分类索书号通常由分类号、书次号(著者号或种次号)、辅助号(如年、卷、册、版本号等)三部分组成。先按分类号顺序排列，分类号相同，再按书次号排列，接着按辅助号排列，一直区分到各类文献的不同品种。

分类排架法主要分为两种：分类种次号排列法和分类著者号排列法。

1) 分类种次号

索书号的第一排号码是分类号；第二排号码是在每类中，按文献到馆的先后顺序取号。分类种次号的优点是取号比较简单，号码简短，便于排架；缺点是同一著者的不同著作或先后出版的多卷书，难于集中排列在一起。

例如，长篇小说《林海雪原》上册的索书号为：I247.57/544/1。

I247.57.........................分类号

544 ....种次号

1..............................卷册号

2) 分类著者号

索书号的第一排号码是分类号，第二排号码是将著者的姓名按照一定的方法编成号码。分类著者号的优点是能将同一著者的不同著作，同一文献的不同版本以及多卷书等都集中排列在一起；缺点是号码构成相对复杂，不便排架。

例如，季羡林散文集《二月兰》的索书号为：I267/J247

I267..........................分类号

J247 ....著者号

5．文献保护

文献保护是图书馆馆藏文献建设的基本任务之一。文献保护是一项专门技术，对于纸质的图书报刊来讲，包括书刊装订、修补、防火、防潮、防光、防霉、防虫及防止机械性损伤等；对于缩微文献、音像文献、光盘文献，其保管条件要求更为苛刻，通常要求在恒温、恒湿的条件下精心保存，才能有效地延长其使用寿命。

此外，文献保护工作还包括馆藏清点。清点的过程也是检查馆藏文献保护情况的过程，不仅可以发现馆藏建设中的问题，改进工作方法，也是整顿文献资源，维护文献资源的安全与完整的有力措施。

(二) 数字馆藏资源建设

数字馆藏又叫数字化馆藏、电子馆藏，是图书馆馆藏中以数字形式保存的和借助于计算机或计算机网络利用的(如仅有网络使用权的外文数据库，以及其他形式的虚拟馆藏)那部分信息资源的集合。具体地说，它是图书馆馆藏中必须借助计算机等信息技术设备进行管理和利用的数字资源的总和。数字馆藏资源已经成为现代图书馆馆藏中不可或缺的重要组成部分。

目前来看，由于人力、设备、资金等方面的限制，数字馆藏的形成主要是通过购买现成的数字资源来建设的。但近年来，我国许多大中型图书馆也自建了不少特色数据库，如 CALIS 项目资助的全国 60 多所高校图书馆建立的 70 多个专题特色数据库，以及各省市公共图书馆建设的一批具有地方文献特色的数据库和专题文献数据库。还有通过对 Internet 上信息资源的开发利用建立起来的虚拟馆藏。例如，目前我国高校图书馆已建成校级、省市级与国家重点学科导航库达 700 多个，这些都是图书馆重要的数字馆藏。

1．自购数字馆藏建设

自购数字馆藏，主要包括图书馆通过签约付费后获得使用权的电子图书、电子期刊、镜像版数据库，也包括通过购买后拥有所有权的光盘资料和视听资料等。自购数字馆藏是图书馆数字馆藏建设的主要形式之一，它主要通过数据库的整体购买(建立本地镜像)和数据库使用权的购买(远程访问下载)来完成。

图书馆要对采购的数字资源作充分的认证，为正式的采购决策提供依据。还应广泛收集并深度分析数字资源生产商信息，制作电子资源试用情况分析表、前期读者需求调查表、购进后资源的利用率情况统计表，以及在此基础上进行各种文献资源的成本分析，以避免重复交叉造成浪费。目前，图书馆数字馆藏的采购方式主要有：单独采购、集团采购、政府采购等。

国内外主要数字资源商有中国知网、万方数据、维普资讯、读秀学术搜索、超星数字图书、方正数字图书、人大复印资料、Springer Link、Elsevier Science、Dialog 等多个中外文数据库，每个图书馆可根据自身的特点选择购买适合本馆的数据库。

2. 自建数字馆藏建设

自建数字馆藏，是根据图书馆的服务任务和服务对象的需要，建立起来的与本馆读者需要或者与本地区经济文化发展需求相适应的特色数据库和数字内容管理系统。

图书馆自建特色数据库时必须根据自身的馆藏特点、区域特点，选择针对性较强的专题，使自己所建的特色数据库既有较高的学术理论价值，又具有较好的开发利用效果。高校图书馆还可以结合本校专业重点、本地区经济和文化建设，建设具有浓郁的本地特色的数据库。如湖南大学的"书院文化数据库"、长江大学的"楚文化特色数据库"、宁夏大学的"西夏文化数据库"、中山大学的"孙中山数字图书馆"、上海大学的"钱伟长数据库"、武汉大学的"长江三峡资料数据库"、北京邮电大学的"邮电通信专题文献数据库"、中南大学的"有色金属数据库"等，还有为抢救濒临湮灭的珍贵史料而建设的数据库，例如，清华大学图书馆搜集整理有关中国工程技术史文献资料建设的"中国科技史数字图书馆资料库"等。特色数据库由于具备充分反映本馆在同行中具有特色的数字资源，可为用户提供个性化信息服务和便于共享等特征，因此成为图书馆数字化建设的发展趋势。

3. 共享数字馆藏建设

图书馆联盟是以实现资源共享，利益互惠，促进图书馆整体化发展为目的而组织起来的。以若干图书馆为主体，联合相关的文献信息资源系统，根据共同认可的协议和合同，按照统一的技术标准和工作程序，通过一定的信息传递结构，执行一项或多项合作项目的图书馆联合体。

数字资源共享是图书馆联盟建设的重要内容之一，目标是实现联盟内各成员馆之间数字资源的共建共享，一方面可以利用集团采购的优势迫使书商降低文献价格，用不变的资金买到更多的文献资源；另一方面也可以通过联盟内部各成员馆的文献资源传递共享，有效的避免重复采购造成的资金浪费。

目前建成的图书馆联盟有中国高等教育文献保障体系(简称 CALIS)、国家科技图书文献中心(简称 NSTL)、中国数字图书馆联盟、江苏高校文献保障体系(简称 JALIS)、区域高校图书馆联合体等国家、地区和系统层面的图书馆联盟组织。

4. 网络虚拟馆藏建设

网络虚拟馆藏，是开发利用网络资源形成的虚拟馆藏，这类馆藏是按照本馆馆藏需求对网络上相关度很高的文件、网页等数字形态的资源进行搜集、过滤、加工整理，既可以下载到本地存放，也可以分散在网络的各个节点上，它是利用计算机网络动态链接技术，通过网络上信息资源的挖掘、加工、组织来实现的，仅仅是由链接集成在本地形成的资源导航体系。

学科导航库是以学科为单元对 Internet 上的相关学术资源进行搜集、评价、分类、组织和序化整理，并对其进行简要的内容揭示，建立分类目录式组织体系、动态链接学科资源数据库和检索平台，发布于网上，为用户提供网络学科信息资源导引和检索线索的导航系统。

5. 数字馆藏整合建设

数字资源整合不是简单的"库集合"和"库链接"，而是依据一定的需求，通过中间技术(指数字资源无缝链接整合软件系统)，把不同来源和不同通信协议的信息完全融合，使不同类型、不同格式的数字资源实现无缝链接。通过整合的数字资源系统，具有集成检索功能，是一种跨平台、跨数据库、跨内容的新型数字资源体系。

数字资源整合要建立在知识组织的基础之上，以知识组织的原理为指导。知识组织是对知识的本质以及知识之间的关系进行有序地揭示，主要利用面向对象数据库、数据仓库、数据挖掘与知识发现等技术，能够对异构数据对象内容进行整合，实现不同资源系统间的资源共享，其目的是组成结构优化的知识库，提高知识的利用，促进知识的创新。知识组织强调系统化地处理和利用信息和数据，发掘知识内涵，其形式主要是建立不同学科、行业的知识资源库和知识网络系统，它所提供的是具有规律性的信息以及具有内在关联的信息链和知识链。以基于数字图书馆的资源整合方式为例，就是利用知识组织原理和技术，对不同渠道、不同类型、不同学科、不同形式的知识加以整合，按数字资源的逻辑关系，对资源进行分解、重组，按知识体系的关联性和整体性组织成立体网状、相互联系的知识体系，以实现数字资源的有效组织和共享利用。

图书馆对数字资源的整合，包括自建资源的整合和引进资源的整合两大部分，现阶段数字资源整合的方法主要有基于 OPAC 的数字资源的整合、基于数字资源导航的整合、基于数字图书馆应用系统的整合、基于链接系统的数字资源整合方式、基于跨库检索系统的数字资源整合等方式。

第三节　图书馆利用

一、传统印刷型资源利用

(一) 纸质图书借阅

纸质图书借阅是读者利用图书馆传统印刷型资源的主要方式之一，指图书馆允许有借阅权限的读者，凭借书证到图书馆借书处办理借阅手续，获得所需文献的利用方式。主要有以下几种类型。

1. 图书外借

读者可以凭该图书馆的本人借书证，到借书处出纳台借阅所需文献资料。个人外借的基本过程为：

(1) 持借书证入馆，到相应的馆藏地点找到文献。

(2) 将文献带至出纳台。

(3) 出示本人借书证，办理外借手续。

2. 预约借书

预约借书是读者通过网上或者凭借书证在借书处工作人员的帮助下，对某种已经全部借出的文献，进行预约登记，约定在有关文献还回后将借阅此种文献的方式。

3．馆际互借

馆际互借是图书馆之间根据事前订立并保证共同遵守的互借规则，相互利用对方藏书，以满足读者需要的一种方式，它只能满足读者的特殊需要，不解决一般读者的阅读要求。表面上看它是馆与馆之间相互借书，实际上是一个馆代替它的读者向另一馆借书。它是图书流通工作的深入与扩展，也是图书文献资源共享的一种传统方式。

(二) 馆藏目录查询

读者要进行纸质图书的借阅，首先要确定纸质图书在图书馆的位置，这就必须要熟悉图书馆馆藏目录的查询方法。

OPAC，全称为 Online Public Access Catalogue，在图书馆学上被称做"联机公共目录查询系统"。OPAC 提供了利用计算机终端来查询图书馆馆藏资源的一种现代化检索方式，通过联机查找为读者提供馆藏书刊、部分电子资源的线索。

读者检索某图书馆的 OPAC，只需直接登录到这些图书馆的网站，进入"联机公共书目查询"或"馆藏书目数据库检索"。还有的图书馆主页上整理了"国内公共图书馆"、"国外公共图书馆"、"国内高校图书馆馆藏书目检索"等，通过这些入口，可以进入国内外大多数图书馆的主页，进而检索其 OPAC。下面以中国国家图书馆(http://opac.nlc.gov.cn)为例，介绍计算机书目检索系统的特点，如图 7-24 所示。

图 7-24　国家图书馆联机公共目录查询系统检索主页

(1) 在"选择检索字段"框内有所有字段、正题名、其他题名、著者、外文第一著者、主题词、中图分类号、论文专业、论文研究方向、论文学位授予单位、论文学位授予时间、出版地、出版者、出版年、丛编、索取号、ISSN、ISBN、ISRC、条码号、系统号等十多个检索途径，读者可以选取任一项作为检索入口。

(2) 在输入检索词方框中输入相应内容，填写力求准确。

(3) 根据文种需求，选择数据库(中文及特藏数据库、外文文献数据总库)。

(4) 单击"确定"按纽，计算机进行检索。

（5）计算机显示数据库中满足条件的文献，包括序号、题名、著者、资料类型、出版年、馆藏地等基本信息。如图 7-25 所示。

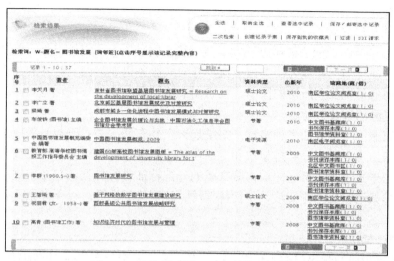

图 7-25　国家图书馆 OPAC 检索结果页面

如果想对某一具体文献作进一步了解，可单击序号，查看完整信息。如图 7-26 所示。

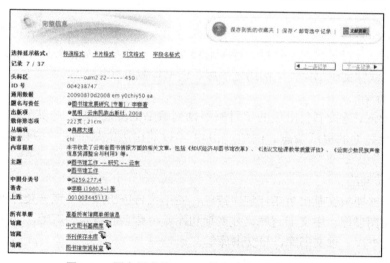

图 7-26　国家图书馆 OPAC 检索结果完整信息页面

对读者来说，检索 OPAC 系统，书目信息解读中最重要的两项信息是中图分类号与馆藏地点。根据索书号，读者可以按照上述的排架方法去馆藏地找到想要的图书。

OPAC 检索系统还提供文献类型、语种、年份、分馆信息的限定检索，巧妙运用，可以达到意想不到的效果。

资料类型限制，可根据需要，限定为图书、报刊、电子资源等；报刊包括报纸、期刊，因是连续出版物，若无特殊需要，检索时"年份"最好不做限定；电子资源是文献的载体是光盘、磁盘、数据库，如随书光盘可以检索并链接到随书光盘系统进行网上浏览；也可检索提供 URL 链接的电子期刊；在进行外文文献的检索时，要注意文献库的选择，否则可能出现检索结果为 0 的情况。

字段限制。例如，在所有字段中检索"梁启超"与在题名字段中检索"梁启超"。

分馆限制，以借阅特定馆藏为目的时，可在分馆中加以限定，限定为距离自身最近的图书馆进行检索。

(三) 馆藏呈现方式

在查询完 OPAC 获取所需图书的索书号以后，就需要去图书馆书架上寻找图书。目前，一体化的大开放格局已经成为图书馆主流，开架式服务也成为图书馆界的共识，读者在大开放的格局中如何最快找到所需的图书，熟悉图书馆馆藏的排架与揭示方式，成为读者利用图书馆印刷型资源的重要技能之一。

图书馆馆藏的排架方法多种多样，归纳起来主要有两大类：一类是按照馆藏文献的内容特征进行排架，主要包括分类排架法和专题排架法，其中分类排架法使用较为广泛。第二类是按照馆藏的形式进行排架，即按馆藏文献的外部特征进行排列，包括字顺排架法、文献序号或登录号排架法、文种排架法、年代排架法、地区排架法等。以下介绍几种图书馆常用的排架方法。

1. 分类排架法

以藏书内容所属的学科门类为依据，按图书分类法的类号顺序排架的方法。分类排架法是目前采用最多的一种排架法。具体排架方法是：先以分类号顺序排，同类书(分类号完全相同)再依书次号区分(详见本章第二节)。

2. 专题排架法

专题排架法是将文献内容划分为几个或几十个专题，然后按这些专题将文献组织起来的方法。其优点是具有较大的灵活性，便于对口服务。一般图书情报部门都把其作为辅助排架方法。例如，法律文献书库、中国历史书库、遗书特藏书库等。

3. 年代排架法

年代排架法，是按书刊出版的年月顺序排列藏书的方法。通常与其他排架法配合使用，主要用来排列过期的报纸杂志。例如，1949 年以前出版文献书库，1949 年以后出版文献书库等。

4. 语种排架法

语种排架法即按文献出版年代顺序排序，同年代再依出版单位或分类排列。例如，中文图书库、外文图书库、中文期刊库、外文期刊库、少数名族语言书库等，外文书库又可进一步细分为西文书库、俄文书库、日文书库等。

(四) 阅览

图书馆的印刷型资源按用途或使用方式不同可分为外借文献、阅览文献、参考文献、保存文献等。因此，对于不能外借的文献，利用图书馆的空间和设施，在馆内进行各种阅读活动成为对这些印刷型资源的主要利用方式。当前藏、借、阅一体化模式在图书馆已得到广泛的应用，即阅览室和书库不再严格分隔，而是融为一体，但按照不同划分方式可分为不同类型。

按照馆藏文献类型分为图书阅览室、期刊阅览室、报纸阅览室、善本阅览室等。

按照学科可分为社科图书阅览室、科技图书阅览室、社科期刊阅览室、科技期刊阅览室等。

按照适用对象分为普通阅览区、专门阅览室和参考研究室。

(1) 普通阅览区，有时也称综合阅览区，供到馆的各种类型读者使用。在大开放的模式下一般设立在书库中，实现馆藏和阅览一体化。综合阅览区开放时间较长，使用手续简便。

(2) 专门阅览室是为满足特定读者群的不同需求而设立的，便于读者集中使用某一范围的文献，也便于馆员对特定读者群和特定范围文献的研究。一般按知识门类、读者类型、文献类型和语种分别设置。例如，按知识门类可分为社会科学文献阅览室、自然科学文献阅览室、文学艺术文献阅览室。

(3) 参考研究室是为专家、学者进行科研活动而专门设置的工作室，一般规模较小，图书馆将某一课题所需文献集中陈放在室内，供他们在课题研究期间专用。一般在特定时间内设专人专室，必要时还可以为读者保留一段时间。

二、数字资源利用

(一) 图书馆网站

在网络普及、数字资源蓬勃兴起的今天，图书馆网站对于读者来说具有十分重要的意义。它既是一种信息环境，又是一种传播媒介。读者可以将图书馆网站作为利用图书馆资源和服务的平台，一个远程、全天候的虚拟信息中心，一个高度整合的信息集散地。对图书馆网站的利用，相当程度上突破了传统图书馆时空与物理条件的制约，也突破了馆藏资源与馆外资源的界限，数字图书馆即是以网页为依托呈现在读者面前的。同时，图书馆网站也是图书馆的重要传播媒介，介绍本馆情况、报道动态、促进文献交流和科技创新，普及读者教育，传播先进文化。下面以清华大学图书馆网站为例进行全面介绍。

1. 查找功能

如图 7-27 所示，图书馆网页上最主要的就是对各种资源的查找，馆藏资源包括馆藏目录、纸本图书和期刊、学位论文等；数字资源包括数据库、电子期刊、多媒体资源、电子书刊、推荐学术网站等。

图 7-27　清华大学图书馆首页

2. 导航功能

图书馆网站具有很强大的资源导航功能。清华大学图书馆网站的数据库导航功能如图 7-28 所示，表现为各种中外学科分类不同的数据库导航。电子期刊导航功能，如图 7-29 所示，表现为各种中外学科分类电子期刊导航系统。

图 7-28　清华大学数据库导航

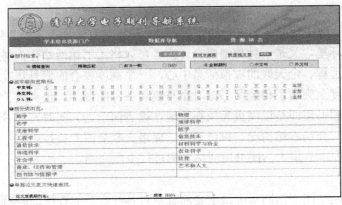

图 7-29　清华大学电子期刊导航

3．宣传介绍

清华大学图书馆网站上有关于清华大学图书馆的所有相关资料，如历史沿革、组织机构、规章制度、馆舍风貌、馆藏布局、学术交流等相关内容，任何想了解清华大学图书馆的读者都可以在其网站上找到相应资料。

4．特色资源

清华大学图书馆网站上还有一系列特色资源，如图 7-30 所示，各种古籍、地方志、工艺美术特色资源、社会名人捐赠等，都展示在图书馆的网站上，使读者可以进一步利用。

图 7-30　清华大学图书馆特色资源

(二) 电子阅览室

数字资源的利用有硬件的依赖性，必须依赖于计算机，电子阅览室可以为读者解决这些问题。集计算机多媒体、网络和 VCD 声像系统为一体的现代化多功能阅览室，可以提供给读者利用馆内所有数字资源的一切条件。

1. 检索和阅览电子文献

光盘及网上数据库检索，电子阅览室为读者提供多种检索工具，帮助读者更好地利用文献信息资源，这些信息资源主要是指数字化光盘、多媒体软件、课件、机读数据库和网络信息资源，或是将传统图书馆中的图书资料数字化(通过扫描或存储为图片和文字)，其中既有一次文献，也包括二次文献和三次文献等。

2. 访问因特网络

网络时代的到来，上网冲浪已成为人们不可或缺的优质网络服务之一，电子阅览室可以方便读者在浏览网站、在线视听、收发电子邮件，并从中获取大量信息资料，使读者在短时间内获得更多的信息与知识，提高学习及教育、教学与科研能力和效率。

3. 多媒体的娱乐

电子阅览室也为读者揭示电子读物、CD、VCD 影视名片等多媒体资料，通过在线阅读、视频点播等手段为读者提供多媒体的娱乐技术服务，读者通过计算机多媒体技术进行阅读和欣赏音乐、电影、动画等，获得多种感官享受，从而获得更多的乐趣和精神享受。

(三) 数据库资源

图书馆的数字资源中，数据库资源占据了非常重要的比例，而目前数据库资源种类繁多，如图 7-31 所示，各个图书馆根据自身定位与服务对象配置不同的数据库资源。并且每种数据库资源都有其特色，收录的内容不同、学科不同、年代不同、文献类型不同、检索不同等。

图 7-31　数据库资源举例

数据库按记录内容与格式可分为以下几种。

(1) 全文数据库。如 CNKI 中国知网、VIP 维普资讯、读秀学术搜索、万方数据、SpringerLink 等。

(2) 引文数据库。如中国科学引文数据库 CSCD、CSSCI 中文社会科学引文索引、SCI 科学引文索引、SSCI 社会科学引文索引、AHCI 人文科学引文索引等。

(3) 文摘数据库。如 CA 美国化学文摘数据库、INSPEC 英国科学文摘、MEDLINE EXPRESS 美国医学文摘等。

(4) 数值数据库。如国研网、中宏数据库、中经网统计数据库、EBS 数据平台、INFOBANK 等。

(5) 事实数据库。如北大法意案例库、循证医学库等。

数据库按获取方式不同，也可分为订购数据库，自建数据库与网上开放共享数据库。除去数据库商开发的数据库外，图书馆也会根据自身馆藏资源的特点开发一些特色数据库。例如，北京大学的古文献资源库，如图 7-32 所示。

图 7-32　北京大学古文献资源库

网络开放共享资源是图书馆数字资源建设的重要组成部分，能够对图书馆现有订购资源进行补充。例如清华大学图书馆的推荐网络学术站点，如图 7-33 所示，由图书馆员在浩瀚的网络中精挑细选出来的学术网络资源，并按学科导航和类型导航进行了组织揭示，分类清晰，可通过一级目录、二级目录或站内检索快速查找所需的资源。

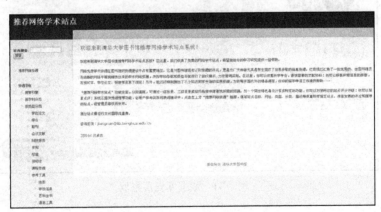

图 7-33　清华大学推荐学术站点

三、图书馆服务利用

(一) 图书馆信息服务的利用

1. 参考咨询服务

读者在图书馆利用过程中遇到任何问题，都可以利用参考咨询服务，以清华大学图书馆参考咨询系统为例，如图 7-34 所示。

图 7-34　清华大学图书馆咨询系统

1) 实时交互咨询

"交互式"咨询服务是以电子邮件和留言板为主要手段提供的咨询服务。在图书馆主页设置电子邮件或"留言板"的链接，用户将咨询问题以表单的方式提交给咨询馆员，咨询馆员在最短的时间内，以相同的方式如 Web、可视白板等，将答案送给咨询用户。

2) 智能化自行检索咨询服务

自行检索咨询是指在参考咨询形成的课题结果确认能够公开的情况下，读者可以通过自行检索直接获得文献的一种咨询方式。当读者编写检索程式有困难时，由系统自动分析课题构建出比较合适的检索表达方式。当用户执行了确定的检索表达方式后，系统能自动地实现跨网站、跨资源库的快速查询，将所需信息经过比较、去重、排序后交给检索用户。

3) 请求单咨询

由读者填写咨询请求单，提交给图书馆，由咨询馆员逐一受理请求，并在读者指定时间内交给有关咨询专家解答后反馈咨询结果。电子邮件咨询系统为基本的请求单咨询方式。

4) 网上信息站点导航

图书馆提供专题性、权威性、尽可能免费的网上站点导航，同时将网上站点导航与各类咨询专题信息集成在一起。在读者向图书馆咨询馆员提出咨询请求前，既可以自行检索咨询，也可以到链接的相关网站中搜索或选择进入其他咨询系统。

5) 知识体系的咨询服务

知识体系的咨询服务是指对本馆在线与非在线的图书、期刊、图片、视频、音频、数据库、多媒体和网页等各类信息资源进行有序重组与集成，为用户提供"一站式"咨询服务。

6) 资源导读服务

推荐优秀资源，对重点资源进行深加工是参考咨询的重要组成部分。图书馆结合信息开发，建立新书通报、书目推荐、文献述评等服务，为重点信息增加封面、目次、内容提要、评论等，帮助读者更好地选择与利用资源。

2．定题服务

定题服务又称"跟踪服务"或"对口服务"(Selective Dissemination of Information Service, SDI 服务)，是图书馆根据经济建设、科学研究和教育教学的实际需要，选定有关重点研究课题或者以亟待解决的关键问题为目标，利用文献信息的检索系统，连续为用户提供及时、高效、准确、全面、权威的文献信息，最大限度地满足用户文献信息需求的全程性服务。定题服务是图书馆文献信息服务的主要方式，从本质上属于参考咨询服务的范畴。其一般流程如图7-35所示。

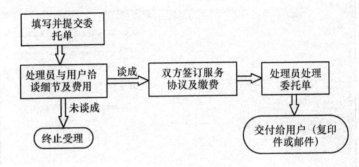

图7-35 定题服务程序

委托人申请定题服务时，首先要填写委托单，并尽可能地提供所需要的下列内容：

(1) 国内外同类科学技术和相关科学技术的背景材料。

(2) 参考检索词，包括中英文对照的查新关键词(含规范词、同义词、缩写词、相关词)。

(3) 分类号、专利号、化学物质登记号，关键词应当从所在专业的文献常用词中选择。

(4) 参考文献，列出与项目密切相关的国内外文献(含著者、题名、刊名、年、卷、期、页)，以供检索人员在检索时参考。

(5) 提供检索人员认为所必需的其他材料。

检索人员的服务流程为：

(1) 接受课题，在正式接受有关课题委托时，课题委托人应按照要求，认真填写课题跟踪服务登记表，提交详细描述课题的背景资料。

(2) 确定检索范围，根据课题委托人提供的以往掌握的文献情况，确定检索范围，选定相关的检索工具和数据库。

(3) 制定检索策略，在充分理解课题的实质内容和委托要求后，定题人员选择检索词，制定检索策略，并根据检索结果和反馈意见不断调整检索策略，直到查到满足需要的文献为止。

(4) 提供定题服务成果并建立档案，向课题委托人提供题录、文摘、原文等课题服务成果，并将课题服务全过程检索到的文献资料和相关工作记录加以归档保存，作为今后开展定题服务的工作基础和参考资料。

3. 文献传递服务

当读者在本馆无法获得所需图书时，可以利用文献传递服务，一般程序为先到图书馆信息咨询部填写文献传递请求，也可在图书馆网页上直接下载进行填写，如图7-36所示。文献传递专职人员接到申请后，会在数个工作日内处理读者提出的请求，并告知处理结果。

文献传递服务包含国际联机检索服务,是读者或读者委托参考咨询馆员利用远程仿真终端访问国内、外公共数据库服务系统检索、查询相关信息的服务，如 Dialog、OCLC、STN 等大型公共数据库系统提供远程联机检索服务。这些数据库系统的特点是：对信息资源的收集、加工规范，信息来源可靠,检索效率高。但检索系统操作复杂且价格昂贵，一般只限于情报信息机构中专业的参考咨询人员使用。提供这种服务往往要求馆员有较高的操作技能及检索经验,对查询课题有较强的理解力,对操作软件的安装、更新及检索系统的维护有一定的专业知识。用户可通过联机检索获得最新、最可靠的数据。

文献传递处理单

请求日期：___ 年 月 日 ___

单位用户

名称		联系人	
地址		邮编	
电话	e-mail		
Ariel地址	付费方式	按次结算	
		年度结算	

个人用户

姓名		单位		联系电话	
地址		邮编		e-mail	

文献信息

文献题名				
作者	文献来源		卷期	
起迄页数	传递方式 (填写代码)	普通邮寄(1)	扫描e-mail(3)	
		特快专递(2)	Ariel传递(4)	
费用限制	元以下	时间期限	日以内	
备注				

图 7-36　文献传递申请单

4．科技查新

科技查新是针对科研立项、成果鉴定、申请专利、申报奖励、技术引进等方面的问题，通过手工与计算机检索等手段，运用对比方法，综合分析，提供具有新颖性、先进性和实用性的文献依据，为评价科研立项、成果等的新颖性和先进性提供事实依据的一种公共信息咨询服务工作，其实质是为科技管理部门和科研人员提供评价决策依据的情报服务。其流程一般如图 7-37 所示。

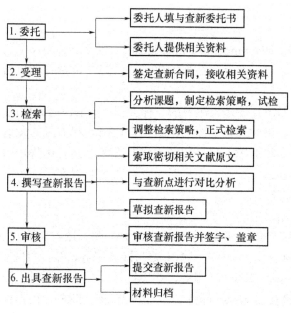

图 7-37　查新服务工作流程

1) 查新委托

委托人首先要填写查新课题委托合同书，合同书的内容包括：编号、查新项目英文名称、

265

委托人、电话、E-mail 地址、查新要求、查新项目的科学技术要点、查新点、检索词、检索式、希望获取报告时间等。

2) 检索

(1) 分析课题，查新人员通过对用户提供的各种资料进行分析和与用户讨论，确定查新重点和检索词并制定检索策略。

(2) 调整检索策略，查新人员利用各种数据库及国际联机系统进行试检，并根据试检情况确定正式检索的数据库及检索策略。

(3) 正式检索，查新人员完成国际联机、国内联机及各相关数据库的检索。

(4) 撰写查新报告，索取必要的原始文献和资料。

3) 对比分析

将查新课题的技术要点(查新点)与检索得到的相关文献逐篇进行对比，分析查新课题的新颖性，最后作出查新结论。

4) 起草查新报告

查新人员如实地根据前面的检索结果和对比分析结果起草查新报告。

5) 审核、签名、盖章

查新报告最后须经具有高级技术职称的审核人员审定，查新人员和审核人员签名并加盖查新工作站专用章，方能生效。

6) 异议处理

委托人若对查新结论有异议，可在接到《科技查新报告》一周内将有关意见及旁证材料提交受理方，在交纳复核费后，由受理方组织专家复核。

7) 保密

为保护科技工作者的合法权益，有效保护知识产权，受理方必须对委托课题承担保密义务。

5. 竞争情报

竞争情报简称 CI，即 Competitive Intelligence，也被称为 BI，即 Business Intelligence，是指关于竞争环境、竞争对手和竞争策略的信息和研究，包括对竞争信息的收集和分析以及由此形成的情报和谋略。

竞争情报也是图书馆开展情报服务的一种类型。图书馆有天然的资源优势为政府、企业、学者提供竞争情报。美国和新加坡图书馆就一直为国家和地区的发展而开展竞争情报研究服务。国家或地区直属的图书馆不仅在传统的资料收藏上具有优势，而且在了解政府决策信息需求方面具有特殊的理解，特别是在多党派议会制度的国家，这类图书馆具有党派独立、所处地位客观超脱等无可比拟的优势。

1) 美国国会图书馆的国会研究服务部

建于 1800 年的美国国会图书馆是世界上最大的图书馆，总面积 34 万平方米。馆藏一亿多册(件)，涉及 470 种语言。国会图书馆主要为国会服务，并担负国家图书馆的职能，同时也为其他政府部门、到馆读者和学者服务，并通过馆际互借为各研究图书馆服务。图书馆下设的"国会研究服务部"(Congressional Research Service，CRS)专门面向政府立法决策提供情报服务，是图书馆为政府开展国家竞争情报服务的典范。CRS 的前身为 1914 年国会图书馆下设的"立法参考咨询局"(Legislative Reference Bureau)。时至今日，CRS 情报服务的目的已经超越了当初纯粹面向国会立法咨询范围，而是扩大到了包括社会、经济、科技、环境等领域在内的更加宽泛意义的情报研究服务，分析领域日益多样化，涉及能源、国际金融、核污染、税收政策与经济复苏等问题的咨询，而且视野也从美国本土扩大到全球范围。

根据 2002 财政年度的 CRS 年报，CRS 部门共有全职研究人员 739 名，研究队伍由一大批在多个领域负有盛名的专家组成。CRS 下设 6 个研究部：美国立法研究部、国内社会政策研究部、外交事务、国防和贸易研究部、政府与财政研究部、信息研究部以及资源、科学和产业研究部。在此基础上，每一个研究部按照更加具体的研究方向又进行了细分，专注于领域内更加细分的公共政策研究。

CRS 每年的经费在 8000 万美元左右，由国会单独下拨。除了财政拨款，近年来 CRS 也开始得到私营部门和各种基金会的资助。CRS 开展国家情报服务的方式多种多样，主要负责解答国会议员和国会工作人员提出的各种问题。CRS 的情报产品多种多样，但是以研究报告为主。CRS 作为一个无党派的、独立的、公正的和对立法等问题能深入精辟研究的"特殊机构"而存在，其报告不仅是国会立法的极有价值的资料依据，同时也对国会决策起着重要的支持作用；但是，出于传统和国会的规定，CRS 部门并不对公众公开其研究报告。在民众的呼声中，近几年出现了大量的可间接获得 CRS 报告的网络资源。

2) 新加坡国家图书馆的竞争情报服务

1995 年，新加坡成立国家图书馆管理局(National Library Board，NLB)，类似于上海目前的"中心图书馆"，藏书超过 90.5 万册，另有大量 CD、缩微胶片、数据库等其他形式的资料。20 世纪末，新加坡国家图书馆在开展面向政府、企业及公众的竞争情报服务方面开始进行一些尝试和开拓。

新加坡 NLB 中参与信息提供与情报服务的专家有 50 人。此外，世界尤其是亚洲的各大图书馆等外部资源也是 NLB 信息服务的依仗力量，情报服务范围涉及商业与管理、创意产业、中国信息与情报(包括传统、商业与工业、中草药)、一般的参考信息、新加坡传统、电信与信息技术、旅游等领域。

NLB 为政府提供的信息服务相对简单。每年根据政府的信息/情报需求与之签订收费式合同，主要提供信息汇编和简报服务，而鲜有较有深度的研究报告完成。1997 年，新加坡国家图书馆聘请上海图书馆的有关专家到该馆协助其筹备成立 BIS(Business Intelligence Service)部门。BIS 的服务侧重于依托丰富馆藏资源进行简单的信息提供，具体包括馆藏资源检索、文献提供以及面向个人的案头预警信息提供，服务对象包括企业、企业管理层、专家学者以及学生。2002 年前后，BIS 开始与大英图书馆、中国国家图书馆、上海图书馆、俄罗斯国家图书馆等其他竞争情报服务机构合作开拓市场，通过合作完成一些诸如合作方所在地的教育、旅游、房地产产业发展情况的多用户报告，通过主动的情报服务逐步培育当地的情报需求市场，同时也指导新加坡相关厂商的海外投资。

仅就可获得资料和调研来看，新加坡国家图书馆开展的情报服务层次还较低，与美国国家图书馆的 CRS 部门无法相提并论。

6. 图书馆政府信息公开服务

公共图书馆服务与政府信息公开有天然的联系。联合国教科文组织《公共图书馆宣言》开宗明义宣告：公共图书馆作为人们寻求知识的渠道，为个人和社会群体进行终身教育、自主决策和文化发展提供基本条件。其所列举的公共图书馆服务 12 项核心使命就包括"保证市民获取各种社区信息"、"为地方企业、社团群体提供充足的信息服务"。20 世纪下半叶开始在世界范围内迅速推进的以政府信息公开为重要标志的政务透明化进程，目的在于保障全体社会成员获取信息权利的实现，保障公民对政府工作的知情权、参与权和监督权，促进政府依法行政，充分发挥政府信息对经济社会活动和人民群众生产生活的服务作用。二者的天然联系，决定了将公共图书馆建设成为公众获取政府信息的"公共接入点"，是现代民主社会的必然要求。目前，世界上已有约 68 个国家制定了有关政府信息公开的法律。

2008 年 5 月 1 日中国《政府信息公开条例》开始正式实施，条例明确规定了公共图书馆作为政府信息发布渠道之一的职责。《中华人民共和国政府信息公开条例》第 16 条规定：

行政机关应当及时向国家档案馆、公共图书馆提供主动公开的政府信息。

各级人民政府应当在国家档案馆、公共图书馆设置政府信息查阅场所，并配备相应的设施、设备，为公民、法人或者其他组织获取政府信息提供便利。

这些条例规定了公共图书馆具有确保社会成员能够平等获取政府信息的法定职责，界定了公共图书馆作为政府行政体系一部分的法律地位。也规定政府行政机关向公共图书馆提供政府信息的法定义务。

1) 图书馆在政府信息公开中的作用

(1) 建立政府信息跟踪采集系统。政府信息公开制度在中国刚刚起步。图书馆应逐渐建立与政府信息相关部门间的信息跟踪采集制度，随时关注政府各部门发布的政务信息，保持与相关部门的及时联系，主动收集获取政府信息，为政府信息及时、准确、全面地进入图书馆提供畅通的渠道。

(2) 建立政府信息存储数据库。图书馆采集到的政府信息，应发挥信息分类整理的专业优势，对政府信息进行科学分类、整理和归纳，把分散无序的信息整合成分门别类的政府信息数据库，并做好目录、指南、索引、摘要的编制工作，为政府信息公开利用打好基础，以方便公众快速准确地检索查阅所需的政府信息。

(3) 提供多种形式的政府信息查阅服务。图书馆可根据用户的不同需要，对政府信息提供多种查阅利用途径。提供网络查阅，打倒、复印，或者根据用户需要，对各类政府信息分类整理，以汇编的形式提供查阅利用等。

(4) 帮助用户申请信息公开。如果公民所需的信息不属于政府"主动公开"的范畴，图书馆也没有保存这些信息，对此，图书馆也可以帮助用户向有关政府部门提出某信息的查阅利用申请服务，如果该信息属于依法可以公开的，有关部门应提供查阅利用。图书馆员可以给用户提供一些参考目录或者是信息指南，以帮助他们能够针对具体的主题进行检索或提出申请。帮助用户申请利用政府信息，也是图书馆在政府信息公开中积极发挥的作用之一。

2) 中国国家图书馆的政府信息公开服务

以中国国家图书馆的政府信息公开服务为例，在国家图书馆主页上单击"政府信息"，进入"中国政府公开信息整合服务平台"，如图 7-38 所示。

中国政府公开信息整合服务平台是以各级政府网站政府公开信息为整合对象，通过自动采集，将各级政府公开信息采集到本地；平台整合了国务院各部委、全国各省、自治区、直辖市等政府公开信息，建立了政府公开信息、政府公报、政府机构等专题资源库；针对不同形式的政府文件构建了资源描述体系，利用统一的元数据框架，对政府信息资源内容、外部特征及关联关系进行充分组织、挖掘和揭示，为公众查询政府公开信息提供了便利。如图 7-39 所示。

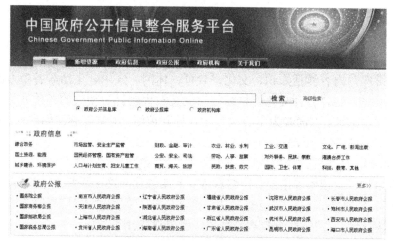

图 7-38　政府公开信息服务平台

图 7-39　政府信息公开服务平台

(二) 图书馆读者活动服务

1. 读者活动的重要性

图书馆举办读者活动的目的，不仅在于吸引读者前来图书馆，更重要的是要教导读者如何利用图书馆的各种资源。

(1) 读者活动是图书馆改变传统形象的契机。在"以读者为导向"的服务理念下，结合企业界的营销观念，主动规划符合读者需求的读者活动，以拓展图书馆的服务与资源；一改以往"读书馆"、"藏书楼"的形象，主动积极的争取读者参与，创造图书馆的新形象。

(2) 读者活动是图书馆争取新读者的重要举措。过去图书馆常以提供阅览空间的方式，吸引读者到馆内读书；但通过与读者的互动活动，则可吸引更多民众参与到图书馆来，使之真正地认识图书馆，扩大图书馆服务的范围，发挥图书馆的教育功能。

(3) 读者活动是图书馆发挥终身教育功能的需要。在信息多样化的时代，民众汲取新知识，已不是仅仅通过印刷型资料。一场演讲、一次展览，都能使人悠游于信息的海洋中，获得心灵的恬适和满足，图书馆可实现信息资源的长期与稳定保障，是充分满足读者终身教育的最好课堂。

2．读者活动类型

读者活动类型多样并可以无限衍生，目前大致有以下几种。

(1) 阅读推广活动，如新书推介，读书会、阅读奖励等。

(2) 公益讲座，内容囊括知识、文化、教育、休闲、娱乐、生活等各个方面。

(3) 公益展览，结合各种文化题材和爱国主义教育题材等相关的各种展览活动。

(4) 读者联谊活动，以读者为中心进行的各种联谊活动，如灯谜游园活动，戏曲演唱活动，户外如"寻找城市记忆"活动等。

(5) 竞赛活动，如阅读竞赛、书画竞赛、知识竞赛等。

(6) 读者培训，如触摸屏指南、网络教程、网络教室、网上课件等。内容涵盖文献学和信息学基础知识、信息检索语言、检索工具、检索方法，各类型工具书使用法，专业文献检索与利用，数据库检索、网络信息检索与利用，图书馆使用法等。

四、图书馆实例——香港城市大学图书馆

香港城市大学图书馆(图 7-40)成立于 1984 年，1989 年迁至九龙塘，翌年，正式命名为邵逸夫图书馆(Run Run Shaw Library)。图书馆坐落于教学大楼三楼，位处教学活动核心区，为教职员及学生提供了方便。经过几十年的耕耘，城大图书馆馆藏已达至 908500 册书及 195000 册合订期刊，纸本现刊数量约 3000 种。另外，电子资源及多媒体资源的数量亦不断增加，成为馆藏中不可或缺的一部分。

图 7-40　香港城市大学图书馆

香港很小，香港城市大学图书馆也小，却座拥全世界最贵的地段之一九龙半岛。城市大学图书馆平日不仅提供大学内师生使用，由于入馆采用开放式，毫无任何门坎限制，优越的地理位置与生活机能，使得这里俨然成为香港八所大学的信息汇聚枢纽，每天为全港居民提供图书信息服务。

图书馆里面安装了无线网，RFID("超高频射频识别技术应用" UHF RFID)，香港八所大学合作的"港书网"平台，藏书超过 1000 万册，通过建立联合目录，实现馆际互借，借阅量不断攀升，成为各图书馆馆藏的重要延伸，这正是馆际间的标签互认，为馆际互借奠定了基础。图书借阅，已经投入小规模试用，可以同时借 5 本书，全自动化的，不用再人为地进行记录消除。自动借书机的使用，可以减少流通柜台的服务人员，借阅者可以直接使用自动借书机。城

大图书馆建立"学习共享空间"。如图 7-41 所示，馆方为配合大学以成效为本的教学法(Outcome based teaching and learning)，设立信息坊，不仅有百多台计算机，更有房间供学生讨论。

图 7-41　香港城市大学图书馆阅览室

图书馆内设置约有 2000 个阅览座位，一踏入大门处处可见流动的设计理念，由咨询服务柜台延伸到阅读区域上方天花板，银灰色波浪板造型装置，让人漫步其间，彷佛迈入时光走道。

馆中有一个 Quiet Discussion Zone，满满的学生在此低声交流讨论。Project-Based Learning，Problem-Based Learning 与 Collaborative Learning，更是同学间学习、讨论、发表意见的公共空间，人手一台笔记本计算机，信息在这里快速流动，从平面到电子，知识在看不见的虚拟空间中快速流通，让图书馆不只是图书馆。

香港城市大学图书馆还有几个特殊馆藏书库：英国法律特藏书库、中国法律史特藏书库和珠三角及长三角特藏书库。

英国法律特藏书库是在亚洲地区为最佳的英国法制史书库之一，以典藏 1900 年以前出版的英国法律珍本书为主。至于法学通论、北美国家法律以及与法律有关的学科，诸如哲学、社会科学、语言、文学与书目等，皆有收纳。

中国法律史特藏书库的藏书以中国法制史、中国法律思想史与中国法律文化史为主。目的是为国内外的学者在研究中国传统法律文化方面提供文献支持。藏书范围包括入库文献所涉及时期从古代至 1949 年，而以清朝(1644—1912 年)至民国(1912—1949 年)为重点，其中包括大清律例、清会典、名吏判牍、国民政府法规、部门规章、法律解释文件、地方法规、案例汇编及其他有关学术著作。广东省各地方的地方志，已另外收藏于本馆的珠三角及长三角特藏书库。除了中国学者(包括大陆、中国台湾和中国香港学者)研究中国法律史的著作外，重要外文著作(包括英文、法文、日文等)，尤其是日本学者的研究著述都一并入库。因为善本、珍本书难求，库藏的善本、珍本古籍，大都以重印本、影印本或电子版存入书库。

珠三角及长三角特藏书库收录有关两地区生产资源、市场潜力等，首要掌握实际的营商消息和市场情报，包括工业报告及分析、关税及其他税务数据、经商指南、世贸消息、经济及人口统计调查等，宗旨是向学术和商界人士提供第一手优质信息。

图书馆是一座跨时空的桥梁，香港城市大学图书馆的管理者们认为图书馆就像一座"桥"，图书馆员的工作就是让图书馆可以起知识桥梁的角色。图书馆是学生与知识之间桥梁，知识可以是书籍、资料库或其他媒体的；图书馆是未来的学者与过去的学者交会的桥梁；图书馆是未来的知识与过去的知识交会的桥梁。

如何搭造出人与人、人和书、书与知识间跨时空的对话，面对时代严峻的考验，图书馆的意义和范畴越来越大，呈现出建筑学、美学、力学、文学和历史的完美融合，各个层面都可以同时出现。"我们要打造的不是藏书阁或是典藏人类动产，而是为了服务更多的学生。"

第八章　信息资源利用与著作权保护

信息资源是现代社会发展的重要战略资源，充分、合理地利用信息资源，是现代人的基本素质与能力，也是现代社会中，社会公众行使其基本权利——图书馆权利的具体体现。充分利用信息资源，是指人们行使图书馆权利，尽可能广泛地利用信息资源，促进人的全面发展；合理利用信息资源，是指人们在保护著作权人权益的前提下，规范地利用信息资源。图书馆权利是人们享受社会信息保障制度，通过图书馆权利实施机构，平等、自由、免费获取信息与知识的权利，是人的基本权利之一。图书馆作为社会知识保障机构，是图书馆权利实施的主体机构。每一位信息资源的利用者应该具备著作权保护意识，充分注意利用信息资源的方式、方法、范围、用途等，使之满足著作权相关法律、法规的要求。违反著作权规定的行为必须承担相应的法律责任。

第一节　著作权基础知识

一、著作权的基本概念

著作权是指法律赋予作者对其作品享有的专有权利。或者说，著作权是指作者及其他著作权人对其创作的文学、艺术、科学作品依法享有的人身权利和财产权利的总和。其中所谓"作品"，根据我国《著作权法实施条例》第 2 条的规定，是指"文学、艺术、科学领域内具有独创性的并能以某种有形形式复制的智力成果"；所谓"创作"，是指"直接产生文学、艺术、科学作品的智力活动，为他人创作进行组织工作，提供咨询意见、物质条件，或者进行其他辅助工作，均不视为创作"。

著作权属于"知识产权"范畴。知识产权是指一切来自于知识活动领域的权利。作为法律制度的知识产权，其立法目的在于：保护智力创造者的权利，维持社会正义；促进知识广泛传播，有效配置知识智力资源；具有保护知识产权人权利与维护社会知识公共获取权利的双重价值目标；发挥着保护权利、平衡利益、促进科技进步和经济发展的社会功能。

信息资源利用广泛涉及对信息知识产品的使用行为，必然涉及著作权相关问题。社会公众行使图书馆权利，充分合理地利用信息资源，是促进社会进步和发展的必要条件；但不合理地、甚至是非法地利用信息资源的行为，将造成对信息资源权利人相关权利的侵害，使信息资源的创造人失去进一步创造知识的动力，从而破坏著作权保护与图书馆权利实现之间的协调与平衡，最终不利于社会进步与知识文化繁荣。因此，信息资源的利用应该建立在充分保护著作权的基础上。

著作权归属于知识产权。知识产权一词，来源于英文"Intellectual Property"。我国在《中华人民共和国民法通则》（以下简称《民法通则》）颁布前曾将其译为"智力成果权"，我国香港、台湾地区多译为"智慧财产权"。1986 年，《民法通则》颁布后，我国开始正式采用"知识产权"的称谓。英文中，Intellectual Property 原本有两种含义：其一是智慧成果，或称知识产品；其二为人们对智慧成果的所有权。17世纪中叶，法国学者卡普佐夫在其著作中最早提及"知识产权"的称谓，并将一切来自知识活动领域的权利概括为"知识产权"。之后，比利时著名法学家皮卡弟将"知识产权"的概念发展为"使用知识产品的权利"。皮卡弟认为，知识产权是一种特殊的权利，它根本不同于对物的所有权。他认为："所有权原则上是永恒的，随着物的产生与毁灭而发生与终止；但知识产权却有时间限制。一定对象的产权在每一瞬间时间内只属于一个人（或一定范围的人——共有财产），使用知识产品的权利则不限人数，因为它可以无限地再生。"皮卡弟的学说得到了国际上的广泛认同。1967年，《成立世界知识产权组织公约》签订，标志着"知识产权"这一概念获得大多数国家和众多国际组织的承认。

知识产权是相关法律之集合，其包含有：著作权法、专利法、商标法等。郑成思在其主编的《知识产权法教程》中对知识产权的定义是："知识产权指的是人们可以就其智力创造的成果所依法享有的专有权利。"刘春田在其主编的《知识产权法教程》中将其定义为："知识产权是智力成果的创造人依法享有的权利和生产经营活动中标记所有人依法享有的权利的总称。"吴汉东主编的《知识产权法》中的定义是："知识产权是人们对于自己的智力活动创造的成果和经营管理活动中的标记信誉依法享有的权利。"三位专家对知识产权的定义表述虽各不相同，但内涵清晰一致。

1967年7月14日，保护工业产权巴黎同盟的国际局与保护文学艺术作品伯尔尼同盟的国际局的51个国家在斯德尔摩会议将两国际机构合并，签订了《成立世界知识产权组织公约》(The convention Establishing the World Intellectual Property Organization，WIPO公约)。该公约于1970年4月26日正式生效。根据公约成立的政府间国际机构，定名为"世界知识产权组织"，简称为"WIPO"。1974年12月，该组织成为联合国的一个专门机构，总部设在日内瓦。按照《成立世界知识产权组织公约》第5条成员资格的规定，任何保护知识产权的同盟成员国，以及虽未参加任何同盟，但只要是联合国的成员国，或受到了世界知识产权组织成员会议邀请的国家，均可成为该组织的成员国。1980年6月3日中国成为该公约成员国。

《成立世界知识产权组织公约》第2条以划定范围的形式将知识产权定义为：关于文学、艺术和科学作品的权利；关于表演家的演出、录音和广播的权利；关于人们在一切领域的发明的权利；关于科学发现的权利；关于工业设计的权利；关于商标、服务商标、厂商名称和标记的权利；关于制止不正当竞争的权利；以及在工业、科学、文学或艺术领域里的一切来自知识活动的权利。在第2条第8款中更明确列举了知识产权的构成范围，"下列权利构成知识产权：著作权与邻接权、专利权或(和)发明权、发现权、外观设计权、商标权、及其他标记权、反不正当竞争权以及其他由于智力活动产生的权利。"

1995年1月《与贸易有关的知识产权协议》(简称TRIPS)生效。该协议第一部分第1条也规定了与贸易有关的知识产权范围：
(1) 著作权与有关权。
(2) 商标权。
(3) 地理标志权。
(4) 工业品外观设计权。
(5) 专利权。
(6) 集成电路布图设计(拓朴图)权。
(7) 未公开的信息专有权，主要是商业秘密权。

我国《民法通则》在第五章第三节"知识产权"第94～97条明文规定了知识产权的范围：著作权（著作权）、专利权、商标权、发现权、发明权及其他科技成果权。与上述《成立世界知识产权组织公约》中对知识产权界定的范围基本一致。

二、著作权的起源与发展

著作权制度的产生晚于财产所有权，以世界上首部具有现代意义的著作权法——英国1709年颁布的《安娜法令》为标志，至今，已有300多年的历史。著作权法的产生是社会发展的必然产物。恩格斯指出："在社会发展的某个很早的阶段，产生这样的一种需要：把每天重复着的生产、分配和交换的产品的行为用一个共同的规则概括起来，设法使每个人服从生产和交换的一般条件。这个规则首先表现为习惯，后来就成了法律。"

从我国与世界各国著作权的产生与发展过程看，对知识创造个人权利的保护，都经历了对知识权利的习惯尊重、专制政府的特权庇护，直到政府立法保护的过程。

(一) 我国著作权制度的产生与发展

在我国，智力作品所有权的概念在印刷术发明前几百年就已产生。唐代的《旧唐书·文宗记》中，就记载了唐朝中央政府授权司天台享有印刷日历的专有出版权。唐代柳宗元在《辩文子》一文中也有"其浑而类者少，窃取他书以合之者多，凡孟管辈数家，皆见剽窃"的记载，尖锐地指出春秋战国时期剽窃之风盛行，已经反映出作者对其十分厌恶的态度和寻求知识权益保护的强烈意愿。

我国目前能提供确切证据的最早的著作权保护制度出现于宋代时期。在科技文化大发展的宋朝，造纸术与雕板印刷术得到发明和广泛运用。在旺盛的市场需求下，用于复制文化作品的雕板印刷业极其兴旺，逐步形成了官刻、私刻和坊刻等雕刻印书系统，并在全国形成了四川、浙江、福建等三大雕版印刷中心。知识作品得以进行较大规模的复制和广泛传播。直到今天，宋版的雕板印刷图书都以其精良的印刷品质成为收藏界的珍宝。知识作品广泛传播的同时，给作者及印刷商带来了可观的经济收益。作品的商品性得到彰显，而当其商业利益受到盗版者的侵害时，著作权保护观念就应运而生了。据宋代新安人罗壁所著《识遗》记载，在北宋神宗继位（公元1068年）之前，为保护《九经》监本，朝廷曾下令"禁擅镌"，即禁止擅自刻印这部书。如果想要刻印，必须先请求国子监批准。这个规定，在今天看来，完全就是国子监对《九经》监本的刻印出版进行的一种专有著作权的保护。这与后来英国、法国、威尼斯等地的君主或封建统治集团赐给印刷出版商的翻印特权非常相似，是较早的来自政府的非常明确的知识产权保护行为。南宋中期，在我国刻版印书中心四川眉山的《眉山县志》中记载，眉山士子五十余种1000卷作品先后镌刻印行全国。四川眉州人王称所著的一部北宋历史《东都事略》的初刻本目录页上附有一方碑记，上书"眉山程舍人宅刊行，已申上司不许覆版"字样。这个目前世界上所发现的最早的关于著作权的声明，与今天多数国家图书著作权页上的"著作权标记"已极其类似了。查阅《宋会要辑稿》可以发现，宋朝几乎每个皇帝都颁发过"禁止擅镌"的诏令，对规定禁止擅镌的书籍采取保护措施，对违反禁令者采取"追版劈毁，断罪施刑"的严厉措施。晚清版本学家叶德辉所著《书林清话》，对这样的禁例作了十分详细的记载。

1903年，中国和美国在上海签订了《中美续议通商行船条约》，其中的第11条规定："无论何国，若以所给本国人民著作权之利益，一律施诸美国人民者，美国政府亦允将美国著作权律例之利益给予该国之人民……"这是我国历史上第一部涉及著作权的条约，也是现代著作权法律引入我国的开端。1910年。清宣统二年，清政府颁布了中国历史上第一部现代意义上的著作权法——《大清著作权律》。《大清著作权律》以"伯尔尼公约"为蓝本，参照了各国的相关法律，经过多年修订而成，此法律共分"通例、权利期限、呈报义务、权利限制、附则"5章55条，对著作权的概念、范围、承担义务、保护期限、权限及处罚都作了明确的规定。《大清著作权律》已表现出鲜明的特点：概念明确，清楚阐释了何谓著作权及其适用范围及年限（著者死后延续30年）；界限清楚，申明收集他人著作编成文集为正当手段，不属于剽窃；惩罚严厉，规定对出版盗版著作进行惩罚的同时，对销售者科以同罪。之后，北洋政府在1915年制定并颁布了颇具现代意义的著作权保护法律——《著作权法》。北洋政府《著作权法》共45条，除了个别条文略有增删合并外，基本上依照了《大清著作权律》。此后，国民党政府在1928年颁布了《著作权法》，并在1944年、1949年先后两度进行了修订。新中国成立后，在1950年，我国颁布了《关于改进和发展出版工作的决议》。在1990年9月，《中华人民共和国著作权法》经第七届全国人大常委会审议通过，于1991年6月1日正式实施，随后，又正式颁布了《中华人民共和国著作权法实施条例》。

（二）国外著作权制度的产生与发展

早在古希腊和古罗马时期，就已有记载智力劳动与经济利益发生密切联系的记录。古希腊著名科学家毕达可拉斯、古罗马著名政治家、哲学家西塞罗等人都曾通过自己的演讲或写作获取报酬。《不列颠百科全书》记载，英文"Plagiarism"（剽窃、抄袭）一词，就是在公元1世纪由罗马著名诗人马歇尔创造的。在这一时期，人们就已经开始认识到，智力成果及其保护问题，对作品权利人而言，是一个从精神到物质都很重要的问题。在那时，"剽窃"行为已经会在道义上受到谴责了，但尚不产生法律上的后果。

15世纪中叶，活字印刷术在欧洲广泛流传，活字印刷术使图书的产生再也不用靠手工抄写了。活字印刷术，这个被西方誉为文明之母的技术，大大促进了社会文明与文化的传播，同时，也迅速成为部分人获取财产利益的工具，也就同时催生了知识产权保护意识的萌芽。公元1455年，德国人谷登堡用其首创的螺旋手板印刷机，在梅茵茨（Mainz）第一次采用活字印刷术印出《圣经》。1469年，谷登堡的现代活字印刷术传入意大利的威尼斯，威尼斯参议院就发布法令，授予印刷商吉奥范尼·戴·施德拉印刷西赛罗和普利尼的书信出版专有权，并明确规定有效保护期5年。这是西方第一个有关出版的独占许可证。

合理的保护导致行业的繁荣。1481—1500年期间，威尼斯成立了100多所印刷厂，大约出版了200万册图书，成为当时欧洲的印刷出版中心。1470年，现代活字印刷术传入法国，1507年和1508年，法国皇帝路易十二分别就圣·保罗的《使徒书信》的出版和圣·布鲁诺著作的出版，向出版商颁布了类似的出版特许令。1476年，现代活字印刷术传入英国。1484年，英查理三世颁布一项鼓励商业法令，使得大量外国书商、印刷商、图书作者进入英国，英国的图书出版业开始兴旺。到16世纪初，英国成为了欧洲图书贸易大市场。在这个时候，图书印刷出版对图书馆事业产生了深远的影响，图书的大量出现，使图书的管理和图书的生产逐渐分离，形成图书馆和图书出版两个专门行业。印刷型图书的大量出版使图书馆藏书以空前的速度增加，一些大型图书馆开始出现。在16、17世纪，因为社会发展对大量印制图书的需求旺盛，逐渐形成印刷产业，但这是一个高风险和高利润并存的行业。开办正规的印刷厂要获得印刷许可、雇用熟练工人、购买印刷材料等，都需要投入大量资金投入。如果这种投资没有任何形式的保护，各种未经许可的复制印刷可以随意进行，将必然使投资人很快破产，兴旺的行业将不复存在，这使得保护印刷商的翻印专有权，就非常必要了。在15世纪末，威尼斯共和国授予印刷商冯施贝叶(von Speyer)在威尼斯印刷出版的专有权，并规定有效期 5 年。这被认为是西方第一个由政府颁发的、保护翻印之权的特许令。在此之后，罗马教皇于 1501 年，法国国王于 1507 年，英国国王于 1534 年，都曾为印刷出版商颁发过禁止他人任意翻印其书籍的特许令。从 1556 年到 1637 年的 80 年间，英国前后颁布了 4 个《星法院法》，内容都是授予出版商公司以印刷出版特权，以及限制图书的自由印制。1662 年，英国颁布《许可证法》，该法规定：

(1) 凡印刷出版图书，必须在出版商公司登记并领取印刷许可证；

(2) 凡取得许可证者，均有权禁止他人翻印或进口有关图书。

1690 年，英国哲学家洛克(J. Locke)在他的《论国民政府的两个条约》中指出：作者在创作作品时花费的时间和劳动，与其他劳动成果的创作人的花费没有什么不同，因此作品也应当像其他劳动成品一样，获得应有的报酬。

可以发现，印刷术的普及，使欧洲封建特许制度诞生，并日益专制化。到 18 世纪初，经过文艺复兴、宗教改革、罗马法复兴"三 R"运动的洗礼后，在政治上开明专制和经济上重商主义的影响下，以"天赋人权"为思想武器，保护著作权人物质与精神权利的法律体系才开始构建。1709 年，英国议会通过了世界上第一部著作权法——《安娜法令》。该法原名直译为中文为《为鼓励知识创作而授予作者及购买者就其已印刷成册的图书在一定时期内之权利的法》。《安娜法令》序言中明确指出：颁布该法的主要目的，是为了防止印刷者不经作者同意就擅自印刷、翻印或出版作者的作品，以鼓励有学问、有知识的人编辑或写作有益的作品。在该法正文的第 1 条中，也指出作者是第一个应当享有作品中无形产权的人，从而确认了作者是法律保护的主体。其次，该法规定的保护期限，体现了法律对著作权人经济权利的保护。之后，英国著作权法经多年修订，现行的著作权法于 1988 年颁布实施。法国于 1791 年颁布了著作权法，承认作者不仅享有出版权，而且享有表演权。现行的著作权法于 1957 年颁布，于 1992 年修订，其著作权法最主要的特点是以"人格价值观"为理论基础，强调对作者精神权利的全面保护。

美国在独立战争以前，各州一直沿用英国的著作权法。1783 年，康涅狄格州制定了美国第一个著作权法。至 1786 年，13 个州分别制定了著作权法。1790 年，美国国会在宪法的授权下，正式颁布了统一的联邦著作权法，后联邦著作权法分别在 1873 年、1891 年、1909 年、1976 年、1987 年、1994 年经过了六次修订。美国现行的著作权法是 1994 年的修订本。

日本的著作权保护制度始见于 1899 年的《著作权法》，之后有多次修订。日本著作权立法强调对著作权（财产权）与人格权的双重保护。

俄罗斯在 1993 年颁布了《著作权和邻接权法》，其特点是将著作权和邻接权并列，提高了对邻接权人的保护水平。

三、著作权的主体与客体——著作权人与作品

著作权的主体是著作权的权利承受者，即著作权人。著作权的客体是指著作权的保护对象，即作品。各国的著作权法均将文学、艺术和科学作品作为基本保护对象。著作权主体是著作权交易的基础，是解决著作权纠纷的依据，只有著作权人才有权提起诉讼。

(一) 著作权人

1. 著作权人的定义

著作权人，是指依法对文学、艺术和科学作品享有著作权的人，又称为著作权主体。我

国《著作权法》第9条规定："著作权人包括：（一）作者；（二）其他依照本法享有著作权的公民、法人或者其他组织。"世界各国的著作权法都将作者作为第一著作权人。除了作者以外，著作权人还包括非作者，此处的非作者是指以继承、转移、合同约定等方式成为著作权人的人。因此，作者与著作权人是两个不同的概念，不可混淆。

2. 著作权人的种类

1) 原始主体与继受主体

著作权的主体可以通过原始创作与继受两种方式获得。由此，可将著作权主体分为原始主体与继受主体。

原始主体是指作品创作完成后，直接依据法律的规定或者合约的约定，在不存在其他基础性权利的前提下对作品享有著作权的人。一般情况下，原始主体为真正运用智力智慧从事作品创作的自然人。但一些国家的著作权法规定，作者以外的自然人、法人、或者其他组织，乃至国家，都可以成为著作权的原始主体。例如，职务作品中的雇主，委托作品出资人等。但另外有些国家的规定则比较严格，例如，法国规定，只有创作作品的人才能成为原始主体，作者与他人签订的雇用合同、服务合同等，并不能影响作者对作品所享有的著作权。原始主体的资格是基于创作行为或者法律规定直接产生的。原始主体可能享有完整的著作权，也可能不享有完整的著作权，如特殊职务作品的作者只享有署名权，著作权中的其他权利都归法人或其他组织所有。

继受主体是指通过受让、继承、受赠或法律规定的其他方式取得著作权的人。继受主体享有的著作权是从原始主体处取得的，并以他人原始著作权合法存在为条件。著作权继受主体不可能享有完整的著作权，而只能取得著作权的全部或部份财产权，不能取得著作人身权。

2) 本国人主体与外国人主体

以著作权主体的国籍不同，分为本国人主体和外国人主体。

本国人主体是指我国公民、法人或其他组织对其所创作的作品自作品完成时起即享有著作权，成为著作权人。外国人主体指在我国境内的外国公民、法人或其他组织依法成为我国法律保护的著作权人。

3) 合作主体与单一主体

根据创作人的人数不同，著作权主体分为合作主体和单一主体。

合作主体是指共同完成作品创作的两个或两个以上的人。单一主体是指因一人单独完成作品创作而享有著作权的人。

4) 原创主体与演绎主体

以作者对作品是首创还是再创为标准，著作权主体分为原创主体与演绎主体。

原创主体是因作者自己首次创作作品而享有著作权的人。演绎主体是根据他人创作的作品进行再创作而享有著作权的人。例如，改编人、翻译人、注释人和整理人。

3. 作者

作者是直接创作作品的人，是原始著作权人。创作是自然人运用语言、文字等表达形式，通过思维、知识、技能、经验等综合加工组合而产生，是作者对作品从构思到表达完成的过程。关于作者的基本含义，不同法系的国家有着不同的理解。我国及各国著作权法通常认为，作者应具备以下要件：

(1) 作者是直接创作作品的公民。我国《著作权法实施条例》指出，"创作"是指直接产生文学、艺术和科学作品的智力活动。

(2) 确认作者的方法是：在无相反证明的情况下，在作品上署名的人一般被推定为作者。

然而，在个别情况下也会出现署名者并非作者的情况，在实际操作中，只要真实作者能举证否定作品上的署名的人的"作者"资格，就可重新确定其作者身份。

4．其他著作权人

作者不是著作权的唯一主体，未参加作品创作的其他公民、法人或非法人单位称为"其他著作权人"。其取得著作权主要有以下途径。

1）依照法律或者有关规定取得著作权

我国《著作权法》规定：作者以外的公民、法人或者非法人单位对某些作品，可以依照有关法律规定、劳动章程和企业规章的规定，享受有作品的著作权或著作权中的部份权利。这种取得方式又称为"法定转让"。我国《著作权法》第16条规定："公民为完成法人或者其他组织工作任务所创作的作品是职务作品"，即作者享有署名权，著作权的其他权利则由法人或者非法人单位享有。我国《著作权法》第15条规定："电影作品和以类似摄制电影的方法创作的作品的编剧、导演、摄影、作词、作曲等作者享有署名权，著作权的其他权利由制片者享有。"

2）依照合同取得著作权

依照合同取得著作权一般有两种情况：其一是依照委托合同的规定取得著作权，我国《著作权法》第8条规定，受委托创作的作品，其著作权的归属由委托人和受托人约定。如合同约定著作权由委托人享有，委托人即成为作者之外的"其他著作权人"。其二是著作权的转让。著作权人可以将其享有的著作权中的财产权利的全部或部份转让给他人，著作财产权的受让人也是著作权的主体。

3）依照继承、遗赠、遗赠抚养协议取得著作权

我国《继承法》第3条第6款规定，公民所享有的著作权中的财产权利可以作为遗产，在公民死亡后可以由其继承人继承。因继承而取得著作财产权的人，可以成为著作权的法律主体。遗赠是指公民通过遗嘱，将个人财产赠予国家、集体或法定继承人之外的其他公民的法律行为。当作者将著作权遗赠给其所指定的对象时，该对象即成为著作权法律关系的主体。

5．特殊作品的著作权人

1）合作作品的著作权人

合作作品是指由两个以上的作者共同创作且其创作成果不可分割的作品。各国著作权法对于合作作品的规定不尽相同，但大致可归纳出以下共同之处：

(1) 合作作品的作者必须为两个或两个以上的自然人，不包括法人、公司或其他组织。判断合作作品不能只通过署名，而应根据实际参加作品创作的作者情况而定。

(2) 合作的创作者之间具有将各自的贡献结合成一个单一体的愿望；如果缺少共同的愿望，则不能成为合作作品。如，未经许可为他人创作的乐曲填上歌词而创作的歌曲就不是合作作品。

(3) 合作作者都参加了共同的创作劳动，为合作作品的完成做出了创造性贡献。

(4) 每个合作者的贡献与其他合作者的贡献相互依存、不可分割，并使得作品整体协调、统一。

美国、德国等国家认为，合作作品是不可分割的，因而不能单独使用；法国等国家则认为合作作品可以分为可分割作品与不可分割作品。我国著作权法规定，合作作品包括可分割使用和不可分割使用两种类型。可分割作品是指合作者之一对自己创作的那部份作品可以单

独使用，而不会影响合作作品的完整性和整体著作权的行使。不可分割的作品是指合作作品无法分割单独使用，只能作为一个整体使用。

我国《著作权法》第13条规定了合作作品的著作权归属问题："两人以上合作创作的作品，著作权由合作作者共同享有。没有参加创作的人，不能成为合作作者。合作作品可以分割使用的，作者对各自创作的部分可以单独享有著作权，但行使著作权时不得侵犯合作作品整体的著作权。"根据《著作权法实施条例》第9条的规定，对于不可分割使用的合作作品，"其著作权由各合作作者共同享有，通过协商一致行使；不能协商一致，又无正当理由的，任何一方不得阻止他方行使除转让以外的其他权利，但是所得收益应当合理分配给所有合作"。

2）职务作品著作权人

职务作品，也称雇佣作品，是指公民为完成法人或者其他组织的工作要求，通过履行职责所创作的作品。例如，记者为电视台撰写的报道、摄制的照片；文艺团体中的专业创作人员创作的剧本、脚本等。

职务作品具有以下特点：

(1) 从事创作的公民与下达创作任务的单位具有法律上的劳动关系。

(2) 创作作品的目的是为了完成所在单位的工作任务。

(3) 创作基本上是按照作者自己的意志进行的，而不是按照单位的意志创作的。按照单位意志创作的作品是法人或其他组织的作品，不属于职务作品。

职务作品的著作权归属，大致可分为三类：

(1) 大陆法系①国家，根据作者是创作作品自然人这一原则，大多规定著作权的原始权利由作品的创作者——雇员所有，除非有另行规定。但近来也有一定程度的变化，例如，法国在1985年新修订其著作权法时规定，雇主在一定条件下也可以直接成为该类作品的著作权人。

(2) 英美法系国家的著作权法规定，雇佣作品的原始著作权都归雇主所有。

(3) 原东欧国家著作权法规定，职务作品的著作权原则上归作者所有，但作者所在单位根据法律规定在一定条件下可行使作者的某些权利。

我国《著作权法》在确定职务作品的归属时，吸收了大陆法系与英美法系国家著作权法的精华。我国《著作权法》第16条规定了两种情况：

(1) 主要是利用法人或者其他组织的物质技术条件创作，并由法人或者其他组织承担责任的工程设计图、产品设计图、地图、计算机软件等职务作品。

(2) 法律、行政法规规定或者合同约定著作权由法人或者其他组织享有的职务作品。

对于第一种情况，一般职务作品的著作权由作者享有，但法人或其他组织有权在其业务范围内优先使用。并且这种使用是无偿的。而第二种情况则是规定的特殊职务作品。两者著作权归属不同，在一般职务作品中，其著作权属于作者，但是著作权法也对作者的著作权如下限制：

(1) 法人或者其他组织有权在其业务范围内优先使用。

(2) 作品完成两年内，未经单位同意，作者不得许可第三人以与单位使用的相同方式使用

---

①大陆法系与英美法系是当今世界的两大主要法系，涵盖了世界上一些主要的国家。大陆法系的代表有德国、法国、中国等；英美法系以英国和美国为其代表。大陆法系主要是继承了罗马法而产生的，而英美法系恰恰是未继承罗马法，二者之间的差异是巨大的。如大陆法主要是成文法，而英美法却是判例法。

该作品。言外之意，作者可以许可第三人以不与单位相同的方式使用该作品。

(3) 职务作品完成两年内，经单位同意，作者许可第三人以与单位使用的相同方式使用作品所获报酬，但是作者必须与单位按约定的比例分配报酬。

(4) 在职务作品完成两年后，单位仍然享有在其业务范围内优先使用的权利，但是作者可以许可第三人与单位相同的方式使用该作品。

另外，根据我国著作权法的规定，在特殊职务作品中，作品著作权除署名权外归单位所有，而署名权由作者享有，但是作者可以要求单位给予奖励。

3) 汇编作品著作权人

汇编作品，是指对已经发表或已经完成的作品或作品片段或者其他资料进行选择、编排并体现独创性的作品。如百科全书、词典、选集、期刊、报纸、书目等。

汇编作品作为一个整体，由汇编人享有著作权。但行使著作权时，不得侵犯原作品的著作权，汇编已过著作权保护期的作品，也应当尊重原作者的人身权。汇编人汇编有著作权的作品，应当经过原作品著作权人的许可，并支付报酬，并尊重其人身权。

汇编作品中可以单独使用的部分，其作者对该部分作品享有著作权。例如，一部词典，可以由很多作者共同完成，但每个作者对自己单独完成的那部分作品享受有著作权，都有权单独使用自己创作的那部分作品，但不得侵犯汇编者的著作权。

4) 委托作品的著作权人

委托作品，也称做作品，是指作者接受他人的委托，按他人的要求创作的作品。委托作品的创作不是作者自主进行的，作者不能根据自己的意愿决定作品的内容与表现形式，受委托人特定要求的约束。

各国著作权法对委托作品的著作权主体的规定差异较大。英国、印度等国家注重保护委托人的利益，规定一般情况下，著作权人应是出资创作作品的人；而突尼斯等国家则注重保护作者权益，规定委托作品的著作权首先应归属于作者；菲律宾等国家采用两者兼顾的方法，规定由作者与委托人共享委托作品的著作权。

我国《著作权法》第 17 条规定："受委托创作的作品，著作权的归属由委托人与受托人通过合同约定。合同未作明确约定或者没有订立合同的，著作权归属于受托人。"

委托作品与职务作品存在共同点与不同点。其共同点是创作作品的作者并不一定是著作权人，作者是为他人创作，委托作品是为委托人创作，职务作品是为单位创作。其不同点在于：其一，委托作品的创作一般是一次性的，职务作品的创作一般呈现连续性；其二，委托合同双方一不存在隶属关系；其三，委托作品的著作权归属既可以通过合同约定，也可以按法律规定处理，而职务作品的著作权由法律规定。

5) 演绎作品的著作权人

演绎作品，是指改编、翻译、注释、整理已有作品而产生的作品。

演绎作品是根据已有作品派生出来的。其中多数作品是基于原作派生的，也有的作品是基于已有演绎作品而产生的。演绎作品是通过新的表达方式，对已有作品进行改编、翻译、注释、整理的再创作过程，同样具有独创性。因而演绎作品与原作品一样，都是独立的受保护的作品，演绎人对演绎作品享有独立的著作权。

我国《著作权法》第 12 条规定，改编、翻译、注释、整理已有作品而产生的作品，其著作权由改编、翻译、注释、整理人享有，但行使著作权时不得侵犯原作品的著作权。可见，演绎作品的著作权主体是改编、翻译、注释、整理人。但是，上述演绎人必须在其演绎作品中指明原作的名称和作者姓名等，在演绎时还必须征得原作著作权人同意。一般人使用演绎作品，则须征得原作作者与作品作者的同意。

6) 视听作品的著作权人

视听作品，通常是指电影、电视、录像等作品。此类作品既具有演绎作品的特点，又具有合作作品的某些特点。此类作品的制作一般相对复杂，完成一件作品往往需要许多创作者、艺术家和辅助人员共同协作。例如，一个电影的制作，需要有提供资金与组织拍摄的制片人、要有电影的脚本、要有导演、摄影、演员、特技、美工、灯光、布景等，拍摄完成还有推广、发行、放映，其制作过程复杂、投入巨大，参与人员众多，其著作权十分难以确定。

目前，各国的著作权立法存在两种作法：其一是赋予制片者作者身份，或赋予制片者原始著作权，而不承认为作品的创作做出实际创造性贡献的人为作者。例如，美国、加拿大、澳大利亚、日本等国家的法律规定著作权授予制片人，英国则允许作者与制片人通过合同解决其权利归属问题。其二，大陆法系国家则认为，只有参与创作的自然人才能具有作者的身份，并因此成为的原始著作权人，制作人的对作品的权利需要由作者转让而来。但多数国家的著作权法都规定，必须以合理的方式来标明作者的身份，制片人应该注意保护作品的完整性。

我国《著作权法》采用了大陆法系国家的理论与做法。我国《著作权法》第15条规定："电影作品和以类似摄制电影的方法创作的作品的著作权由制片者享有，但编剧、导演、摄影、作词、作曲等作者享有署名权，并有权按照与制片者签订的合同获得报酬。电影作品和以类似摄制电影的方法创作的作品中的剧本、音乐等可以单独使用的作品的作者有权单独行使其著作权。"这些规定充分考虑了制片人在摄制中所付出的努力，同时对各项创作活动的参与人员也给予发一定的照顾，平衡了多方的利益。

(二) 作品

1. 作品的定义

作品是著作权的客体，是著作权保护的对象。作品是指文学、艺术和科学领域内具有独创性并能以某种有形形式复制的智力成果。

作品反映作者对客观世界的认识，作品的表现必须借助一定的表达形式，如文章载于报纸，影像刻于光碟等。但作品与载体不同，作品属于智力成果，具有无形性、使用的无损耗性等特征；载体只是承载作品的物质实体；一件作品可以以不同的载体来记载，载体破损、毁坏了，并不会导致作品的消失。

2. 作品的构成条件

一般情况下，成为著作权法保护的作品应具备以下条件。

1) 作品的独创性

大陆法系与英美法系国家的著作权法都将作品的"独创性"作为作品受著作权保护的实质性条件。所谓"独创性"，是指作品必须由作者经过独立构思和创作而产生，并在作品中表现出作者的思想与愿望。一般而言，独创性表现在两个方面：其一为作品是作者独立创作完成的；其二为创造性，即作品体现了作者一定的创作高度。其表现形式完全不是或者基本不是同他人已经发表的作品相同。

独创性是针对作品的表达方式而言的，不是针对作品的思想、主题。作品中反映的思想不必是新的，但其表现形式必须是作者独创的。

2) 作品的可感知性

可感知性即作品的表达性，是指作品必须以一定的具体形式表达出来，让别人能够通过视觉、听觉感受到作品的内容和表达有思想、观点，从而成为传递信息的工具。作者头脑中的思想，没有通过外部形式表现出来的，不能让别人感知，则不能成为著作权保护的客体。

3) 作品的可复制性

作品必须以一定的形式表现出来，并且这种表现形式必须是可以复制的。复制性即指可以通过印刷、复印、拓印、录音、录像、拷贝、翻拍等方式将作品制作一份或多份，且无论采用何复制方式与复制多少数量的作品，均不会改变作品的内容与思想。

(三) 作品的种类

从目前大多数国家的法律规定来看，作品的种类包括以下几种类型。

1. 文字作品

文字作品，是指小说、诗歌、散文、论文等以文字形式表现的作品。各国著作权法均赋予文字作品以著作权。

2. 口述作品

口述作品是指即兴的演说、授课、法庭辩论词等以口头语言形式表现的作品。多数大陆法系的国家都规定，只要其作品具有独创性，不加固定也可以受到保护。英美法系国家一般以将此类作品的固定作为受保护的前提。

3. 音乐、戏剧、曲艺、舞蹈、杂技艺术作品

音乐作品是指歌曲、交响乐等能够演唱或者演奏的带词或不带词的作品。

戏剧作品是指话剧、歌剧、地方戏等供舞台表演的作品，此戏剧作品指的是戏剧的剧本，而不是以舞台表演形式出现的戏剧。

曲艺作品是指以相声、快书、大鼓、评书等以说唱为主要形式表演的作品，专指供说唱的脚本或底本。

舞蹈作品是指以连续的动作、姿势、表情等表现思想情感的作品。此专指对舞蹈的设计与编排。舞蹈作品可以通过记舞谱、录像等形式固定，也可以是未固定下来的动作。

4. 美术、建筑作品

美术作品是指绘画、书法、雕刻等以线条、色彩或其他方式构成的有审美意义的平面或者立体的造型艺术作品。美术作品包括平面作品与立体作品。

建筑作品是指以建筑物或者构筑物形式表现的有审美意义的作品。

5. 摄影作品

摄影作品是指以借助器械在感光材料或者其他介质上记录客观物体形象的作品。

6. 电影作品或以类似摄制电影的方法创作的作品

此类作品即视听作品，指摄制在一定的物质上，由一系列画面，组配或者不组配语言、音乐，并借助适当的装置放映或以其他形式传播。

7. 工程设计图、产品设计图、地图、示意图等图形作品和模型作品

图形作品是指为生产、施工绘制的以反映事物原理、结构、地理现象等的作品。例如：工程设计图是指工程建设中为施工提供依据的设计图及其说明等。

产品设计图是指生产企业为确定产品的构成、成分、规格、要求而设计的图纸及其说明。

模型作品是指为提供展示、试验或者观测等用途，根据物体的形状和结构，按一定的比例制成的立体作品。

8. 计算机软件

计算机软件是指计算机程序、程序说明和程序使用辅助资料。以著作权法保护计算机软件的做法，在国际上已形成广泛的共识。我国《著作权法》及《计算机软件保护条例》经修订后，计算机软件的保护水平与普通文字作品已基本一致。

9. 法律、行政法规规定的其他作品

法律、行政法规规定的其他受保护的作品。例如，我国《著作权法》第 6 条规定的民间文学艺术作品，其目的是保护作为发展中国家的传统民族文化。

10. 数据库

数据库（DataBase）是指长期存储在计算机内的、有组织的、有共享的、统一管理的数据集合体。数据库的概念实际包括两层意思：其一，数据库是数据的"仓库"；其二，数据在数据库中通过管理，实现了组织、维护和控制，可实现数据有效的利用。

(四) 不受著作权法保护的对象

1. 违禁作品

违禁作品是指违反国家法律、法规和政策，违背社会公德和社会伦理、妨害公共秩序而禁止出版、传播的作品。禁止出版、传播的作品不受著作权法保护是国际惯例。

2. 政府公开信息

政府颁布的法律、法规，国家机关的决议、决定、命令和其他具有立法、行政、司法性质的文件，及其官方正式译文，不属著作权法保护的范畴。

3. 时事新闻

时事新闻是指通过报纸、期刊、广播电台、电视台等媒体报道的单纯事实消息。时事新闻是对事件、事实的客观报道，了解时事新闻是每一个社会成员的权利。

4. 历法、通用数表、通用表格和公式

历法是指年、月、日计算时间的方法。

通用数表是指含有一定数字，并反映一定关系的表，它成为人们普遍地运用的工具，例如，元素周期表等。

通用表格是指普遍适用、按一定项目绘制的填写文字、数字的表格。例如，银行支票、会计帐册等。

公式是指用数字符号表示的若干量之间关系的式子。例如，物理中的万有引力、数学中的勾股定理。

四、著作权的内容与取得

(一) 著作权的内容

著作权的内容又称著作权法律关系的内容，是指由著作权法所确认或保护著作权人所享有的权利。其实质是著作权人享有的专有权。根据《保护文学和艺术作品伯尔尼公约》的规定，著作权包括著作权人身权与著作财产权。我国《著作权法》第10条规定了包括人身权与财产权的17项权利。

1. 著作人身权

著作人身权是指作者对作品所享有的各种与人身相联系而无直接财产内容的权利。大陆法系国家又称著作人格权，英美法系国家则称精神权利。中国著作权法属于大陆法系的著作权法体系。因而，依据中国著作权法，著作权由作者的精神权利和经济权利两部分构成。同时，在规定权利的顺序上，中国著作权法也是先规定作者的精神权利，然后规定经济权利，把精神权利摆在了更为重要的地位上。一般而言，著作人身权具有永久性、不可分割性与不可剥夺性。

我国《著作权法》规定，著作人身权包括发表权、署名权、修改权和保护作品完整权。

(1) 发表权，即决定作品是否公之于众的权利。

(2) 署名权，即表明作者身份，在作品上署名的权利。

(3) 修改权，即修改或者授权他人修改作品的权利。

(4) 保护作品完整权，即保护作品不受歪曲、篡改的权利。

2．著作财产权

著作财产权，也称经济权利，是指著作权人依法通过各种方式利用其作品并获得物质利益的权利。

著作财产权有四大特点：第一，著作财产权可以转让、继承或放弃。第二，著作财产权的法律保护有时间限制。第三，著作财产权的表现形式多样。著作财产权的客体可能同时在多种情况下被使用，如允许他人翻译、摄制电视、电视、广播等。第四，著作财产权的行使跟随技术的变化，如作品的复制、表演、摄制技术在不断变化发展。

根据我国《著作权法》，著作财产权包括以下内容：

(1) 复制权，即以印刷、复印、拓印、录音、录像、翻录、翻拍等方式将作品制作一份或者多份的权利。

(2) 出租权，即有偿许可他人临时使用电影作品和以类似摄制电影的方法创作的作品、计算机软件的权利，计算机软件不是出租的主要标的的除外。

(3) 展览权，即公开陈列美术作品、摄影作品的原件或者复制件的权利。

(4) 表演权，即公开表演作品，以及用各种手段公开播送作品的表演的权利。

(5) 放映权，即通过放映机、幻灯机等技术设备公开再现美术、摄影、电影和以类似摄制电影的方法创作的作品等的权利。

(6) 广播权，即以无线方式公开广播或者传播作品，以有线传播或者转播的方式向公众传播广播的作品，以及通过扩音器或者其他传送符号、声音、图像的类似工具向公众传播广播的作品的权利。

(7) 信息网络传播权，即以有线或者无线方式向公众提供作品，使公众可以在其个人选定的时间和地点获得作品的权利。

(8) 摄制权，即以摄制电影或者以类似摄制电影的方法将作品固定在载体上的权利。

(9) 改编权，即改变作品，创作出具有独创性的新作品的权利。

(10) 翻译权，即将作品从一种语言文字转换成另一种语言文字的权利。

(11) 汇编权，即将作品或者作品的片段通过选择或者编排，汇集成新作品的权利。

(12) 应当由著作权人享有的其他权利。

(二) 著作权的取得

著作权的取得，即著作权的产生，是指作者所创作的作品受法律保护，产生著作人身权和著作财产权的制度。从历史上看，各国对著作权取得方式的规定存在较大差异，基本上可分为：注册取得、自动取得、加注版权标记制度。

1．著作权自动取得

著作权的自动取得指作者在完成其作品创作之时即依法享有著作权而无须进行任何登记

或者事先获得批准。世界上大多数国家包括我国都采取自动取得制度。

著作权自动取得的判断标准是：

(1) 作者实施了创作行为或者主持了体现其意志的创作活动。以作品创作完成的时间作为著作权取得的时间界限。

(2) 作者的创作活动产生了作品、作品既是实施创作活动或者主持体现其意志的活动的直接证据，又是创作活动的结果。

(3) 作者的创作是符合法律规范的真正的创作行为或者是主持体现其意志的活动，在作品的独创性、可复制性上没有违背法律规范的情形，在尊重他人作品著作权上没有侵害他人权益的情形。

著作权自动取得的法律效力表现为：创作者成为著作权意义上的作者并可原始性地享有著作权的全部权能。

2. 著作权注册取得制度

注册取得制度是指作品在创作完成后履行了登记注册手续后，才能获得著作权的制度。世界上采用此制度的国家较少。

《伯尼尔公约》和《世界版权公约》都不以注册登记为著作权取得的前提条件，但也不禁止成员国要求以履行登记手续为著作权取得的前提条件。

(三) 邻接权

"邻接权"又称著作邻接权，或作品传播者权，是从法文及英文直接译过来的著作权术语。邻接权是指作品的传播者在传播作品的过程中，对其付出的创造性劳动依法享有的权利。邻接权是随着作品的复制、传播而产生的。著作权是邻接权的前提和基础，邻接权是对著作权的补充和加强。邻接权的产生往往以著作权人的授权及对作品的再利用为前提。

邻接权有狭义与广义之分。从狭义上讲，邻接权包括表演者权、录音录像制作者权、广播组织权；从广义上讲，除狭义邻接权外，还包括出版者权，即把一切传播作品的媒介所享有的专有权，统统归入其中。

1. 表演者权

表演者权是指表演者对其表演活动依法享有的权利，它不同于表演权。表演者权的主体是表演者。其主要义务为：表演者使用他人的作品演出，应当征得著作权人许可，并支付报酬；使用改编、翻译、注释、整理已有作品而产生的作品演出，应当征得演绎作品著作权人和原作品著作权人许可，并支付报酬。

我国《著作权法》对表演者权的内容作出了如下规定：

(1) 表明表演者身份。

(2) 保护表演形象不受歪曲。

(3) 许可他人从现场直播和公开传送其现场表演，并获得报酬。

(4) 许可他人录音录象，并获得报酬。

(5) 许可他人复制，发行录有表演者表演的录音录象制品，并获得报酬。

(6) 许可他人通过网络向公众传播其表演，并获得报酬。被许可人以前款第(3)项至第(6)项规定的方式使用作品，还应当取得著作权人许可，并支付报酬。

其中第(1)项和第(2)项为人身权利，其保护期限不受限制；第(3)项至第(6)项为财产权利，其保护期为50年，截止于该表演发生后的第50年的12月31日。

2．录音录像制作者权

录音录像制作者权，是指录音录像制作者对其制作的录音录像制品依法享有的专有权。这种权利是随着录音录像技术的发展而产生的。

录音录像制作者权的主体是录音录像制作者。录制者权的客体是录制品。录音制品是指任何声音的原始录制品；录像制品是指电影作品和以类似摄制电影的方法创作的作品以外的任何有伴音或无伴音的连续相关形象的原始录制品，包括表演的原始录制品和非表演的原始录制品。

录音录像制作者对其制作的录音录像制品，享有许可他人复制、发行、出租、网络传播、广播并获得报酬的权利。其保护期为50年，截止于作品首次制作完成后的第50年的12月31日。

录音录像制作者使用他人作品制作录音录像制品，应当取得著作权人许可，并支付报酬；使用演绎作品制作录制品的，应当征得演绎作品著作权人和原作品著作权人的许可，并支付报酬；录制表演活动的，应当经表演者许可并订立合同，并支付报酬。

3．广播电视组织权

广播电视组织权是指广播电视组织者对其播放的广播电视节目依法享有的专有权利。广播电视组织权的主体是广播电台、电视台，客体是广播电视节目。我国的《著作权法》规定，广播电台、电视台有权禁止未经许可的下列行为：

(1) 转播权，即禁止他人未经其许可将其播放的广播电视进行转播的权利。

(2) 录制权和复制权，即将其播放的广播电视节目使用自己的设备并为播送的目的而临时录制在音像载体上以及复制该音像载体的权利。广播电视组织权的保护期为50年，截止于该广播、电视首次播放后的第50年的12月31日。

广播电视组织播放他人已发表的作品，可以不经著作权人许可，但应当支付报酬；广播电视组织播放他人未发表的作品，应当取得著作权人许可，并支付报酬；广播电视组织播放已经出版的录音制品，可以不经著作权人许可，但应当支付报酬，当事人另有约定的除外；电视台播放他人的电影作品和以类似摄制电影的方法创作的作品、录像制品，应当取得制片人或者录像制作者许可，并支付报酬；播放他人的录像制品，还应当取得著作权人许可，并支付报酬。

4．出版者权

出版者权是指图书或者报刊出版者对著作权人交付其出版的图书或者报刊依法享有的专有权利。

出版者权不同于出版权。出版权是著作权人享有的权利。出版者权来源于作者，是由著作权派生而来，如果没有著作权人授权，出版者就不可能享有出版作品的权利。出版者权包括图书出版者权和报刊出版者权。

图书出版者权享有：专有出版权、以作者许可的对作品修改权、版式设计专有使用权。我国《著作权法》规定："图书出版者对著作权人交付出版的作品，按照合同约定享有的专有出版权受法律保护，他人不得出版该作品。"可见，出版者享有的权利是依据合同获得的，受法律保护的时间、范围也依据出版合同的约定。按照《著作权法实施条例》的规定，图书出版者享有在合同有效期限内和在合同约定的地域范围内以同种文字的原版、修订版出版图书的专有权利。

图书出版者要承担如下义务：

(1) 与著作权人订立出版合同。

(2) 应当向著作权人支付报酬。

(3) 应当按照合同约定的出版质量、期限出版图书。

(4) 重印、再版图书作品的，应当通知著作权人并支付报酬。

(5) 未经作者许可，不得对作品进行修改、删节。

(6) 出版改编、翻译、注释、汇编已有作品而产生作品，应当取得改编、翻译、注释、汇编作品的著作权人和原作品的著作权人许可，并支付报酬。

报刊出版者的权利：

(1) 一定期限的先载权。

(2) 法定的转载权。

(3) 版式设计专有使用权。

(4) 文字性修改、删节权。

第二节　图书馆权利与著作权的冲突与协调

图书馆权利是指公民自由、平等、免费利用知识信息的权利。图书馆作为政府保障公民知识公平获取的专设机构，是公民实现自由、平等、免费地获取并利用知识的具体途径与处所。图书馆权利与著作权都是公民的基本权利。信息资源利用是公民图书馆权利的具体实施与体现。合理行使图书馆权利与合理保护著作权都是促进社会文明进步发展的必要条件，其实现基础是图书馆权利与著作权的平衡与协调。

一、图书馆权利的概念

(一) 图书馆权利的由来及内涵

图书馆权利(Library right)一词来源于美国。1939 年，美国图书馆协会(ALA)发布了《图书馆权利宣言》，第一次对图书馆权利内容做出了集团性确认。该宣言以美国宪法第一修正案为基准，是图书馆行业对宪法第一修正案保障"言论自由与出版自由"精神的诠释。《图书馆权利宣言》明确了六项图书馆权利：

(1) 图书馆应提供图书和其他馆藏资源以满足其服务社区内所有人兴趣、知识和启蒙的需要。图书馆不应以创作者的出身、背景或是观点为由排斥任何资料。

(2) 对于时事或是历史事件，图书馆都应该提供表达各种观点的资料和信息。图书馆不应因党派或教义的不容而摒弃或排除任何资料。

(3) 为了履行满足信息和启蒙需求的职责，图书馆应挑战审查制度。

(4) 图书馆应与一切有关的个人和团体合作，抵制对表达自由和思想获取自由的侵犯。

(5) 个人使用图书馆的权利不应因出身、年龄、背景或是观点的不同而被否认或剥夺。

(6) 为所服务公众提供展览场所和会议室服务的图书馆，不管提出使用申请的个人或团体的信仰或所属机构如何，都应在公平的原则上为其提供所需设施。

《图书馆权利宣言》全面阐明了 ALA 对待知识自由的立场，以及图书馆为维护知识自由理应坚持的原则。其所确立的内容，奠定了西方现代图书馆自由精神的基本内涵。此后，ALA 又从大学图书馆知识自由原则、馆藏发展的多样性、馆藏的评价、未成年人获取非印刷型资料、电子信息、服务及网络的获取等多方面对《图书馆权利宣言》进行了诠释和补充说明。《图书馆权利宣言》以其完善性和权威性成为 ALA 制定其他知识自由政策的纲领性政策。

日本的图书馆权利概念是以"图书馆自由"一词出现的。其最早出现在 1945 年第二次世界大战后，日本在美国的意识形态主导下，进行了全面而深刻的社会改革，其中包括了对"战时体制"下的图书馆改革。美国式的图书馆思想、观念、模式、制度被全盘输入日本。1954年，日本图书馆协会(JLA)发布了《图书馆自由宣言》，后又于 1979 年修订。该《宣言》明确了四项图书馆自由权利：

(1) 图书馆具有收集资料的自由。

(2) 图书馆具有提供资料的自由。

(3) 图书馆为利用者保守秘密。

(4) 图书馆反对一切检查。

其在 1979 年的修订中，最重要的是删除了 1954 年的《图书馆自由宣言》条文中"图书馆反对一切不正当的检查"中的"不正当"一词，这被认为是 1979 年《图书馆自由宣言》的重大变化之一。在 1954 年时，人们还认为针对图书馆的检查有"正当的"和"不正当的"之分，反对的只是"不正当的检查"。到了 1979 年，图书馆自由的理念经过了 20 多年的实践验证，人们对"检查"的看法发生了根本变化，认为：把检查分为"正当的"和"不正当的"本身就是错误的。正确的观念应该是所有的检查都是"不正当的"。所以，图书馆要反对一切检查。日本学者认为，"检查观"的变化，是日本图书馆自由运动在 1954 年后的 20 多年中取得的最重要的成果之一。

在我国，对图书馆权利概念的认识与研究起步较晚。国内最早开始图书馆权利问题的研究，始于 2000 年。随着社会经济发展与文明进步，知识的传播与利用成为每个社会公民所积极关注和参与的事情，公众图书馆权利意识普遍觉醒。2008 年，《国家政府信息公开制度》发布。《国家政府信息公开制度》明确规定了公共图书馆是公民获取政府信息的主要途径与方式之一，从而更进一步明确了图书馆权利与图书馆这个信息与知识传播机构的深层次联系。

(二) 公共性是图书馆权利的本质属性

1. 知识的公共性

知识是人们在改造世界的实践中所获得的认识和经验的总和。传统哲学的知识观认为，知识是经过证实了的真信念。现代哲学的知识观认为，经验是知识是唯一来源。罗素在《人类的知识》中指出，知识是一个不能得到精确意义的名词。他认为，语言的社会性与人类共同的表达思想方式是知识的公共性的来源之一。马克思哲学观认为，人类的一切知识都是关于人类生活实践的知识。马克思这样界定知识："意识的存在方式，以及对意识说来某个东西的存在方式，这就是知识。"知识是客观世界的事物及其关系与人相互作用的产物，是人的思维对所知对象的存在性反映。知识产生于客观世界，知识是人类社会发展到一定阶段，人们对大量积累起来的信息加以组合、有序化、系统化，发现并总结其一般规律而形成。

知识是人类意识的产物，人类有共同的生活实践形式。由知识的可积累性与可传达性决定了知识的公共性。人类的任何一种认识要成为知识，必须要具有一定的理由，包含一定的道理，而且这些理由和道理还能被人们所普遍理解和认可，即作为一种认识只有可以用它来理解其他事物，用它来指导人们的生活实践取得效果时，才能真正成为具有某种程度的必然性、普遍性的共同的认识。作为一种具有某种程度的必然性、普遍性的共同认识不仅可以以文字符号的形式记载到文献中，而且还可以记忆在人们的思想意识中，并且作为主体的知识储备、文化素养和信仰传统构成主体的理解结构。正是从这一意义上，可以说，公共性是知识的显著特点。

知识的本质特征还在于知识与人性的密切关系，而知识的公共性是知识保持与人性密切关系的基础。知识作为人们对客观世界的认识，只能在人与客观世界的互动关系中，通过人的能动活动才得以生产和创造。知识是人创造出来的，是人类创造性活动的产物，知识的产生离不开人。同时，知识也必然要经过人们的广泛有实践与运用，在取得普遍认同与理解后，才能成为指导人们生产、生活的普遍知识，才能得到继承与弘扬。因此，人类社会性的实践活动决定了知识的公共性，公共性是知识的本质属性。

2. 知识公共性决定知识产品的公共产品特性

图书馆权利的客体是知识产品。知识产品作为承载知识的特殊产品，具有公共产品的特性。分析知识产品的公共性对理解图书馆权利的内涵具有特别的意义。

知识公共性决定其产品具有公共产品的特性。对于公共产品，美国经济学家考特和尤伦在其经典著作《法和经济学》（第 3 版）一书中进行了系统的分析。他们认为公共产品具有两个关联密切的特征：其一为消费的非竞争性，即一个人对公共产品的消费并不减少可供其他消费者的消费量；其二为非排他性，即要排除掉没有付费的消费者，并阻止其消费这个产品，将花费的成本如此之高，以至于没有一个以利润最大化为目的的企业愿意提供这种产品。

考特和尤伦将信息作为公共产品的典型例子进行了系统分析。他们认为，第一，消费者在使用之前，对信息的效用没有把握，而只有在通过获取信息决定了其价值以后，才知道为信息支付多少价格。因而，消费者对信息具有天然的搭便车利用心理。第二，与信息生产的代价相比，信息传递的费用相对较小。因而，一旦生产者将信息出卖给某个消费者，那个消费者就会由信息的拥有者而变化为信息原始生产者的竞争对手。消费者希望消费信息而不付费，因而成为信息利用的"搭便车者"。第三，知识产品生产者提供给市场的产品数量可能小于最优值，从而使市场出现信息产品不足的现象。这是因为知识生产者如果不公开知识产品成果，其知识创造活动就不可能得到社会认可，也就失去了社会价值；如果知识创造者将知识产品公开，则其对知识产品在市场中的行为又难以进行有效控制。第四，为满足社会对知识产品的需求，可以解决的办法就是政府干预。其方式有两种，一为政府提供，二为对私人提供信息给予补贴。

从考特和尤伦的分析，可以看出，知识产品显然符合其描述的作为公共产品的基本特征。

追求知识是人的一种本性。亚里士多德在其《形而上学》一书的首页指出："求知是人的本性"。我国古代的荀子也发表过类似的看法，"凡以知，人之性也"。求知也是人的生存与发展需要，正是由于人类求知这一本性的存在，人类才能不断超越自身，不断认识自然，改造自然，创造灿烂的文明。同时，知识的价值在人的利用中体现。如果说人类的起源是生物进化的结果，则人类的文明就是知识积淀的结果。从社会功能上看，知识对人类社会的进步与发展起着巨大的推动作用。知识是人类进步的阶梯，人对知识的需要是知识的存在理由，自由、平等地获取知识是人类的社会理想，知识在人的传播与利用中体现其价值。因此，在某种程度上，"人是知识动物"，人离不开知识，人们创造的知识深刻地影响着人类的生存和发展，因而，知识的公共性对人的生存与发展极为重要。

二、图书馆权利的定位

(一) 图书馆权利的依据

图书馆权利是社会公众自由、平等、免费利用知识的权利。对知识的需求，是人的基本需求之一，利用知识的图书馆权利成为人的基本需求。

《世界人权宣言》第 19 条和《公民权利和政治权利国际公约》第 19 条规定了公民的知识信息权利，即人人享有"寻求、接受和传递各种消息和思想的自由"。联合国 1949 年发布，并于 1972 年和 1994 年两度修订的《公共图书馆宣言》明确指出，"每一个人都有平等享受公共图书馆服务的权利，而不受年龄、种族、性别、宗教信仰、语言或社会地位的限制"，将公民享有图书馆服务列为基本人权之一。2002 年 8 月，国际图书馆协会与机构联合会（IFLA）（以下简称国际图联）在《格拉斯哥宣言》中宣布"不受限制的获取、传递信息是人类的基本权利"，全体会员应当"遵循《联合国世界人权宣言》精神，支持、捍卫并促进获取知识自由的权利"。国际图联还在《格拉斯哥宣言》中强调："维护获取知识自由是全世界图书馆和信息服务机构的主要职责"，"图书馆和信息服务机构应起到发展及维护获取知识自由的作用，协助捍卫民主价值和世界人权"。

《美国图书馆权利宣言》宣布："图书馆应不论贫富等级，向社会所有人平等地提供资料。"

日本的《图书馆法》明确规定图书馆应"在任何时间、任何地点、为任何人提供所需要的资料"。日本图书馆协会制订的《关于图书馆自由的宣言》规定："图书馆的重要任务是：向拥有读书、知识自由这样基本人权的国民提供图书资料及读书环境服务。"《关于图书馆自由的宣言》还指出："如果图书馆和国民的读书自由遭到侵犯，全体工作人员要团结起来，彻底捍卫这个标志——国民民主主义进程程度的自由。"

英国在 1964 年制订了《公共图书馆、博物馆法》，要求图书馆"必须面向每一个希望利用图书馆的人提供内容丰富并且有效的图书馆服务"。

芬兰在 1998 年 12 月颁布了《芬兰图书馆法》，其中第 1 章第 2 条规定："公共图书馆提供的图书资讯服务，其目标是提供全体民众平等的机会，供个人修炼、追求素养及文化、继续发展知识、建立个人及公民技能、培养国际观及终身学习。"

1997 年 10 月，中国政府签署了《经济、社会、文化权利国际公约》。《经济、社会、文化权利国际公约》规定公民有"受教育权"、有"参加文化生活"的权利、有"享受科学进步及其应用所产生的利益"的权利。《经济、社会、文化权利国际公约》要求签约国应当"尊重进行科学研究和创造性活动所不可少的自由"。这些公民权利的实现无不与人们行使自由获取知识的图书馆权利密切相关。

（二）图书馆权利的性质与作用

图书馆权利的性质是由知识的公共性所决定的。图书馆权利是以宪法和相关法律为依据的。图书馆权利是社会公众平等和自由地获得信息和知识的社会保障机制。图书馆权利实际表现为法律赋予公众通过图书馆等社会知识保障机构的自由、平等、免费地获得知识与信息保障的权利，它是一种法律赋予的社会权利。同时，图书馆权利也是图书馆作为社会知识保障机构履行自己职业责任与信念的权利。因此，图书馆权利代表了公民通过图书馆这一社会制度保障，公平、自由、免费获取信息与知识的权利。

公民在实现图书馆权利时，应该享有以下几种权利。

(1) 自由权利。图书馆权利是保障公众自由获取知识的权利。

自由是指人的价值在社会中的充分实现，它主要表现在人格独立、抉择自由、价值实现等方面。知识的公共性要求知识的提供必须是自由的。因而，维护知识自由是图书馆权利的核心内容。对信息自由的追求是人类共同的本性。《格拉斯哥宣言》指出："不受限制地使用和表达信息是人类的基本权利"、"促进信息自由是世界范围内图书馆和信息服务机构的主要职责"。《公共图书馆宣言》指出："公共图书馆是地区的信息中心，它向用户即时提供各种知识和信息"。可见，图书馆在社会公共信息传播中扮演重要角色，是公众自由获取信息的社会保障。

保障公民的合法自由是政府的神圣职责。获取知识是维持人的生存与发展的重要手段，人对自然的认识越来越依赖于对知识的学习。图书馆权利作为公民公平自由获取知识权利的是蕴涵于公民的生存权、学习权、休闲权等宪法权利中的内生权利。

世界各国的法律都致力于保护公民的知识自由权。国际图联于 1997 年成立有"信息自由与表达自由委员会"（IFLA/FAIFE），并于 1999 年发布《IFLA 图书馆与知识自由声明》。该声明强调："知识自由是图书馆和信息同行的核心责任"，"图书馆应尽力发展和保护知识自由"。ALA 设立有"知识自由委员会"、"知识自由办公室"、"知识自由圆桌委员会"、"自由阅读基金会"等组织机构，专门负责落实 ALA 的有关知识自由政策，并与其他相关社会组织合作发表有《知识自由声明》、《自由观看声明》；《自由阅读声明》等文件。澳大利亚图书馆与信息协会于 1971 年发布了《阅读自由声明》；加拿大图书馆协会于 1975 年发布《知识自由立场声明》；克罗地亚图书馆协会于 2000 年发布《信息自由获取声明》；日本图书馆协会于 1979 年发布《图书馆知识自由声明》；英国图书馆协会于 1997 年第三次修订通过《知识自由与审查制度声明》，这都进一步明确了图书馆保障公民自由获取知识的权利。

我国《宪法》明确规定："公民的人身自由不受侵犯"。我国《宪法》第 47 条规定："中华人民共和国公民有进行科学研究、文学艺术创作和其他文化活动的自由。"我国的《消费者权益保护法》第 9 条也规定："消费者享有自主选择商品或服务的权利。"这些规定表明，公民拥有通过图书馆自主选择知识产品、选择知识服务的权利，这是法律赋予的权利。但同时，信息的自由也要在社会道德与法律的约束之中。

(2) 平等权利。图书馆权利是维护社会知识平等的权利。

知识平等获取是知识公共性的基本要求，是社会公平的重要体现，是和谐社会的重要特征。知识的公共性与相关的法律规范赋予了图书馆维护知识平等的权利。图书馆成为维护社会公众平等获取知识的公共渠道。因此，图书馆作为提供知识服务的社会机构与公益事业，作为展示知识公共性的机构，其必然具有公共产品的性质。从法律的角度来看，各国宪法都对公民的平等权给予了明确的规定，并将其列为公民的基本权利之一。我国《宪法》规定，公民在法律面前一律平等，体现在民族平等、男女平等、政治权利平等等方面，从形式到实质都肯定了公民的平等权利。我国《宪法》第 46 条第 1 款规定："中华人民共和国公民有受教育的权利和义务。"根据《宪法》的精神，我国现行《教育法》（1995 年）第 9 条第 2 款规定公民"依法享有平等的受教育机会"，这正是对公民平等接受知识权利的一种保障。可以认为，社会公众平等获取知识的权利，是由知识的公共性决定的，图书馆是实现知识的公共性，保障信息平等获取的社会机构。

1994 年 11 月 29 日，联合国教科文组织新的《公共图书馆宣言》在巴黎通过，该宣言宣称："公共图书馆在人人平等的基础上提供服务，而不论人们在年龄、种族、性别、宗教、国籍、语言或社会地位上的差异。必须向那些因任何原因不能获得正常服务和资料的用户提供特别服务，例如向讲少数民族语言的用户、残疾人、住院病人或狱中囚犯提供特别的服务和资料。"可见，图书馆权利体现着平等获取知识的理念，代表着一种社会知识公平分配机制，保障着公众求知的平等权利，从知识获取角度维护了社会的公正与和谐。

在信息技术迅速发展的今天，知识获取方式与手段的变化，将进一步放大社会的信息公平问题。部分人拥有获取信息的优越条件，而另一部分人受经济能力或其他条件的限制，难以获取所需的信息，导致所谓数字鸿沟现象的出现。任何社会都不能完全杜绝弱势群体的存在，在重视解决弱势群体的生活贫困问题时，其知识贫困问题也不容忽视，大量社会个体知识的贫困，将降低社会的公平度，最终导致社会失衡。

而以信息平等获取作为核心原则的图书馆，正是解决这一问题的社会保障机制。正如美国图书馆协会会长贝蒂·特洛克所指出：信息高速公路给我们的生活、学习、工作和待人接物等方面带来革命的同时，也加宽了"信息富人"和"信息穷人"差距，居民如果要像驶入这信息超级高速公路，其解决方法，那就是图书馆。

(3) 共享权利。图书馆权利是促进知识共享的权利。

知识共享是指社会共同利用知识的行为。知识是人类的共同财富，理应由全人类共享。图书馆权利的核心是维护与保障社会公众获取知识的机会与知识分配的公平性。知识共享的理念，正是"人人共享，普遍受益"的社会公正理想的体现。从知识本身看，知识的价值与其共享程度成正比相关，即共享的人越多，其发挥的价值就越大。著名的"梅特卡夫（Metcalf）法则"表明：网络的价值与使用人数的平方成正比。这也证明，知识的价值主要在于共享。

知识产品的社会公共产品属性，使其具有非分割性（在保持其完整性的前提下可由众多消费者共同享受）、非竞争性（每增加一个消费者，其边际费用是零）、非排他性（消费者在使用知识产品时不排除别人能同时消费使用的可能）。因此，人们具有平等获取知识及共享知识的机会与条件。图书馆权利属性要求将知识无偿提供给尽量广泛的公众利用，充分促进了知识的共享。

(4) 保障权利。图书馆权利是对弱势群体知识权利的保障。

弱势群体是指那些由于某些障碍及缺乏经济、政治和社会机会，而在社会上处于不利地位的人群。对弱势群体实施知识援助是社会公平正义的现实要求，是知识公共性的内在要求，是图书馆权利的义务与责任。

任何社会中，一定存在着社会地位和经济收入不平等的知识受众。一个公平的社会，应该将这种不平等限制在社会地位和财富收入的领域中，为社会弱势群体提供充分的图书馆权利保障，使其公平地获得知识与信息支援，让其在获得在社会竞争中改变自我的机会。这是图书馆权利使命之所在。

图书馆权利的保障体现在：其一，公民成为图书馆读者的机会公平平等；其二，图书馆的设立和提供的服务符合弱势群体和平民读者的最大利益；其三，为弱势群体提供更好的技术服务。

在现代社会，知识贫困是社会贫困的重要表现形式。造成知识贫困既有历史或地理上的原因，也有社会知识制度的原因。从本质上看，知识贫困可能是知识获取能力贫困造成的，也可能是知识权利贫困造成的。因此，给知识贫困者以更多的知识权利，使其摆脱知识能力贫困状态，是政府的制度责任。图书馆权利是政府制度安排的具体体现。

三、著作权与图书馆权利的冲突

(一) 著作权与图书馆权利冲突的表现

1. 法律权益相互冲突

著作权是私权。私权是一个与公权相对应的概念，是指私人享有的各项民事权利。洛克的自然法学说认为，财产权是一种与生俱来的天赋权利，任何社会及其法律都必须为其提供保护，劳动使人们获得私有财产。现代劳动价值论认为，劳动包括体力劳动和智力劳动，劳动产品包括物质生产中的实物形态的商品，还包括精神生产中的非物质形态商品，如知识产品。因此，知识产品是智力劳动的产物，智力劳动者应对其知识产品享有财产权，即知识产权。因而各国的著作权立法，一般将著作权作为一种民事权利处理，著作权法则归属于民法之中。《与贸易有关的知识产权（包括假冒商品贸易）协议（草案）》（TRIPs）在"序言"中对知识产权的私权属性断定，也充分反映了这种共识。

图书馆权利代表的是公众的公共利益。在现代社会的价值体系中，公共利益与个人利益是一对需要相对平衡的矛盾体。在社会公平的大环境中，对著作权人私人利益的强调，也不能建立在忽视社会公共利益需求的基础上。从知识产权保护的社会根本目标分析，著作权人享有的垄断性权利的"度"不宜超过其对社会所作的贡献，否则，就会失去著作权保护的社会意义。图书馆权利的实施，从表面上看，是与著作权私权的矛盾，但实际反映的是对知识产权专有与垄断的一种平衡要求，反映了著作权人与社会公众之间的利益分配关系，是社会对法律正义的追求。

因而，著作权与图书馆权利法制关系中矛盾的实质表现是：著作知识产权人要求切实保护其所享有的智力财产权，其倾向性在于强化著作权所赋予的专有权利；图书馆权利要求限定知识专有保护的范围和法定许可使用，尽量拓展知识公有领域，制约权利人的垄断，使公众的获取知识权利切实得到法律保证，其倾向于更加关注公共利益。

2. 知识市场上利益关系相互冲突

知识产品具有市场性，市场是知识产品价值的实现地与获得收益的实现地。分析知识产品生产、传播与利用之间的关联关系，可以发现它们之间所组成利益关系链。在这个利益链上，存在着一些相互支持的利益体。一般而言，这些利益体基本可以分为三大类：其一为知识创造者，主要指创造知识成果的人；其二是知识产品投资人，可以是出版者、投资人、制作人、中介人等；其三是知识产品的终端消费者。

在知识市场中，著作权出于激励社会知识创新的目的，通过对知识成果的社会公共传播与使用的制约，使著作权所有人获利。并且，由于著作权的专有垄断性，可以使知识产品在市场中产生的利润十分可观。

在知识市场中，图书馆权利代表的是作为知识消费者的社会公众获取知识与信息的权利，具有强烈的公益目的，追求尽可能多的合理使用，以获取尽可能多和尽可能广泛的利益为目标。

在知识市场中，知识产品是市场交易的对象，著作权人与社会公众是市场中交易对象的主体。著作权人作为卖方，通常会追求垄断利润的最大化，因而可能忽视社会对知识产品的合法公益需求，并要求社会公众为利用信息知识产品付费；社会公众作为买方，则以知识产品的公共物品的特性为由，追求个人在利用知识产品过程中利益的最大化，而不大关注对知识产品生产者的利益的损害。要求无偿或低成本地利用知识产品。两者所处角色不同，所追求的利益不同，因此，在知识市场中，图书馆权利与著作权存在利益关系的矛盾。

3. 法律制度内图书馆权利义务与著作权人利益相互冲突

人类的知识智力活动是一个不断累积发展的历史过程，新的知识产品往往是对前人思想结晶的借鉴，新的智力成果总是产生于与已有知识的联系之中。可以说，如果没有对前人创造知识的利用，新的作品就不可能产生，这也是知识产品公共性的根本原因。因此，知识产品总会被看成是社会财富的一部分，著作权也被认为是具有一定公共性的私权。著作权的这种性质决定了著作权制度在保护著作权人的私权的同时，必须鼓励知识产品的创作和传播，从而促进知识产品的生产与繁荣，并使社会公众都能分享科学进步及其产生的福利作为其最终目的。这正是图书馆权利的目标。

因而，著作权制度内部公权与私权的并存，实际反映为著作权制度内两种权利的冲突或矛盾：即著作权人与知识利用者之间的权利是一种此消彼涨关系。过分强调社会公共利益，将削弱或者损害著作权所有人的利益，不能有效地激励智力劳动者的创作热情，社会利益也就会成为无源之水，无本之木。过分保护著作权人的利益，将使知识的社会功能无法实现，达不到促进社会进步、文化发展的目标。这种冲突是著作权制度本身所固有的，其伴随着著作权制度诞生而诞生，并随着新技术革命的发展进步而不断加剧。因此，著作权制度必须维护两者之间的利益平衡。

(二) 著作权与图书馆权利冲突的典型表现

1. 著作权的扩张对图书馆权利的压缩

在社会环境与技术条件的变化发展中，著作权不断扩张。从世界上第一部著作权法《安娜法令》到现代各国的著作权法和著作权国际公约的演变看，著作权法的历史是一部逐渐扩张的历史。对著作权法的历史考察表明，它代表了被保护权利的持续扩张，以及相应的在作品中作为公共领域部分的持续减少，并且直接表现为著作权人的专有控制权的扩大，这将直接威胁著作权法需要实现的公共利益，并使公共利益受到不同程度的削弱。

由于著作权与图书馆权利在法权与利益上的矛盾，使著作权扩张产生的直接后果之一是导致了图书馆权利的缩减。从著作权产生的根源分析，著作权激励作品的生产与创新是通过授予著作权人的精神权利与经济权利两方面来实现的。但在知识商品时代，呈现出精神权利被不断弱化，经济权利不断膨胀的态势。现实环境中，著作权精神权利的弱化表现在诸多方面。如合理使用条款的变化。

合理使用是指根据著作权法律的规定，在一定条件下，可以不经著作权人的许可而使用其已经发表的作品，不向著作权人支付报酬，但是必须指明作者姓名、作品名称，并且不得侵犯著作权人享有的其他权利。合理使用是遵循平等性、公平性、公益性原则的知识产权制度安排，是知识产权制度法律正义的体现。我国《著作权法》第22条规定"为个人学习、研究或者欣赏，使用他人已经发表的作品"，或者"图书馆、档案馆、纪念馆、博物馆、美术馆等为陈列或者保存版本的需要，复制本馆收藏的作品"，为合理使用。美国著作权法第107条，将对专有权利的一种限制称之为合理使用。加拿大著作权法第17条第2款将基于私人学习、研究、评论、新闻报道目的而使用他人的作品概称为"合理使用"。大陆法系国家在立法中一般不直接采用"合理使用"一词，多将其包括在"著作权的限制"制度之中。一般来说，这类合理使用称为狭义的合理使用。广义的合理使用是国际公约、条约和国际惯例中规定的知识产权的限制与例外，包括合理使用、法定许可和强制许可等。例如，《伯尔尼公约》第9条、第10条，《与贸易有关的知识产权协定》第13条均规定：著作权的限制与例外限定于某些特殊情况下，不得与作品的正常利用相冲突，也不得不合理地损害作者的合法权益。

合理使用原则的适用范围一直随科学技术的发展而不断调整，调整的焦点始终集中在著作权法赋予图书馆合理使用权利的限制与反限制上。

20世纪以来，新技术革命的冲击，使作品的创作和使用环境不断发生变化，在诸多因素的影响下，许多国家的立法者不断重新审视传统的合理使用制度。其焦点首先针对"复制权"的限制规则。在数字网络环境中，作品的复制方便、容易，传播速度惊人，以著作权人和出版商为代表的权利人，对廉价复制的传播方式极为恐慌，担心对著作权的控制将因作品的容易复制而受到损害，因此呼吁缩小合理使用的范围。1984年，在联合国教科文组织和世界知识产权组织召集的专家会上，就提出："如果一次孤立的复制看来是无害的，积累起来就可能危害作者的正当利益。"在1967年的斯德哥尔摩会议修订《伯尔尼公约》时，提出了针对复制权的限制的两个前提：即"此复制不得损害作品的正常使用，也不致无故损害作品的合法利益"。1993年通过的《知识产权协定》明确提出："出于某些特殊情况而对著作权所作的限制，不得与作品的正常使用相冲突，而且不得不合理地损害著作权人本应该享有的合法利益。"欧洲议会与欧盟理事会于2001年5月22日通过并生效的《协调信息社会著作权和相关权特定方面的指令》延续大陆法系一贯的严谨，其中第5条专门列举了复制权的例外与限制的各种情况。该指令的列举是穷竭性的，除所列举之外，成员国不得保留适用其他的权利限制与例外的权利。该指令判定合理使用，通常考虑的是"作品使用的目的和性质、所使用作品的数量与程度、使用对作品潜在市场价值的影响"等，还规定图书馆的例外权利不涉及公共传播权，如果图书馆通过服务器向读者在线提供某部作品，事先应征得著作权人授权或同意。我国著作权法在2002年8月2日颁布的《著作权法实施条例》第21条规定了与国际条约、公约内容一致的合理使用原则："依照著作权法有关规定，使用可以不经著作权人许可的已经发表的作品的，不得影响该作品的正常使用，也不得不合理地损害著作权人的合法利益。"

可见，著作权的扩张趋势使得图书馆享有的原本就很少的合理使用"优惠"政策受到了更多的限制。著作权赋予了图书馆使用的部分"例外权利"，同强大的著作权相比显得越来越弱小。图书馆权利面临被进一步剥夺的境地。

2. 数字网络技术对著作权保护的冲击

数字网络技术的迅速发展使信息资源生产、传播与服务方式发生着巨大的变化。分布式信息系统，可以将各种不同载体、不同地理位置的信息资源用数字技术存储，实现跨越区域、面向对象的网络查询和传播。相对于传统技术环境，数字技术环境成为了一个不受时间和空间的限制知识资源服务平台，使著作权保护主体、客体以及权利使用方式更为复杂，也使著作权保护与图书馆权利实施的矛盾更加尖锐。其典型表现为：

著作权地域性与知识跨地域传播的冲突：数字网络时代，网络使知识的传播摆脱了地域和国界的限制。作品在网络上发布后，任何人在任何时间、任何地点都可以在开放的网络中使用，复制成本低，利用方便，这对著作权威胁极大。而且著作权具有地域性，在一个国家获得的著作权，其他国家是否给予保护，要视这些国家的法律而定。网络传播的跨地域性使著作权保护的地域性与知识跨地域传播的冲突加深。

授权许可使用与数字时代海量授权需求的冲突：数字网络时代，数字图书馆代表着海量数字知识资源库。作品数字化后上载到互联网，用户通过网络对信息实现访问和存取，覆盖面广、利用方便，可以使公众方便快捷地获取信息资源，接受教育，对科技进步和社会发展都有极大的促进作用。著作权人的作品通过数字图书馆等也可以在更大的范围内传播，获得更多的利益。但数字图书馆涉及的著作权作品极多，如果按传统的许可方式——寻找著作权人进行谈判以获得授权许可，在现实操作中极其困难，时间和成本耗费巨大，这使数字图书馆的资源建设进展极其缓慢，甚至最终无法负担。如果不获得著作权人的授权进行网络传播，又将极大损害著作权人的利益。因此，数字图书馆在建设中常常陷入一种两难境地。

3. 著作权保护在发展中国家与发达国家之间的冲突

近年来，国际知识产权保护呈现持续升温趋势。发达国家由于国家经济与技术的强势，有能力利用国家财力保护著作权人的个人利益，因而也希望国际上不断提高知识产权的保护标准。究其原因是因为发达国家作为智力创造大国，拥有大量的知识产权资源，在国际知识产品市场中占据垄断地位，保护程度越高，其收益越大。例如，在数据库方面，美国占有世界的70%左右的市场，而中国作为最大的发展中国家，也只占1%。知识产权保护标准的提高，无疑将能充分保护其既有权益，并获得巨额回报。另一个直接后果就是，发展中国家作为知识产品生产的相对弱势方，在发达国家的压力下，如果相应调整知识产权政策，则意味着在知识资源的利用时，将付出更大的代价。这势必导致发达国家与发展中国家的知识利用差距越来越大，导致国家间科技文化差距的进一步加大。

经济发达国家，在较完善的市场经济条件下，知识产权人的利益，可以通过市场调节，自动实现利益平衡。而在市场经济还不够发达的发展中国家，知识产权人、公众与投资者之间的利益严重失衡，市场调节能力低下。例如，根据我国的稿酬制度，作者获得的报酬往往只相当于销售200～500册复本的定价码洋，作者的获益可能仅相当出版者获益的1%～10%的水平。

随着知识市场化趋势的发展，图书馆权利越来越被漠视。著作权制度对知识资源利用保护程度的加强，意味着知识的获取越来越与经济利益直接相关；而发展中国家受经济水平的制约，支付获取能力低下，严重影响到信息资源的公共获取。对此，发展中国家代表普遍表示担忧，在如此严格的知识产权保护环境中，知识的公共性如何保护？公众的知识获取权如何体现？知识产权保护的根本目标如何维护？面对两极分化趋势，发达国家与发展中国家在建立和完善知识产权制度时应有所重视。

四、著作权对图书馆权利的协调

著作权与图书馆权利有着共同的权利目标，即都具有促进社会知识创新与文明进步的权利目标。也正因为此，著作权与图书馆权利可以达成协调与平衡。

(一) 著作权与图书馆权利协调的基础

1. 著作权与图书馆权利的基本人权属性

著作权是一种普遍的人权。1948年联合国大会通过的《世界人权宣言》第27条指出："人人对由其所创作的任何科学、文学或美术作品而产生的精神的和物质的利益，有享受保护的权利。"明确赋予著作权人权意义。

图书馆权利是公民平等自由获取知识信息的权利，其实质是公民"平等利用图书馆的权利，自由利用图书馆的权利，免费图书馆服务、弱势群体图书馆服务"。《世界人权宣言》第27条中同时指出："人人有权自由参加社会的文化生活，享受艺术，并分享科学进步及其产生的福利。"《世界人权宣言》在第27条中同时指出："人人享有知识创作受保护的权利和自由参加文化生活，享受艺术，并分享科学进步及其产生的权利。"国际图联也宣布"不受限制地获取、传递信息是人类的基本权利"，并强调维护获取知识的自由是全世界图书馆和信息服务机构的主要职责，要用道德规范明确并付诸实施。显然，这都明确了图书馆权利的人权属性。

2. 著作权与图书馆权利拥有共同的目标

《与贸易有关的知识产权协议》第7条规定："知识产权的保护与权利的行使，目的应在于促进技术的革新、技术的转让与传播，以有利于社会经济福利的方式去促进技术知识的生产者与使用者互利，并促进权利与义务的平衡"。我国的《著作权法》第1条就规定："为保护文学、艺术和科学作品作者的著作权，以及与著作权有关的权益，鼓励有益于社会主义精神文明、物质文明建设的作品的创作和传播，促进社会主义文化和科学事业的发展与繁荣，根据宪法制定本法。"上述都明确清楚地表达了，知识产权法律通过授予专有权对智力成果进行保护，维护产权人的权利，只是实现鼓励作品的创作和传播，促进社会主义文化和科学事业的发展与繁荣的制度终极目标的手段，其根本目标在于鼓励和促进知识创新，繁荣文化科学事业。

图书馆权利代表了社会或制度赋予人们的信息平等、自由获取的权利。图书馆权利的目标在于实现社会知识信息的公平获取。在知识经济时代，信息成为人们生存与发展必不可少的资源，是社会发展与个人发展的重要依托。信息平等成为社会公平的重要标志之一，追求知识获取的最大繁荣，实现文化科学的繁荣无疑是图书馆权利的最大目标。可见，著作权对整体社会利益的追求，与图书馆权利所追求的目标可谓殊途同归。

3. 著作权与图书馆权利内容相交集

在《世界人权宣言》中，其表述包含了三方面的内容：①创造者对自己的智力创造成果享有法律保护的权利；②社会公众分享科学进步及其所创造的收益的权利；③参加社会文化生活的权利。第一方面明确了知识创造者的著作权；后两个方面明确了公众利用知识的权利。可见，《世界人权宣言》对创造与利用权利的表述，涵盖了知识创造与利用的循环过程。

在知识的创造与利用过程中，知识的创造必须以前人创造的知识成果为生产资料，创造者的生产活动要在利用前人知识与个人创新思维的结合中进行，其新创造的知识是基于前人知识的再创造，新知识中必然利用有大量前人的知识成果。因此，如果只对知识权利进行保护而不利用，就不可能产生更新的知识；而如果只利用而不保护知识权利，知识创造得不到应有的利益，就不可能产生更大的创造积极性。因此，著作权保护与图书馆权利的实现都必须在一个前提下实现各自利益的最大化，即促使社会文化与科学的繁荣获得最大值，这一点正是二者权利内容的交集。可见，《世界人权宣言》中表述的这三项权利是紧密联系、密不可分的，协调与平衡是处理著作权与图书馆权利之间关系的基本点。

(二) 著作权对图书馆权利的促进

1. 保护知识创造者利益，激励知识创新

著作权通过法律形式保护创造者的劳动得以价值实现。知识成果是创作者智力劳动的辛苦结晶，其成果产生艰难，而利用、复制、传播极其容易，使创造者完全可能无法通过知识成果获得合理的收益，从而最终扼杀创造者的积极性，使社会文化科学事业无法进一步繁荣。因此，在知识市场中需要通过法律的强制力，赋予知识创造者专有的权利，通过适当限制传播、利用的方式，来控制知识产品生产与交换的有序进行，以确保知识成果创造者的获得应有的市场回报和激励。从著作权产生与发展的过程看，著作权首先是一种激励机制，其目的在于通过保护知识产品创造者的利益，激励知识产权人从事知识创造的积极性，促进社会的知识创新与科学、文化、经济的发展。从我国宋代的朝廷"禁擅镌"，对违反者"追版劈毁，断罪施刑"，到1709年的《安娜法令》，无不以鼓励知识创作而授予创作者在一定时期之专有为目的。

著作权法是促进知识创新的重要保障，是人们在生产实践中产生高度统一认识后的产物，一个对知识创造者不能给予相应的利益回报的环境，是不可能源源不断地生产出新的知识成果的。著作权法实质上是通过权利保护，实现对知识创新者利益激励，营造知识创造的良性环境，促进社会文化与科学的繁荣，这也为图书馆权利的实现准备好了丰富物质条件。

298

2．维护知识创新环境，促进市场公平

著作权法以法律形式保障知识创造者权益。在知识市场中，著作权实际维护着知识产品市场的秩序，起着维护市场公平竞争的作用。在知识市场中，知识商品与物质商品不同，知识可以不需要物质形态的附着物，具有无形的特性。特别在数字技术环境中，知识创造者如缺乏法律对其权利的保障，转眼就可以一无所有，这将大大打击知识创造者的创造积极性。而那些未经许可的利用、擅自复制谋利等盗用知识成果行为，必然造成对知识市场秩序的严重损害，其结果必然是知识创新动力的极大削弱，社会文化与科学繁荣成为泡影。

著作权保护营造了一种公平的市场环境。法律赋予权利人专有权利，并通过强制手段实施保护行为，可使不正当竞争行为得到惩处，也可帮助权利人消除市场中利用知识产品的"搭便车"等情况出现，起到维护知识市场公平竞争的作用。而公平的利用知识产品，恰好也是图书馆权利所追求的目标，公平的知识利用环境、良性的知识创造环境正是图书馆权利充分实现的基础和保障。

3．合理设计规则，保护图书馆权利的实施

从著作权表面上看，著作权是一种私权，以维护知识创造者的个人权利为内容，但从其根本目标分析，著作权又承担着促进社会文化科学繁荣的根本使命。因此，著作权自诞生之日起，就进行了权利保护的制度设计，以维持其权利对私权保护与公共利益的平衡。例如，著作权法的公有领域设计、合理使用、法定许可、强制许可等，其中对维护公众知识利用的图书馆权利实现，更是有明确的约定条款，希望通过一定的利益平衡来实现各方利益的兼顾。这在著作权法产生之始就已有之，如1709年制定的《安娜法令》中，就设定有一个"文学艺术的公共领域"，以保障社会公众利益的实现。

美国甚至在1787年的美国宪法中就规定了对著作权法的这种要求，即著名的"3P"政策，即"促进知识的政策"、"公共领域保留的政策"、"保护创作者的政策"。可见，著作权法的法律目标与制度设计都贯穿了图书馆权利实现的促进。

（三）著作权与图书馆权利协调的方式

著作权对图书馆权利的平衡与协调体现在著作权的限制中。著作权的限制是指对知识产权人的专有权利行使的限制，是基于社会公共利益的考虑，对知识产权的权利内容及其权利行使所给予的适当约束，其作用在于通过对专有权的控制与调节，平衡著作权人和社会公众利益的关系，保障了社会公众图书馆权利的实现。

著作权的限制属于法定限制，著作权的权利限制是知识产权法的重要特征。

1．著作权的有效期限制

著作权的有效期并非自然产生的，是由著作权法所规定的。著作权有效期的限制是指著作权保护具有一定的时间限制，在保护期届满后，原本专有的著作权成果自动进入公有领域。对于有效期届满的知识成果，图书馆可以提供给社会公众自由传播、利用。

著作权有效期的限制是知识产权公益性的要求。从著作权制度的激励机制分析，一方面，著作权是作为智力创造动力而产生的，在产生的动机中不排除对知识的广泛传播与利用。如果著作权在一个相当长的时间内不消失，那么对于信息的接近将被无限地限制。这种制度就不是产生社会利益的社会制度。另一方面，如果保护期太短，则著作权的制度也不会产生实质性的社会利益。赋予有限的保护期，既满足了对著作权人权利的保护，又使公众接近信息的自由不会因为专有权的赋予而受到影响。

在著作权保护期届满后，知识产品将永久性地进入公有领域，而不能成为任何个人的私有财产。这也意味着公有领域中的资源知识将不断增多，这也意味着尽管著作权在一定时期内被著作权人专有而暂时减缓了公众对知识的接近，但由于知识产品最终是可以由社会公众自由获得的，因此，知识产权有效期的设定为图书馆权利提供了资源保障。

著作权的法定时间性是对著作权最彻底的限制，它的存在使著作权将从根本上消失。

2. "合理使用"制度保留图书馆权利空间

"合理使用"是著作权制度中规定的特殊情形，它是在法律规定下，基于正当目的使用他人知识产品的合法行为。合理使用制度的法律本质就是对知识产品垄断权的让渡或者限制，在合理使用的范围内，使用人可以自由地使用，表面上是使用人受益，实质上却是对全社会产生利益。

合理使用制度设立的目的，其一是保障自由的思想表达与交流；其二是为了解决后续知识创作者为了创作新作品而利用先前作品的问题。合理使用实际体现了知识产权解决双重目标的制度设计，体现了知识产权保护权利人利益与促进信息公共传播的双重目标。合理使用制度的设立为社会公众提供了一个合理接近与分享知识产品的机会，既实现了社会公共利益，又不至于损害知识产权人的利益，节省了社会成本，提高了资源利用率。无论在国际著作权条约还是国内著作权法中，图书馆都是合理使用的主要受益者。各国著作权法中都规定了非赢利性图书馆依据合理使用原则可以享有的一系列著作权例外和豁免。例如，美国 DMCA 第404 条规定，非赢利性图书馆，出于诚意，以确认是否希望获得对作品的合法存取为目的而破解技术措施，可享有豁免权。同时，将上一版的第 108 款进行了修订，将原来只能制作 1份复制品增加到 3 份复制品，并且将以往只能使用纸介质或感光介质制作复制品扩展到可以采用数字技术制作数字或电子版复制品。澳大利亚 1999 年《著作权法修正案》也规定，图书馆在网络环境下可以使用新的传播技术就像使用现有技术那样为向公众提供作品。我国《著作权法》第 22 条列举了作品合理使用的各种情形，例如为个人学习、研究或欣赏，使用他人已经发表的作品等。

由于合理使用是对著作权人的严格限制，因而在适用合理使用的过程中稍有不当，就会对知识产权人的利益造成很大损害，使知识产权人的利益和社会公共利益失去平衡。所以，在确定合理使用行为时，法律规定了严格的适用条件：

(1) 合理使用必须有法律依据。也就是说，合理使用的情形需由法律明确规定，使用者使用知识产品的权利并非基于权利人的授权，而是直接来自法律的授予。

(2) 使用行为可以不经权利人的许可。由于使用者无暇取得或难以取得知识产权人的许可，或者虽然可以取得许可，但存在着经济上的无效益，法律直接授权使用者在此情况下不必取得知识产权人的同意。

(3) 使用无须支付报酬。使用者不需为自己的使用行为支付相应对价，这是合理使用与授权使用、法定许可、强制许可的重要区别。这是因为在满足合理使用条件下的使用行为，不会造成知识产权人利益的损失，即便有一些损失，也可以忽略不计。因此，法律规定使用人不需要支付报酬。

(4) 使用必须出于正当目的。如果将使用人出于营利目的使用知识产品的行为规定为合理使用，必然会对知识产权人的利益造成重大损失，因为这部分利益原本应由知识产权人来实现的，将导致知识产权人和社会公众之间利益的失衡，出现对知识产权人不公平的利益分配结果。

(5) 使用应有一定的数量限制。由于合理使用剥夺了知识产权人的获益权，如果使用的数

300

量过多、规模过大，势必会对知识产品的市场销售形成一定冲击，从而侵害知识产权人的利益。因此，对于被使用的知识产品的数量，各国都给予极大关注，法律上一般规定了一定的数量限制。

(6) 使用不应对知识产品的市场销售造成潜在的威胁。出于保护知识产权人利益的考虑，法律规定的合理使用行为不应威胁到知识产品的市场销售。

(7) 使用时不得损害知识产权人的其他合法利益。

从合理使用的原则分析，图书馆权利拥有知识产权中的"合理使用"空间，但对此空间的使用必然遵循相关的规则，即权利的实施行为必须是合理与规范的。

3．法定许可使用与图书馆权利

法定许可是指根据法律的直接规定，以特定的方式使用已发表的作品，可以不经著作权人的许可，但应向其支付报酬，并尊重著作权人的其他权利的制度，属于"非自愿许可"情形。与合理使用相比较，法定许可使用对著作权的限制稍为宽松。在合理使用的情况下，使用者不必征得权利人的同意也无须支付报酬，而在法定许可使用的情形下，使用人虽然也不需要征得权利人的同意，但仍需向其支付报酬。这是因为，法定许可中的使用者多以营利为目的，使用知识产品的数量较大，在市场上与著作权的许可使用构成了竞争。

法定许可使用是一种法定"授权"，即法律推定著作权人可能会同意将作品交由他人使用。因而由法律直接规定许可使用，对作者权利进行限制。法定许可使用所涉及的权利项目包括表演权、录制权、广播权、汇编权等。

综合各国法定许可制度的规定，可以看出法定许可具有如下特征：

(1) 法定许可使用的作品必须是已经发表的，以保证著作权人的发表权。

(2) 使用人在使用法定许可使用的作品后，应当按照法律规定的付酬方式和时间向著作权人支付报酬，一般不由双方协商。

(3) 享有法定许可权利的主体一般为利用作品频繁、使用作品的数量庞大的信息传播主体。例如，广播电视组织、录音录像制作者、表演者等，设立法定许可的目的是为了简化利用作品的程序，促进作品的迅速传播。

(4) 在利用法定许可使用作品时不得侵害著作权人的相关权利，也不得影响著作权作品的正常使用。

(5) 对于著作权声明不许使用的作品，不得以法定许可方式使用。

通常，各国的法定许可都具有自己的国情特征。在新的技术环境影响下，法定许可的效力有所扩大。传统的合理使用的某些类型也转变为法定使用。

法定许可是数字环境下图书馆权利实现的重要途径之一。在数字环境中，数字图书馆具有 ISP 与 ICP 的双重性质，即一方面图书馆是知识传播者，且传播的信息种类之多、数量之大、传播方法之灵活超过一般的网站；另一方面图书馆强调共享知识资源，使得著作权人更关注数字环境图书馆权利实施对其权益的影响。因此，在此情况下，法定许可则可以解决此类问题，如图书馆可以通过签订单一法定许可或集体法定许可的方式来进行数字知识的加工与传播工作。法定许可能减少谈判环节，降低谈判费用，提高知识产品的使用效率，而著作权人，仍能够通过知识产品的利用获得报酬。对使用者而言，能够达到利用知识产品的目的，双方都避免了因谈判失败而导致的效率低下。

关于法定许可，我国 2001 年《著作权法》修订时未修改 1990 年《著作权法》第 32 条的内容。这一规定引申到互联网，无疑就意味着法律赋予网络媒体"自由转载"的权利。2000

年 11 月最高人民法院发布的《关于审理涉及计算机网络著作权纠纷案件适用法律若干问题的解释》也已进行了相关规定。例如，该解释第 3 条规定："已在报刊上刊登或者网络上传播的作品，除著作权人声明或者上载该作品的网络服务提供者受著作权人的委托声明不得转载、摘编的以外，网站予以转载、摘编并按有关规定支付报酬、注明出处的，不构成侵权。但网站转载、摘编作品超过有关报刊转载作品的范围的，应当认定为侵权。"这显然是赋予了网站与报刊转载、摘编同等的法定许可权。2002 年 10 月最高人民法院发布的《关于审理著作权民事纠纷案件适用法律若干问题的解释》第 17 条则明确规定《著作权法》第 32 条第 2 款的转载，是指报纸、期刊登载其他报刊已经发表作品的行为。这就是说，除了报刊外的其他媒介转载已经发表的作品均须事先经得作者的同意。从信息网络传播权的保护实践来看，最高人民法院 2000 年《关于审理涉及计算机网络著作权纠纷案件适用法律若干问题的解释》更符合著作权法律、法规的基本精神和法律的公平原则，也较符合计算机信息网络技术的特点，实际上也更有利于平衡权利人、网络传煤、网络受众的利益。

我国《著作权法》中明确规定了三类主体的法定许可权利，内容如下：

① 作品刊登后，除著作权人声明不得转载、摘编的外，其他报刊可以转载或者作为文摘、资料刊登，但应当按照规定向著作权人支付报酬。

② 录音录像制作者使用他人已经合法录制为录音制品的音乐作品制作录音制品，可以不经著作权人许可，但应当按照规定支付报酬，著作权人声明不许使用的不得使用。

③ 广播电台、电视台播放他人已经发表的作品，可以不经著作权人许可，但应当支付报酬，当事人另有约定的除外。

同时《著作权法》还特别规定：电视台播放他人的电影作品和以类似摄制电影的方法创作的作品、录像制品，应当取得制片者或者录像著作者许可，并支付报酬。

综合上述规定，可以看出我国《著作权法》对电影和类似摄制方法创作的作品没有赋予法定许可使用的权利，也没有对网络内容服务商网上传播任何作品赋予法定许可权。但 2004 年最高人民法院《关于审理涉及计算机网络著作权纠纷案件适用法律若干问题的解释》第 3 条中明确指出："已在报刊上刊登或者网络上传播的作品，除著作权人声明或者报刊、期刊社、网络服务提供者受著作权人委托声明不得转载、摘编的以外，在网络进行转载、摘编并按有关规定支付报酬、注明出处的，不构成侵权。但转载、摘编作品超过有关报刊转载作品范围的，应当认定为侵权。"

此规定为图书馆在数字网络环境中的知识服务提供了适用法定许可的依据。同时也应该看到，由于规定网络转载、摘编作品超过有关报刊转载作品范围的认定为侵权，图书馆网络传播作品的法定许可只能类比《著作权法》中"报刊转载法定许可"，也就是说，图书馆利用网络传播电影和类似摄制方法创作的作品及图书时不适用法定许可，要事先取得著作权人授权才行。这种按作品类型分而论之的做法从一定程度上体现了数字图书馆与著作权人权利的均衡。这是因为，从知识产权人的角度看，文章作品稿酬数额相对不大，它不像计算机软件的开发和电影、电视、录像作品的制作，投入相对较少。如果允许计算机软件和电影、电视、录像作品未经授权上网传播，会对上述作品的销售带来极大的影响，不仅对著作权人的合法权益造成极大危害，也影响到我们国家的文化繁荣和科技进步。书籍作品作者的数量比之报刊文章作者的数量少得多，而且寻找书籍作品著作权人以寻找授权许可，比寻找报刊作品著作权人以寻求授权许可要容易得多。从图书馆代表的公众利益角度看，报刊文章是一批丰富的信息资源，它能涵盖社会生产、生活、文艺的各个方面，这部分作品允许法定许可为信息资源的快速传播和扩散提供了法律上的保障，为公众获取信息提供了便捷的途径。

法定许可制度虽然在促进信息传播的过程中发挥着重要作用，但是它终究是一种付费取得信息的制度，能否使用最终受著作权人意志的制约，仍然区别于图书馆倡导的公共利益精神。

4. 强制许可使用对图书馆权利的影响

强制许可使用是指在特定条件下，知识产权主管机关根据情况，对知识产品进行特殊使用的权利授予申请获得此项权利的使用人的制度。在国际公约中，又被称为强制许可证（Compulsory License），它与"合理使用"制度的最大区别在于，前者属于"非自愿许可"制度，后者属于"自愿许可"制度。其目的都在于促进公众对作品的利用。

在著作权领域和专利权领域以及植物新品种保护领域，均存在强制许可使用制度。在立法体例上，强制许可制度最先在美国《著作权法》（1909 年）中得到确认。该制度现已为世界各国普遍采用，《伯尼尔公约》与《世界著作权公约》的现行文本都规定了强制许可制度。根据这两个公约，缔约国主管当局享有颁发强制许可证的权力。特别是为发展中国家的教学、学术活动和科学研究方面的便利，允许主管部门颁发翻译权与复制权的强制许可证。我国《著作权法》没有明确规定强制许可制度，但是由于我国已加入了上述两个著作权公约，故可以适用公约关于强制许可的规定。国际公约及多数国家的专利法中也规定了强制许可制度。《保护工业产权巴黎公约》第 5 条明确规定："本同盟各国都有权采取立法措施规定授予强制许可，以防止由于行使专利法所赋予的专利权而可能产生的滥用，例如不实施。"

强制许可使用制度具有以下特点：

(1) 实施强制许可的目的是为了维护国家利益或社会公共利益或为了使社会评价用知识产品。

(2) 强制许可证是针对已发表的作品或已公布的知识产品而言，而对于未发表作品不能颁发强制许可证；有关强制许可的作品仅限于外国作品中的印刷出版物以及为教学而用的视听作品。

(3) 强制许可证的实施有一定的期限。在法律规定的期限内，知识产权人没有利用知识产品或未授权他人利用，才能实施强制许可。

(4) 强制许可证面向特定的使用者，即只有申请并获批准的人可以行使。

(5) 强制许可证有特定的程序，其权源来自于主管机关或特定组织，而不是法律的直接授予。

(6) 强制许可使用是一种营利性使用，它限制了知识产权人的许可权，但却维持了他的获酬权。

强制许可使用的功能在于限制知识产权人的专有权利，确保公众利用、接触知识产品的可能性，以充分发挥知识的作用，促进整个社会政治、经济、科学与文化进步。因为在现实情况中，大量存在着非知识权利人使用，甚至一些商业化使用知识产品的行为，也代表着显著的社会公共利益，是社会公众在共同生活中所需要甚至必须的。但同时，这些使用行为对知识产权人利益的影响也比较明显。因此，知识产权法设计了强制许可使用制度，保留了权利人的获酬权。这样可以有效的平衡知识产权人的利益和社会公共利益，体现了社会公共利益优先的价值标准。

强制许可使用体现了国家的强制干预，国家主管机关可以在不经权利人同意的情况下，直接颁发强制许可证而允许申请者实施该权利，这样就减少了谈判成本，降低了交易费用，减少或避免由于知识产权的滥用而增加的社会成本。而且，通过规定使用人向权利人支付报酬，使知识产权人得到了相应的经济补偿，可实现保护权利人与促进图书馆权利的立法目的。

5．权利穷竭对图书馆权利的影响

权利穷竭，又称权利耗尽或"权利一次用尽"。郑成思认为，权利穷竭是指"权利人行使一次即告用尽了有关权利，不能再次行使"。此原则最早是由德国法学家柯拉(Kohler)提出，是知识产权法特有的原则。在知识产权法理论中，合理使用与权利穷竭都被视为是对著作权的限制。

权利穷竭意味着知识产权人仅在商品首次销售时有控制权，因而该理论又称"首次销售"理论(First Sale Doctrine)。有关权利穷竭的规定散见于各国的著作权法、商标法、专利法等法律中。规定得最明确、也最有代表性的国家是德国。其早在 1965 年的《著作权法》第 17 条第 2 项即规定："一旦作品的原件或复制件，经有权在本法律适用地域内销售该物品之人的同意，通过转让所有权的方式进入了流通领域，则该物品的进一步销售为法律所认可。"奥地利著作权法的有关规定与德国基本相同，只是在第 16 条第 3 项增加了一个细节，即如果作者只同意过在某一特定领域销售其作品，则他对于进一步销售的专有权仅在该领域内丧失。美国《著作权法》也对权利用尽作了程度不同的规定。

在著作权领域，权利穷竭意味着一旦作品的原件或复制件经权利人同意而进入市场后，则该作品作为商品的进一步销售，著作权人均无权控制。该原则之目的在于消除著作权的专有性对知识传播所产生的消极影响。因此，另有学者对权利穷竭作了比较恰当而周密的定义："知识产权所有人或许可使用人一旦将知识产品合法置于流通以后，原知识产权权利人所有的一些或全部排他权就因此而不复存在。"

权利穷竭原则划分了智力创造性成果的所有人和智力创造性成果的有形表达的所有人。该原则的合理性在于促进了智力产品的自由流通。如果智力产品在第一次合法投入市场后仍授予权利人控制该无形智力创造的有形表达，就会降低整体的社会效用。相反，知识产品首次投入市场后就摆脱了知识产权人的控制，公众自由获取和接近信息的能力就不会受到损害，在智力创造物的生产方面也不会失衡。

在著作权领域，如果一味地满足权利人的要求，势必影响图书馆权利的实施。权利穷竭原则的设定，是现代知识产权制度实现的社会利益与知识产权人私人利益平衡的目标的体现，其实质是在知识产权权利人的垄断权和社会公众对知识产品的事实占有权这两种权利发生冲突时，通过限制知识产权人的垄断权，以在双方之间达成一种均衡的权利义务状态，它所控制的是知识产品的流通与其所承载的知识产权之间的关系，是对双方当事人权利义务的一种法律调整。

第三节　信息资源利用中的著作权保护

在现代信息资源环境中，数字网络利用正成为信息资源利用方式的主导，同时，传统信息资源仍以固有的形态和方式在发挥着重要的作用，形成现实环境中，传统信息资源与数字信息资源并存，传统服务与网络服务同在的情况。由于信息资源产生与服务形式不同，其检索与利用中的著作权保护与协调的方式就不同。由于传统信息资源建设与服务形式的相对稳定，并与著作权保护已在长期的适应过程中产生协调与平衡。而数字环境中，信息资源形态、产生方式、利用手段上呈现出多样性和复杂性，因而要特别注意面对数字环境中各种不同情形的著作权保护，防止侵权行为出现。

一、著作权侵权行为的构成与类型

(一) 著作权侵权行为的构成

著作权法所称的侵权行为一般应包括两方面的行为：或者是未经著作权人的允许违反法律的而擅自行使了著作权人的权利；或者是违反法律的规定妨碍了著作权人权利的实现。

在一般情况下，构成侵害著作权或与著作权有关的权益而应承担侵权责任的行为，应具备下列条件：

(1) 具有违法性。著作权法规定具有某种特定资格的公民、法人或非法人单位享有著作权或与著作权有关的权益，也就规定了一切他人相对的不得加以妨害的义务。违反这些义务，就违反了法律。

(2) 有损害事实的客观存在。损害是指行为造成他人的财产上的损失和精神上的损害。损害是违法行为的客观后果。如果某一行为正在计划当中，尚未造成损害事实，就不构成侵权行为。

(3) 和损害事实有因果关系。也就是说，实施某一行为是造成损害事实这一结果的原因。

(4) 实施行为的人有主观过错，或虽无过错，但仍依法承担民事责任。也就是说，行为人在实施某一行为时明知行为的损害后果，或者应当预见到而没有预见到，或已预见到而轻信能够避免。

此外，如果法律明确规定行为人即使无过失，也要承担损害赔偿责任，行为人实施的也是侵权行为。

(二) 著作权侵权行为的类型

1. 侵犯著作人身权的行为

各国及《伯尼尔公约》规定的著作人身权种类存在一定差异，表现为侵犯著作人身权的形式也相差较大，但总体表现如下：

(1) 侵犯发表权的行为。指未经著作权人同意，擅自公开作者未曾公开的作品的行为。

(2) 侵犯作者身份权和署名权的行为。未经作者同意，在作者作品上强行署上他人姓名，或者故意不署作者姓名，都构成此侵权行为。出版、销售、出租、表演、广播或以其他方式传播此类侵权作品，也构成对作者身份权和署名权的侵犯。

(3) 侵犯作品完整权的行为。未经作者同意，擅自修改作品内容、增添材料、损害作品真实含义和表现形式的行为。

此外，有些国家对妨碍作者行使上述权利的行为也被视为侵权。

2. 侵犯著作财产权的行为

一般而言，使用他人作品，原则上应取得著作权人的同意。未经著作权人同意而使用其作品构成侵权行为。通常，侵犯著作财产权的行为可分以下几种：

(1) 擅自使用。未经著作权人许可或法律规定的许可，以复制、发行、表演、播放、展览、摄制电影、电视、录像或以改编、翻译等方式使用他人的作品。其中，非法复制是一种常见的严重侵权行为，常导致著作权人的财产权难以实现。

(2) 剽窃。又称抄袭，是指将他人作品的全部或部份作为自己的作品予以发表。剽窃通常采用的方式有：一是完全照搬他人全部或部份作品内容；二是将他人作品变动语句顺序，更换个别语句后溶入自己的作品。

二、信息资源利用中的著作权保护

(一) 各类形态信息资源的著作权保护

1. 公有领域的传统作品与数字化加工后作品的利用

从著作权角度看，知识资源可分为公有领域作品与知识产权保护期内作品。所谓公有领域是指社会的公有，任何人都可以自由使用的知识财富。确立公有领域的标准主要有：一是公共信息，如政府公共作品、法律法规、历法数表、公共信息，如气象信息、灾情预报等，以及有关的公式、原则和方法；二是智力活动的规则与方法；三是社会公知的技术与信息。我国《著作权法》第 5 条规定的 "法律、法规，国家机关的决议、决定、命令和其他具有立法、行政、司法性质的文件及其官方正式译文"，"时事新闻"，"历法、通用报表、通用表格和公式"。进入公有领域的作品脱离了著作权保护的范围。因此，对该类文献资料数字化加工或利用均不存在著作权问题，不存在损害著作权人的权利的问题。但要注意利用时不能侵犯著作权人的署名权、保护作品完整权等精神权利。

2. 超过著作权保护期限而进入公有领域的作品

另一类知识资源是因超过著作权保护期限而进入公有领域的作品。《伯尔尼公约》为著作权保护期限确定了一般性的最低标准：作者有生之年加死亡后 50 年，各成员国可以规定较之更长的保护期。《伯尔尼公约》分别对电影作品、匿名或假名作品、摄影作品和实用艺术作品的保护期限进行了特别规定。我国《著作权法》规定，公民作品的财产权利保护期限为作者有生之年加死亡后 50 年；合作作品的保护期限为最后死亡作者的有生之年加死亡后 50 年；法人或非法人单位的作品和由法人或非法人单位享有财产权利的职务作品的保护期为作品首次发表后 50 年；电影、电视、录像和摄影作品的保护期为 50 年；外观实用艺术作品的保护期为 25 年。人身权利的保护是没有期限的，正如我国《著作权法》第 20 条规定 "作者的署名权、修改权、保护作品完整权的保护期限不受限制"。因此，对此类作品的利用要特别注意其保护期，如果已过保护期就可以在遵守作者的署名权、修改权和保护作品完整权的前提下进行利用。

3. 尚在著作权保护期限内的文献资料

对于在著作权保护期内的作品，应注意利用的方式，整本作品的复制是必须经过著作权人的同意并向其支付报酬的，否则会侵犯著作权人的复制权。美国的《数字千年著作权法》（DMCA）第 404 条仅允许图书馆制作 3 份包括数字复制件在内馆藏复制品，且规定数字复制件只能在图书馆建筑范围内利用。我国的著作权法第 22 条规定也规定如果对馆藏信息资源进行数字化复制，但目的只能是为 "陈列或保存版本"。我国 2006 年颁布的《信息网络传播权保护条例》规定，数字化的作品只能在图书馆建筑实体范围内传播。

4. 尚未公开发表的文献资料

《著作权法》第 2 条规定："中国公民、法人或者非法人单位的作品，不论是否发表，依照本法享有著作权。"《著作权法实施条例》第 23 条解释得更为清楚："著作权自作品完成创作之日起产生，并受著作权法的保护。" 由此可见，尚未公开发表的文献资料，如学位论文，其仍具有发表权，如果要对其进行利用，必须得到尊重著作权人的相关权利。如果要对其进行数字化加工必须得到著作权人的授权，否则就侵犯作者的发表权。

5. 信息资源作品的目录、文摘、索引等产品

信息资源的文献题录、文摘、索引等加工产品，目的在于引导读者寻求获取著作权作品的途径与方法，是信息资源检索与利用者的重要工具与途径。可充分提高利用者对信息资源的认识程度与利用效率，其产品本身不会侵害作品本身的著作权人的权益。但这些信息资源加工产品同样是基于知识作品的一种知识创造行为，其产品融合了制作人的知识劳动，因而，同样拥有独立的著作权，受著作权法的保护。信息资源利用者不得随意复制利用。

（二）信息资源利用中的著作权保护

1. 信息资源利用中的"复制"行为

复制是信息资源利用中最常用的方式之一。我国 2001 年颁布的著作权法第 10 条第 5 项表述为："复制权，即以印刷、复印、拓印、录音、录像、翻录、翻拍等方式将作品制作一份或者多份的权利。"毫无疑问，复制权是知识产权人的权利。

我国《著作权法》第 22 条列举了 12 款合理使用的情况，只要符合合理使用的条件，使用人利用作品可以不经著作权人许可，不向其支付报酬，但应当指明作者的姓名、作品的名称，并且不得侵犯著作权人依照本法享有的其他权利。

因此，在信息资源利用时应当遵守著作权关于个人使用的相关规定，即限于使用者个人使用、不以营利为目的。

对图书馆等信息服务机构则规定了较宽松的条款。合理使用针对图书馆的条款是第六款与第八款"为学校课堂教学或科学研究，翻译或者少量复制已发表的作品，供教学或科研人员使用，但不得出版发行"，"图书馆、档案馆、纪念馆、博物馆、美术馆等为陈列或保存版本的需要，复制本馆收藏的作品"。

美国著作权法的合理使用条款对图书馆复制的免责规定：

(1) 复制行为无谋取商业利益目的。

(2) 图书馆藏书必须向公众开放。

(3) 作品的复制发行必须有著作权标记。

(4) 允许图书馆为保存或替代的需要，以原样形式复制作品，其条件是图书馆虽经努力仍无法以合理价格购买一份未经使用的替代品。

德国著作权法规定允许为个人学术、编制档案等目的，自己复制作品或让他人复制，但对图书馆使用自备的复印机复印享有著作权的作品，著作权人有向图书馆获得报酬的权利。

法国则规定复制必须是只限于供本人使用的需要，为集体使用而进行的复制，不属于合理使用。

日本著作权法第 31 条对图书馆的复制规定了相当严格的条件，规定图书馆可以复制图书馆保存的图书、记录或其他资料，但限制为用于复制者的利用目的是为科学研究，且限制为一人一份。

将文献资源进行数字化，是著作权认定的一种复制形式。数字化是对原作品的一种形式上的变化，并没有产生新的作品。因此，数字化后作品的著作权仍归原著作权人享有。因此，在利用信息资源时，数字化作品的行为，是一种对作品的复制行为，必须按照相关法律进行。

我国 2006 年颁布的《网络传播权保护条例条例》第七条规定："图书馆、档案馆、纪念馆、博物馆、美术馆等可以不经著作权人许可，通过信息网络向本馆馆舍内服务对象提供本馆收藏的合法出版的数字作品和依法为陈列或者保存版本的需要以数字化形式复制的作品，不向其支付报酬，但不得直接或者间接获得经济利益。当事人另有约定的除外。"该条款在限制图书馆服务方式的同时，为图书馆数字化建设提供了明确的法律界定，在很大程度上解决了读者通过图书馆免费获取作品的权利问题，维护了图书馆作为社会公益机构的地位，为图书馆数字化发展及读者对图书馆的利用提供了合理合法的途径。

根据此规定，图书馆可在不经著作权人许可、不向其支付报酬的情况下，对馆藏作品进行数字化复制加工，其前提是：

(1) 为陈列或保存版本需要。

(2) 系本图书馆合法收藏的作品，对于非本馆合法收藏的作品，图书馆无权进行复制加工。

在服务方式上，可通过网络在图书馆馆舍范围内进行传播服务，但必须满足条件：

(1) 不向馆舍以外散布。

(2) 不获取经济利益。对于超越陈列或保存版本需要目的之外的作品数字化，图书馆务必先与权利人协商，在获取著作权许可后，方可进行相应数字化服务，否则，将承担民事和行政责任。

同时，利用网络信息资源时，还应注意网络信息资源的下载打印的权利，我国著作权法47条规定，未经著作权人的许可，复制其作品（或表演、录音录像、广播、电视）的属侵权行为。因此，对网络信息资源的下载应有限制：

(1) 著作权人明确宣布不允许下载的作品不可下载。

(2) 必须考虑下载打印的目的、数量及对著作权作品销售市场的影响。下载作品只能用于个人学习、研究，不得用于商业目的。

(3) 对于共享软件与共享服务。应注意其著作权及共享服务方的共同侵权责任。

2. 网络数据库资源利用中的著作权问题

数据库是在计算机存储设备上按一定方式存储的相互关联的数据集合。根据内容和功能的不同，数据库类型有：

(1) 指南数据库（Directory Database）。指南数据库是存储有关某些客体（如机构、人物等）的一般指示性描述的一类参考数据库。

(2) 全文数据库（Full Text Database）。全文数据库是存储文献全文或其中主要部分的源数据库。制作全文数据库时，除进入公有领域的作品外，均须取得著作权人的许可。

(3) 书目数据库（Bibliographic Database）。书目数据库是以文档的形式组织起来的、提供书目信息的数据库，包括各种目录、文摘与索引数据库。书目数据库开发过程中主要涉及著作权人的人身权利，制作文摘数据库时可以不必取得著作权人许可，但要尊重其署名权并支付相应的报酬。其根据是我国《著作权法》第32条规定："作品刊登后，除著作权人声明不得转载、摘编的外，其他报刊可以转载或者作为文摘、资料刊登，但应当按照规定向著作权人支付报酬"。

(4) 数值数据库（Numeric Database）与统计数据库（Statistical Database）。该数据库是以自然数值形式表示的、计算机可读的数据集合。数值数据库的结构可以是单元形式，也可以是表册形式。

(5) 图像数据库（Image Database）。图像数据库以图形、图像为记录单位及其文字说明配套的数据库。

数据库所涉及的知识产权一般包括三方面的内容：第一，作品具有独创性；第二，作品必须固定在有形载体或用一定的方式表达出来；第三，作品必须能满足人们的某种需要。数据库是在自然语言环境下，创作者对已经存在的作品应用一定的技术手段进行选择、修改、汇编，而形成新的作品，其独创性主要表现在对材料的选取或者编排上。数据库中记录的内容和字段以及文档结构中独特的排列方法的使用均是智力劳动，符合著作权法中创造性的原则，受到著作权法的保护。但究其本质，数据库就是著作权与无著作权的作品与数据的汇编。

在数据库的著作权保护问题上，约有 170 个国家和地区将数据库视为"汇编作品"加以保护。我国《著作权法》第 14 条规定，"汇编作品的著作权由汇编人享有，但行使著作权时，不得侵犯原作品的著作权"。可见，我国《著作权法》是把数据库作为"编辑作品"对待的，主张将那些汇集有著作权材料数据库作为编辑作品加以保护、规定编辑作品的整体著作权归编辑人所有，但行使著作权时，不得侵犯原作品的著作权；对于那些以事实性信息或无著作权材料汇集为特征的数据库，主要采用反不正当竞争法保护，由汇编者享有著作权。1996 年欧盟各国通过的《欧盟数据库指令》规定的双重保护是：凡在其内容的选择与编排方面，体现了作者自己的智力创作的数据库，均可据本指令获得著作权保护。不管该数据库的内容是否符合著作权或其他权利保护的条件，数据库的制作者应享有一项特殊权利，即防止对数据库内容的全部或实质部分抽取或反复利用的权利。美国则主张用著作权法保护数据库。TRIPs 第 10 条第 2 款规定："数据或其他材料的汇编，无论采用机器可读形式还是其他形式，只要其内容的选择或安排构成智力创作，即应与保护。"

在利用数据库信息资源时，同样要将其作为著作权作品对待。数据库的保护期限，我国原则上是作者去世后 50 年或发表后 50 年，数据库多为团体共同开发，因而保护期一般为发表后 50 年，与著作权法中著作的保护期相同。合理使用数据库的行为是合法行为，这些行为包括为教学、科研目的进行少量的合理复制，合理引用等。但这种复制应该在合理的范围内，如果进行大量、在正当目的之外的复制则是著作权不允许的。这也是我们看到在很多大学图书馆网站上所发布的关于合理利用数据库的告示的原因所在。

利用网络数据库开展信息资源检索时，可能出现的著作权问题有：

(1) 未经许可，擅自设立代理服务器让非授权的 IP 地址的用户使用。

(2) 利用网络数据库内容为基本素材，自建各种数据库。

(3) 使用下载软件于短时间内不加限制的大量下载数据库内容。

(4) 存储于个人计算机的用于个人研究或学习的资料以公共方式提供给非授权用户使用。

(5) 间接利用网络数据库进行商业服务或支持商业服务。

(6) 用网络数据库内容汇编生成二次产品，提供公共或商业服务。

(三) 利用图书馆知识服务中的著作权问题

图书馆的参考咨询服务，是图书馆知识服务的重要手段，特别在数字网络时代，网络参考咨询服务因其方便快捷的特性，已为广大知识利用者乐于接受。然而，参考咨询服务需要采用多种方式与手段来满足不同的知识需求，不可避免地要涉及到相关的著作权问题。

1. 馆际互借中的问题与对策

馆际互借（Interlibrary Loan）是图书馆间相互提供资料的一种资源共享方式。馆际互借是弥补馆藏资源不足的重要手段。美国图书馆协会下属的参考和用户委员会制定的美国馆际互借条例（Interlibrary Loan Code for the United States）规定：馆际互借中的材料包括书、视听资料和其他一切可退还的资料，还包括期刊文章、书的部分章节或摘要的复印件以及其他一切不可退还的资料。它规定了馆际互借的材料不仅包括原件，也包括相关材料（根据著作权法规定）的复印件。我国馆际互借也基本上包括图书、期刊论文、会议录文献、部分学位论文等原件及其复制件。原件的互借一般不涉及著作权问题。除部分学位论文外，学位论文是未发表的作品，著作权归作者所有。因此，图书馆在互借中出借学位论文原件时应负有提醒的义务，即提醒使用者未经许可不得引用、摘录甚至发表。

出借复制件则涉及复制权的问题。复制权受著作权法的明确保护。《伯尔尼公约》第9条第1款规定："受本公约保护的文学艺术作品的作者，享有授权以任何方式和采取任何形式复制这此作品的专有权利。"《世界知识产权组织著作权条约》（WCT）要求缔约国完全按照《伯尔尼条约》的有关规定保护复制权。另外，《WCT 议定的声明》专门将数字化的复制也包括在了复制权当中，规定"《伯尔尼公约》第9条规定的复制权及其例外完全适用于数字化环境，尤其适用于以数字化形式使用作品。受保护作品以数字化形式在电子媒介上的存储构成伯尔尼公约第九条意义上的复制"。我国《著作权法》第10条也规定著作权人的复制权受到保护。

因而，馆际互借中的出借复制件的只能寻求著作权法中对复制权的例外。《伯尔尼公约》第9条第1款规定："本同盟成员国法律得允许在某此特殊情况下复制上述作品，只要这种复制不损害作品的正常使用，也不致无故侵害作者的合法利益。"这为成员国在馆际互借中的复制留了一定的空间。很多国家的著作权法也依据这个有严格限定的特许条款给复制权规定了一系列的例外，给馆际互借留下了一定的合理使用的余地。

图书馆馆际互借的美国解决模式主要有如下限定：

(1) 复制件应归读者所有，而不是成为借阅图书馆的馆藏。

(2) 图书馆应声明复制件不能用于个人学习研究以外的目的。

(3) 图书馆应有著作权声明。

(4) 图书馆对请求文献的记录应保留3年。

(5) 图书馆应当知道它的行为不是在进行对同一作品的连续的有系统的复制。

(6) 对于一整木书或者一期杂志的完整复制，应当首先明确它们是不能以合适的价格在市场上购得的。

(7) 对于超出新科技应用版权著作委员会（CONTU）5 的建议规定的，即同一图书馆在一年内对同一期刊的近5年的文章的复制请求超过5次时，请求的图书馆应当向美国著作权清算中心支付版税，或者直接取得权利人的许可。

(8) 请求的图书馆应声明请求遵守了美国著作权法和新科技应用版权著作委员会的指导。

英国的《JISC /TLTP 著作权指导方针》认为：任何图书馆都可以复制并为读者提供复制资料，但只有"规定的图书馆"才可以请求从其他图书馆进行复制，并可以将馆际互借得到的资料添加到馆藏中。"规定的图书馆"应当保留一份某位读者请求复制的资料，以此借给任何其他需要此资料的读者。因为任何文章的复制品都只能提供给图书馆一份，图书馆不能再次请求复制该资料。从理论上讲，期刊同一期上只能有一篇文章可供图书馆复制使用。馆际提供复制资料的收费必须和读者要求影印的收费一样。

相比国外馆际互借著作权问题的立法和解决模式，我国对馆际互借的著作权问题尚缺乏明确的规定。在 2001 年我国修订《著作权法》中，增加了信息服务提供人注意的义务和法定赔偿的规定。随着权利人著作权保护意识的提高，图书馆应注意馆际互借行为的合理性。

2. 文献传递服务中的问题与对策

所谓文献传递服务（Document Delivery Services，DDS），指图书馆将其所储存的电子文献或纸质文献，在适当的时间内，以有效的数字或非数字方式直接或间接的传递给用户的活动。目前，文献提供式服务因其高效、快捷、方便，已成为现代图书馆服务的主流方式之一。但其服务都不可避免地涉及到文献的复制与网络传递，且服务区域、传播范围都大大超出了图书馆建筑的物理馆舍范围。

信息资源价格的飞涨和信息量的急剧膨胀，使图书馆认识到只有通过资源共享才能满足公众日益增长的信息需求。同时，数字网络技术的发展也为图书馆资源共享提供了条件。而文献传递是图书馆资源共享的经济与快捷手段。1995 年春季，美国研究图书馆协会进行的一项调查发现，该协会成员中有半数放弃对有些资料的实际采购计划，转而利用文献传递满足用户的需求。但无疑，这种行为将明显影响著作权人的收入。因为著作权法赋予著作权人著作财产权，除了符合法律规定著作财产权限制的规定外，任何人要利用他人的著作时，原则上均应取得著作权人的授权，否则属于侵害著作权人之行为。

(四) 利用电子出版物的著作权问题

电子出版物是现代社会的重要知识信息资源。光盘、磁带、磁盘、软件等电子出版物是知识产品的重要载体，信息资源利用者通过图书馆利用电子出版物时，必须以学习、研究、欣赏为目的，不得进行营利活动，不得将电子出版物进行复制，如若进行复制，并进行有偿服务，则属明显的侵权行为。

近年来，附随书光盘图书大量出现，随书光盘一般不单独计价，随书发售。其内容一般为图书内容的电子版，也有的是图书所涉及的软件等相关内容。由于缺乏对随书光盘的统一处理标准，各图书馆对随书光盘的处理方式各不相同。随着计算机网络的普及，目前图书馆界较通行的一种处理方式是，将随书光盘复制到图书馆网络下载服务器，利用相关软件进行排序整理，以便于读者检索，然后通过网络，在一定范围内提供读者下载使用。根据我国《信息网络传播权保护条例》（以下简称《条例》）对网络传播权的定义，图书馆的这种服务方式明显属于网络传播行为。在具体操作中，如图书馆将传播范围控制在图书馆馆舍范围内，则符合《条例》第 7 条之规定，属合理使用。但如果网络传播的范围超越图书馆馆舍范围，则构成侵权。

视频网络点播的范围控制问题。图书馆所购买的音像制品，以传统方式的单机使用或外借，在未涉及网络利用方式时，不存在对知识产权的侵权。但如果将其复制于网络存储服务设备，利用网络为读者开设视频点播，其服务范围则可能超出图书馆馆舍范围限制。根据网络传播权的定义，这种服务方式明显构成对作品的网络传播权的侵犯。要继续此项服务，必须取得权利人许可，并付报酬。或利用合理使用条款，将点播范围控制在图书馆馆舍范围之内。

(五) 信息资源的网络交互中的著作权问题

在数字网络环境中，网络的交互性使信息资源的利用者同时也成为传播者，网络便捷的交互性，使对著作权的侵犯行为极容易产生。

在传统的著作权法中，允许图书馆为满足用户个人学习、科研的需要而进行少量复制，当然这种复制是以传统的复印等方式进行的。在数字网络环境中，我国新颁布的《信息网络传播权保护条例》第 6 条第 3 款规定："通过信息网络提供他人作品，属于下列情形的，可以不经著作权人许可，不向其支付报酬：为学校课堂教学或者科学研究，向少数教学、科研人员提供少量已经发表的作品。"此规定，实际是著作权法在数字环境中对传统做法的一种延续。图书馆应该将传递的文献数量控制在"少量"，即少量的作品、少数的人员，则符合条例的要求。该条款实际为图书馆对作品善意的、非赢利方式的使用提供了明确的法律保障。

作品的网络传播权是知识产权人的权利。世界知识产权组织（WIPO）的《WIPO 著作权条约》（WCT）第 8 条"向公众传播的权利"规定："在不损害《伯尔尼公约》第 11 条第 1 款第 2 目、第 11 条之二第 1 款第 1 目和第 2 目、第 11 条之三第 1 款第 2 目、第 14 条第 1 款第 2 目和的 4 条之二第 1 款的规定的情况下，文学和艺术作品的作者应享有专有权，以授权将其作品以有线或无线方式向公众传播，包括将其作品向公众提供，使公众中的成员在其个人选定的地点和时间可获得这些作品。"WIPO 的 WCT 注解 8："关于第 8 条的议定声明：不言而喻，仅仅为促成或进行传播提供实物设施不致构成本条约或《伯尔尼公约》意义下的传播。并且，第 8 条中的任何内容均不得理解为阻止缔约方适用第 11 条之二第 2 款。"《WIPO 表演与唱片条约》（WPPT）第 10 条"提供已录制表演的权利"，"表演者应享有专有权，以授权通过有线或无线方式向公众提供其以录音制品录制的表演，使该表演可为公众中的成员在其个人选定的地点和时间获得"。WIPO 的 WPPT 第 14 条"提供录音制品的权利"，"录音制品制作者应享有专有权，以授权通过有线或无线方式向公众提供其录音制品，使该录音制品可为公众中的成员在其个人选定的地点和时间获得"。

欧盟 2001 年 5 月 22 日发布、2001 年 12 月 22 日实施的《关于协调信息社会著作权与相关权利指令》第 3 条规定的向公众传播权和提供获取权是："以授权或禁止通过有线或无线方式向公众传播其作品的权利，包括允许公众中的个体成员在其个人选定的地点和时间获得作品的行为。"

我国《著作权法》第 10 条第 12 项规定："信息网络传播权，即以有线或者无线方式向公众提供作品，使公众可以在其个人选定的时间和地点获得作品的权利。"《信息网络传播权保护条例》承接了著作权法对网络传播权的定义，明确了网络传播权作为著作人权利的一部份。《条例》规定：除法律、行政法规另有规定的外，通过信息网络向公众提供权利人作品，应当取得权利人许可，并支付报酬。同时，保护为保护权利人信息网络传播权采取的技术措施。不仅禁止故意避开或者破坏技术措施的行为，而且还禁止制造、进口或者向公众提供主要用于避开、破坏技术措施的装置、部件或者为他人避开或者破坏技术措施提供技术服务的行为。《条例》还禁止故意删除或者改变权利管理电子信息的行为，禁止提供明知或者应知未经权利人许可被删除或者改变权利管理电子信息的作品。

2001 年 10 月我国修订的《著作权法》增加了"信息网络传播权"，确立了网络传输行为为作品使用的方式之一，网络传输属于著作权人的专有权利。因此，信息资源利用者在进行数字信息资源的网络传播时，务必引起高度注意。将数字形式的作品通过在网络向公众传播可被认作是发行行为。发行权是著作权人的专有权。我国王蒙、张承志等 6 作家诉"北京在线"（世纪互联通讯技术公司）在其经营的网站上未经作者许可，亦未付稿酬的情况下刊载了众作家的作品，并最终被判侵权的案例说明，将作品数字化无偿提供给公众，只是作品载体形式和使用手段的变化，并没有产生新作品，作品的著作权人对其创作仍享有著作权。

图书馆通过网络传播著作权作品也必须获得授权。《信息网络传播权保护条例》规定了图书馆在信息网络传播权保护下行使权利的方式：一是合理使用。将著作权法规定的合理使用情形合理延伸到网络环境，规定为课堂教学、科学研究等目的在内通过信息网络提供权利人作品，可以不经权利人许可、不向其支付报酬；图书馆可以通过信息网络向馆舍内服务对象提供本馆收藏的合法出版的数字作品和依法为陈列或者保存版本的需要以数字化形式复制的作品；二是法定许可。《条例》规定了为扶助贫困设定的法定许可。为扶助贫困，通过信息网络向农村地区的公众免费提供中国公民、法人或者其他组织已经发表的与扶助贫困有关的作品和适应基本文化需求的作品，网络服务提供者可以通过公告的方式征询权利人的意见，并支付报酬，但不得直接或者间接获取经济利益。该项许可，为地处贫困地区的图书馆共享发达地区图书馆信息资源提供了法律保障。

《条例》明确表示，可通过网络在图书馆馆舍范围内传播数字资源，但必须满足条件：

第一，不向馆舍以外散布；第二，不获取经济利益。对于超越陈列或保存版本需要目的之外的作品数字化，图书馆务必先与权利人协商，在获取著作权许可后，方可进行相应数字化服务，否则，将承担民事和行政责任。这些条款在限制图书馆服务方式的同时，为图书馆数字化建设提供了明确的法律界定，在很大程度上解决了读者通过图书馆免费获取作品的权利问题，维护了图书馆作为社会公益机构的地位。

三、典型案例：谷歌侵权门

谷歌侵权门是指发生在 2004 年的谷歌公司(Google)未经授权非法扫描 570 位中国作家的 17922 种作品上网的侵权事件。

谷歌公司自 2004—2009 年对图书进行大规模数字化，已经将全球尚存有著作权的近千万种图书收入其数字图书馆，而没有通报著作权所有者本人。

2005 年，谷歌网上图书馆因涉嫌侵权被美国出版商和美国作家协会告上法庭，经过 3 年诉讼，双方达成和解协议，但仍因涉及中国等其他国家版权人的利益，遭到中国文著协及欧洲出版商联盟等其他国家相关组织的反对。

图 8-1　谷歌侵权门

2009 年 10 月 13 日，央视《朝闻天下》栏目报道称，谷歌数字图书馆涉嫌大范围侵权中文图书，从中国文字著作权协会获悉，570 位权利人 17922 部作品在未经授权已被谷歌扫描上网。谷歌公司将面临中国权利人的侵权指控。

中国文字著作权协会相关负责人表示，这 570 位包括国家领导人、政府官员和作家在内的权利人对此毫不知情，且没有证据表明谷歌公司取得了权利人的授权。法学专家认为，谷歌的这种未经许可的复制和网络转载的行为均涉嫌侵犯著作权。

2009 年 10 月 16 日，中国文字著作权协会也通过中国作家网发出《就谷歌侵权致著作权人》，呼吁"中国权利人应该有组织地与谷歌交涉，维护中国权利人的正当权利。"权威渠道消息表示中国政府代表将在 2009 年 10 月于美国召开的中美商贸联委会会议上，就谷歌数字图书馆引发的版权保护问题与美方进行深入磋商。与此同时，中国文字著作权协会组织了"谷歌数字图书馆计划及和解协议研讨会"，参与维权的专家组正式成立，5 名成员都是业内的权威专家、律师。该小组的维权工作将在 2009 年"十一"后启动。国家版权局已经明确表示支持中国文字著作权协会在法律范围内维权。据悉，中国内地很多出版社如北大出版社、高教出版社等已经明确授权中国文字著作权协会为其主张权利，出面与谷歌交涉，维护合法权益。

面对讨伐声，谷歌选择了沉默。谷歌方面仍似乎没有改变扩张在线图书馆的意思，并且称 2008 年由美国作家协会与美国出版商协会曾就谷歌未经授权即对图书进行数字化一事达成的和解协议只在美国有效。也就是说，美国本土以外的著作权人接下来想要维权将更加不容易。

2009 年 12 月 29 日，中国文字著作权协会称谷歌就数字图书馆版权纠纷一事向该协会提供了一份初步清单。根据这份清单，谷歌数字图书馆共涉及中国图书 8 万余种。谷歌此次公布的数据是按照国际统一标准书号(ISBN)中国号段为"7"检索的数据，由于 1987 年以前中国没有采用 ISBN，所以未包括在内。真正完整的名单肯定比这份长，因为 1987 年以前中国出版的图书并未包含在此次谷歌提交的清单中。据了解，谷歌应该没有任何技术障碍搜索 1987 年前的相关数据，并提供给一份完整的名单。

截至 2009 年，中国文著协共有超过 2000 作家会员。希望更多中国作家加入文著协，通过共同协商维权，发出更大的声音。[3]

根据谷歌提出的和解声明，表示每本著作可以获得至少约 60 美元的赔偿。谷歌的这份和解方案公布在中国作协官网"中国作家网"上。在这份方案中，谷歌把条款分为"同意和解"和"不同意"两类。同意者，每人每本书可以获得"至少 60 美元"作为赔偿，以后还能获得图书在线阅读收入的63%，但前提是需本人提出"申请"。2010 年 6 月 5 日之后还未申请，则被视为自动放弃权利。如果作家选择"不同意"，则可提出诉讼，但不得晚于 2010 年 1 月 5 日。

谷歌数字图书馆本身是一个令人激动的项目，它打破了时间和空间的限制，只要能上网，就可以方便地查找相关信息，帮助人们在更大范围内共建共享信息资源。试想，当人们可以在世界任何一台电脑上轻松查阅大英图书馆的孤本印刷版《圣经》，或翻看美国国会图书馆中的中国古代地方志，将对人类文化的传播和文明的交流起到多大促进作用？说它是一个造福全人类的工程，一点不为过。当然这是一种理想状态下的"文化大同"，对作者与出版商的著作权和版权的保护，绝对不能轻易绕过。谷歌要想将数字图书馆项目做成功，就必须尊重、维护作者与出版商的著作权和版权。而且无法预知，谷歌建立数字图书馆最终是为公益还是为利益？如两者兼有，谁占的比例更大？会不会因垄断而高收费？

孰是孰非，一时难有公断。

参 考 文 献

[1] 孟广均，等. 信息资源管理导论. 北京：科学出版社. 2003.

[2] 程焕文. 信息资源共享. 北京：高等教育出版社，2004.

[3] 肖希明. 信息资源建设. 武汉：武汉大学出版社，2008.

[4] 张厚生. 信息素养. 南京：东南大学出版社，2007.

[5] 李华著. 数字图书馆技术研究与应用. 成都：电子科技大学出版社，2009.

[6] 程发良，陈伟. 信息资源检索. 北京：化学工业出版社，2009.

[7] 叶继元. 信息检索导论. 北京：电子工业出版社，2003.

[8] 彭斐章. 目录学概论. 武汉：武汉大学出版社，2004.

[9] 蒋永福. 图书馆学通论. 哈尔滨：黑龙江大学出版社，2009.

[10] 杨威理. 西方图书馆史. 北京：上午出版社 1988.

[11] 王世伟. 世界著名城市图书馆述略. 上海：上海科学技术出版社，2006.

[12] 黄宗忠. 图书馆学导论. 武汉：武汉大学出版社，2002.

[13] 孙更新. 文献信息编目. 武汉：武汉大学出版社，2006.

[14] 吴慰慈，董焱. 图书馆学概论. 北京：国家图书馆出版社，2008.

[15] 王子舟. 图书馆的公共性质与公共目标. 图书馆论坛，2004（12）:31-35.

[16] 吴汉东. 知识产权基本问题研究. 北京：中国人民大学出版社，2005.

[17] 联合国教科文组织. 著作权基本知识. 北京：中国对外翻译出版公司，1984.

[18] 刘春田. 知识财产权解析. 中国社会科学，2003（4）：46.

[19] [英]洛克. 政府论. 叶企芳，等译. 北京：商务印书馆，1964.

[20] 吴汉东. 著作权合理使用制度研究. 北京：中国政法大学出版社，1996.

[21] 冯晓青. 知识产权法哲学. 北京：中国人民公安大学出版社，2003.

[22] 李国新. 日本的"图书馆自由"论述. 图书馆，2000（4）：36.

[23] 罗素. 人类的知识. 张金言，译. 北京：商务印书馆，1983.

[24] 邢彦辰. 毕业论文写作与文献检索. 北京：邮电大学出版社，2013.

[25] 吉久明，孙济庆. 文献检索与知识发现指南. 上海：格致出版社，2013.

[26] 黄军左. 文献检索与科技论文写作. 北京：中国石油出版社，2013.

[27] 花芳. 文献检索与利用. 北京：清华大学出版社，2009.

[28] 饶宗政. 现代文献检索与利用. 北京：机械工业出版社，2012.

[29] 张凯，信息资源管理. 北京：清华大学出版社，2013.

[30] 马费成. 信息资源开发与管理. 北京：电子工业出版社，2009.

[31] 周宁，吴佳鑫. 信息资源数据库. 武汉：武汉大学出版社，2010.

[32] 肖珑. 数字信息资源的检索与利用. 北京：北京大学出版社，2013.

[33] 马张华，黄智生. 网络信息资源组织. 北京：北京大学出版社，2007.